U0771976

迈向未来的
卓越工程教育

林健　著

中国教育出版传媒集团
高等教育出版社·北京

内容简介

　　本书是作者近年来围绕建设中国特色的卓越工程教育必须面对的重要且核心专题所开展的系统性研究成果。全书以面向未来发展的卓越工程教育为导向，以促进工程教育强国建设和推动中国特色、世界水平工程师教育培养体系建设为目标，立足当前、着眼未来、未雨绸缪，着力研究迈向未来的卓越工程教育所涉及的诸多方面，力求为日后参与卓越工程教育的各种类型高等学校、行业企业、科研院所、各级政府和社会组织提供系统性、专题性、前沿性、全局性和可操作性的参考和指导。

　　本书内容分为八篇18章。第一篇为培养未来卓越工程师，分别从满足未来世界期盼和堪当民族复兴重任两个角度讨论培养未来卓越工程师。第二篇为未来技术学院建设，从建设基础、目标、原则、保障，未来技术领军人才培养，教师队伍建设和未来技术研发三方面探讨未来技术学院建设。第三篇为现代产业学院建设，从培养应用型卓越工程人才和促进产业发展的新途径与主要共性问题分析及对策建议两方面讨论现代产业学院建设。第四篇为国家卓越工程师学院建设，包括四方面内容：培养造就国家重大战略急需的卓越工程师、校企全方位深度合作培养高层次卓越工程师、高层次卓越工程师培养标准体系的构建和通用标准的研制、问题挑战及对策建议。第五篇为工程教育信息化，从学习环境、课程教学、虚拟仿真、校企合作、教育教学评价及教师教育教学能力等方面研讨工程教育信息化。第六篇为工程教育智能化，主要介绍内涵特征与挑战、系统设计与整体实现等内容。第七篇为工程伦理教育，从问题及其特征、范畴及侧重、教育目标、面临问题、课程建设和教学内容、教学方式和教学评价、教师队伍和教育教学资源等方面讨论面向未来的工程伦理教育。第八篇为工程教育学学科建设，从加强工程教育学学科建设，助力中国式现代化，中国特色、世界水平工程教育学学科建设的思考及路径分析三方面研讨工程教育学学科建设。

图书在版编目（CIP）数据

迈向未来的卓越工程教育 / 林健著. -- 北京 ： 高等教育出版社，2025.9. -- ISBN 978-7-04-065021-1

Ⅰ. G642.0

中国国家版本馆 CIP 数据核字第 2025TK2221 号

Maixiang Weilai de Zhuoyue Gongcheng Jiaoyu

| 策划编辑 | 赵湘慧 | 责任编辑 | 孙 琳 | 特约编辑 | 刘建莉 | 封面设计 | 王凌波 |
| 版式设计 | 李彩丽 | 责任绘图 | 裴一丹 | 责任校对 | 刁丽丽 | 责任印制 | 张益豪 |

出版发行	高等教育出版社		网　　址	http://www.hep.edu.cn
社　　址	北京市西城区德外大街 4 号			http://www.hep.com.cn
邮政编码	100120		网上订购	http://www.hepmall.com.cn
印　　刷	北京中科印刷有限公司			http://www.hepmall.com
开　　本	787 mm×1092 mm　1/16			http://www.hepmall.cn
印　　张	24.5			
字　　数	490 千字		版　　次	2025 年 9 月第 1 版
购书热线	010-58581118		印　　次	2025 年 9 月第 1 次印刷
咨询电话	400-810-0598		定　　价	98.00 元

本书如有缺页、倒页、脱页等质量问题，请到所购图书销售部门联系调换

版权所有　侵权必究
物 料 号　65021-00

前言

　　本书既是作者在"卓越工程师教育培养计划"1.0、2.0方面研究的继续和深化，也是作者在工程教育改革与发展方面的第四部专著。

　　卓越工程师作为国家战略人才的重要组成部分。习近平总书记指出："要培养大批卓越工程师，努力建设一支爱党报国、敬业奉献、具有突出技术创新能力、善于解决复杂工程问题的工程师队伍。"党的二十大报告提出，努力培养造就更多卓越工程师。在"国家工程师奖"首次评选表彰之际，习近平总书记提出"加快建设规模宏大的卓越工程师队伍"的重要要求。这些为打造新时代卓越工程师队伍、加强国家战略人才力量建设指明了方向，提供了根本遵循。

　　培养造就大批卓越工程师是国家和民族长远发展大计。卓越工程师是中国式现代化建设必须拥有的"国之重器"，加快建设规模宏大的卓越工程师队伍对于突破关键核心技术和解决"卡脖子"技术问题，提升中国工程科技自主创新能力，加快实现高水平科技自立自强，支撑中国创造和中国智造，推动新质生产力发展，加快建设制造强国、教育强国、科技强国、人才强国具有极端重要性和紧迫性。因此，培养造就大批卓越工程师，是全面推进现代化强国建设和民族伟大复兴的必由之路。

　　各种层次和类型卓越工程师的培养本质上是要有坚实的卓越工程教育作为基础和保障的。第一，卓越工程教育为卓越工程师培养提供优质的教育教学资源，包括适应时代发展、满足未来需求的不断调整更新的学科专业和课程体系，丰富的课程资源和文献资料，先进的实验条件和实践基地，以保障卓越工程师培养的质量；第二，卓越工程教育要有一支出类拔萃的教师队伍，他们不仅要有崇高的敬业精神和职业道德、超越本学科专业的知识面、丰富的工程实践经历、卓越的工程教育教学能力，还要有扎实的工程设计开发能力、超凡的工程技术创新能力和突出的工程科学研究能力，以胜任卓越工程师的教育培养工作；第三，卓越工程教育需要通过持续改革创新，不断优化培养模式，持续改进教学方式，注重因材施教和个性化教育，着力培养卓越工程师的创新能力、实践能力和解决复杂工程问题的能力；第四，卓越工程教育必须密切与各类企业、各级政府、行业组织、科研院所及其他相关社会组织的联系和合作，既构建卓越工程师多方协同培养的共同体，又在推动产业结构调整升级和经济社会发展中发挥作用。

卓越工程教育不仅要立足当下，更要面向未来。长期以来，许多高等学校在人才培养上存在的核心问题是把经济社会当前对人才的要求作为人才培养目标和标准，而忽视了经济社会对人才的要求是不断地动态、加速变化的，尤其是在人类社会进入数智时代以后，产业的调整、转型、升级和整合及新产业的出现等迅速地对人才在知识、能力和素质方面提出新的、不同的要求，这种忽视往往是这些高等学校的毕业生就业率不高、供需脱节、不能满足行业企业要求的关键原因。事实上，高等学校无论开展何种层次和类型的卓越工程师培养，其学制年限决定着卓越工程人才培养都要以当下国家发展建设需求为起点，以未来国家战略要求和未来经济社会发展为目标，形成持续不断地改革和完善的迈向未来的卓越工程教育。这正是本书书名——《迈向未来的卓越工程教育》的由来。

本书以面向未来发展的卓越工程教育为导向，以促进工程教育强国建设和推动中国特色、世界水平工程师教育培养体系建设为目标，立足当前、着眼未来、未雨绸缪，着力研究迈向未来的卓越工程教育所涉及的诸多方面，力求为日后参与卓越工程教育的各种类型高等学校、行业企业、科研院所、各级政府和社会组织提供系统性、专题性、前沿性、全局性和可操作性的参考和指导。

本书内容由八篇组成，共18章。第一篇为"培养未来卓越工程师"，由第1、2章组成。在讨论未来世界对卓越工程师期盼的基础上，依次从教师队伍、可持续性教育、人工智能、跨学科、批判性思维和战略性思维、科学研究、研究性学习和挑战性学习、个性化需求、终身学习、注重"失败"等多方面，针对未来卓越工程师必须具备的综合素质、工程能力和社会能力的培养和提高进行系统性的分析和讨论；接着，以新时代卓越工程师教育培养为主线，从卓越工程师类型与培养层次、工程学科专业建设、各类高校分工合作、人才教育培养理念、培养目标和培养标准体系、人才培养方案制定、专业课程建设、教学方式改革、校企全程合作培养、工科教师队伍建设、多方协同育人机制11个方面进行讨论。

第二篇为"未来技术学院建设"，由第3、4、5章组成。首先，讨论未来技术学院建设必须具备的建设基础、需要准确把握的建设目标和建设原则、需要落实的保障措施四个方面。其次，讨论重点讨论未来技术领军人才培养，从学科专业/方向确定、培养目标和培养标准制定、人才培养模式创新、课程和教学改革、研学产协同育人、国际合作育人六个方面展开。最后，从教师队伍总体和个体要求、教师选拔和聘任、教师团队建设、教师的职业发展、教师研发能力的提升等方面在高水平教师队伍建设上讨论，从未来技术探索和研发的目标和作用、未来技术研究方向的确定、如何开展未来技术探索和研发、如何构建未来技术研发平台等方面讨论未来技术探索和研发。

　　第三篇为"现代产业学院建设"，由第 6、7 章组成。首先，分别从现代产业学院的建设目标及理念、参与建设主体分析、主要建设任务、学院主要职能确定、学院组织结构设计、学院运行机制建立和学院建设成效评价七个方面讨论现代产业学院建设过程中需要深入研究的问题。其次，针对首批五十所现代产业学院在建设过程中遇到的十个主要共性问题，分别从专兼职教师队伍建设、提高各主体参与学院建设的积极性及其他共性问题三部分展开分析研究并提出相应的对策建议。

　　第四篇为"国家卓越工程师学院建设"，由第 8、9、10、11 章组成。第一，聚焦国家卓越工程师学院建设，依次从学院定位、建设目标、培养模式、培养标准、培养方案、课程体系、质量评价等方面进行讨论。第二，聚集高校和企业一起构建卓越工程师联合培养共同体需要、共同开展的工作和面临的主要问题，依次对导师队伍建设、培养目标和标准制定、培养方案制定、课程体系建设、工程实践创新活动指导、学位论文指导、培养质量评价等进行分析讨论。第三，研讨高层次卓越工程师培养标准体系构成和构建、高层次卓越工程师培养通用标准制定原则和基本思路、国内外四种有影响力的工程师专业能力标准分析、高层次卓越工程师培养通用标准制定和诠释。第四，从十个方面依次对国家卓越工程师学院建设面临的 17 个问题和挑战进行分析，进而提出相应的解决问题和应对挑战的对策建议。

　　第五篇为"工程教育信息化"，仅第 12 章。聚焦工程教育的信息化展开讨论，涉及工程教育信息化的特征、学习环境的数字化、课程教学的信息化、虚拟仿真实验教学、校企合作教育信息化、教育教学评价信息化以及教师信息化教育教学能力提升等方面。

　　第六篇为"工程教育智能化"，由第 13、14 章组成。首先，在阐述工程教育智能化的必要性和紧迫性之后，重点诠释了工程教育智能化的内涵与特征，客观分析了工程教育智能化面临的挑战。其次，聚焦工程教育智能化的系统设计和整体实现，具体包括智能化系统分析与设计、学习环境智能化、课堂教学智能化、课外学习智能化、工程实践智能化和教育教学评价智能化六个方面。

　　第七篇为"工程伦理教育"，仅第 15 章。在依次分析了未来工程伦理问题及其特征和未来工程伦理范畴及侧重之后，提出面向未来的工程伦理教育目标及我国工程伦理教育面临的问题，接着分别从面向未来的工程伦理教育的课程建设和教学内容、教学方式和教学评价、教师队伍建设和教育教学资源建设四方面详细讨论面向未来的工程伦理教育的具体内容。

　　第八篇为"工程教育学学科建设"，由第 16、17、18 章组成。首先，讨论工程教育学的学科内涵，工程教育学学科建设和重要性和紧迫性，以及工程教育学学科建设的现状和可能面临的困难，工程教育学学科建设在研究方向、师资队伍、科学研究和人才培养四方面的重点，并对工程教育学学科建设前景进行了展望。其次，以建设中国特色、世界水平的工程教育学学科为主线，按照学科建设的逻辑顺序，系统探讨学科建设的下述系列问题：学科定位、组织机构、师资队伍、科学研究、人才培养和社会服务。最后，在分析讨论明确的学科建设原则和清晰的学科建设思路的基础上，具体讨论建设中国特色、世界水平工程教育学学科需要经过的由借鉴西方、扎根中国、形成特色和走向世界四个阶段组成的路径。

本书的特点主要体现在以下五方面：

1. 系统性。基于中国卓越工程教育改革和发展的现实基础和未来走向，本书研究内容涵盖了中国卓越工程教育在现有基础上面向未来需要深化改革和持续发展的各个重要方面，由此构成了对中国卓越工程教育较为系统全面的研究。

2. 专题性。本书由相互关联的八篇构成，每篇聚焦一个专题进行全面深入的研究，这些专题均是在迈向未来的进程中中国工程教育持续改进、不断完善、保持卓越必须研究的关键问题。

3. 前沿性。本书以面向未来需求的中国卓越工程教育发展和改革为导向，以促进工程教育强国建设和推动中国特色、世界水平工程师教育培养体系建设为目标，力求各部分研究内容的前沿性、国际性和先进性。

4. 全局性。虽然本书的主题是卓越工程教育，但研究内容并不是就事论事，而是从高等学校乃至整个高等教育系统及国家政府的角度研究和讨论未来卓越工程教育的各个关键问题，涉及工程教育教学、高校教育管理、高校与社会关系、各级政府政策等影响卓越工程教育的诸多方面。

5. 指导性。本书在对各部分专题进行深入分析研究的基础上，尽可能地为未来卓越工程教育的具体实践提出行动方案、实施细则或措施建议，对相关高校和参与卓越工程教育的各利益相关方具有较强的参考借鉴和指导作用。

迈向未来的卓越工程教育应该为教育强国建设中的中国高等教育改革和发展发挥示范和引领作用。一方面，中国工程教育在整个高等教育中的占比最高，高等学校工程学科专业数、工科本硕博在校生数等均约占整个高等教育的三分之一；另一方面，中国工程教育在整个高等教育中具有突出的地位，长期以来，国家各项高等教育改革行动计划均始于工程教育。事实上，自从"卓越工程师教育培养计划"1.0实施以来，卓越工程教育不仅对我国工程教育教学改革产生前所未有的重大影响，而且从国家、省市、行业和高校层面为我国高等教育教学改革和发展起到重要的引领、示范和推动作用，因此，我们有理由希望和期待迈向未来的卓越工程教育在我国高等教育改革和发展中发挥同样甚至更大的作用。

　　迈向未来的卓越工程教育应该为国际工程教育界提供中国理念、中国经验、中国范式和中国标准。中国工程教育在长期的发展过程中已经从单纯向发达国家学习借鉴的阶段进入相互学习借鉴、相互促进发展的阶段，即：中国需要世界、世界需要中国。中国经济社会的持续高质量发展正在为全球经济稳定发展不断贡献中国力量，同理，中华民族屹立于世界民族之林并在世界工程教育乃至高等教育舞台上发挥应有的作用需要不断地向世界提供中国理念、中国经验、中国范式和中国标准。相信有"卓越工程教育培养计划"1.0、2.0 和国家卓越工程师学院建设等系列卓越工程教育改革行动的长期积累为基础，通过着眼未来的中国工程教育的持续改进、不断完善和保持卓越，这一使命能够实现。

　　限于作者的能力和水平，以及迈向未来的卓越工程教育的复杂性、艰巨性和长期性，书中不足之处在所难免，期待能够得到国内外工程教育界同仁和社会各界专家的批评指正。希望本书的出版不仅能够聚焦和引导工程教育界同仁研究和实践的重点，而且能够为各类卓越教育的开展起到抛砖引玉的作用，为中国未来卓越工程教育的顺利发展尽绵薄之力。

清华大学教育学院教授

清华大学公共管理学、教育学博士生导师

清华大学工程教育学学科负责人

全国高校工程教育学学科建设联盟理事长　　林健

国家工程教育多学科交叉创新引智基地执行主任

2025 年 5 月

目录

第一篇 培养未来卓越工程师

第二篇　未来技术学院建设

第4章 未来技术学院建设：未来技术领军人才培养 / 055

第5章 未来技术学院建设：教师队伍建设和未来技术研发 / 071

第三篇　现代产业学院建设

第6章　现代产业学院建设：培养应用型卓越工程人才和促进产业发展的新途径 / 085

第 11 章　国家卓越工程师学院建设：问题挑战及对策建议 / 217

第五篇 工程教育信息化

第六篇　工程教育智能化

第14章 工程教育智能化：系统设计与整体实现 / 280

第七篇　工程伦理教育

第一篇

培养未来卓越工程师

第 1 章
培养满足未来世界期盼的卓越工程师

【本章导读】

面向未来培养卓越工程师是实现教育强国、科技强国和人才强国战略的重要举措，是一项立足长远、着眼未来、面向世界的系统性教育教学和人才培养工作，对未来工程教育将产生革命性的影响。

本章在讨论未来世界对卓越工程师期盼的基础上，依次从教师队伍、可持续性教育、人工智能、跨学科、批判性思维和战略性思维、科学研究、研究性学习和挑战性学习、个性化需求、终身学习、注重"失败"等多方面，针对未来卓越工程师必须具备的综合素质、工程能力和社会能力的培养和提高进行系统性的分析和讨论，以期为相关高校培养未来卓越工程师提供参考和借鉴。

面向未来培养卓越工程师是党和国家赋予工程教育界的重要使命，也是实现教育强国、科技强国、人才强国战略的重要举措，关系到中华民族伟大复兴和人类命运共同体建设。未来卓越工程师培养是一项立足长远、着眼未来、面向世界的系统性教育教学和人才培养工作，需要不断积累、持续改进和长期努力。作为本专著的开篇章，在讨论未来工程发展趋势及特征分析和未来世界对卓越工程师的期盼的基础上，从工科教师队伍重塑、重视可持续性教育、人工智能对工程教育的影响、跨学科培养、批判性思维和战略性思维培养、将科学研究作为重要培养环节、发挥研究性学习和挑战性学习作用、满足个性化需求、重视终身学习、注重在"失败"中培养等多方面，针对未来卓越工程师必须具备的综合素质、工程能力和社会能力的培养和提高进行系统性的分析和讨论，以期为相关高校培养未来卓越工程师提供建议。

1.1 未来工程发展趋势及特征分析

未来是一个复杂多变、充满不确定性和难以预测的世界，人类社会由于许多因素的存在而发生变化，并面临着新出现的复杂挑战，如经济发展差距、环境和气候破坏、新技术和人工智能的影响、地缘政治格局的巨大变化等。未来工程的发展趋势也将受到诸多因素影响，包括可预见的和不可预见的，但无论如何，未来工程的发展趋势及特征都将是现在的延续，都将以满足未来经济社会发展需要为主要发展动因，是需要卓越工程人才主动面对的，将对未来卓越工程教育和卓越工程师培养产生直接影响。未来工程的发展趋势及特征主要表现在以下几方面。

1. 工程领域和空间拓展

随着城市化进程的加快，人与土地资源的矛盾愈加突出；随着民众生活水平的提升，人们对精神和物质的追求不断提高；随着科学技术的发展，人类探索自然界和宇宙的欲望不断增强；随着新材料和新技术的发展，人们对工程的要求不断提高。这些都促使未来工程的领域和空间不断拓展，包括：向海洋拓宽，进一步探索和开发利用海洋自然和空间资源；向高空延伸，拓展人类的生存和未来发展空间；向地下发展，发现和利用地球深层资源，造福人类社会；向沙漠进军，改造沙漠成为绿洲，完善自然环境；向太空迈进，探索和利用宇宙空间资源。因此，卓越工程人才必须具备自主学习和终身学习能力，具备动态适应工程领域和空间拓展及环境变化的能力。

2. 多学科交叉融合持续深入

未来工程的发展将突破现有工程的分类和界定。一方面，未来工程可以是现有多门工程学科的交叉融合，如机械工程与信息工程和控制工程的交叉融合，发展或形成新的工程学科；另一方面，未来工程可以是工程和非工程学科之间的交叉渗透，使得工程不再是传统意义上的"工程"，如智能工程中不得不融入人文、医学、社会、法律等学科知识；与此同时，未来工程还可以是工程与工程及非工程学科之间的交叉融合，如土木工程与信息工程和管理科学的交叉融合。因此，多学科交叉融合将成为未来工程发展的显著趋势，它或者拓展了现有工程的内涵和发展空间，或者赋予现有工程人文、服务、经济和社会属性，或者既拓展了现有工程的内涵，又赋予其人文社科属性。这要求未来卓越工程人才不仅具备与其他学科人员合作、开展跨学科工程活动的能力，而且具有将工程学科与其他学科进行交叉融合的能力。

3. 工程开发与科技创新融合发展

未来工程开发面临越来越多的科技问题并需要大量的理论研究，将从工程开发的角度推动着科技创新；未来科技创新将同时包含着越来越多与工程开发相关的前沿问题研究和应用研究，将从科技创新的角度推动未来工程发展。因此未来工程开发与科技创新的界限将变得模糊不清，工程开发中有科技创新和理论研究，科技创新中有工程开发问题和应用研究，二者呈现融合发展趋势。如探月工程、新一代智能技术研发与未来工程的融合等，均属于工程开发与科技创新的相互融合。工程开发与科技创新融合发展不仅有利于降低科技创新的不确定性，而且有利于推动未来工程的发展，这就要求未来卓越工程人才不仅要具有坚实的工程开发能力，而且还要具备工程科技创新能力，并能够与科技研究者密切合作，应对未来工程发展的挑战。

4. 工程问题更趋复杂

复杂性是现代工程问题的本质特征，主要在解决工程问题时凸显出来[1]。

（1）需要综合考虑并协调多种非工程因素；

（2）复杂性超越了现有工程标准和规范；

（3）不能直接运用现有的工程方法和技术；

（4）需要传统工程领域之外的其他学科专业的介入和支持；

（5）解决问题的方案是多种多样的。

人类社会为了自身更好的生存和发展、更好地处理人与自然和谐的关系、在充满变数的世界中坚持可持续发展，未来将面临比当前更加复杂的工程问题。因此，卓越工程人才在解决工程问题时必须综合考虑和协调诸多非工程因素，必须具有超越现有工程标准和规范解决工程问题的能力，需要寻求、开发解决工程问题的新方法和新技术，需要借助其他学科专业的方法、技术和工具，需要多目标协同、多维度兼顾。

5. 更加重视绿色工程（也称绿色转型）

传统工程项目的设计和施工，造成了大量资源的消耗和生态环境的破坏，不仅大大降低了人类的生活品质，而且加剧了全球生态危机。因此，依托绿色发展理念，使社会发展与生态环境协调共赢，成为世界越来越多国家高度重视的具有长期性的战略和任务。绿色发展理念的核心是节约、低碳和可循环，其本质特征是可持续发展。绿色发展理念的实现主要通过绿色工程，即在工程项目的设计和施工中运用现代科学技术，设计生命周期更长的产品，提高产品的可维护性，综合并充分利用自然资源，使用节能环保材料，重复资源的循环利用，应用绿色技术和施工工艺等。绿色工程要求卓越工程教育注重树立绿色发展理念，培养卓越工程师重视生态环境保护，重视循环经济，在工程活动中处理好人与自然和谐关系。

6. 智能化深入工程领域（或称数字化转型）

未来影响工程、科学和技术的重要因素之一是智能化、数字化转型。

随着计算机技术、网络通信技术、大数据技术、信息处理技术、自动化控制技术、人工智能技术等的迅速发展，人类已经进入智能化时代。人工智能（AI）将在工程领域占据决定性的地位，人工智能和相关技术已经牢固地嵌入工程的优化、搜索和规划过程中，将在越来越多的工程领域承担着以往只有工程师才能完成的工作。

伴随着各种自动化智能技术模仿、延伸和拓展人的认知和决策等技能，智能化不仅将进一步拓展工业产品的设计理念、性能空间、价值幅度、用户市场，而且将以难以预测的方式改变工程及其学科的内涵，赋予其更广阔的发展空间和应用领域。

智能化在强力推动现有工程及其学科发展的同时，还促进新产业、新业态、新模式的产生和形成，改变和影响国家及社会各类资源要素的配置，推动创新链、产业链、资金链和人才链的深度融合，促进经济社会发展新格局的出现。

因此，卓越工程人才不仅要有应用现代信息工具的数字化能力，而且需要掌握不断更新的人工智能原理和前沿技术，以适应未来工程的发展。

成功实现绿色和数字化"孪生"转型是实现可持续发展和未来充满竞争力的重要基石。

7. 更加注重伦理问题

近年来，工程伦理越来越得到国际工程界及工程教育界的高度重视，这是因为越来越多大规模工程和复杂工程的出现，以及人工智能技术在工程领域的广泛应用，使得涉及的利益相关者不断增加，导致出现大量不得不解决的各种类型的工程伦理问题，包括技术伦理、利益伦理和责任伦理三方面，可以预见，伦理问题将成为未来工程发展必须高度重视的一项内容。事实上，工程伦理问题的出现往往是由工程师的伦理意识缺失、对工程活动后果估计不足、没有平衡好工程相关各方利益、社会责任和自然责任意识淡薄等方面的因素造成的[2]。因此，卓越工程人才必须具备强烈的工程伦理意识，能够在工程活动中平衡好各方利益及承担工程的自然及社会责任，具有应对和解决工程伦理问题的能力。

1.2 未来世界对卓越工程师的期盼

上述未来工程的发展趋势和特征充满变数和复杂性，这一方面是人类与自然相互作用的结果，另一方面是人类主观意愿驱使的结果，因此，未来世界充满不确定性，人类社会将面临越来越多难以预测的挑战。

　　工程师作为人类社会客观世界的建造者和改造者，在人类不断追求美好生活的进程中扮演着重要的角色，卓越工程师作为工程师队伍中的佼佼者，其作用更是不可替代并受到广泛关注。为了给中国式现代化提供卓越的人才资源，为了应对在未来民族复兴伟业进程中面临的各种新挑战并找到新方案，未来世界对卓越工程师的期望也越来越高，期望他们以中华民族伟大复兴为己任，具有坚实的科学和技术背景、卓越的工程和技术能力、高素质且负责任，能够理解和面对日益复杂的客观世界，设计和实现解决前所未遇复杂工程问题的方案，可以在跨国界和跨学科环境下工作，在人类社会发展中扮演更广泛的角色等。具体而言，未来世界对卓越工程师的期盼大致有以下几方面。

1.2.1　综合素质方面

　　（1）作为高素质拥有者，具有家国情怀、全球视野、人文社科素养、批判性思维、跨学科和系统思维、战略性思维、追求卓越的态度、勤勉敬业和艰苦奋斗精神；

　　（2）作为未来世界发展趋势的把握者，了解日益复杂的世界及其内部复杂关系，具有战略性思维、把握未来世界发展趋势及影响发展趋势的主要因素；

　　（3）作为社会责任承担者，深刻认识可持续发展对人类社会的重要性，以及自身的使命和所承担的自然和社会责任。

　　归纳起来，未来卓越工程师的综合素质主要包括：家国情怀、全球视野、人文社科素养、批判性思维、跨学科和系统思维、战略性思维、追求卓越的态度、把握未来世界发展趋势、深刻认识自身的使命和所承担的自然和社会责任等。

1.2.2　工程能力方面

　　（1）作为工程实践者，综合运用多学科知识、原理和方法，设计和实现解决复杂工程问题的可持续、符合职业道德、负责任的解决方案；

　　（2）作为项目开发者，应用先进技术和资源，负责和组织对现代工程工具、复杂工业产品和工程流程进行开发、设计、实施、评估和改进；

　　（3）作为应对挑战者，在面对全球挑战和不确定的环境中寻求应对、挑战和处理未来工程问题的新的解决方案，具有突出的创新创业能力；

　　（4）作为工程研究者，具有坚实的科学和技术研究基础，开展对复杂工程问题的研究、工程技术的创新及工程科学的研究；

　　（5）作为终身学习者，具有终身学习意识，及时更新知识、学习新技术、掌握新技能，动态适应职位、责任和角色的转变。

归纳起来，未来卓越工程师的工程能力主要指：复杂工程问题的解决能力；复杂产品开发、设计和实现的能力；应对和处理未来工程问题的能力；突出的创新创业能力；复杂工程问题研究、工程技术创新开发及工程科学研究能力；终身学习和动态适应能力。

1.2.3　社会能力方面

（1）作为组织管理者，引领所在制造企业、工程公司、管理部门或研究机构，在绿色和数字化转型过程中，成功实现转型、改造和升级，以适应国内外竞争的需要；

（2）作为利益协调者，在复杂工程活动中与利益相关各方有效沟通，协调和平衡各方利益诉求；

（3）作为团队领导者，在跨国界、跨文化、跨学科环境的团队中有效工作并发挥领导者的作用；

（4）作为多角色扮演者，在经济、科技、金融和商业等社会各界扮演更广泛的角色，与各行各业、国家部委、地方政府、社会各界一道工作。

归纳起来，未来卓越工程师的社会能力主要指：大型工程系统的组织管理能力；多方协调和沟通能力；在跨国界、跨文化、跨学科等复杂环境下的团队领导力；多角色扮演及多方协同工作能力。

未来世界对卓越工程师的期盼需要通过系统的教育培养打下坚实的基础，未来卓越工程师培养需要得到高等学校、各级政府、行业企业等持续地高度重视和密切配合。然而，面向未来的卓越工程师培养不可能沿用当前已有的模式、路径和方法，而必须在充分认识未来工程发展趋势和特征及把握未来世界对卓越工程师期盼的基础上，经过明确目标、提出思路、制定方案、充分论证、分步实施、质量评估等环节才能实现。

1.3　未来工科教师队伍的重塑

面向未来培养卓越工程师的首要任务是重塑工科教师队伍，也就是说，建设一支胜任未来卓越工程师培养的教师队伍是关键。具体而言，教师队伍重塑主要包括三方面任务：一是教师自身建设，二是教学团队建设，三是教师评价和激励。

1.3.1　教师自身建设

作为担任教育教学任务的主体，教师在培养未来卓越工程师上应该做好充分的准备，既要更新工程教育理念，也要不断提升自身的能力，还要做好具体的教学工作。

工程教育理念的更新应该在原有的学生中心、成果导向和持续改进理念的基础上，树立面向未来需求、注重学科交融、研究与实践结合的新理念。面向未来需求理念强调的是整个卓越工程师培养全过程的各项工作，包括目标定位、培养方案、课程体系、教学内容和教学方法等，都要围绕未来世界对卓越工程师的期盼进行。注重学科交融理念强调的是卓越工程师的培养工作，不论是学科专业设置、课程体系建设，还是课程教学内容选择，都要针对未来工程发展的趋势和特征，突破传统的学科专业界限，从大工程范畴、多学科交融角度开展。研究与实践结合理念强调的是工程教育实践需要相关研究成果的指导，工程教育研究问题需要源于实践，从而形成研究指导实践、实践促进研究的良性循环，最终达到提升卓越工程师培养质量的目标。

教师自身能力的提升重点在提升工科教师教育教学能力和教学研究与改革能力。教育教学能力提升中十分重要的一项是灵活充分应用现代信息技术、智能化手段和丰富的教育教学资源，以提供高质量的工程教育课程，提高卓越工程师培养教育教学效果。教研教改的目的在于深入研究教育教学中可能遇到的问题、提出解决思路、方案和方法，从而进行工程教育教学改革，最终提升教育教学质量。教师在明确卓越工程师培养目标定位的前提下，需要做好具体的教学工作，包括重新审视培养方案、改革重组课程体系、动态更新课程教学内容、创新教学组织形式和教学方法等，以适应未来的挑战。

1.3.2　教学团队建设

现代工程学科专业的多学科交融性，以及对未来卓越工程师培养的高要求，使得加强教师间的合作与配合、加强教学团队建设尤为重要，具体主要表现在三方面：一是通过团队中教师之间的相互协作和优势互补，能够形成合力，提高教育教学质量；二是通过团队中教师之间的相互学习和取长补短，能够进一步提高教师的教育教学能力；三是各种教育教学资源能够在教学团队中得到更加合理的配置和有效地使用，从而避免资源重复配置和闲置浪费。

教学团队建设的核心目标是整体提高从事工科教育教师的教学能力和水平，进而提高工程教育教学质量，以满足未来卓越工程师培养的需要。围绕这一核心目标，教学团队建设的主要任务有以下五项：第一，由承担课程教学任务的教师们共同开展课程体系和教学内容改革；第二，针对培养未来卓越工程师可能面临的各种教育教学问题，进行教学研讨和教学经验交流；第三，根据课程教学目标和任务要求，创新教学组织形式和教学方式，以提高教育教学效果；第四，依靠团队的整体力量及其外部联系，整合和开发未来卓越工程师培养所必需的各种重要教育教学资源；第五，借助团队平台相互学习、取长补短，实现团队教师教育教学质量的整体提高。

1.3.3　教师评价和激励

对教师的评价和激励是促进教师队伍建设的有效手段，需要根据院校类型和所承担的未来卓越工程师培养任务的特点，制定教师评价标准和激励政策。

教师考核与评价标准要与未来卓越工程师培养的目标任务直接挂钩，基于这个目标任务分解出来的课程或教学活动目标将作为考核与评价相关教师教学业绩的核心指标，其中的关键不在于教师承担教学任务的投入，而在于教师教学工作的产出即成效。

对教师的激励在于充分调动教师投入学科专业建设和未来卓越工程师培养的主动性和积极性。激励政策必须立足长远和尊重教师职业生涯道路选择的多样性，包括鼓励教师将教学及学术研究作为自身发展的重点，因此，需要精心设计、广泛征求意见和稳步实施。

1.4　在工程教育中重视可持续性教育

由于卓越工程师是未来可持续发展的主要设计者和实现者，需要在工程教育中重视可持续性教育。

（1）深入理解绿色发展的重要性，树立可持续发展理念和价值观。当前工程教育往往侧重可持续发展相关的技术素养，容易忽视塑造未来卓越工程师正确的理念和价值观及培养影响工程学科专业的伦理道德。因此，一方面学习可持续发展基础知识，通过对客观世界的认知和深入了解，如气候变化、环境恶化和生物多样性压力等，提高对可持续发展的广泛主题的认识，更加明晰绿色发展的重要性；另一方面创造学术交流的机会和空间，支持和鼓励学生参与可持续发展论坛和学术会议等活动，通过讨论、辩论和反思等方式，塑造未来卓越工程师牢固的可持续发展理念和价值观。在此基础上，学生才能够成为可持续发展的主导者，有利于将可持续发展融入工程教育的培养方案和课程体系之中，进而提高学生对可持续性教育的重视。

（2）多方式培养可持续发展技能。可持续工程教育需要跨越学科，超越工程的技术视角，一方面要与环境保护、社会进步、经济发展紧密结合，通过研究性学习等参与式学习方法，掌握可持续发展的综合性质、获得多方合作的学习经验、培养跨学科可持续发展技能；另一方面要鼓励参与可持续发展实际工程项目和研究课题，通过不同的时空视角，与社会利益相关各方相互作用，整合社会、经济、政治和技术限制，通过跨学科的研究和工程创新，培养和提升可持续发展技能。

（3）加强与不同行业领域专家的合作。可持续发展的核心是在工程活动中减少资源的消耗和提高资源的再利用，然而随着社会的发展，这种认识也在不断得到拓展。如关注如何通过设计可分离部件以便于维修来延长产品的寿命，关注如何在工程活动的全过程中保证产品或工程利益相关各方的利益公平，以利于各方共同努力实现可持续发展目标。因此，人们应该充分认识到，可持续发展往往是一系列相互关联的复杂问题，很少有一个正确或唯一的答案，解决可持续发展问题需要不同行业领域之间的合作，需要工程师、设计师、经济学家、环境科学家、社会学家、管理学家和心理学家的通力合作，需要他们每个人都为实现可持续发展做出贡献。

（4）在教育教学质量评估或专业认证标准中纳入可持续发展指标。目前，在工程教育教学中可以观察到实际学习结果与预期学习结果之间的差异。相当一部分高等教育机构没有充分评估其教学和学习的可持续性成果，因此，在教学和学习中实施可持续性往往没有充分和确切的证据来为培养模式、课程体系和教学方式的调整提供所需的信息。学科专业负责人、课程主讲教师、教学管理人员需要有衡量教学效果的标准和工具，以持续监测可持续性教育的有效性。为此需要将可持续性教育的指标纳入工程教育的质量评估或专业认证标准中。

1.5　重视人工智能对工程教育的影响

人工智能将以难以预测的方式影响所有工程学科专业和工程教育，这些均需要予以高度重视。人工智能对工程教育的影响包括以下五个方面。

第一，人工智能对未来工程的影响将直接映射到未来相关的工程学科专业上。一方面，人工智能的渗透将促进现有工程学科专业的转型、改造和升级；另一方面，人工智能与工程学科的交叉融合将促进新的工程学科专业的形成，这些将颠覆性地改变工程学科专业的性质和内涵，以及突破现有工程学科门类和层级的界定，最终将影响整个工程教育体系及其构成要素。

第二，人工智能将推动工程学科专业课程体系改革。一方面，人工智能对所有工程学科专业性质和内涵的影响将改变工程学科专业的课程设置和教学内容；另一方面，人工智能使得学生能够自主学习，掌握部分原先需要教师课堂讲授才能完成的教学内容。因此，改革工程学科专业课程体系和更新课程教学内容将成为工程教育教学改革的重要任务。

第三，人工智能将极大地丰富工程教育教学资源。一方面，人工智能将推动数字化教育教学资源的创新、形成、再生和传播，使得支持工程学科专业学习的数字化资源的获取比以往更加容易，教师不再是教育教学资源的绝对拥有者；另一方面，人工智能将不断完善和创新工程实践教育的环境和平台，不断丰富工程实践教学实验的设备和手段。这些为学生学习提供更多的个性化选择。

第四，人工智能将对教师教学和学生学习产生巨大影响。一方面，人工智能在不知不觉中渐进式地集成到教师和学生使用的教学工具中，而使用这些工具既不需要掌握专门的人工智能知识，也没有过高的硬件要求；另一方面，人工智能将创新和完善工程实践教学方式和手段，为师生提供对用户友好的交互界面。这些不仅将从根本上极大地改变教学组织形式和教学方式，而且会大幅度提升工程教育教学效果。

第五，人工智能将可能使学生失去一些基本技能。类似于计算器出现后人工计算技能的广泛减少及 Windows（视窗操作系统）出现后不需要掌握 Dos（磁盘操作系统）一样，人工智能应用的普及化容易使工程教育界忽视作为工程师需要具备的一些基本技能。因此，一方面，需要认真分析未来工程师的哪些技能仍然重要，以确保它们在人工智能应用的普及化之后仍然存在；另一方面，需要认真研究哪些技能在人工智能时代可以用其他技能来替代。

总之，人工智能将深刻影响所有工程学科专业的设置和建设，促使工程教育教学理念发生改变，推动工程学科专业课程体系改革和教学内容更新，极大地丰富工程教育教学资源，深刻影响教师教学和学生学习，迫使教师和学生重新定位在工程教育教学中的角色，同时还可能使学生失去一些基本技能。相关高校必须高度重视人工智能对工程教育的上述影响，提前布局、规划和建设相关工程学科专业，做好相应的工程教育改革创新工作，为面向未来培养卓越工程师做好准备。

事实上，未来卓越工程师不仅是人工智能的应用者，而且是未来人工智能创新发展的引领者、设计者、建设者和推动者，站在塑造未来人工智能的最前沿。相关高校要重视培养学生掌握人工智能基本原理及支撑技术，使他们在日后的工作中尽可能广泛地使用人工智能，努力根据工程发展和需要推动人工智能的创新发展，同时要理解人工智能的新发展可能产生的伦理问题，对经济社会的影响及其对人类社会带来的挑战，能够对人工智能所提供的信息进行批判性分析。

上述各节分析了未来工程教育发展趋势和特征，提出了未来世界对卓越工程师的期盼，讨论了重塑未来工科教师队伍的重要性，强调了在工程教育中重视可持续性教育，以及重视人工智能对工程教育的深刻影响。接下来将围绕学生综合素质的养成和提升、工程能力的培养和提高、社会能力的培养和提升等，具体讨论面向未来培养卓越工程师还必须开展的教育教学活动。

1.6　重视跨学科培养

未来卓越工程师必须有宽广的视野，他们必须与校内外不同学科的专业人士合作。跨学科合作（或称多学科合作）是未来卓越工程师作用得以充分发挥的关键，这是由于现代科学和工程技术正在呈现高度综合的趋势，不同学科的知识、理论、方法、技术、手段的交叉渗透正发生在包括工程学科在内的广泛的学科领域，人类社会已经步入多学科交叉融合的时代。具体而言，未来世界工程领域的问题不是存在于单一的工程学科之中，而必然是涉及多个学科的问题，未来卓越工程师只有通过密切的多学科合作才能解决未来工程问题。

对未来卓越工程师的培养必须从目前的聚焦单一工程领域转变为更加开放的面向未来的以本工程学科领域为主，同时跨越多个学科领域的培养。与此相应的是对工程师能力培养的加强，从目前的主要聚焦解决工程问题的能力转到未来卓越工程师必须具备的多方面综合能力和素质的培养，即从工程问题的分析解决能力，到工程或工业产品的设计和建造能力及注重市场、安全、质量、效益和环保等，然后到复杂工程问题的解决能力和沟通合作与组织管理能力及复杂工程系统的运营管理能力，再到工程技术创新开发和工程科学研究能力，具有良好的生态平衡、社会和谐和可持续发展意识，以及复杂环境下的大型团队领导能力等。因此，要重视跨学科培养的未来卓越工程师培养方案的制定和课程体系建设和实施，使得上述目标，即综合素质、工程能力和社会能力各个方面的培养均能实现。

跨学科在高等教育领域不是新的概念，已经有丰富的研究成果，从认识层面得到广泛共识，但关键的问题是如何在工程教育实践中有效地实现跨学科。例如，跨学科课程建设和教学需要多位教师的参与，跨学科研究项目需要多位教师的指导，学生在做工程研究时倾向于选择与本学科方向一致的单一学科课题等，这些因素往往成为实现跨学科的障碍。

跨学科培养包括跨学科学习和跨学科活动两方面，这些均需要加强高校内外部不同学科院系之间的合作，既包括工科院系之间的合作又包括工科院系与其他人文社科院系的合作还包括工科院系与行业企业和工业部门的合作。跨学科学习主要通过设置多学科交叉融合的课程和综合化的课程，以及围绕工程实践项目或工程实际问题开展的实践教育教学活动来实现。跨学科活动主要通过安排学生参与复杂工程问题研究、工程技术创新研发、行业企业的实际工程项目及工程学科创新创业活动等来实现，从而促进不同学科专业学生、教师、专家的合作互动，有益于处理好工程与经济、社会、自然等方面的关系。

除了在工程能力培养上具有重要的作用，跨学科培养对于跨学科和系统思维、大型工程系统的组织管理能力、多方协调和沟通能力等的培养具有直接积极的作用。

1.7 重视批判性思维和战略性思维培养

作为未来行业产业的领导者，批判性思维应该成为未来卓越工程师的思维常态。批判性思维是用"挑刺"的眼光、从批判的角度对事物进行分析、研究并提出方案和对策。批判性思维试图以否定事物的方式看待问题，"鸡蛋里挑骨头"，找出纰漏、缺点和不足，进而提出改进、改革、完善事物的方案和思路。批判性思维对于追求自我完善、不断进步、卓越发展具有十分重要的意义。一个领导者只有通过否定、再否定的方式看待自己的工作成就，才能够创造性地提出改革的思路、发展的目标和行动的方案。

批判性思维对未来卓越工程师的重要性表现在两方面：一是，在"知识爆炸"的今天，新的信息和知识正以指数级的速度大量产生，随着互联网、社交媒体、数字技术和人工智能等发展，尤其是 ChatGPT 和类似工具的出现，人们面临前所未有的大量数据和知识资源，需要具备筛选、整理及评估真实性与可靠性等能力，因此，需要培养学生的批判性思维，以批判性地评估和验证可用信息。二是，作为未来工程领域或行业产业的领军人物，在各种类型大型复杂工程活动决策过程中将面临大量信息、各方意见、多种诉求和各种建议，需要对这些信息和建议进行筛选和分析，包括剔除其表面的感知和假象，找到信息的本质和核心，从而汲取有益的信息，为做出正确的决策提供支持。

作为未来行业产业的领导者，战略性思维应该成为未来卓越工程师必须具有的基本思维。战略性思维是从全局性、长远性、系统性和根本性角度分析、研究事物的思维方式、思维理念和思维活动。战略性思维具有以下主要特征：全局性、根本性、系统性、前瞻性、创新性、动态性和灵活性[3]。战略性思维要处理好五方面的关系：局部与整体、当前与长远、继承与创新、灵活与原则、领导与群众[4]。

战略性思维对未来卓越工程师的重要性源于其在未来工程领域和行业产业的

地位和作用，是未来卓越工程师必须具备的一种素质和能力：一方面作为未来趋势把握者，未来卓越工程师必须了解日益复杂的世界及其内部复杂关系，把握未来世界变化趋势及影响变化趋势的主要因素，因此，战略性思维是未来卓越工程师履行自身职责的需要；另一方面作为未来大型重大工程项目的决策者，未来卓越工程师深知自身担负的重大责任和使命，清楚未来世界变化是唯一不变的，他们必须从党和国家全局的高度、世界经济政治发展的全球趋势、未来科技和工程发展的走向等前瞻性的角度进行分析和决策，因此，战略性思维是提高未来卓越工程师决策能力的需要。

批判性思维和战略性思维的培养不可能依靠开设一门类似于"思维"的课程来解决，需要多门课程的持续学习和不断积累，需要在处理复杂工程问题的过程中，在真实客观世界的环境中培养。批判性思维的培养核心是培养问题意识，首先，要带着问题看"问题"，对"问题"多问为什么，多给些不同的假设和解决办法；其次，要形成质疑心理，即不要将任何结论性的东西、过去的决策甚至权威的认识视为绝对真理，要带着质疑的心理提出问题，多从否定的角度看问题。批判性思维的形成，要在具有问题意识的基础上保持开放性思维并做到逆向思维，前者表现在"异想天开"和无限思维，后者表现在对"问题"反着看、对着干、"鸡蛋里挑骨头"。

战略性思维的培养强调未来卓越工程师要从全局的高度、从发展的趋势、从对未来环境的分析等层面来思考和决策。全局的高度必须是党和国家事业发展的高度，可以从国家相关战略中把握；发展的趋势指的是世界经济、社会、科技、工程等发展趋势，尤其是与所要决策相关领域的发展趋势；未来环境指的是国内和国际相关工程领域和行业产业未来发展的环境。战略性思维的培养要重视系统思维、前瞻性思维、创新性思维和动态思维等思维方式的培养，同时要掌握并运用好相关的管理理论和方法，来分析和研究具有战略性质的未来问题。战略性思维要求未来卓越工程师做到高瞻远瞩、审时度势、把握全局、运筹帷幄、统筹优化和动态适应。

1.8　将科学研究作为培养的重要环节

科学研究（简称科研）是高层次的实践和创新，其在未来卓越工程师培养上的重要作用是课堂教学、实践教学、实习实训及工程实践等所不能替代的，是综合性的人才培养环节，主要作用如下[5]：

（1）科研项目的真实性和复杂性支持学生解决复杂工程问题能力的培养；

（2）科研活动需要的人际交往、团队合作和组织管理，有利于学生社会能力的培养；

（3）科学研究无不涉及环境保护、生态平衡和可持续发展，要求具有家国情怀、认真负责的态度、坚忍不拔的精神和对高质量成果的追求，有利于学生综合素质的养成；

（4）科研活动必然涉及多个学科，要解决的是前人没有解决或尚未完全解决的问题，以多学科交叉为创新创造条件，因此，科研活动是培养学生创新思维和创新能力的重要途径。

对于不同层次的学生，应该基于其知识基础、能力水平和科研经历选择合适的科研项目进行参与。一般而言，适合本科层次学生的科研项目主要包括：国家级和省部级一般项目，源于企业的解决普通工程实际问题的横向项目等。适合研究生层次尤其是博士研究生的项目主要包括：国家级和省部级重点和重大项目，国家部委委托的重大专项，行业企业的重大攻关项目等。在做好保密工作的前提下，博士研究生还可参加面向国家重大战略关键核心领域的型号项目等。

科学研究在人才培养上发挥着不可替代的作用，其包括查阅文献资料、确定科研选题、制定科研方案、开展科研实验、发表科研成果等多个环节，每个环节都具有不同的人才培养功能，教师在指导学生开展科研时的作用不同于其在课堂教学时的作用。

在查阅文献资料环节，教师要指导学生在浩如烟海的工程和科技文献资料中快速地查找到具有重要参考价值的文献资料，有效地进行分析研究并得出结论。学生通过这个环节不仅学习了前人解决工程问题的经验和智慧，而且提高了其终身学习能力。

在确定科研选题环节，教师要指导学生结合自身的学科背景和科研能力优先在国家经济社会发展面临的各类工程问题中选择科研主题，最终确定的科研选题既要有挑战性和创新性，又要是能够通过自身努力完成的。学生通过这个环节不仅能够强化其家国情怀，进一步认识到自身的使命和所承担的责任，而且能够有效地培养其在动荡变化的外部环境中发现和准确找到问题的能力。

在制定科研方案环节，教师要指导学生提出研究的框架思路、选择有效的研究方法、进行合理的资源配置、证明科研方案的可行性。学生通过这个环节不仅对科研选题有全面深入的了解，掌握研究重点、突破难点、挖掘创新点，有效地提升其对科研问题的分析能力，而且训练了学生的科研计划制定、资源合理配置和可行性分析能力。

在开展科研实验环节，教师要指导学生突破前人的思维定势和经验，在与团队成员密切合作的基础上，把握工程问题的本质，综合平衡和协调各方面因素，坚持科学严谨的态度，创造性地解决工程问题。学生通过这个环节能够全方位、综合性地提高自己，包括在提出解决工程问题方案时养成优良的综合素质，在解决工程问题的过程中培养创新思维、创新技能和工程能力，在团队合作过程中提升其社会能力。

在发表科研成果环节，教师要指导学生梳理科学实验数据和成果，去粗取精、把握重点，将科研成果和研究结论等逻辑清晰、条理清楚地展示给业内同行。学生通过这个环节不仅训练了分析和归纳能力，而且提高了文字和口头表达能力，进而加强了沟通交流能力。

1.9　充分发挥研究性学习和挑战性学习的作用

研究性学习，即基于问题或项目的学习（PBL），也称项目式学习，具有知识的获取、应用和创新，专业能力的培养和提高，社会能力的培养和提高，综合素质的培养和提升等四方面主要作用[6]，得到国际工程教育界的普遍认可和推崇。联合国教科文组织（UNESCO）2013 年 11 月批准在丹麦奥尔堡大学成立作为 UNESCO 二类中心的 PBL 中心，该大学已将 PBL 整合到下属所有院系，覆盖工程、社会科学和人文科学等学科，经过多年的研究和全校性的推行，PBL 在提高该校的影响力和知名度上产生巨大的作用。此外，PBL 也被纳入欧洲工程教育任务驱动型创新的范例。

挑战性学习（CBL）是在 PBL 基础上发展起来的另一种引人入胜的多学科教学方法，近年来得到国际上越来越多国家的推广和应用。CBL 与 PBL 的主要区别有四方面：第一，在挑战的问题上，PBL 强调用于学生研究的问题、案例和项目的真实性应该源于行业或企业的实际，旨在培养学生解决实际问题的专业能力；而 CBL 强调的是问题的挑战性和趣味性，即问题的难度、解决的"不可能"性及对学生学习兴趣的激发，它虽然可以是与 PBL 一样源于行业或企业的实际问题，但是要求具有更高的挑战度，也可以是学科和经济社会发展中的前沿、难点和热点问题，还可以是教师根据课程教学目标虚构的问题。第二，在课程目标上，二者的主要差别在于，CBL 在 PBL 的基础上激发了学习兴趣和培养挑战"不可能"问题的勇气，培养跨学科知识整合构建应用能力，培养和提高创新能力。第三，在学习环境上，PBL 更注重学习环境的真实性，鼓励将学习环境拓展到行业或企业生产运营场所或校外基地。而 CBL 可能缺乏现成的学习场所，尤其是对那些虚构的问题，需要教师投入大量时间和精力去构建。第四，在师生的投入上，CBL 需要教师和学生投入更多的时间，付出更大的努力，冒着更大的失败风险参与 CBL 问题的解决。

从未来卓越工程师培养角度，目前 PBL 和 CBL 的作用没有得到充分的发挥。主要有两方面原因：首先，在用于 PBL 和 CBL 的问题的真实性和挑战性上，一方面用于 PBL 的问题和项目或者不是源于真实的工程实践，或者是为了在有限学时能够完成课程教学任务而简化的工程问题和项目，它们基本上都能够完成，这与工程实践中的工程问题或项目的实际情况存在显著差异；另一方面用于 CBL 的问题挑战度不高，难以起到实现课程目标的作用。其次，在学习和研究团队的构成上，目前团队成员的构成基本上都具有相同的学科专业背景或者基本上都是在校工科学生，既没有来自不同部门的专家，也没有代表着不同利益的相关者，因此，在这种团队中开展 PBL 和 CBL 所获得的解决复杂工程问题能力、团队合作经历及能力等与这些学生毕业后在整个职业生涯中需要的能力仍存在较大差距。

为了使学生毕业后能够较快地承担起未来卓越工程师应有的责任，需要重视 PBL 和 CBL 问题的选择和团队的构成，以充分发挥二者在提高学生解决真实复杂工程问题和挑战"不可能"问题的能力，以及与不同学科、领域和资历的校外专家团队合作的能力。这就需要做到三点：一是在问题选择上，用于 PBL 的问题或项目必须源于行业企业、有难度且开放的工程问题或项目，用于 CBL 的问题必须源于外部客观世界且具有挑战度的现实问题；二是在团队成员构成上，除了校内相关学科专业的学生和指导教师外，还应该有企业工程师、校外有经验的专家或其他利益相关者代表等；三是需要对问题解决方案或项目研究成果进行评估，以衡量学生的问题解决能力、团队合作能力及创新性和创造力。

事实上，不论是将科学研究作为未来卓越工程师培养的重要环节，还是充分发挥 PBL 和 CBL 的作用，都是强调综合性学习和团队合作学习，即在不同成分构成的团队中，通过研究科研项目、解决复杂工程问题、挑战"不可能"问题，将多学科知识学习、专业能力培养、社会能力形成和品德素质养成等相结合，达到综合素质、工程能力和社会能力的培养和提升。因此，必须通过提高课程体系中"做中学"部分、增加 PBL 和 CBL 在培养方案中的比重，将参加科研活动作为学生培养计划的构成要素，改变以往课程各自为政、理论与实践结合不够紧密、能力和素质培养割裂的局面，切实提高学生的学习成效，在未来卓越工程师培养上取得重要成果。

1.10   满足学生个性化需求

未来世界将对人才培养的需求发生重大变化。一方面，智能时代对工程和产品的影响主要通过智能建造和制造模式实现工程和工业的智能化、个性化和大规模化，因此对未来卓越工程师的需要是多样性和个性化的；另一方面，未来世界行业产业发展变化的不确定性和多样性，要求工程教育界培养多样化和个性化的人才予以应对；与此同时，学生基于自身兴趣和能力对未来职业发展的规划，要求高校不能按照统一的培养方案和模式培养学生。以上分析可见，满足学生在学业上的个性化需求成为培养面向未来卓越工程师的一项不可忽视的重要工作。

满足学生个性化需求要充分认识学生的个体差异，承认学生个体在智力、潜能、兴趣和特长等方面存在着差异性，工程教育只有适应这种差异性，才能充分发挥学生的主动性和创造性，使得每个学生得到全面发展，为学生进入未来世界开辟通道，为其成为名副其实的卓越工程师奠定基础。

学生个性化需求的满足要遵循以学生为中心的教育理念，将其落到实处，注重学生的自主性和选择性，主要从以下四方面着手。

第一，从供给的角度，为适应科学技术和外部环境的迅速变化，应该为学生提供满足其自身学习风格、能力、兴趣等特点的包括学科专业之外和跨院系的不同课程，借助智能技术实现差异化的教学模式和实施个性化的学习方式等，给予学生发展上更大的选择空间。

第二，从参与的角度，要鼓励和支持学生积极参与他们感兴趣的相关课程和研究项目的设置、设计和实施，给予他们充分的机会根据自己的个人兴趣和能力水平个性化定制他们的课程和研究项目。

第三，从自主的角度，有条件的高校应该允许学生在学业指导教师的指导下根据自己的兴趣特长和职业规划自主组合课程、自主制定培养计划、自主构建新专业或学科方向，以充分发挥学生的天赋和特长，实现真正意义上的个性化人才培养。

第四，从完善的角度，要重视对学生个性化学习过程、学习效果和满意度的评估和反馈，加强对学生个性化学习的指导，不断优化个性化学习方案，切实提高个性化学习体验和满意度。

智能时代的人工智能、大数据等智能技术的融合应用与创新发展为满足学生个性化需求创造有利条件：首先，智能技术能够极大地丰富教育教学资源，为学生随时随地获取课程教学资源提供了可能；其次，智能技术助力构建智慧校园和智慧课堂，为学生提供智能化、个性化和泛在化的新型教学环境，支持个性化学习；最后，智能技术使得教学过程监测、教学数据获取与分析、教学效果评估和反馈更加便捷和高效，有利于不断完善个性化学习决策。

1.11   重视终身学习、提高动态适应能力

未来世界的变化是难以预测的，学生在未来从事的工作、将采用的技术和将面临的工程问题是不确定的。高校必须为未来卓越工程师从事"尚不存在"的工作做好准备，使他们能够使用"尚未发明"的新技术去解决人们"尚不知道"的工程问题。习近平总书记强调："如果我们不努力提高各方面的知识素养，不自觉学习各种科学文化知识，不主动加快知识更新、优化知识结构、拓宽眼界和视野，那就难以增强本领，也就没有办法赢得主动、赢得优势、赢得未来。"终身学习是指各类专业人员为了适应社会发展、满足个人发展的需要，在整个职业发展过程中需要持续不断和长期坚持地学习，并时时更新学科专业知识、拓展专业能力、提高对新事物、新发展的认识，从而动态适应岗位、职务和角色的调整，应对社会和环境的变化，使自身始终处于适应当前职位的最佳状态。

从工程教育的角度看：首先，在认识层面，必须培养学生不断更新知识和拓展能力的终身学习意愿，使他们充分认识到终身学习是持续发挥卓越工程师作用和保持在本领域竞争优势的必须；其次，在能力层面，要在未来卓越工程师培养过程中，通过采用参与式学习和主动式学习等教学方法，包括上述的 PBL 和 CBL 等学习方法，以及安排学生课外自主完成学习任务等，培养学生的终身学习能力；再次，在习惯层面，要培养学生将终身学习作为一种生活方式和日后工作的重要组成部分，作为生存和发展的需要，崇尚学习、终身学习，不断提升勤奋、自觉和主动学习的习惯；最后，在行动层面，要培养学生不安于现状和追求卓越的态度，做到以知促行、以行促知，达到知行合一，用学习提高自己和指导实践、用工作促进学习和充实自己。

1.12   注重在"失败"中培养

失败是成功的先导，失败是成功的基础，未来卓越工程师的培养也需要在失败和挫折中成长。这里所谓的失败包括学习过程中遇到的挫折，在参与科学研究、项目开发、产品设计、团队合作、创新创业等方面的不成功。要使失败成为成功之母，就必须在这些挫折和不成功中深挖原因、吸取教训、总结经验，表现出坚韧不拔、百折不挠的意志，坚持不懈、不断努力，直至成功。

未来世界对卓越工程师的期盼决定着对他们的培养是高标准和严要求的，因

此，学生在整个学习过程中不可能一帆风顺，必然会遇到这样那样的问题和挫折。为此，一方面要培养学生坦荡面对失败和挫折的勇气，培养百折不挠的精神，将失败的经历作为成功的起点，为成功随时做好迎接失败的准备；另一方面，要培养学生认真分析失败的根源，把握好失败这一"财富"，将失败的教训作为成功的经验，在失败中寻求成功的突破。

在整个教育教学过程中，教师可以人为地"制造"使学生"失败"的机会，以更好地发挥"失败"在培养未来卓越工程师上的作用，包括鼓励学生学习培养计划之外难度较高且对其有益的课程，提高 PBL 工程问题的复杂性和 CBL 现实问题的挑战度，参与具有较大难度的科研项目等，通过这些"失败"的经历，学生将不得不重新全面审视形成"失败"的整个过程，从思路的提出、方案的制定、理论的应用、方法的选择等诸多方面寻找原因，这样在寻找"失败"根源的过程中，对于加深对问题本质的认识、拓宽学习或研究思路、深入掌握理论方法等均有积极的作用，从而激励学生不怕困难的韧性和勇气，培养学生解决更复杂工程问题的能力以及战胜困难、挑战未来的能力。

1.13　培养未来卓越工程师的其他工作

除了上述各项重要工作外，培养未来卓越工程师还需要做好鼓励多方参与培养过程、赋予工程教育国际化新的功能，以及发挥课外学习的作用等工作。

1.13.1　鼓励多方参与培养过程

在未来卓越工程师培养的全过程中，从培养目标定位、培养标准研制、培养方案制定、课程体系改革、课程建设和实施、工程项目研究，到毕业设计或学位论文答辩，行业企业、用人单位、行业协会、各级政府等利益相关者的参与，对于明确培养目标、掌握社会要求、提高培养质量，从而培养出"适销对路"的卓越的人才至关重要。

鼓励各利益相关方参与未来卓越工程师培养过程，能够使学生获得以下益处：一是，学生能够更加清晰地了解社会各界对他们未来的期盼；二是，学生能够更加清楚地掌握行业、产业及社会发展的趋势；三是，学生可以更加明确自身的使命和所承担的自然和社会责任。

鼓励多方参与培养过程需要做好以下几方面工作：第一，各级政府的支持政策和激励措施，要以从根本上、长效性地引导和鼓励多方参与卓越工程师培养全过程；第二，形成多方协同育人的长效机制，在坚持互惠共赢和满足各方利益诉求的基础上创新组织架构、形成制度机制和明确各方责任；第三，建立多方育人成效评价体系，全面审视多方参与培养各项工作和评估育人成效，找出与目标的差距，为改进工作提供依据。

1.13.2　赋予工程教育国际化新的功能

工程教育国际化是指大学通过多种模式的国际合作办学、国际化的产学研合作教育、开展广泛的国际交流和营造国际化的办学环境等形式[7]，为来自不同国家和地区的学生提供面对面交流合作与相互学习的机会。在面向未来培养卓越工程师上，工程教育国际化应该被赋予新的功能，即培养全球视野及在跨国界、跨文化等复杂环境下的团队领导力。

各种形式的国际合作对学生的直接影响有：能够耳濡目染地了解工程在不同国家的发展水平、地位和重要性，熟悉不同国家的工程文化，了解不同文化背景下的工程问题等。这些对于培养学生的全球视野，从全球可持续发展、缩小国家和地区间差距、加强南南合作等高度看待和认识未来工程在构建人类命运共同体和实现国家教育强国、科技强国和人才强国中的重要作用。

对作为未来卓越工程师后备人才培养的学生而言，在学校有目的地组织和精心安排下，他们能够通过与其他国家学生、教师及工程领域专家一道，围绕工程项目研究、开发、设计和实施等工作，开展全方位、系统性的密切合作、研讨、沟通和交流，在提高自身工程能力的同时，有效地加强学生在不同文化背景下的交流与合作能力，培养和提升学生在团队中的沟通协调和组织管理能力。

1.13.3　发挥课外学习的作用

课外学习也称第二课堂，指的是课堂教学之外的学习活动，是课内学习的补充和继续，能够很好地弥补人才培养方案的缺陷和不足。它不仅能加深和巩固课内学习的知识，扩大学生的知识面，而且能培养和满足他们的兴趣爱好，培养他们独立学习、工作及与他人合作的能力，激励他们的求知欲望和学习主动性、积极性，激发他们动手实践和创新创业的意愿。

在多学科交叉融合的时代，高等教育所有学科专业的课程教学内容在不断增加，这与高等教育的学制和总课时不变形成矛盾。与此同时，相较于普通工程人才培养，未来卓越工程师培养的目标定位高、学习任务重。在上述两种背景下，发挥课外学习在未来卓越工程师培养上的作用显得尤为重要。

课外学习能够提供丰富多彩、超越理论课程和实践课程教学目标、满足不同需求的课外教育教学活动。如开展涉及多门课程知识的综合性实验，鼓励学生在教师指导下开展不同学科专业方向的自主学习，组织学生基于研究兴趣开展科研活动或参与各类竞赛，依托学生社团开展社会实践，针对学生的兴趣特长开展个性化培养等。

参 考 文 献

［1］林健.如何理解和解决复杂工程问题：基于《华盛顿协议》的界定和要求［J］.高等工程教育研究，2016（5）：17–26+38.

［2］林健.第四次工业革命浪潮下的传统工科专业转型升级［J］.高等工程教育研究，2018（4）：1–10+54.

［3］林健.大学战略管理［M］.北京：清华大学出版社，2023：58–63.

［4］林健.大学战略管理［M］.北京：清华大学出版社，2023：63–66.

［5］林健.多学科交叉融合的新生工科专业建设［J］.高等工程教育研究，2018（1）：32–45.

［6］林健.面向卓越工程师培养的研究性学习［J］.高等工程教育研究，2011（6）：5–15.

［7］林健.面向世界培养卓越工程师［J］.高等工程教育研究，2012（2）：1–15.

第 2 章
培养大批堪当民族复兴重任的新时代卓越工程师

【本章导读】

工程师是推动工程科技造福人类、创造未来的重要力量，新时代卓越工程师作为担负民族复兴伟大使命的四类国家战略人才之一，得到习近平总书记和党中央的高度重视。培养造就大批德才兼备、堪当民族复兴重任的卓越工程师，是国家和民族长远发展大计。

本章以新时代卓越工程师教育培养为主线，在阐述其使命担当的基础上，对其中的核心要素和主要环节展开重点而简要的讨论，包括卓越工程师类型与培养层次、工程学科专业建设、各类高校分工合作、人才教育培养理念、培养目标和培养标准体系、人才培养方案制定、专业课程建设、教学方式改革、校企全程合作培养、工科教师队伍建设、多方协同育人机制 11 个方面，以期为相关高校在培养新时代卓越工程师过程中提供建议和参考。

2021 年 9 月，习近平总书记在中央人才工作会议上强调，当前"我们比历史上任何时期都更加接近实现中华民族伟大复兴的宏伟目标，也比历史上任何时期都更加渴求人才""加快建设世界重要人才中心和创新高地，必须把握战略主动，做好顶层设计和战略谋划""要培养大批卓越工程师，努力建设一支爱党报国、敬业奉献、具有突出技术创新能力、善于解决复杂工程问题的工程师队伍"。总书记的重要指示，为深化中国工程教育改革、加快建设具有中国特色、世界水平的工程师培养体系，培养造就大批堪当民族复兴重任的新时代高素质工程师提供了根本遵循。

以习近平总书记重要指示为指导，本章在阐述新时代卓越工程师的使命担当的基础上，就培养造就大批堪当民族复兴重任的新时代卓越工程师的核心要素和主要环节进行重点而简要的讨论，包括卓越工程师类型与培养层次、工程学科专业建设、各类高校的分工合作、人才教育培养理念、培养目标和培养标准体系、人才培养方案制定、专业课程建设、教学方式改革、校企全程合作培养、工科教师队伍建设、多方协同育人机制 11 个方面，以期为参与新时代卓越工程师教育培养的高校提供一定的建议和参考。

2.1　新时代卓越工程师的使命担当

新时代卓越工程师教育培养对我国全面建成社会主义现代化国家、实现第二个百年奋斗目标具有十分重要的意义。卓越工程师与战略科学家、一流科技领军人才和创新团队、青年科技人才一道作为战略人才，共同担负着时代赋予其的中华民族伟大复兴的历史使命，他们均须继承和发扬前辈胸怀祖国、服务人民的优秀品质，为国分忧、为国解难、为国尽责。具体到各自的分工，新时代卓越工程师的使命担当主要有以下四个方面。

1. 服务国家若干重大战略的实施

国家近年来提出了一系列重大战略，作为顶尖工程技术人才，新时代卓越工程师是实施这些国家重大战略的重要力量，包括推动中国工程科技创新、提高自主创新能力、加强国际合作与交流、引领制造业水平向高端迈进、提升中国制造业在全球价值链的地位等。

2. 推动产业转型升级和新产业发展

中国经济增长方式的转变和经济结构的调整，不仅需要对传统产业进行转型、改造和升级，而且需要发展通过新技术产业化以及多学科交叉融合形成的新产业，因此，要求新时代卓越工程师立足中国经济长远可持续发展，洞悉全球产业发展态势，把握产业发展规律，成为中国传统产业变革、新产业发展和产业安全维护的开拓者和引领者。

3. 支持实现人民对美好生活的向往

为了实现这一目标和愿望，需要各个行业领域的新时代卓越工程师在生态环境保护、健康医疗服务、舒适居住条件、便捷交通出行、网络通信服务等诸多方面担负起义不容辞的责任，在相关项目的构思、规划、建设、使用和维护上注重创新、高效、经济、节能和环保，充分发挥主导和示范作用，支持实现人民对美好生活的向往。

4. 参与构筑国家未来竞争新优势

世界政治经济格局在不断变化，国际竞争的趋势日益激烈，中华民族在复兴道路上面临各种外部压力和挑战，但无论如何，只有实现创新突破、拥有关键核心技术、掌握前沿领域发展主动权，才能在未来国际竞争中占据优势。这就需要新时代卓越工程师具有战略高度、全球视野和未来眼光,与其他战略人才一道,瞄准人工智能、量子信息、集成电路、高端装备制造、脑科学、生物育种、航天航空、深地深海等前沿领域,攻克关键核心技术,破解"卡脖子"难题,参与构筑国家未来竞争新优势。

2.2   卓越工程师类型与培养层次

完成上述使命担当需要一大批不同类型新时代卓越工程师的分工合作和共同努力,因此,从教育培养的角度出发,必须对卓越工程师的类型进行划分,这不仅有利于各类高校根据自身的办学层次和工程人才培养优势,准确地选择合适的卓越工程师类型作为本校工程人才培养的主要目标,而且有利于高校针对性地选择合作企业,促进高校与企业在校企合作上进一步明确培养目标与合作内容。

从有利于工程师的培养、使用和管理的角度考虑,工程师类型的划分应遵循四个原则:生命周期原则、成长过程原则、学历层次原则和粗细适中原则。基于这些原则,可以将卓越工程师的类型分为服务工程师、生产工程师、设计工程师和研发工程师四种类型[1]。

服务工程师主要从事工程项目建成后的运行、维护与管理,产品的维修和服务,以及生产过程的维护,应具有一定的理论基础、较强的实践动手能力、良好的创新服务能力。

生产工程师主要从事工程项目的建造,产品的生产制造,或生产过程的运行,应具有良好的理论基础,较强的工程实践能力,尤其应具备创新实践能力和一定的人文素质。

设计工程师主要从事工程项目、产品或生产过程的设计和开发,应具有较为宽广的知识面、扎实的理论基础、良好的技术创新能力、较强的工程实践能力和良好的综合素质,具备设计开发出拥有自主知识产权的新产品、新生产过程或新工程项目的能力。

研发工程师主要从事复杂产品、复杂工程或大型工程项目的研究、开发和咨询及工程科学的研究,应具有宽广的知识面、精深的专业理论基础、超卓的技术创新能力和根植于丰富工程经验的综合素质,具备创造出具有国际竞争力的专利技术、专有技术、尖端产品或高技术含量的工程项目的能力。

虽然,各种类型工程师的成长虽然离不开在企业真实的工程实践环境下,在处理和解决真实的复杂工程问题过程中的历练、培养和提高,但是他们同样离不开系统专业的工程教育。对应我国大学专科、本科、硕士和博士四个层次的工程教育，卓越工程师的类型和高校工程人才培养层次可以有如表 2.1 所示的对应关系。

表 2.1　工程师类型与工程教育层次

工程教育层次	专科	本科	硕士	博士
工程师类型	服务工程师	生产工程师 服务工程师	设计工程师 生产工程师	研发工程师

专科层次的培养类型应是服务工程师，本科层次的培养类型应是生产工程师和服务工程师，硕士层次的培养类型应是设计工程师和生产工程师，博士层次的培养类型既可以是面向大型复杂工程项目的研发工程师，也可以是从事工程科学技术研究的研究者。

必须指出的是，表 2.1 给出的对应关系是一般意义上的考虑，并不说明任何一类工程师的成长均需要严格经历对应学历层次的工程教育，事实上，通过在工业企业的在职学习、锻炼和培养，也能够使没有接受硕士层次工程教育者成为设计工程师和没有接受博士层次工程教育者成为研发工程师。

需要说明的是，服务工程师和生产工程师的优势集中表现在工程实践能力和创新实践能力上，但是，实践动手能力不足仍然是目前我国部分高校工程人才培养中的短板，因此建议那些实验实训资源丰富、实践教育体系完整、校企合作成效显著、毕业生社会认可度高的部分专科层次职业技术院校能够参与服务工程师的培养，少数本科层次的职业技术院校能够参与服务工程师和生产工程师的培养。

卓越工程师教育培养计划（简称"卓越计划"）1.0[2][3]和 2.0[4]开展的卓越工程师教育培养主要落在本科层面，并已取得了积极的成效，因此，新时代卓越工程师教育培养需要将培养层次拓展到硕士、博士和专科层次，包括考虑采用先在部分"双一流"建设高校试点建设一批专门培养卓越工程师的硕士点和博士点，然后再利用在全国逐渐铺开的方式，以构成专本硕博完整的卓越工程师教育培养体系。

2.3　工程学科专业建设

学科专业是人才培养的基础和载体，学科专业结构及学科专业设置关系到人才培养是否适应国家经济社会发展的需要，关系到人才培养的目标与标准，关系到优质教育教学资源的配置，关系到教育的质量和效益。因此，在开展卓越工师教育培养工作之前，需要着眼国家重大战略和长远发展对各行各业各种类型卓越工程师的需求，完成对工程学科专业的建设。

按照工程学科专业的产生或形成的基础和构成要素划分，满足国家重大战略需求和长远发展需求的工程学科专业可以分为新型学科专业、新生学科专业和新兴学科专业三种类型，它们共同构成了卓越工程师教育培养基本的学科专业结构。

1. 新型学科专业及建设

由于产业转型升级，尤其是互联网、信息技术、数字技术、人工智能及其他高新技术等对传统产业产生的颠覆性影响而引发的对这些产业的转型、改造和升级，使得相应的传统的、现有的工程学科专业必须进行调整、转型、改造、优化或升级，由此形成了基于传统学科专业转"型"的新型学科专业。新型学科专业的建设途径可以从两方面进行探索：一是传统学科专业的信息化、数字化和智能化；二是其他学科或高新技术对传统学科专业的介入渗透。

2. 新生学科专业及建设

现代产业的发展态势及未来产业发展趋势均突破了人类已有的对产业和学科的界限，已经朝着多学科交叉、渗透、融合方向发展，由此新"生"出一批由不同工程学科交叉复合及由工程学科与其他学科交叉融合、不存在于现有学科专业目录之中的学科专业，即新生学科专业。基于对当前和未来产业发展趋势和需要的把握，新生学科专业建设有两条途径：一是不同工程学科的交叉复合；二是工程学科与理科、管理、经济、医学、法律等其他学科的交叉融合。

3. 新兴学科专业及建设

近年来科研成果的转化和新兴技术的应用越来越快，尤其是由应用理科等一批基础学科孕育了一批新技术通过产业化后形成了新兴产业，由此产生了全新的、前所未有的新兴学科专业。新兴学科专业的出现说明了以理科为代表的基础学科在引领未来技术、发展新兴产业及在形成和建设新兴学科专业上的重要作用，因此，新兴学科专业建设要重视探索理科在技术前沿的应用，重点在推动应用理科成果向工科延伸，促进应用理科与其他学科的交叉融合。

学科专业建设是一个持续不断的过程，需要建立动态调整机制，以确保高校所培养的卓越工程师不会滞后而是超前于国家重大战略和长远发展对人才的要求。学科专业动态调整关键在于做好两方面工作：一是预测好未来行业产业发展方向和趋势，准确把握各行各业未来对卓越工程师需求的动态变化；二是研究国家重大战略和长远规划，超前调整、布局和优化相关学科专业，重视建设和发展国家急需的战略性工程学科专业。

2.4 各类高校的分工合作

培养造就大批各种类型、不同学科专业、满足各行各业要求的新时代卓越工程师是一项繁重而艰巨的任务,不可能仅由少数几所高校完成,需要众多不同类型高校合理分工、分类开展、相互合作、共同努力。各类高校的分工合作具有以下重要意义:第一,能够更好地满足不同区域行业企业对不同层次和类型多元化卓越工程师的需求;第二,能够更好地发挥不同类型高校的办学优势和人才培养特色;第三,能够推进不同类型高校间的合作和协调发展,避免不必要的竞争;第四,有利于同类型高校之间的良性竞争,从而促进高校发展。

基于我国高校的布局和各类高校的学科专业设置、办学层次、办学定位、服务面向及优势特色,可以将参与新时代卓越工程师教育培养的高校分为四种类型:工科优势高校、综合性高校、行业性高校和地方性高校。

工科优势高校办学历史长、工科优势明显、工科门类齐全、产业联系紧密,其中一些是"双一流"建设高校,在工程科技创新和产业创新上发挥主体作用。这类高校既应该在中国工程教育改革上发挥示范和引领作用,又应该在新时代卓越工程师教育培养上为其他类型高校提供经验和借鉴。工科优势高校主要聚焦国家重大战略、关键核心技术、高端制造业等前沿和未来领域、战略性新兴产业和未来产业发展。工科优势高校在卓越工程师教育培养上应该重点聚焦新生学科专业和新型学科专业,在力所能及的情况下辅以新兴学科专业,同时做到"广而强",即相关学科专业覆盖面广且强势,为国家和经济社会培养多样化的卓越工程师。

综合性高校办学历史长、文理医商等非工程学科门类齐全、综合优势明显,部分高校有少量工科专业,其中一些也是"双一流"建设高校,在推动应用理科向工科延伸、催生新技术和孕育新产业方面发挥引领作用。综合性高校在卓越工程师教育培养上应该重点聚焦新兴学科专业,同时做到"少而精",即相关学科专业虽然少但是精品,为国家和经济社会培养复合型的卓越工程师。

行业性高校办学历史较长,有显著的行业背景,主要聚焦在如农林、水利、地矿、石油、交通、邮电、电子等行业领域,在本领域学科专业设置齐全,长期服务于行业发展,对产业转型升级和区域经济发展发挥支撑作用,其中少数高校也属于优势工科高校,或被称为"行业高水平大学"。行业性高校在卓越工程师教育培养上应该重点聚焦新型学科专业,并辅以新兴学科专业,同时做到"专而深",即相关学科专业在行业领域具有专门优势、学科专业内涵有深度有特色,为各行各业培养行业型的卓越工程师。

地方性高校办学历史往往不长，基本属于以工科为主的多学科性院校，与地方经济社会发展联系紧密，学科点跨多个门类、专业设置较为松散，毕业生多在本地就业，在区域经济发展和区域产业转型升级上发挥支撑作用。地方性高校在卓越工程师教育培养上应该重点聚焦在新型学科专业，同时做到"好而实"，即重点培养好区域行业产业需要的卓越工程师，使他们能够在行业产业一线就业，为地方经济社会发展培养应用型的卓越工程师。

概括起来，各类高校在卓越工程师教育培养上的分工及要求如表 2.2 所示。

表 2.2 各类高校参与卓越工程师教育培养的分工及要求

高校类型	培养重点	培养要求	人才类型
优势工科高校	"新生" + "新型" 辅以 "新兴"	广而强	多样化
综合性高校	"新兴"	少而精	复合型
行业性高校	"新型" 辅以 "新生"	专而深	行业型
地方性高校	"新型"	好而实	应用型

2.5 人才教育培养理念

理念引导行动，新时代卓越工程师教育培养全过程需要有相应的理念来引导各类参与高校的具体行动，这些理念中既要体现国家对新时代卓越工程师的期待，又要体现卓越工程师教育培养的目标，还要体现对卓越工程师教育培养的核心要求，归纳为以下五个理念。

1. 面向经济建设主战场

新时代卓越工程师教育培养要面向经济建设主战场，以满足经济建设主要领域和行业对高端工程人才的需求。现阶段经济建设主要领域包括：制造业转型升级、生态文明建设、新型城镇化建设、包含产业升级在内的新型基础设施建设、数字中国建设、人口与健康工程、国家能源结构优化等，这些建设领域直接关系到中国经济的健康、持续和长远发展。各类相关高校就是要根据上述领域和行业对各种类型高端工程人才的需求，集中优势资源，主动布局、设置、建设和办好相关工程学科专业，培养出各种层次和类型的卓越工程师。

2. 服务国家重大需求

服务国家重大需求应成为未来卓越工程师的追求，未来卓越工程师将涉及高端芯片与软件、航空发动机、量子通信、智能制造与机器人、深空深海探测、重点新材料、脑科学、国家安全、健康保障等领域。各类相关高校就是要主动分析、研究、掌握并针对国家重大需求对各种类型高端工程人才的需求，结合自身的办学优势和特色，主动培养能够满足当前和未来国家重大需求的各种类型卓越工程师。

3. 引领未来产业发展

引领未来产业发展是新时代卓越工程师的一项重要职责，这就从两方面对相关学科专业建设提出要求：一是对相关产业当前发展状态和未来发展趋势进行战略性分析，把握产业未来发展方向，及时调整学科专业结构和建设方向，培养出引领当前产业未来发展的卓越工程师；二是通过分析研究国内外产业发展规划及趋势，对未来新兴产业进行预测分析，掌握未来新兴产业内涵及发展形态，通过多学科交叉融合、应用理科向工科延伸等形式，孕育新的学科专业，培养出促进新产业形成并引领未来产业发展的卓越工程师。

4. 坚持实践创新导向

实践能力和创新能力是新时代卓越工程师胜任使命担当的两项最核心的能力，对这两项能力的培养和提升要坚持贯穿卓越工程师教育培养的全过程，不论是卓越工程师培养标准和人才培养方案制定，还是课程体系、教学内容及人才培养模式改革，以及人才培养方案的实施，都要坚持实践创新导向，重视理论与实践的结合，重视在真实环境下的工程教育，重视创新意识、创新精神和创新技能的培养，重视源于工程实际问题的解决，重视创新性地解决复杂工程问题。

5. 注重学科交叉融合

多学科交叉融合是新时代卓越工程师教育培养所依托学科专业最主要的共同特征，是这些学科专业构成要素所决定的，因此在这些学科专业建设、人才培养方案制定，课程体系和教学内容改革，以及教学组织形式和教学方法更新等方面，均要突破传统的单一学科专业在人才培养上的惯性和定势，注重学科交叉融合这一本质特征，使得多学科交叉融合真正融入课程建设和教学内容中，真正体现在学生的知识、能力和素质上，使得培养出来的卓越工程师真正满足国家经济社会当前和未来发展的要求。

上述五个理念对于涉及卓越工程师教育培养的学科专业建设、培养目标和培养标准制定、人才培养方案制定、课程建设与教学改革、人才培养模式创新、实践创新平台建设、工科教师队伍建设、多方协同育人机制建设、工程教育面向世界等均具有直接和重要的指导作用。

2.6　培养目标和培养标准体系

在人才教育培养理念的引导下，新时代卓越工程师教育培养首先要明确的是培养目标和培养标准。培养目标是各项人才培养工作的"纲",即共同努力方向和一致追求。培养标准是培养目标的分解和细化,是对各项人才培养工作在培养质量上进一步明确具体的要求。

从国家的角度,培养目标要满足国家和经济社会发展对新时代卓越工程师的要求,具体而言,就是要胜任新时代卓越工程师的使命担当、符合相应的人才教育培养理念。基于此,新时代卓越工程师教育培养目标可以表述为:培养造就大批面向经济建设主战场、服务国家重大战略需求、引领未来产业发展,具有创新创业能力、动态适应能力、复杂工程问题解决能力、高素质的各类卓越工程师。其中"面向经济建设主战场、服务国家重大战略需求、引领未来产业发展"源于人才教育培养理念;"创新创业能力"是新时代卓越工程师的首要能力;"动态适应能力"是卓越工程师面对未来经济社会发展变化和未来产业和行业迅速变化所必须具备的发展能力;"复杂工程问题解决能力"是卓越工程师的基本能力;"高素质"指的是卓越工程师在专业能力之外必须拥有高水准的社会能力、职业素养和伦理道德等素质。这些能力都要作为核心能力体现在培养标准中。

参与新时代卓越工程师教育培养的各类高校可以在上述培养目标的基础上制定出满足以下条件的本校培养目标。一是满足服务面向区域经济社会发展对卓越工程师的要求;二是符合学校的具体实际,体现本校的办学优势和人才培养特色;三是被本校师生所理解和接受,能够指导人才培养方案的实施,成为师生开展教育教学活动的指南。

新时代卓越工程师教育培养标准应该在"卓越计划"1.0基础上拓展到专科层次,构成专科、本科、硕士和博士四个完整的层次。每一层次的卓越工程师教育培养都应该有相应的培养标准体系,该体系自上而下包括通用标准、专业类标准、专业行业标准、专业学校标准。其中通用标准是国家层面对各行各业各种类型卓越工程师教育培养在总体上提出的最低质量要求,是制定所有专业类卓越工程师培养标准的起点和基础;专业类标准是国家层面对各个工学专业类卓越工程师培养在宏观上提出的基本质量要求,是各专业类所属各专业卓越工程师培养应达到的宏观质量要求;专业行业标准是以专业类标准为基础,各行各业主体专业领域卓越工程师培养必须达到中观质量要求,从行业角度体现各行各业对相关专业的专门要求,是高校制定本校卓越工程师培养标准的基础;专业学校标准是各类卓越工程师教育培养高校在通用标准总体要求下,以专业类标准和专业行业标准为基础制定的校内各个工程专业卓越工程师培养标准。

在实际操作中,通用标准可以在"卓越计划"1.0[5]的基础上,由教育部和中国工程院组织高校、行业和工程界的权威专家,根据当前和未来的需要进行更新和充实,不仅要将上述培养目标中的各项能力包含其中,而且要将"爱党报国、敬业奉献"作为核心素质要求写入；专业类标准应该由教育部相关工科专业类教学指导委员会的核心成员负责制定；专业行业标准应该主要由具有丰富行业背景和企业工作经验的高层次专家负责起草，在专业行业标准缺乏的情况下，可以请这些专家直接参与专业学校标准的制定；专业学校标准由学校相关工程专业负责制定，既要体现本校在卓越工程师培养上的优势和特色，又要能够在本校的卓越工程师培养过程中得到具体实现。

2.7　人才培养方案制定

新时代卓越工程师教育培养目标和培养标准要通过人才培养方案才能予以落实，针对工程学科专业的共性特征、新时代卓越工程师教育培养理念及目标要求，新时代卓越工程师教育培养方案应该注重多学科交叉融合，强调柔性化，重视企业学习及适应本研贯通培养。

1. 培养方案注重多学科交叉融合

多学科交叉融合是新时代卓越工程师教育培养所依托学科专业最主要的共同特征，然而，一些高校的培养方案仍存在为多学科交叉培养预留空间不足的问题，因此，需要将这一重要特征充分落实到人才培养方案中。第一，多学科交叉融合的特征要具体清晰地充分体现在参与高校制定的培养目标和培养标准中；第二，按照培养标准要求设置课程及教学环节、制定课程目标、选择和组织课程内容、建立课程体系；第三，采取与学科交叉融合教学内容相适应的教学方式；第四，制定每门课程具体的教学计划；第五，确定能够有效衡量培养标准实现情况的质量评价方式。

2. 培养方案强调柔性化

多样化的未来人才需求、动态变化的产业发展及个性化的人才培养等要求新时代卓越工程师教育培养方案必须是柔性化的。培养方案的柔性主要表现在两方面：一是同一方案能够培养出不同类型的卓越工程师，可以通过不同课程的组合、专业方案的选择和培养计划的区别等来实现；二是允许学生根据自己的兴趣爱好和职业发展规划，自主组合课程、自主制定培养计划、自主制定新的专业方向，以实现真正意义的个性化人才培养。柔性化培养方案不仅需要丰富多样的课程和教学资源，允许学生跨院系甚至跨校选课，而且要有对各类替代课程的学分认定及新专业方向的认可机制，还需要教师的指导和支持。

3. 重视企业学习

实践是工程的灵魂和根本，企业在工程教育上有着高校不可替代的条件和优势，因此，新时代卓越工程师教育培养全过程应该分为两个部分：校内学习和企业学习，人才培养方案应该包含校内培养方案和由校企共同制定的企业培养方案。校内学习主要完成基础理论和专业理论的学习，企业学习主要开展实践教育，旨在培养和提升学生的工程素养、工程实践能力、技术创新能力和复杂工程问题解决能力等。本科层次的校内学习主要是通识教育及专业教育的理论部分，包括基本的实验实训，企业学习则是工程实践、专业实习和毕业设计等；硕士博士层次的校内学习主要完成各种专业课程学习、学位论文开题及学位论文的撰写，企业学习则是包括学位论文选题、参与与选题相关的工程实践及论文研究等。"卓越计划" 1.0 要求本科及以上层次学生要有一年左右的时间在企业学习，可以将此要求按照 "学校学习年限+企业学习年限" 方式表述落实到新时代卓越工程师教育培养的四个层次上：专科 2+1，本科 3+1，硕士 2.5+1，博士（3—4）+1。

4. 适应本研贯通培养

"卓越计划" 1.0 不提倡本研贯通培养，旨在确保本、硕、博每个阶段有足够的企业学习时间。"卓越计划" 2.0 尝试采取多种模式打通本研培养，从当前和发展的趋势看，推行本研贯通培养不仅是因为本科教育已经不能满足相当一些当前和未来产业对卓越工程师的要求，而且是因为：① 为了加强通识教育和基础教育，避免不同阶段课程重复，提高人才培养效率；② 支持学生拓宽专业面、鼓励跨专业学习、形成多渠道职业发展。基于此，新时代卓越工程师教育培养方案必须适应且支持本研贯通培养。

不同高校在本研贯通培养上已经积累了充分的经验：既有本硕连读，也有本科+硕博连读，还有少数本博贯通培养；既有本校贯通，也有两校接力贯通。但目前仍然存在的问题是：本研课程衔接不紧密，硕博课程统筹不充分，未能做到不同阶段之间培养方案及课程的融合衔接。但不论何种模式，本研贯通培养的关键是本科阶段培养方案与硕士或博士阶段培养方案的有效衔接，为此需要做好两方面工作：一是进一步明确本科阶段与硕士或博士阶段人才培养的定位和分工；二是硕士或博士阶段培养方案的制定必须是本科阶段培养方案基础上的延续，避免出现各自为政、课程和教学内容重复、培养效率低下的问题。对于本科毕业于其他学校的研究生培养高校，要为这些学生提供能够与其本科教育模式有效衔接的灵活、多元的贯通培养方案。

2.8 专业课程建设

新时代卓越工程师教育培养方案的实施需要两方面的工作方能达到培养标

准，进而实现培养目标。这两方面工作包括：一、将培养标准分解细化到课程体系中的每门课程并完成课程建设；二、改革并采取与课程教学内容相适应的教学组织形式和教学方式来实施课程。卓越工程师培养所依托的学科专业课程体系建设需要做好三方面工作：一是通识教育课程与专业教育课程的联系；二是理论课程与实践课程的结合；三是将实践创新能力的培养贯穿于整个课程体系。本节仅讨论如何进行专业课程建设。

新时代卓越工程师教育培养所依托学科专业课程建设的重点有：课程的交融性、课程的综合化、课程的项目化、课程的挑战性。

课程的交融性是由工程学科专业的共同特征决定的，指的是由于学科专业的发展使得一些课程内容需要通过相关学科专业的知识、原理和方法等交叉融合形成，而不是对相关学科专业现有课程的简单"拼盘"或叠加。实现课程的交融性必须根据实现课程目标的需要，或者对相关学科专业知识进行相互渗透、整合或实质性融合，或者针对已经基本成熟的新专业方向或领域的研究成果开发全新的课程。课程交融性的实现往往不可能一蹴而就，可能会需要相关学科专业组成的教学团队共同努力。

课程的综合化的目的在于将解决一类工程问题所需要的知识、方法和技术等内容整合成为一门综合性的课程，学生通过该课程的学习能够掌握解决该类工程问题所必要的知识、方法从而具备较为完整的能力。综合化课程的作用包括：①有利于学生系统完整地学习解决复杂工程问题所需的理论、方法和技术，避免这些内容被人为割裂；②综合系统的课程学习能够更好地与课外实践相结合，有利于培养学生对复杂工程问题的解决能力；③综合的知识、方法和技术有利于在教学过程中探究复杂工程问题、分析工程案例及开展基于项目的学习。

课程的项目化指的是课程是以项目为基础或中心进行建设和组织实施的。由于项目是当前和未来各种复杂工程问题的集合体，因此，课程项目化应该成为当前和未来卓越工程师教育培养所依托学科专业课程建设的重点之一，尤其是专业课程。课程项目化的关键在于项目的选择：一是项目必须源于工程实践或企业实际，这样才能"真刀真枪"地培养学生；二是项目必须是综合性复杂工程问题，涉及多学科交叉，需要综合运用多学科知识才能解决；三是项目任务的完成能够保证课程目标的实现。

课程的挑战性指的是学生完成课程学习有一定的难度，需要较大的投入和努力。提高课程挑战性的目的有：①激发学生学习兴趣，增强学习效果；②激发学生敢于面对问题和解决困难的勇气；③培养学生自主学习和终身学习的能力；④培养学生综合运用多学科知识解决复杂工程问题的能力；⑤培养学生的创新能力和综合素质。提高课程的挑战性可以选择从四类问题着手：学科专业或行业产业前沿性问题、依靠单一学科专业知识不能解决的综合性问题、研究性问题、开放性问题。

2.9　教学方式改革

为了更好地实现课程目标和提高教学效果，需要改革教学方式，使每门课程都采用与课程教学内容相适应的教学方式开展教学。教学方式的改革要做到"四个提高"：提高学生的学习兴趣；提高学生学习的参与度；提高学生的学业挑战度；提高学生的学习效果。可以从四方面提高学生的学习兴趣：培养学生对专业的热爱；注重学生的个性特点；精心组织教学内容；采取灵活多样的教学方式。可以通过采用四种学习方式提高学生学习的参与度和学习效果：研究性学习、项目式学习、专题研讨式学习、小组合作学习。可以通过安排三种学习形式提高学生的学业挑战度：设置不同难度等级的学习、复杂问题导向性学习、参与科研活动式学习。

在各种教学方式中应该重视研究性学习和挑战性学习的采用，实践证明：这两种教学方式对于学生工程实践能力、技术创新能力、复杂工程问题解决能力、社会能力和综合素质的培养及提升具有重要作用，是实现多学科交叉融合的有效途径。

研究性学习是基于问题的学习、基于案例的学习和基于项目的学习等一类学习方式的总称，广义上，目前一些高校推行的项目式学习也应该属于研究性学习。研究性学习强调"问题""案例"和"项目"均应该源于工程实际，课程教学内容是围绕对"问题"的探究、"案例"的讨论和"项目"的参与而组织学习的[6]。

挑战性学习的基础是研究性学习，后者为前者的探索和实施提供了充分的理论基础和实践经验，但前者更强调"问题"的难度和解决的"不可能"性，强化激发学生学习兴趣和培养挑战"不可能"问题的勇气，要求在缺乏真实的学习环境时构建支持解决问题的虚拟学习环境，需要师生在时间和精力上更大的投入[7]。

信息化、数字化和智能化有力地促进了人才培养模式尤其是教育教学方式的改革。在信息化和智能化的5G网络时代，新的学习模式不断出现，学习无处不在，高等学校必须为学生提供能够随时随地开展学习的环境，从而激发学生的学习兴趣和热情，充分调动学生学习的主动性、积极性，提高学习效果。因此，要重视工程教育信息化、数字化和智能化建设，提高新时代卓越工程师教育培养的质量和效果。

工程教育的信息化和数字化对传统工程教育的影响主要表现在六方面：教育教学资源丰富多样；突破时间和空间限制；转变教师和学生角色；形成平等的师生关系；改变教与学的关系；提高教与学的效率。工程教育信息化和数字化建设重点需要做好以下几方面工作：学习环境的数字化、课程教学的信息化、虚拟仿真实验教学、校企合作教育信息化、教育教学评价信息化及教师信息化教育教学能力提升等。

人工智能技术对工程教育的影响是全方位的，工程教育智能化涉及智慧校园和智慧课堂等学习环境建设，人才培养目标和教学内容的更新，教师角色的重新定位，学生角色的中心化，教育教学的个性化等诸多方面。具体到教育教学上，第一，智慧校园和智慧课堂打破了课堂的界限，使其更加灵活、互动和开放，助力学习资源的个性化，支持学生基于自身的特点开展自主学习，而不受限于教师；第二，人工智能技术进一步支持混合式教学、自适应学习、项目式学习等学习模式的发展，促进教育教学形式的个性化；第三，人工智能技术能够支持教师借助各种智能化工具分析学生的特征，为其提供更为科学合理和个性化的指导；第四，在开展教育教学活动中要重视伦理问题，包括知识产权、学术诚信、隐私安全等，以确保工程教育智能化的健康发展。

2.10　校企全程合作培养

新时代卓越工程师的教育培养必须有企业的全程参与，只有校企深度合作才能培养出满足培养目标要求、"货真价实"的卓越工程师。企业在卓越工程师培养上的突出地位主要源于其具备高校所没有的如下优势：能够准确把握经济社会发展对工程人才的需求；拥有最先进的生产设备和制造技术；拥有一批经验丰富的工程技术人员；可提供真实的工程实践和创新环境；可提供完整的学习先进企业文化的氛围。

校企全程合作培养卓越工程师指的是：始于培养目标的制定，贯穿各个培养环节，止于培养目标的实现。总体而言，校企全程合作主要包括以下九个"共同"环节[8]：

（1）共同制定培养目标和培养标准；

（2）共同改革课程体系和教学内容；

（3）共同建设工科教师队伍；

（4）共同改革和实施教学组织形式和教学方法；

（5）共同制定企业培养方案；

（6）共同建设工程实践教育中心；

（7）共同实施企业培养方案；

（8）共同制定毕业设计或学位论文；

（9）共同评价卓越工程师培养质量。

由于企业的规模、类型、属性等各异，高校应该重视采取形式多样、灵活有效的模式，而不是简单、单一的方式与企业合作开展卓越工程师教育培养工作。具体而言，校企全程合作开展新时代卓越工程师教育培养的模式主要有以下八种[8]：

（1）系统全面的合作模式；

（2）模块化的合作模式；

（3）基于项目的合作模式；

（4）订单式的合作模式；

（5）顶岗实习的合作模式；

（6）工学交替的合作模式；

（7）多专业联合的合作模式；

（8）课程置换的合作模式。

在上述各种模式中，基于项目和订单式的合作模式是备受企业欢迎的。

不论采取何种合作模式，校企全程合作教育培养的具体内容和方式均应该明确地包含在企业培养方案中，学生在企业完成的实践教育教学，如完成的研发课题、承担的项目、参与的改革等均应以学分的方式予以肯定，并作为重要的学业内容。

需要着重强调的是，校企合作是校企双方以各自的发展和需求为导向，借助对方的独特条件和资源优势，在平等互惠的基础上开展的合作，而不能简单用承担社会责任和义务，硬性要求企业与高校合作。因此，"优势互补、互惠共赢"应该成为双方合作的根本原则，只有这样才能保证校企全程合作的持续和长远。

2.11   工科教师队伍建设

教师队伍建设是学科专业建设和人才培养的关键，新时代卓越工程师教育培养需要建设一支知识渊博、工程经历丰富、工程能力强、教学水平高、综合素质好的专、兼职工科教师队伍。在这支队伍中，除了承担课程教学任务的教师外，还要求为每一位学生配备两位指导教师，即实行"双导师制"，一位是校内专职教师，主要负责学生在校内学习阶段的指导；另一位是企业兼职教师，主要负责学生在企业学习阶段的指导，专、兼职教师还要共同负责学生培养计划的制定和本科生毕业设计或研究生学位论文的指导。工科教师队伍建设涉及诸多方面[9]，限于篇幅，本章仅讨论对专、兼职教师的要求。

对专职工科教师的要求应该是能够胜任新时代卓越工程师教育培养工作。作者在"卓越工程师教育培养计划"1.0 中提出将"大学教师+准工程师=工科教师"的模式作为对从事卓越工程师教育培养工作的专职教师的总体要求，其中"准工程师"强调的是工科教师应具备工程实践经历及解决真实工程问题和复杂工程问题的能力等。虽然参与新时代卓越工程师教育培养的各所高校对本校系列专业技术职务的工科教师都有明确的评价标准，但是仍需要强调三点要求：工程实践经历；多学科交叉融合；数字化能力。

工程实践经历方面要求教师熟悉工程现场的运作方式和管理模式，了解先进工程设备和技术的使用，掌握应对实际工程问题的有效方式，积累解决工程问题的经验，同时与企业保持密切的合作关系。这方面要求对工科教师的重要性体现在三方面：一是使教师形成良好的工程素养；二是使教师具备担任工科教师的基本条件；三是为教师拥有各种工程能力和职业素质打下重要的基础。

多学科交叉融合方面要求表现在两方面：一是知识层面上，不仅要拓展到除所承担教学任务之外的所有相关课程和学科专业上，包括人文和社科知识，还要关注与本学科专业领域相关的新技术、新产业的出现和发展；二是学科交融上，要求能够将相关学科知识融入并促进本学科专业的发展，或者应用其他学科知识和方法解决本学科专业的复杂问题。

数字化能力方面的要求是针对工程教育的信息化、数字化和智能化所专门提出的，主要表现在具备驾驭信息技术、大数据、虚拟仿真、云计算、区块链、人工智能等技术的能力，能够灵活自如地应用这些技术给予学生更为丰富的学习资源、更为自主的学习环境、更为个性化的学习方式、更高效的学习产出、更客观的学习评价，成为学生学习成长路上的服务者、支持者和陪伴者。

对企业兼职教师的要求正是基于他们所具有的优于专职教师的工程实践性和技术先进性。工程实践性表现在他们丰富的工程实践积累和卓越的工程能力，技术先进性表现在他们掌握本企业或行业先进的生产工艺和制造技术，了解工程技术的最新发展。具体而言，对担任实践性课程教学工作的兼职教师的条件是：具有丰富的工程实践经验、较强的工程能力、较好的语言表达和交流沟通能力。对担任学生毕业设计或研究生学位论文指导的兼职教师的条件是：工程实践经验丰富、工程能力强、业务水平高、主持负责过工程项目或产品的生产制造和设计开发工作，承担过工程技术研究、开发和创新任务。由于教书育人不是兼职教师的本职工作，在教育教学上没有积累，因此，要重视他们教学能力的培养和提升及学科专业理论水平的提高，以更好地发挥他们的作用。

2.12 多方协同育人机制

虽然企业是高校最重要的合作者，但是新时代卓越工程师教育培养还需要加强与政府部门、科研院所及行业组织的合作，形成由高等学校、各类企业、政府部门、科研院所和行业组织等主体共同参与的多方协同育人机制。

中央政府部委和地方政府通过政策措施分别影响全国和地方的产业发展布局、方向、结构、速度和规模，高校与政府开展合作教育的作用有：（1）通过培养产业需要的工程人才支持政府产业政策措施的贯彻落实，促进产业发展；（2）通过未来工程学科专业人才培养来引领未来产业发展方向，影响政府产业政策措施的制定。

与新时代卓越工程师教育培养所依托学科专业相关的科研院所，承担着未来工程科技研发任务和项目，具备研发新技术的研究人员、先进技术设备和环境条件，积累了丰富的研发经验和资料信息，这些不仅是相关工程学科专业建设所需要的，也是开展项目式学习、发挥科研在人才培养上的作用、培养学生技术创新能力所需要的。

行业组织在多方协同育人机制中能够发挥沟通协调作用。一方面，行业组织能够为行业内企业与高校之间建立起沟通和协调的桥梁，使双方增进了解、明确诉求，实现在互惠共赢基础上的长期深度合作；另一方面，行业组织能够加强政府与行业内企业的沟通，推动政府出台既支持企业发展，又激励企业参与人才培养的政策措施。

多方协同育人的关键在于合作方的选择，由相关部门和组织牵头成立的产教联盟和科教联盟为高校、企业和科研院所之间相互选择提供了有效且便利的平台，因此，要充分发挥政府部门、行业组织、产教联盟和科教联盟等的"牵线搭桥"作用。

多方协同育人的主要目标是：协调多利益主体关系，争取各方教育教学资源，构建校企合作、政校协同、产学融合、科教结合的新时代卓越工程师教育培养协同育人模式和多主体参与的人才培养共同体。多主体能够长期成功合作的关键在于遵循优势互补、成果共享、利益共赢的原则及协同育人模式的创新和体制机制的改革。

除了以上各方面，新时代卓越工程师教育培养还应涉及工程实践教育体系建设、工程实践创新平台建设、卓越工程师教育培养国际化、卓越工程师培养的质量保障等方面。

最后，讨论一下将工程学科优秀毕业生冠以"卓越工程师"是否合适的问题。虽然德、法等欧洲国家往往赋予工程学科专业毕业生工程师的头衔，但是国内外任何一所高校，包括世界一流大学的工科毕业生离真正意义上的卓越工程师还有相当的距离，需要在企业工程实践中不断积累和提高，才能逐渐成长为名副其实的卓越工程师。因此，严格意义上说，按照本书所述培养的工程学科毕业生只能称之为"卓越工程师后备人才"。

参 考 文 献

［1］林健. 工程师的分类与工程人才培养［J］. 清华大学教育研究，2010，31（01）：51-60.

［2］教育部. 教育部关于实施卓越工程师教育培养计划的若干意见：教高〔2011〕1 号［A］. 2011.

［3］林健. 卓越工程师培养——工程教育系统性改革研究［M］. 北京：清华大学出版社，2013：23-44.

［4］教育部，工业和信息化部，中国工程院. 关于加快建设发展新工科 实施卓越工程师教育培养计划 2.0 的意见：教高〔2018〕3 号［A］. 2018.

［5］教育部，中国工程院. 关于引发《卓越工程师教育培养计划通用标准》的通知：教高函〔2013〕15 号［A］. 2013.

［6］林健. 面向卓越工程师培养的研究性学习［J］. 高等工程教育研究，2011（6）：5-15.

［7］林健. 面向"六卓越一拔尖"人才培养的挑战性学习［J］. 清华大学教育研究，2020，41（2）：45-58.

［8］林健. 校企全程合作培养卓越工程师［J］. 高等工程教育研究，2012（3）：7-23.

［9］林健. 胜任卓越工程师培养的工科教师队伍建设［J］. 高等工程教育研究，2012（1）：1-14.

第二篇

未来技术学院建设

第 3 章
未来技术学院建设：基础、目标、原则和保障

【本章导读】

　　提升科技创新能力，掌握未来关键核心技术是中国从大国迈向强国的关键。以培养未来关键核心技术领军人才，以及探索和研发未来关键核心技术为主要目标的未来技术学院建设是时代赋予高等教育的历史使命，是高等学校尤其是学科专业优势突出、综合实力强、创新成果显著的部分高校应该承担的一项重要任务。

　　本章在分析未来技术的内涵和属性特征的基础上，分别从未来技术学院建设必须具备的建设基础、需要准确把握的建设目标和建设原则、需要落实的保障措施四个方面展开讨论，以期为相关院校开展未来技术学院建设提供借鉴和参考。

3.1　引　　言

　　在人类社会发展史上，每一次科学技术的重大突破都会引起经济的快速发展和社会的巨大进步，都会深刻地影响各国的发展，都会引发世界经济、政治格局的变化。当今世界，科学技术飞速发展引发的革命性、颠覆性的技术创新和突破正在深刻影响着人们生活方式、产业发展形态、经济发展模式、社会进步节奏、国家发展速度、国际竞争格局。国家间的竞争不是简单的经济总量的追逐，而是科技的竞争，随着科技竞争重心向原始创新阶段前移，使得原始创新能力、关键技术创新和系统集成能力成为核心竞争力。《中共中央关于制定国民经济和社会发展第十四个五年规划和二〇三五年远景目标的建议》明确提出，要强化国家战略科技力量，"打好关键核心技术攻坚战，提高创新链整体效能。加强基础研究、注重原始创新，优化学科布局和研发布局，推进学科交叉融合，完善共性基础技

术供给体系"。这是对我国未来一段时间在关键核心技术掌握和共性基础技术体系供给上提出的具体的目标任务。事实上，科技创新能力是国家竞争力的决定性因素，提升自主创新能力，掌握未来核心技术是中国从大国迈向强国的关键，谁占据了科技创新的先机，谁就会在经济社会发展和国际竞争中占据主动。因此，世界主要国家都将对未来技术的探索和研发提升到国家发展战略层面，纷纷大幅增加研发投入，颁布各种支持政策，构建多种研发平台，集聚各方顶尖人才，积极培养具有前瞻性和全球视野，能够引领未来技术发展的创新型科技领军人才。

作为未来技术领军人才培养和未来技术探索与研发的平台，未来技术学院的建设是时代赋予高等教育的历史使命，是高等学校，尤其是学科专业优势突出、综合实力强、创新成果显著的部分高校应该承担的一项重要任务。从国家层面看，未来技术学院的建设对于掌握未来关键核心技术，服务国家战略，建设世界科技强国，提升国家竞争优势具有积极的支撑作用；从经济社会发展看，未来技术学院的建设对于经济高质量发展，人民生活质量改善和社会的和谐进步具有积极的促进作用；从高等学校自身看，未来技术学院的建设对于探索人才培养的新模式、探索学科专业的交叉融合规律、建设面向未来的高水平教师队伍、探索科研与教学相结合的新机制、着实提升高等学校的科技创新能力等均具有重要的意义。

虽然我国已经基本形成了政府、企业、科研院所和高等学校、技术创新支撑服务体系四方相倚的创新体系，但是作为科技创新的主体，高等学校在科技领域，尤其是在前沿科技领域的创新上所发挥的作用不及科研院所，更不必说未来技术领域。此外，高等学校虽然承担着培养各种层次和类型人才的任务，但在培养未来技术领域人才上还是缺乏积累的。因此未来技术学院建设对高等学校是一个不小的挑战，既不能简单沿用传统的学院建设模式，也不能只是注重人才培养，还要重视对未来技术的探索和研发并将其与人才培养密切结合。也就是说，未来技术学院的建设给高等学校带来了新问题，需要认真分析、深刻研究、突破定式、开拓创新。对未来技术学院建设的探讨将分为三章进行讨论：内容涉及未来技术学院建设的基础、目标、原则和保障，未来技术领军人才培养，高水平队伍建设和未来技术探究研发。

本章在分析未来技术的内涵及属性特征的基础上，分别从未来技术学院建设必须具备的建设基础、需要准确把握的建设目标和建设原则、需要落实的保障措施四个方面展开讨论，以期为相关院校开展未来技术学院建设提供借鉴和参考。

3.2　未来技术的内涵及属性特征

在讨论未来技术学院建设之前，必须对未来技术的内涵及属性特征有充分的了解，以提高未来技术学院建设的针对性。

未来技术指的是超越现实的、人类能够预期或未能预见到的、尚未被人类发明的技术。未来技术不同于高新技术或前沿技术，后者指的是刚刚被人类发明、创造并能够掌握和使用的技术，代表着人类技术发明和创新的最新成果；前者指的是还需要人类去预测、分析、探索和研发的技术，需要经历数年或更长时间才能发明出来，而后才能应用到人类社会的发展和变更之中。

未来技术学院关注的未来技术是指那些前沿性、革命性、颠覆性的未来关键核心技术，是关系到中国未来发展全局的国之重器。虽然我国一直坚定实施创新驱动发展战略，科技创新实力持续提升，在一些前沿领域开始进入"并跑"甚至"领跑"阶段，成为具有重要影响力的科技大国，但是我国科技发展水平特别是关键核心技术创新能力同国际先进水平相比还存在较大差距，随着我国经济由高速增长阶段转向高质量发展阶段，关键核心技术受制于人已成为发展的瓶颈。

未来关键核心技术（以下简称"未来技术"）关系到国家战略、国家安全、经济社会、人民生活等国家重点关注领域的未来发展，具有战略重要性，涉及人工智能、量子信息、集成电路、生命健康、脑科学、生物育种、空天科技、深地深海等诸多领域。未来技术的主要特征有以下几方面：

1. 目标需求导向

未来技术的发展很大程度上取决于人类社会的需求，往往是由人类社会发展目标所导向的。也就是说，一旦明确了发展目标或对未来的期盼，人类社会就会加大投入、集中资源、积极地寻求和开发支持该目标实现的未来技术，这就形成了未来技术的目标需求导向特征。

未来技术与人类目标需求的相互关系如图 3.1 所示。

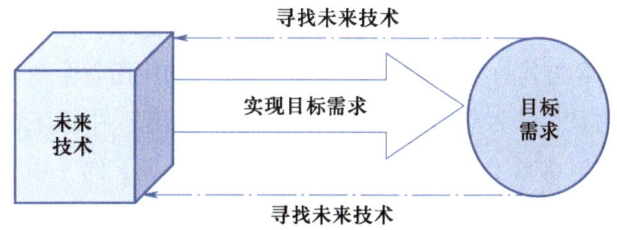

图 3.1　未来技术与人类目标需求的相互关系

2. 学科交叉融合

学科交叉综合和科学与技术融合是当今科技发展的重要特征。未来技术的出现也必须突破现有的按照学科门类划分的知识体系，它是多学科交叉综合的产物，是不同知识和技术的全新组合与创生，是科学与技术进一步融合的结果。

3. 互联网和数字化

以互联网为平台的信息化和数字化不仅影响和促进着各种新技术的开发，也极大地拓宽新技术的应用市场，未来技术的出现必然蕴含着互联网和数字化的元素，以更好地体现其作用的关键和价值的核心，也离不开互联网和数字化去拓展其应用领域。

4. 更新周期短

科学知识和技术在现代社会得到飞速的发展，新知识、新技术产生的速度不断加快，根据美国科学家詹姆斯·马丁估计，19 世纪知识在 50 年内增加 1 倍，而到了 20 世纪 80 年代则是 3 年增加 1 倍，这就意味着知识更新和技术迭代的周期将越来越短，未来技术也不例外，需要及时的更新和迭代，以保持其拥有者在相关领域的领先地位。

5. 核心引领性

未来关键核心技术一旦进入应用阶段，其核心地位会迅速彰显，将带动包括基础技术、配套技术、外围技术、商业模式、价值网络等多方面的发展，并与它们形成强大的应用生态系统。此外，未来技术的移植或与其他技术的汇聚和整合也将产生令人瞩目的成果。

6. 不确定性

不论一个国家或一个民族对未来有着怎样的目标追求，其实现目标追求的手段、途径和方法是多种多样的。同理，满足一个国家需要的未来技术也存在着较大的不确定性，这种不确定性正是需要人们在探索和研发未来技术的道路上持之以恒、攻坚克难和不断推进的。

7. 应用面广

未来技术的关键核心地位决定着其具有较为广阔的应用面，而不局限于某一特定领域。随着未来技术获取平台的建设和获取成本的降低，高新技术企业就可以专注于这些技术的开发，并加快其获取商业价值的速度；同时随着大众对使用未来技术的条件和方式有了更好的理解，未来技术的应用就会越来越普遍。

必须指出的是，作为落实《教育部 工业和信息化部 中国工程院关于加快建设发展新工科实施卓越工程师教育培养计划 2.0 的意见》的一项重要内容，在未来技术学院建设中要注重技术与工程的区别和联系。二者的区别主要表现在内涵和性质上：技术是以发明为核心的活动，体现为人类改造世界的方法、技巧和技能；工程则是以建造为核心的活动，体现为在工程活动中实现科学和技术的社会价值。二者的紧密联系主要表现在两方面：技术和工程都是人类社会为了追求美好生活而改造世界的活动；技术是工程的手段，工程要对技术进行集成，是技术的载体和呈现形式，技术往往包含在工程之中，因此可以认为，工程活动就是技术活动。

3.3　建　设　基　础

未来技术学院建设必须具备一定的基础和条件，所在高校应该具有自身鲜明的办学特色和优势，才能使未来技术学院的建设得以顺利开展。总体而言，这些建设基础和条件应该从多方面体现：学科条件、教师队伍、人才培养、科研平台、国际合作等。

1. 学科条件

在学科种类上，要求学科门类齐全，学科体系较为完整，具备形成未来技术的相关学科，包括基础学科、技术学科和人文学科等；在学科层次上，基础学科和关键学科应该具有博士授予权或具有较强的原始创新能力；在学科交叉上，设有交叉学科并在前沿交叉学科领域开展研究；在研究成果上，在多学科交叉和前沿交叉学科领域取得业内公认的研究成果。

2. 教师队伍

具备吸引和引进高层次人才的政策条件，具有支撑教师职业发展的制度环境，具有鼓励教师重视成果创新和支持不同学科教师交叉合作的激励机制，具有聘请科研院所和行业企业兼职教师的成功经验，初步形成一支热衷于基础学科、多学科交叉和前沿学科研究和教学的教师队伍。

3. 人才培养

在科技创新人才培养上有丰富的积累，包括学生的招生选拔、实验条件和实践基地建设、拔尖创新人才培养、卓越工程科技人才培养、人才培养模式创新、课程与教学改革、政产学研多方协同育人、国际合作教育与国际化等，毕业生受到社会的高度评价和用人单位的广泛认可。

4. 科研平台

承担国家重大科研项目，最好是国家重大战略需求项目或原始创新项目，以此推动本校基础前沿科学研究和前沿交叉学科研究；建有国家级开放科研平台，尤其是前沿交叉学科创新平台，包括实验室、研究中心、研究院等，以及校级重点开放实验室，为教师和不同层次学生参与科研、开展交叉学科和前沿科学研究提供条件。

5. 国际合作

与国际知名大学和著名研究机构有广泛的合作和交流。在教师层面，合作开展前沿交叉学科研究，交流最新学术研究成果；在学生层面，合作培养不同层次的学生，实施学生海外交流项目；在组织层面，联合成立学术机构，合作建立教学学院等。

需要指出的是，上述基础和条件必须是与未来技术学院的学科专业（方向）直接关联的，必须为未来技术学院的建设奠定坚实的基础，有利于并加快未来技术学院的建设和发展。

3.4　建设目标

未来技术学院建设的首要目标是培养未来关键核心技术人才，围绕这一目标的实现需要教师队伍建设、专业学科建设、教学与科研平台建设及原创性研究成果培育，这些共同构成了未来技术学院五个方面的建设目标。

（1）建设一支学科交叉、结构合理、创新能力强，在前沿交叉科学和未来技术领域具有重要影响的高水平教师队伍。教师队伍建设是未来技术学院建设能否成功的关键，应该成为未来技术学院建设的首要目标和任务。未来技术学院的教师队伍与一般学科专业教师队伍的主要区别在于：强调多学科交叉、注重结构合理、突出创新能力、在前沿交叉科学和未来技术领域具有重要影响。这些区别使得未来技术学院教师队伍建设具有更大的难度和挑战性，需要更长的时间，需要得到高校领导层的高度重视和政策支持。

（2）探索前沿交叉科学和未来技术领域领军人才培养新模式。前沿交叉科学和未来技术领域领军人才的培养不同于现有技术人才的培养，存在教学内容不确定性、人才培养目标高定位、人才培养标准模糊性、教师经验有限性等特点，因此，前沿交叉科学和未来技术领域领军人才培养对任何一所大学而言都是一项极具挑战性的工作，需要进行多角度、多方面的探索，逐渐摸索出一套行之有效的、能够真正实现培养目标并达到培养标准要求的人才培养模式。

（3）建设适应未来技术探索和研发所需的科研平台及满足未来技术学习和探究的教学平台。未来技术学院的两大任务是人才培养和科学研究。人才培养需要满足学生对未来技术学习和探究的教学平台及相关的数字化教学资源，科学研究需要用于探索和研发未来技术的科研平台。由于对未来技术人才的培养需要发挥科研在人才培养中的作用，要强调科研与教学的融合，因此这两个平台的建设是密切相关的，应该从提高资源使用效率和资源共享的角度规划、设计和建设。

（4）培养具有前瞻性和全球视野，能够引领未来技术发展的创新型科技领军人才。本目标中的"前瞻性"是指要有长远的眼光，具有敏锐的洞察力，能够预见未来还未发生而又可能发生的事件；本目标中的"全球视野"是指人才的胸怀、视野和格局，要求充分了解未来技术领域的国际发展趋势，在未来技术的探索、研发和应用中要面向未来，要有开阔眼界、世界眼光、发展视角和国际标准；本目标中的"创新型"是指在未来技术的探索和研发过程中要具有创新思维和创新能力，能够产生创新性成果；本目标中的"科技领军人才"是指在未来技术领域造诣深厚、做出突出贡献，并处于领先地位，能够在未来技术发展上起到引领和带动作用的著名专家和知名学者。

（5）培育一批在前沿交叉科学与未来技术领域的原创性研究成果。本目标不仅是未来技术学院的使命担当，而且是培养未来技术领军人才的必需。一方面，这些原创性研究成果对于掌握未来关键核心技术，提升国家的战略科技能力具有十分重要的意义；另一方面，由于处于前沿发展的未来技术领域的知识体系不健全、研究成果匮乏，因此这些原创性研究成果对于不断充实、完善和更新用于未来技术领军人才培养的课程教材和教学内容是必不可少的。

3.5　建　设　原　则

为了实现上述建设目标，未来技术学院的建设需要遵循以下六项原则。

3.5.1　服务国家战略原则

服务国家战略原则强调的是，未来技术学院的建设要以服务国家重大战略需求为宗旨，以主动服务国家提出的一系列重大战略和支持实现国家 2035 年远景目标为己任，在强化国家战略科技力量、实现制造强国、进入创新型国家前列、实现中国经济高质量发展、战略性新兴产业发展、提升国家经济和国防安全等方面，分析研究对未来关键核心技术的需求，结合高等学校自身处于领先地位的优势学科专业，确定未来关键核心技术研究领域和方向，主动设置、建设和发展相关未来技术学科专业，走中国特色未来技术学院建设之路。

3.5.2　面向未来发展原则

未来技术学院的建设实质上是围绕未来技术人才培养和未来技术研究两项使命任务展开的，这两项使命任务的完成都必须面向国家未来发展的需要。因此，要在高等学校具有优势和处于领先地位的学科专业领域寻求与国家未来发展需要的结合点，针对性地分析和预测未来前沿性、革命性和颠覆性技术的发展趋势、发展方向和主要特征，开展未来技术的探索和研发，形成一批原创性的研究成果；同时，预测未来发展对相关未来技术人才的需求，提前设置、建设和发展相关未来技术学科专业，及时培养能够主动适应未来不确定性、引领前沿交叉科学和未来技术领域发展的科技领军人才。

3.5.3   注重交叉融合原则

未来技术的形成和未来技术人才的培养均要注重多个学科的交叉渗透和融合创新，这是由新技术产生和新学科形成的规律所决定的。因此，高等学校要依托自身的学科专业优势，聚焦少数未来技术领域，强化基础学科的"根基"作用，促进基础学科与应用学科的结合；要打破传统学科专业壁垒，推动不同学科专业之间的交叉融合，促进理工结合、科技交叉、工工交融、文渗入理、文融于工、医工融合等；要创新未来技术发展方式，引领前沿交叉科学和未来技术发展趋势；要探索未来技术领军人才培养模式，培养具有多学科交叉融合背景的未来技术领军人才。

3.5.4   强调模式创新原则

未来技术领军人才培养面临未来的诸多不确定性，国内外缺乏可借鉴的经验，因此，需要强调人才培养模式创新，探索形成以未来关键核心技术为驱动的前沿交叉科学和未来技术领域人才培养的新模式。一是充分发挥科研的育人优势，通过开放共享各类科研平台和资源，鼓励学生参与科技创新实践，提升学生的科研能力和创新能力；二是探索高校与科研院所联合培养未来科技创新领军人才的有效模式；三是完善导师制和学分制，试行书院制，探索"本硕博"贯通培养；四是积极挖掘国内外各种优质教育资源，探索高校与产业企业、境外高校和跨国企业的多方协同育人模式。

3.5.5   坚持以生为本原则[1]

坚持以生为本（或称"以学生为中心"）就是要从学生的角度而不是教师或高校的角度，在未来技术专业建设和人才培养过程中充分考虑学生的兴趣爱好、心理需求、个性特征、动机潜能和未来发展，从而更好地实现人才培养目标。一方面要培养学生的学习兴趣、挖掘学生的学习潜能、满足学生的个性化需求、将学生转变为积极主动的学习者；另一方面要重视和鼓励学生参与课堂教学方式、教学组织形式、教育教学评价、人才培养模式等的改革，设身处地地考虑学生的兴趣点、接受程度、可行性和有效性；同时要注重学生基础理论学习，激发学生对未来技术和未知领域的好奇和兴趣，批判性思维和战略性思维的训练，组织管理和创新能力的培养等。

3.5.6　坚持开放包容原则

开放包容对于未来技术学院建设，尤其是对未来技术和人才培养模式的成功探索至关重要。坚持开放包容注重的是校内外的开放和对各种事物的包容。校内开放包括校内各种教育教学资源的开放共享和密切合作，这就要突破课程资源、实验室资源、教师资源、信息资源的院系界限，形成高校内部密切合作研发未来技术和培养未来技术人才的机制和氛围；校外开放包括国内外交流合作与优质教育资源共享，这就要加强与国内外在相关未来技术领域的科学研究和人才培养上具有优势的高校和研究机构的合作，秉承优势互补、互利共赢的原则，共享在未来技术领域的研究成果和教育教学资源。

包容不仅是对不同事物的包容也是对失败的宽容。对未来技术的探索和研究存在多种思路、方法、途径和不同成果，对未来技术人才培养模式的探索也存在多样化。这些就要求具有兼容并包、博采众长的气度，在包容中相互学习和借鉴；对团队和他人在探索未来技术和人才培养模式过程中的失败和挫折，应该拥有宽容之心，容许失败，鼓励应对挑战、继续探索。

3.6　保 障 措 施

未来技术学院的建设需要政策措施、经费支持和保障条件，既有与一般学院建设类似的要求，也有专门特殊的不同方面，下面着重讨论不同之处。

3.6.1　政策措施

（1）教师选拔和聘任：制定并完善未来技术学院的教师选拔和聘任制度，通过提升薪酬待遇、优化生活保障和提供良好工作环境等措施增强岗位竞争力，吸引高层次人才加入。同时也要注重应聘者的发展潜力、创新潜能、合作意识和整体素质。

（2）学生招生录取：出台针对未来技术学院学生招生录取标准，不唯分数，不拘一格遴选求知欲强、乐于探索未知、勇于挑战未来、具有创新潜质、个性特征明显的学生。

（3）创新激励政策：制定教师考核评价标准，以创新为导向，激励教师不唯数量、追求质量、追求创新，努力在未来技术探索和研发上有突破和创新，在人才培养方式方法上创新。

3.6.2　经费支持

（1）建设经费：未来技术学院建设必须有足够的专业建设和新建专业开办经费，专门用于未来技术探索和研发的科研平台建设，以及用于未来技术学习和探究的教学平台的建设，这两个平台建设应该在现有科研平台的基础上，避免重复建设和资源浪费。

（2）运行经费：未来技术学院的日常运行经费，包括编制外人员经费、办公设备使用维护费、信息和通信费等。

（3）教学经费：包括实验室维护更新费、学生实验实习等专业实践经费、图书资料费、实习基地建设经费、学生国际交流经费、毕业论文费等。

（4）自由研究经费：用于支持教师自主选择未来技术发展方向的探索性的自由研究，以及支持学生在导师指导下自由选题并开展未来技术领域相关的研究。

3.6.3　保障条件

（1）组织机构：未来技术学院组织机构的设置要按照"精简高效"的原则并根据建设目标和建设任务的需要进行；组织机构的运行需要相应的制度建设，通过规章制度保证运行规范、顺畅、高效和灵活。

（2）教学设施资源：包括适应课程和教学改革的、支持探究式、参与式、合作式学习的各种教学设备和实验资源。

（3）教学科研场地：包括开展多种形式的教学、学生参与各种形式科研活动、科研和教学平台建设等需要的场地。

参 考 文 献

［1］林健. 一流本科教育：建设原则、建设重点和保障机制［J］. 清华大学教育研究，2019，40（2）：1-10.

第 4 章
未来技术学院建设：未来技术领军人才培养

【本章导读】

本章在前章的基础上，着重讨论未来技术学院建设的首要目标任务——培养具有前瞻性和全球视野，能够引领未来技术发展的创新型科技领军人才。未来技术领军人才培养与卓越工程人才培养的本质区别既源于未来技术学科所具有的不同于工程学科的主要特征上，也源于对未来技术领军人才培养目标的高定位上。聚焦这些区别，本章重点讨论以下六方面：学科专业（方向）确定、培养目标和培养标准制定、人才培养模式创新、课程和教学改革、研学产协同育人、国际合作育人等，以期为相关院校开展未来技术学院建设提供借鉴和参考。

未来技术学院建设不仅对于培养未来技术领军人才、培育一批前沿交叉科学和未来技术领域原创性成果、掌握未来关键核心技术、抢占未来科技发展先机具有重要的现实意义，而且对于推动"中国制造"走向"中国创造"、建设高等教育强国、服务经济高质量发展、推动形成"双循环"新发展格局、实现中华民族的伟大复兴具有重要的支撑作用。

本章着重讨论未来技术学院建设的首要目标任务——培养具有前瞻性和全球视野，能够引领未来技术发展的创新型科技领军人才。虽然从表面上看，未来技术领军人才培养与卓越工程人才培养似乎没有什么区别，但从内涵上分析，前者与后者的本质区别既源于未来技术学科所具有的不同于工程学科的主要特征，尤其是未来技术的学科交叉融合、核心引领性和不确定性等，也源于对未来技术领军人才培养的目标定位。为此，把握和聚焦这些区别，本章重点讨论以下六方面内容：学科专业（方向）确定、培养目标和培养标准制定、人才培养模式创新、课程和教学改革、研学产协同育人、国际合作育人等，以期为相关院校开展未来技术学院建设提供借鉴和参考。

4.1 学科专业（方向）确定

确定未来技术人才的学科专业（方向）不能简单地采用以往在申报各类人才培养计划时确定学科专业的做法，需要注意三点：（1）不能是高校现有若干学科专业的简单拼凑；（2）不能简单地用现有的前沿技术领域的学科专业来替代；（3）不能是申报者缺乏预测分析的主观判断。

作为未来技术人才培养平台的学科专业（方向）的形成需要经过以下过程：

首先，把握未来发展领域。基于本校学科专业优势及其行业产业背景，研究国家未来发展战略、人类科技前沿发展及行业产业长远发展规划，把握经济社会及相关行业产业未来发展的基础性和关键性领域。

其次，分析未来关键技术。分析影响经济社会及相关行业产业未来发展的基础性和关键性领域中的关键核心技术，尤其是与本校学科专业相关联的未来技术，把握其构成要素、关联学科、属性特征和发展趋势等。

再次，确定学科专业（方向）。从高校整体未来发展的高度，以处于领先地位的本校优势学科专业为基础，围绕未来关键核心技术的发展需要，打破传统的按照学科门类划分的知识体系和学科专业壁垒，整合调整校内各种学科专业资源，确定若干个未来技术领域的学科专业（方向）。

最后，明确指出不足之处。所确定的未来技术领域学科专业（方向）目前可能有一定的研究基础，但只有通过今后持续不断的探索和研发才能成为成熟的技术，因此，需要明确指出所确定的学科专业（方向）目前仍存在的不足和需要继续完善之处，作为今后研发的方向和重点。

明确了未来技术学科专业（方向）后，在整个未来技术学院的建设和发展过程中要始终注重凝练未来技术特色。要打破传统的按照学科门类划分的知识体系，通过相关学科专业的实质性交叉和跨界知识的有效融合，逐步凝练未来技术学科专业（方向）的优势和特色，最终形成若干个引领未来技术发展的特色鲜明的学科专业（方向）。

学科专业平台的建设是未来技术学科专业（方向）建设和发展的组织保障。未来技术学科专业平台可以有两种模式，即按照传统的以院系为实体平台进行学科专业建设的模式和不设实体的以优势学科专业为主体、其他学科为支撑的构架。前者需要设立实体院系，教师、学生、教学科研资源等均集中在该院系中，按照与其他院系相似的方式运行和管理；后者只需要设立虚体学院，建立以主体学科专业为核心的校内相关学科专业紧密合作的关系网络，配备学院负责人，负责虚体学院的运行和管理及相关学科专业的协调。

4.2　培养目标和培养标准制定

　　未来技术人才培养目标和培养标准（也称"毕业要求"）是未来技术人才培养的"纲"，关系到未来技术人才培养定位和质量，影响未来技术人才培养全过程，从培养方案的制定、培养模式创新、课程体系建设、教学方式改革到培养质量评价等各个环节。

　　未来技术人才培养目标的定位要高于高校其他人才培养目标，主要应体现在三点：一是面向国家发展战略和经济社会未来发展需求；二是针对未来关键核心技术领域；三是能够引领未来技术发展的科技领军人才。

　　未来技术人才培养目标需要满足三方面要求：

　　（1）符合本校的定位，适应国家发展战略和经济社会未来发展对未来技术人才的要求；

　　（2）符合"毕业要求"的毕业生在毕业后 5 年左右能够达到的职业和专业成就的总体描述，应体现德智体美劳全面发展的社会主义事业合格建设者、可靠接班人和作为本领域未来领军人才的培养总目标；

　　（3）具有包容性，既能够容许培养标准根据未来发展进行必要的调整，又能够包容学生个性特长的发展。

　　未来技术人才培养目标的制定需要经历三个环节：

　　（1）通过对国家发展战略和行业长期发展规划的分析，掌握国家和行业未来发展目标，进而对未来技术发展和未来技术人才需求进行预测分析和合理研判；

　　（2）以预测分析结果为基础，开展充分有效的调研，包括对科研院所、行业组织、政府部门、用人单位和校友等的外部调研，对本校资深学者、学术骨干等的内部调研等，以完善预测结果，提出未来技术人才培养目标初步内涵；

　　（3）通过各种方式邀请校内外利益相关者，尤其是科技领域、行业、政府、本校在未来技术发展上具有话语权的权威人士，参与修订、完善并最终形成未来技术人才培养目标。

　　虽然未来技术人才培养目标与新工科人才培养目标之间存在共同之处，都强调创新能力和学科交叉融合，但是二者之间也存在着明显的差异：前者注重前瞻性和全球视野，突出对未来技术发展的引领，着重对创新型科技领军人才的培养；后者则注重跨界整合能力，突出交叉复合型，着重对卓越工程科技人才的培养[1]。

　　未来技术人才培养标准是对未来技术人才培养目标的具体落实，是未来技术人才培养的纲领性文件，在未来技术人才培养中的作用表现在三方面：

（1）是人才培养方案制定的依据；

（2）是实施人才培养过程的指南；

（3）是人才培养质量评价的标准。

整个未来技术人才培养过程实质上是不断逼近人才培养标准并最终实现人才培养标准的过程。

未来技术人才培养标准需要满足三方面要求：

（1）必须能够支撑未来技术人才培养目标的实现，也可以理解为是对未来技术人才培养目标的分解细化；

（2）应充分反映出高等学校特有的、难以模仿的、长期积累的、优于其他高校的并得到社会公认的办学优势和特色；

（3）具有动态适应性，一方面能够涵盖未来社会对未来技术人才要求的各种不确定性，另一方面能够允许人才培养过程中对课程体系和教学内容的调整。

虽然未来技术人才培养标准在学科专业知识、职业素质、专业能力、责任伦理、社会能力、综合素质等方面与一般专业学科人才培养标准的构成基本一致，但是在培养标准内涵上要突出反映未来技术领域对人才的特定要求，主要包括以下几方面。

（1）前瞻性思维——是对事物未来发展的趋势、状态和结果进行带有预测性或展望性地分析、推理和判断等认知活动的过程，对于探索和分析未来技术发展方向和趋势具有关键作用。

（2）批判性思维——作为创新思维的核心和创新能力的基础，强调用批判的眼光和精益求精的态度对事物进行分析、研究并提出解决方案和对策，对于追求自我完善、追求不断进步、追求卓越具有十分重要的意义。

（3）工程技术伦理——未来技术人才作为道德主体，在工程技术开发和运用活动中涉及伦理问题，关系到人类自身发展、人与自然和谐发展、经济社会可持续发展等，离不开道德评判和干预，负有不可推卸的道德责任。

（4）终身学习能力——强调具有终身学习意识，能够根据职业发展和工程技术活动需要及时获取信息、更新和应用新知识，并转化为自身在工程技术活动上的优势。

（5）创新创业能力——创新能力是由知识视野、创新意识、创新思维、创新技能和创新素质等要素构成并相互作用而形成的综合能力；创业能力是发挥创新精神、运用创新思维和创新能力对各自资源进行优化整合，开发或创造出新事物的能力。

（6）动态适应能力——强调能够通过前瞻性思维、自主学习和获取新信息，主动适应行业产业内外部环境的迅速变化和挑战及国家和社会对未来技术不断变化的需求，坚实地履行岗位职责，保持本领域领军人物的地位。

（7）全球胜任力——作为未来技术领军人才，必须能够与不同文化背景的专业同行、不同学科专业的外籍人士相互尊重、沟通交流、合作共事、平等竞争，提高中国工程技术界的国际影响力、话语权和全球胜任力。

未来技术人才培养标准的制定应该与未来技术人才培养目标的制定同步进行。

4.3 人才培养模式创新

未来技术人才培养模式必须满足未来技术人才培养目标的实现和培养标准的落实，因此，必然与其他的人才培养模式存在较大的差异，需要围绕如何有效地实现未来技术人才培养目标和培养标准不断探索和创新，需要在未来技术人才培养过程中不断完善。未来技术人才培养模式创新可以从以下几方面进行探索。

4.3.1 按照大类专业培养人才

虽然国家发展战略和经济社会发展对未来技术人才的需求可以通过预测分析和合理研判予以获取，但是仍存在较大的不确定性，包括在专业方向、培养目标、能力素质等方面，克服这种不确定性的有效方式就是在大类招生的基础上按照大类专业培养人才。

实施大类专业培养对于未来技术人才培养具有两方面的作用。首先，大类培养需要扩大通识教育的覆盖面，给予学生更宽的专业培养口径，为学生未来职业发展奠定宽广坚实的基础，能够有效应对未来技术发展及对未来技术人才需求的不确定性；其次，学生可以结合自身兴趣和特长，在教师指导下，制定个性化的学习计划，在未来技术的探索和学习上发挥自身的优势和潜力，有利于学生的个性化培养[2]。

大类专业培养为多学科交叉融合提供了土壤。一方面，大类专业培养为不同学科专业知识的展现提供了平台，能够将相关的学科专业知识通过交叉、渗透、整合的方式传递给学生；另一方面，大类专业培养为学生探索多学科交叉融合创造了条件，有利于学生了解前沿交叉科学和未来技术领域发展特点和趋势，掌握未来技术的学科交叉融合特征。

4.3.2 实施柔性化的培养方案

未来技术更新周期短的特征，使得当前确定的未来技术人才培养学科专业

（方向）存在调整和变化的可能性。未来技术的不确定性特征也使得以往过于刚性的人才培养方案难以适应未来社会对持续变化的未来技术人才的要求，未来技术的基础学科和支撑学科的改变也使得当前制定的未来技术人才培养方案难以培养出未来技术需要的人才。基于上述原因，未来技术人才培养需要实施柔性化的培养方案。

柔性化培养方案需要淡化专业的实体性色彩，主要表现在以下三方面[3]。

（1）能够用同一方案培养出不同类型的未来技术人才，如通过课程的组合、专业方向的选择和培养计划的制定可以培养出诸如技术应用人才、技术研发人才和技术管理人才等；

（2）能够用同一方案培养出适应和引领未来技术发展变化的骨干和领军人物，包括通过课程的调整、交叉及前沿性课程的开设、创新创业能力和领导力的培养等；

（3）允许学生在学业指导教师指导下根据自己的专业兴趣和职业规划自主组合课程、自主制定培养计划，甚至自主探索新的专业方向，实现真正意义上的个性化人才培养。

柔性化的培养方案需要具备三个条件。

（1）丰富多样的课程和教学资源。这就要求允许学生跨院系，甚至跨校选课并认定学分。

（2）对超越本学科专业培养方案规定的各类课程的学分认定。培养方案要有针对各类课程的明确的学分认定、规定和具体的实施细则。

（3）对学生个性化培养方案的认定。学生的学业导师或所在院系的教学委员会需要对学生的个性化培养方案提出完善意见，以保证学生自主制定的培养方案满足培养目标和培育标准的要求。

4.3.3　推行完全学分制

严格意义上说，目前我国多数高校本科教育阶段实施的还是学年学分制，而不是真正意义上的完全学分制，学生即使提前修满毕业所需的最低学分，基本上还要等到 4 年才能毕业。完全学分制是以学分衡量学生学业完成情况，规定准予学生毕业最低总学分的一种教学管理制度，它离不开弹性学制的配合。

完全学分制和弹性学制的作用有三方面。

（1）能够充分调动学生学习的独立性和自主性，支持学生根据自身的具体实际安排学习计划和学习进度，以适应自身的学习能力和满足人生发展规划。

（2）允许学生根据自己的兴趣追求，自主选择学习内容和学习方式，包括辅修其他专业或方向，从而充分激发学生学习的积极性和潜能并提高学习效果，有利于因材施教。

（3）能够激励学有余力的学生提前向更高层次阶段学习发展，有利于支持"本硕博"贯通培育。

由此可见，完全学分制和弹性学制突出了人才培养的多样性和个性化，能够为未来技术领军人才培养营造有效的机制。

完全学分制的成功实施至少需要解决三方面问题。

（1）本校要有充分足够的优质课程资源，允许学生每学年都能够选修想选的课程。

（2）允许学生跨年级、跨专业选课，打破年级和专业的限制。

（3）改革传统的学生"班级制"，通过导师制和书院制加强对"同班不同学，同学不同班"的学生管理。

4.3.4 根据需要建立书院制

在中国高等教育改革中，部分高校引入西方"住宿学院制"的模式，即"书院制"。作为国际上精英人才培养的常用方式，书院制可以作为未来技术领军人才培养的一种模式予以选择。住宿学院源于英国的剑桥大学和牛津大学，诞生于1284年的彼得学院（Peterhouse）是剑桥大学第一个住宿学院，住宿学院制后来被美国哈佛大学和耶鲁大学等效仿并延续至今，我国一些高水平大学近年来也陆续建立了各具特点的书院制，以适应拔尖创新人才培养。

英国传统大学的住宿学院制的特点是，一个住宿学院（college）里住的学生不分学科专业、年级、性别、种族和国家，并配备书院导师（tutor）。这种形式的住宿学院制对人才培养的主要作用有两点：一是方便不同学科专业背景的学生之间进行相互交流和学习，有利于学生开拓学科视野、启发思路、提升创新能力；二是为学生营造与不同文化背景的人和谐共处、互相了解的机会，有利于开拓学生国际视野，培养在多元文化环境下交流、沟通和合作的能力。

书院制的成功是基于"环境育人"和"生活也是学习"的理念。建立书院应该以学生的成长成才为目的，将书院作为学生课堂之外的重要生活和学习场所，以弥补课堂学习在人才培养上的不足，从而达到配合课堂正式学习，让学生在学习之余，在日常的生活环境中潜移默化地学习和提高自己的目的。面向未来技术人才培养的书院需要通过条件设施的提供、书院导师的配备、文化氛围的营造、运行机制的形成、书院制度的建设，使其具有六项基本功能：跨学科交叉融合、跨文化交流合作、自律和自我管理、团队合作能力培养、组织管理能力培养、综合素质养成。

4.3.5   全面推行导师制

在相同学制情况下要实现未来技术人才培养目标和培养标准对教师和学生均是一个难度不小的挑战，因此全面推行导师制是一种积极有效的措施。导师制主要指自学生入学（1年）后，所在院系给每一位学生配备一位学业导师，作为学生知识学习、能力培养、社会生活、职业发展的指导者，直至学生毕业。学业导师不同于毕业设计或毕业论文导师和书院导师，其对人才培养的作用主要有以下几方面：有利于提高学生的学习效率；有利于因材施教、个性化培养；有利于教师教书与育人结合；指导制定学生职业发展规划；有利于促进学生的全面发展。

推行导师制要处理好五方面问题。

（1）导师定位清晰：要明确导师对学生在学期间的成长成才，即日常生活、课程选择、学习方法、兴趣培养、科研实践、价值养成、心理健康、生涯规划、未来发展等方面负有全方位指导责任，包括指导学生制定个性化培养方案，对学生在学期间的学习进行全过程指导，为学生参与科学研究和专业实践创造条件并予以指导，指导学生选择职业发展方向和制定职业生涯规划等。

（2）导师资格要求：要鼓励和聘请德才兼备、为人师表、充满热情的高素质教师担任学生的学业导师，以更好地发挥导师制的作用。

（3）师生双向选择：要允许学生根据自己的兴趣特长，遵循双向选择的原则，自主地选择导师。

（4）沟通机制健全：要建立导师和学生在日常的学习和生活过程中能够及时沟通交流的机制，促进和谐师生关系的形成。

（5）加强导师管理：要不断完善导师的评价和考核制度，建立起能够激励导师投入时间、履行职责的激励机制。

针对未来技术人才培养的特点，还可以考虑建立跨学科专业的导师制或导师团队制。

推行导师制要清晰明确学业导师与毕业论文导师、科研项目导师、书院导师、班主任和辅导员之间的责任分工，认真处理好他们之间的关系。

4.3.6   寓教学于科研之中

未来技术存在诸多未知因素和不确定性，未来技术的知识体系并不完善，对未来技术的学习往往缺乏系统完整的理论知识，因此，寓教学于科研之中就成为培养未来技术人才的一种有效模式，即在探索和研究未来技术的过程中学习和掌握未来技术。

科研对未来技术人才培养的重要作用体现在以下几方面[3]。

（1）提升对未来技术专业的认同和兴趣；

（2）为学生提供多学科知识交叉融合、应用和掌握的机会；

（3）科研项目的真实性和复杂性有利于培养学生复杂问题解决能力；

（4）科研需要的合作、互动和沟通有利于培养学生的社会能力；

（5）教师的指导和言传身教能够促进学生综合素质的养成；

（6）科研问题的解决能够提升学生的创新能力。

为了落实寓教学于科研之中，可以从以下几方面着手。

（1）鼓励教师将科研问题、科研发现、科研经验、科研活动、科研项目和科研成果等融入课程教学之中，激发学生参与科研的兴趣和积极性[4]；

（2）向学生开放各种科研实验室和平台，包括国家级重点实验室、未来技术研究实验平台、国家重大项目研究基地等，为学生接触学科前沿，开展科研实践创造条件；

（3）构建与课堂理论学习相对应的科研实践课程，让学生在教师指导下，将理论知识应用于解决科研问题；

（4）针对不同年级的学生设立进阶型的未来技术探究与应用创新项目，要求学生在导师指导下，围绕前沿交叉科学和未来技术的产生、形成、发展和应用，开展具体和深入的研究；

（5）鼓励学生自发提出与未来技术相关的科研选题，给予必要的经费支持和技术指导；

（6）鼓励和吸引学生参与教师承担的各类型与未来技术相关的科研项目，承担不同角色，完成适当的研究任务；

（7）实行科研学分制，把参加与未来技术相关的科研活动作为选修课对待，按照学生投入的时间和取得的成效给予学分，提高学生参与科研的积极性。

4.3.7　本硕博贯通培养

培养具有前瞻性和全球视野，能够引领未来技术发展的创新型科技领军人才，仅靠本科阶段 4 年时间是不够的。不同于"卓越工程师教育培养计划"1.0 在人才培养模式上总体上采用本、硕、博分段衔接培养模式，以避免跨层次连续培养会弱化或压缩工程实践时间[5]，本硕博贯通培养对未来技术人才培养是一种值得采取的培养模式。这种模式的优点有三方面：一是能够贯通考虑未来技术人才培养计划；二是有利于聚焦和强化学生的科技创新能力的培养；三是有利于学生个性化培养。

本硕博贯通培养需要遵循"贯通设计、分段连续、重组课程、形式多样"的原则。"贯通设计"要求把本科到博士阶段培养作为一个整体，系统制定达到博士毕业要求的未来技术领军人才的总体培养目标、培养标准和培养方案；"分段连续"强调的是将总体培养目标、标准和方案分解落实到本科、硕士和博士培养阶段，明确不同阶段人才培养的重点和任务，同时保证各层次之间的不间断连续；"重组课程"的目的在于跨越本科、硕士和博士阶段的界限，重新组织和整合原先不同阶段的课程，建立本硕博一体的课程体系，最大限度避免课程重复开设、教学内容重复、缺乏系统性的问题，从而有效压缩课程总学时、提高课堂教学效果，使学生有更多的时间和精力投入未来技术方向的探究和学术交流；"形式多样"指的是实现不同阶段人才培养目标和标准的方式、方法、手段和途经可以各式各样，要鼓励创新、突破固有、注重个性、因材培养。

从学生学习性质的不同角度也可以将本硕博贯通培养分为本科阶段和硕博阶段。本科阶段注重大类通识教育、未来技术学科专业基础教育和部分专业教育，为学生在硕博阶段学习和研究打下坚实的基础。硕博阶段实施个性化培养，注重未来技术学科专业教育和未来技术领域科研创新实践，追求在未来技术领域探索、研发和应用上的创新和突破，为成为引领未来技术发展的创新型科技领军人才做好充分的准备。

本硕博贯通培养机制的建立与运行需要设立专门的委员会，以协调和解决在人才培养过程中出现的与传统的分段式培养方式相冲突的问题，包括不同阶段的课程设置、实践安排、学生管理等方面的贯通问题。

4.3.8 学生遴选和退出机制

未来技术学科专业的学生遴选可以有两种主要方式。一是大类招生的方式[6]。这种方式有利于学生更好地理解未来技术学科专业的内涵和特征，有利于学生结合自身的兴趣和特长，找到最适合自己的专业方向。二是校内各专业选拔。这种方式是新生入学后或第一学年结束前，在校内相关学科专业中根据学生个人兴趣自主提出申请转入。

对于未来技术学科专业的学生，尤其是采取本硕博贯通培养的学生，退出分流机制的建立十分重要。因为学生对未来技术学科专业的认识和兴趣会发生变化，而且随着学习的不断深入，学生的兴趣、潜力和能力与未来技术学科专业要求的差距将得以显现。

退出分流机制的建立需要注意以下几点。

（1）这种机制是动态的，允许学生根据个人情况和意愿及时地提出转入其他相关学科专业的申请；

（2）本着对学生负责的态度，对申请退出的学生需进行必要的评估，包括拟转入学科专业能否接受等，慎重地对待学生的退出申请；

（3）做好学生已完成课程在拟转入学科专业培养方案中的学分认定，配合拟转入学科专业对转入要求的评审，为学生转入其他学科专业做好准备。

4.4　课程和教学改革

未来技术是多学科交叉、融合、渗透的产物，对未来技术的学习和探究不能沿用传统的学科专业的课程设置和教学方式，未来技术人才培养目标的实现和培养标准的落实最终需要通过课程和教学改革方能达到。培养具有前瞻性和全球视野，能够引领未来技术发展的创新型科技领军人才的核心是科技创新能力培养，未来技术学科专业的课程和教学改革需要围绕三方面任务展开：提高学生的学习兴趣、激发学生的好奇心、培养学生挑战未知的勇气和创新意识；挖掘学生的创新潜能、培养学生创新思维和批判性思维、提高学生的创新技能和创新素质；鼓励学生开展面向未来技术的原创性探究，支持学生挑战未来技术前沿问题等。

4.4.1　将创新能力的培养贯穿于整个课程体系

未来技术学科专业的所有课程，不论是通识课程还是专业课程均要注重对学生创新能力的培养，通识课程在学生知识视野、创新意识和创新思维培养上发挥重要作用，专业课程在通识课程的基础上，在学生创新思维、创新技能和创新素质培养上发挥重要作用，通过后续课程在前导课程基础上不断强化在学生创新能力培养上的效果，通过课程体系中每门课程的共同努力，才能使学生创新能力的培养贯穿于未来技术人才培养全过程[4]。

创新能力的培养和提升需要大量的创新实践，让学生在创新意识的驱动下，在创新思维的引导下，在创新素质的作用下，运用所拥有的知识和视野，在创新素质的作用下，运用创新技能对未来技术领域前沿问题的猜想进行反复实验和不断尝试，从而培养和提升创新能力。主要的创新实践教育教学活动有：创新型实验、创新训练项目、创新竞赛项目和参与科研项目等。

4.4.2　课程的综合化

多学科交叉融合是未来技术的主要特征，课程综合化就是把对未来技术中某一类问题学习和探究所需要的不同学科的知识、方法和技术整合成为一门综合性的课程。传统的课程只能涉及单一学科专业狭窄的知识领域，难以适应多学科交叉、涉及面广的知识学习，综合性课程的设置要改变传统的按单一知识分支设置课程的做法，突破现有学科门类和不同学科的界限，按照解决问题的需要组织课程内容，既能够避免不同课程间教学内容的重复，又有利于知识的系统学习和应用[4]。

综合性课程更多的课时和更系统的内容，既有利于未来技术相关学科知识的交叉融合，又有利于在课程教学中开展对未来技术发展问题的探索和研究，使学生通过课程的学习不仅能够掌握解决该类未来技术问题必要的知识和方法，而且具备解决该类问题较为完整的能力，从而避免以往课程学习知识碎片化和忽视能力培养的现象。

4.4.3　课程的项目化

项目是未来技术发展问题的集合体，课程的项目化指的是课程是以项目为基础或以项目为中心进行建设和组织实施的，课程以解决项目问题为目标任务，在完成项目的过程中实现课程目标，即培养学生的创新能力和综合素质。用于课程的项目应该源于未来技术探索和研发的实际，既可以是已立项的前沿交叉科学和未来技术相关课题，也可以是教师自主设立的未来技术探索性课题[4]。

这类课程的主讲教师应该是项目负责人和骨干成员，他们在未来技术探索和研发方面积累了丰富的经验。项目化课程对学生的科研能力有要求，课程设置应该由易到难，对于难度较大的项目化课程可以邀请科研院所的研究员和高新技术企业的高级工程师参与课程教学和学生指导，也可以充分利用相关科研院所和企业的科研资源支持课程教学。

4.4.4　课程的专题化

对前沿交叉科学和未来技术的探索需要不断提出新的科学猜想，不断尝试解决已有的科学猜想，不断揭示新的科学事实和不断发现新的科学规律，在各种可能的方向和领域专题性地开展研究。课程的专题化就是针对前沿交叉科学和未来技术的最新进展，选择若干个专题构成专题研讨课程，学生根据自己的兴趣自主选择专题和合作对象，在高水平教师指导下，尝试从思维、方法和理论创新的角度探索未知的科技世界。

专题性课程的每个专题可以始于前沿科学家的专题学术讲座，使学生了解国内外前沿交叉科学和未来技术的最新成果和动态，开拓学生在未来科技领域的视野。专题性课程的教学要坚持兴趣激励、问题导向和创新驱动的原则，使学生能够在强烈的兴趣驱使下，瞄准前沿未解决的科技问题，在多学科交叉融合的科技平台上，突破已有的认知，创造性地开展未来技术领域的探索。

4.4.5　实施研究性学习

基于问题、案例和项目的研究性学习注重从问题开始而不是从结论开始，以探索学科知识的产生和发展规律为路径，以剖析专业原理的形成过程为载体，以分析、研究和解决专业实际和学科问题的过程为平台，以师生互动和同学合作为形式，将学习知识与研究问题相结合，使学生在学习学科知识、专业原理和在思考、分析及探究问题的过程中获取、应用和更新知识，在解决问题的过程中培养和训练发现、研究和解决问题的能力，在合作学习与团队交流过程中形成和提高综合素质[7]。

研究性学习能够将知识学习与对前沿交叉科学和未来技术的探索及研究有机地结合起来。一方面，用于研究性学习的问题、案例和项目应该源于未来科技发展的前沿问题和科研项目，使学生能够直接面对和参与未来技术发展的前沿问题研究；另一方面，研究性学习要充分发挥学生自主学习、小组合作学习和师生互动的作用，使学生成为未来技术发展前沿问题研究的主动者和主导者。

4.4.6　推行挑战性学习

挑战性学习是通过具有挑战度的问题或任务（项目），激发学生的学习兴趣，挖掘学生的学习潜能，使学生在解决挑战性问题的过程中，综合地接受在价值塑造、能力培养和知识传授等方面的挑战并得到相应的提升，从而获得成就感，增强学术自信和自我认同。挑战性学习的主要目标有：激发学习兴趣和培养挑战"不可能"问题的勇气；培养终身学习能力和跨学科知识整合、构建、应用能力；培养和提高创新能力和专业能力；培养和提升社会能力；养成和提升综合素质[8]。

挑战性学习在前沿交叉科学和未来技术的探究和研究上有着较研究性学习更强的功能：一方面挑战性学习的问题、任务或项目的难度更大，往往是那些看似不可能解决的问题和长期未解决的科学猜想；另一方面，挑战性学习问题的解决更需要发挥学生的想象力和创造力，更需要思维创新、方法创新和理论创新；同时，挑战性学习更需要跨学科知识的支持，需要多学科知识的交叉融合。

4.5　研学产协同育人

研学产协同育人是未来技术人才培养的重要方式。卓越工程人才培养在多方协同育人方面强调的是产学研协同育人，将企业行业作为与高校合作的第一类伙伴，这是因为在卓越工程师培养上企业具备高校所没有的条件和优势[9]。然而在未来技术人才培养上需要强调的是研学产，即将科研院所作为与高校合作的第一类对象，而将企业行业，主要指高新技术企业作为第二类伙伴。这是因为，科研院所（包括中国科学院系统的所、院和中心）是我国前沿交叉科学和未来技术探索和研发的主力军，它们不仅拥有较强的研究队伍，而且具有较为丰富的研究资源。高新技术企业作为知识密集、技术密集的经济实体，在未来技术研发的后续阶段、成果转化和商业应用阶段具有独特的人力资源、设备资源和市场优势。

研学产协同育人要遵循"优势互补、互惠共赢"的原则，这是保持合作关系持久稳定的根本原则。我国高校与科研院所合作培养本科人才，尤其是未来技术领军人才，是一种新的尝试，需要高校不断努力并与科研院所不断磨合。从科研院所的角度分析，与高校协同育人既能彰显其在未来技术人才培养上不可替代的作用，又能为其科学研究提供一定的新生力量，还能为其硕士、博士招生物色优质生源。从高校的角度考虑，与科研院所协同育人应该是全方位的，涵盖培养目标和培养标准制定、培养方案制定、课程体系和教学内容改革、教师队伍建设、教学改革和课程教学等多个方面[9]。高校在与科研院所的合作过程中，要充分发挥科研院所在未来技术领军人才培养上的优势，包括前沿交叉科学和未来技术领域最新的研究成果、先进的研究设备和条件、在未来技术研究上造诣深厚的师资力量等，具体可以通过签订合作协议和聘请科研院所的研究人员作为兼职教师的方式来落实。

高校与高新技术企业的协同育人也应该尽可能地考虑企业的利益诉求，使企业在与高校的合作中受益，以激励企业自觉、主动地与高校合作。从企业的角度分析，与高校协同育人既能提高其社会影响、声誉及其在业内的地位，又能为其日后技术人才招聘提供考察和选择，还能拓展与高校在其他领域的合作。从高校的角度考虑，与企业的合作应更加注重学生的实践教育，使学生在未来技术研究成果的试错、测试、成果转化和产业化过程中得到培养和成长。高校在与高新技术企业合作过程中，要充分发挥企业在未来技术领军人才培养上的优势，包括先进的实验测试实践条件、成果转化能力、规模生产条件、在未来技术领域拥有一批在研发上卓有成效的研发人员等，具体也可以通过签订合作协议和聘请兼职教师的方式来落实。

研学产协同育人需要有相应的平台。高校与科研院所和高新技术企业一道，共同承担前沿交叉科学和未来技术领域的科研项目、共同建设未来技术领域研发平台、共同建设未来技术人才创新实践基地、共同开展未来技术研发成果的转化和产业化等，为构建研学产协同育人机制提供有效的平台。在这个平台上，高校专职教师和校外兼职教师以未来技术人才培养目标和培养标准为指引，共同指导学生课程学习、专业实践、科研活动、毕业设计或学位论文，共同考核学生学习成效和人才培养质量[9]。

4.6　国际合作育人

国际合作育人指的是与世界顶尖或高水平大学、著名研究机构、知名创新企业建立合作关系，共同培养未来技术领军人才。国际合作育人对于培养未来技术领军人才具有特殊的意义，主要原因在于：一是未来技术领军人才需要拓宽国际视野；二是课程教学内容的前沿性要求；三是了解和掌握前沿交叉科学和未来技术的发展动向；四是学习和借鉴未来技术领军人才培养模式。因此，开展国际合作育人要围绕上述四方面有的放矢地进行。

在国际合作对象的选择上要考虑两方面因素。一是要求对方在与本校相关的未来技术学科专业（方向）上的研究取得突破性成果，处于国际领先地位，拥有国际知名学术大师；二是要注重合作双方的互补性，包括在研究成果、教学和科研条件、教师队伍、课程与教学等方面能够形成优势互补，使双方在合作过程中能够共同受益，以保持合作的持续性。

国际合作育人的方式有以下几种。

（1）"请进来"：聘请国际学术大师深度参与人才培养和科学研究。聘请国际顶尖大学相关学科专业（方向）的教授、国际著名研究机构前沿技术科研团队的带头人、国际知名创新企业的技术负责人等，参与未来技术学科专业（方向）的课程建设和课堂教学、开设未来技术前沿发展报告、联合指导学生科研等，以拓宽学生的国际视野、学习本学科专业（方向）的最新成果、了解和掌握未来技术的发展动向和趋势。

（2）"走出去"：选派优秀学生出国短期学习、参与科研和学术交流。通过选派优秀本科生和研究生到国外顶尖大学学习一门或多门课程、完成培养计划中的一些教学环节、获得双方相互认可的学分，选派优秀研究生到国际著名研究机构和创新企业参与未来技术领域相关的科研活动，资助高年级研究生参加国际未来技术相关领域高端学术会议，使他们能够学习和掌握国际未来技术领域的最新成果，了解全球未来技术发展前沿，熟悉国际一流学术研究群体，拓宽国际视野，为未来技术的学习和探究创造条件。

（3）开展适合不同层次人才培养的项目研究。基于与国外合作对象长期的科研合作积累，按照人才培养目标和培养标准的要求，中外双方共同挖掘和设立分别适合本科、硕士和博士阶段培养的合作研究项目，作为各阶段未来技术人才培养的"必修课"，并给予基于项目成果的学分认定，使学生在校内和国际"双导师"联合指导下开展项目研究，探究未来技术的发展并取得成果，着实提升学生未来技术的研发能力。

参 考 文 献

［1］林健.面向未来的中国新工科建设［J］.清华大学教育研究，2017，38（2）：26-35.

［2］林健.一流本科教育：建设原则、建设重点和保障机制［J］.清华大学教育研究，2019，40（2）：1-10.

［3］林健.多学科交叉融合的新生工科专业建设［J］.高等工程教育研究，2018（1）：32-45.

［4］林健.新工科专业课程体系改革和课程建设［J］.高等工程教育研究，2020（1）：1-13+24.

［5］林健.卓越工程师培养——工程教育系统性改革研究［M］.北京：清华大学出版社，2013：35.

［6］林健.一流本科教育：认识问题、基本特征和建设路径［J］.清华大学教育研究，2019，40（1）：22-30.

［7］林健.面向卓越工程师培养的研究性学习［J］.高等工程教育研究，2011（6）：5-15.

［8］林健.面向"六卓越一拔尖"人才培养的挑战性学习［J］.清华大学教育研究，2020（2）：45-58.

［9］林健.校企全程合作培养卓越工程师［J］.高等工程教育研究，2012（3）：7-23.

第 5 章
未来技术学院建设：教师队伍建设和未来技术研发

【本章导读】

高水平教师队伍建设和未来技术探索和研发是未来技术学院建设的两项重要任务，本章聚焦这两项建设任务展开讨论。在高水平教师队伍建设上主要讨论教师队伍总体和个体要求，教师选拔和聘任、教师团队建设、教师的职业发展、教师研发能力的提升等方面；在未来技术探索和研发上主要讨论未来技术探索和研发的目标和作用、未来技术研究方向的确定、如何开展未来技术探索和研发、如何构建未来技术研发平台等方面，以期为相关院校开展未来技术学院建设提供借鉴和参考。

人类社会未来的发展、国家全球竞争力的提升乃至大国的崛起和民族的复兴越来越取决于对未来关键核心技术的掌握。全球范围对未来技术的重视，尤其是发达国家在未来技术领域人才的培养和吸引、各类资源的投入、相关技术的封锁、各种障碍的设置等进一步凸显我国建设未来技术学院的迫切性和重要性。

作为未来技术领军人才培养和未来技术探索与研发的平台，未来技术学院的建设需要一支学科交叉、结构合理、创新能力强，在前沿交叉科学和未来技术领域具有重要影响的高水平教师队伍，需要培育一批在前沿交叉学科和未来技术领域的原创性研究成果。本章在第 3、4 章的基础上着重讨论未来技术学院建设的两项重要任务——高水平教师队伍建设及未来技术的探索和研发。在高水平教师队伍建设上主要讨论教师队伍总体及个体要求，教师选拔和聘任、教师团队建设、教师的职业发展、教师研发能力的提升等方面；在未来技术的探索和研发上主要讨论未来技术探索和研发的目标和作用、未来技术研究方向的确定、如何开展未来技术探索和研发、如何构建未来技术研发平台等方面，以期为相关院校开展未来技术学院建设提供借鉴和参考。

5.1 高水平教师队伍建设

未来技术学院必须有一支能够满足未来技术人才培养要求以及胜任前沿交叉科学和未来技术探索及研发的高水平的教师队伍，建设好这支队伍首先要有对教师队伍的总体要求和对每位教师的个体要求，再从教师选拔和聘任、教师团队建设、教师的职业发展、教师研发能力的提升四方面展开。

5.1.1 教师队伍总体要求

未来技术学院的教师队伍的总体要求是多学科交叉、结构合理、创新能力强，在前沿交叉科学和未来技术领域具有重要影响，主要表现在以下四方面。

1. 强调学科交叉

这是基于前沿交叉科学和未来技术的形成主要源于多学科交叉融合的基本判断，具有不同学科背景的教师队伍构成对前沿交叉科学和未来技术的探索与研发和未来技术人才的培养均是至关重要的。

2. 注重结构合理

这方面关注的是知识、年龄、学缘和经历四方面的结构。第一，知识结构要具有互补性，教师之间能够取长补短，教师队伍整体知识的覆盖面必需完整且系统。第二，年龄结构要合理，既有德高望重的学术大师，又有年富力强的核心骨干，还有朝气蓬勃的后起之秀。第三，学缘结构要多元化，以利于教师之间博采众长、思维创新和学术争鸣。第四，工作经历要多样性，在人才培养方面，需涵盖不同教育层次的指导经验；在科研项目维度上，需展现多类型科研活动的参与度；在校外实践层面，需突出产学研深度融合经历。

3. 突出创新能力

创新是未来技术学院建设成功与否的关键所在，没有创新就谈不上未来技术人才培养和未来技术研发，唯有不断探索和坚持创新才能在未知或陌生的领域获得成功。因此，教师应该具有很强的创新能力或创新潜能，中年核心骨干必须积累了丰富的创新成果，青年后起之秀必须展露出很强的创新潜能。

4. 在前沿交叉科学和未来技术领域具有重要影响

重要影响主要表现在：能够对前沿交叉科学和未来技术领域的发展进行预判，并能把握其发展方向；取得一批本领域的原创性研究成果；成为本领域人才培养和未来技术发展的领军团队。

5.1.2　对教师的个体要求

对未来技术学院每位教师的要求虽然与对工科教师的要求相类似，但是还存在一些明显的区别，主要表现为前者要凸显对未来技术的探索研发和教育教学，而后者要强调对工程领域的教育教学和设计创新。总体而言，对未来技术学院教师的个体要求应该有以下几方面。

1. 广博的知识面

要求教师具备扎实的知识获取、应用和创新能力，不断更新知识、扩大知识面，完善知识体系。不仅掌握本学科专业领域的知识和国内外最新进展，而且熟悉相关学科专业领域的知识，尤其是与未来技术相关学科专业的知识，还要关注新兴、交叉、边缘学科的兴起和发展，注重与相关学科的交叉融合。

2. 丰富的技术研发实践经历

要求教师熟悉技术研发的流程和研发平台的运作方式，掌握先进研发设备和技术的使用，掌握应对各种技术问题的有效方式，积累丰富的解决技术问题的经验。这些不仅对教师形成良好的工程技术素养，具备担任未来技术学院教师的基本条件十分重要，而且是教师拥有技术研发能力的重要基础。

3. 卓越的工程技术教育教学能力

这是胜任未来技术人才培养所需要的各种能力的组合，包括具有先进的工程技术教育理念，具有良好的工程技术教育研究能力，具有显著的工程技术教学学术水平，具有突出的工程技术实践教学能力，具有娴熟的教学组织和管理能力等。这些对开展未来技术学科专业教学、保证教育教学质量都是十分必要的。

4. 突出的未来技术研发能力

这项能力对于未来技术的探索和研发至关重要，具体包括掌握本学科专业前沿发展的最新动向，具有独立从事未来技术领域科学研究和技术开发的能力，能够在多学科交叉融合背景下开展团队合作和联合攻关，取得了一定的创新性、原创性的研究成果，在未来技术学科专业领域具有认可度，能够将科研成果及时地转化为课程和教学内容等。

5. 崇高的敬业精神和职业道德

这是教师胜任未来人才培养和未来技术研发所必备的，主要反映在强烈的事业心和责任感，严谨求实的科学态度和精益求精的工作作风，勇于探索的治学精神和追求卓越的创新意识，为人师表的行为举止和言传身教的育人风范等。

5.1.3 教师选拔和聘任

未来技术学院教师的选拔和聘任必须按照教师队伍的总体要求进行，主要包括以下三方面工作。

1. 选拔和聘任的渠道可以有校内选拔和校外聘任两种

校内选拔注重从与未来技术学院相关院系或学科专业中遴选符合条件的教师；校外聘任注重从其他高校和科研院所聘请或从海外引进在前沿交叉科学和未来技术领域取得显著成果、学术造诣较高、具有影响力的学者。

2. 要重视未来技术专业方向带头人和学科带头人的选聘

学科带头人和专业方向带头人分别作为未来技术学科的领军人物和专业方向引领者对未来技术学院的学科发展和专业方向发展至关重要，需要得到高度重视，对他们应该有高要求，包括取得业内公认的一流学术成就，创新能力强，具有战略眼光和全球视野，具备组织管理和领导能力等。

3. 选拔和聘任形式应该是专职为主、兼职为辅

未来技术学院的建设和发展不可能一蹴而就，需要有一批稳定的专职教师作为主体，以保证学院的建设和长远稳定的发展。但是未来技术的发展及其主要特征，使得在未来技术学科专业领域的带头人和学术骨干成为海内外聘请的焦点，对这些顶尖师资的聘请在不可能全职的情况下可以考虑兼职的方式。

5.1.4 教师团队建设

多学科交叉的主要特征使得未来技术学院学科专业建设需要有相应的教师团队。教师团队是一个教学和科研的共同体，共同完成同一专业方向的人才培养和科学研究两项任务，可以按照专业方向组织和建设，称为教研室或教研组。教师团队建设需要考虑以下因素。

（1）除了专业方向带头人外，每一个专业方向教师团队可以设立一位讲席教授岗，聘请在该专业方向上处于国际领先地位、取得国际学术界公认的显著研究成果的一流学者。

（2）合理的团队构成。需要综合考虑团队成员的学历、经历、职称、年龄、特长、兴趣等方面因素，注重教学水平、科研能力、学术积累、创新能力等。需要指出的是，成果丰硕、经验丰富的老教授与充满活力、勇于挑战的青年教师的组合，容易产生思想碰撞、擦出创新火花，对未来技术的发明至关重要。

（3）适当的团队规模。团队规模取决于专业方向的学生规模和科研任务，尤其是满足前沿交叉科学和未来技术领域研究的需要，包括承担国家重大科技创新项目、建设适应未来技术探索和研发所需的科研平台及满足未来技术学习和探究的教学平台等。

（4）团队制度建设。为了教师团队能够充分发挥应有的作用，要重视团队制度建设，包括团队的日常运作模式、成员分工原则、团队合作方式、交流沟通机制和工作评价制度等。

教师团队在人才培养上的主要工作有以下几方面[1]。

（1）进一步明晰和完善未来技术专业方向的内涵；

（2）制定和调整未来技术专业方向人才培养方案；

（3）开展课程体系和教学内容改革；

（4）进行教学研讨和教学经验交流；

（5）创新教学组织形式和教学方式；

（6）整合和开发各种教育教学资源，参与未来技术学习和探究的教学平台建设；

（7）培养和提高教师整体教学能力。

教师团队在科学研究上的主要工作有以下几方面。

（1）确定和调整未来技术领域学科方向的研究内容；

（2）组织、申请和实施未来技术领域的国家级科研项目；

（3）整合和开发各种科研实验资源，参与未来技术探索和研发的科研平台的建设；

（4）开展未来技术学科领域的学术交流和研讨；

（5）培养和提升青年教师的未来技术研发能力；

（6）组织和实施由校内外多个科研组织共同参与的涉及前沿交叉科学和未来技术领域的科研项目；

（7）培育在未来技术领域的原创性科研成果。

5.1.5　教师职业发展

教师的职业发展，尤其是中青年教师的科研创新能力和教育教学能力的提升，是教师队伍建设的一项重要内容，可以从以下几方面着手。

1. 实施青年教师导师制

基于双向选择的原则，给每一位青年教师配备一位学识渊博、治学严谨、经验丰富、责任心强的教师作为导师，双方共同制定青年教师职业发展计划，通过该计划的实施和导师的言传身教等具体指导，促进青年教师业务能力、科研水平、教学质量和整体素质的提升。

2. 营造有利于中青年教师成长的学术氛围

强化学科或方向带头人及讲席教授等对中青年教师的指导和帮扶责任，鼓励中青年教师参与重大科研创新项目、学术交流和教学改革活动，使他们在科研和教学的实践中不断提高自己。

3. 推行教师跨学科学习计划

未来技术的学科交叉融合特征要求未来技术学院的教师必须具有多学科交叉背景，因此，要推行教师跨学科学习计划，鼓励教师在本学科领域之外选择两三个与未来技术相关的学科进行学习，通过选修课程、担任课程助教、外出进修等方式完成学习计划。

4. 支持中青年教师赴境外学习

创造条件、制定政策并提供经费，支持中青年教师到前沿交叉科学和未来技术领域的研究及教学处于国际领先地位的国际著名大学或研究院所进修学习、访问交流，建立长期的合作关系。

5.1.6　教师研发能力的提升

未来技术学院的教师必须在未来技术领域的探索和研发上有所建树，才能胜任未来技术人才培养的任务，满足在前沿交叉科学与未来技术领域培育出原创性研究成果的要求，以体现教师队伍的高水平。为此，需要从以下几方面鼓励和支持教师对未来技术的探索，提升教师的研发能力。

1. 设立未来技术探索和研发专项基金

未来技术的不确定性特征，使得对未来技术的探索和研发需要大量的尝试和实验，基金设立的目的在于，为教师尤其是青年教师提供自由开展未来技术学科专业（方向）探索和研发的经费保证，以支持教师在自由的学术环境下全身心地投入到科研之中，通过各种反复的尝试和实验，从发散走向聚焦、从失败走向成功，逐渐提升自身的研发能力。

2. 提供自由探索未来技术的科研平台

未来技术探索需要各种实验仪器和设备条件构成的科研实验平台，这些平台应该有保证正常运行、定期维护和方便教师使用的开放管理制度，使教师能够在宽松自由的氛围和环境下，与学生和其他教师一道，充分利用科研平台，共同探索和研发未来技术，在科研实践中提升自身的研发能力。

3. 鼓励不同学科专业教师的交叉融合

通过政策制度和激励机制，鼓励和支持教师与其他学科专业、不同院系的教师、甚至校外和国外的同行，自由组合形成有利于未来技术探索和研发的多学科交叉融合的科研团队，联合申请科研项目，合作开展科学研究，共同探索和研发，一道提升研发能力。

5.2　未来技术的探索和研发

对未来技术的探索和研发是未来技术学院建设的一项重要任务。首先，要明确未来技术探索和研发的目标和作用；其次，要确定未来技术的研究方向；再次，要理解如何开展未来技术探索和研发工作；最后，要考虑如何构建未来技术研发平台。

5.2.1　未来技术探索和研发的目标和作用

未来技术学院关注的未来技术是指那些前沿性、革命性、颠覆性的未来关键核心技术，是关系到中国未来发展全局的国之重器。对未来技术的探索和研发不仅能够从源头上遏制在关键核心技术上"卡脖子"问题的出现，而且能够带来全产业链、全行业、全社会的颠覆性变革。因此，要从国家战略和未来发展的高度，重视和开展对未来技术的探索和研发，将其作为一项长期、艰巨、复杂的系统工程。

对未来技术的探索和研发的主要目的有两个：一是培育在前沿交叉科学与未来技术领域可能产生重大影响的原创性成果，包括把握未来技术的性质特征，掌握未来技术及其发展方向等；二是健全和完善未来技术领域的知识体系，为及时地充实、更新和完善未来技术人才培养的课程教学内容提供素材。

对未来技术的探索和研发将产生三方面的重要作用。

（1）为学生提供了接触学科前沿、开展科研实践、参与未来技术的探索和研发的活动，是科教融合、教学与科研相互促进的有效方式；

（2）促进在学科和未来技术领域具有重要影响的高水平教师队伍的建设；

（3）促进建设适应未来技术探索和研发所需的科研平台，以及满足未来技术学习和探究的教学平台。

5.2.2　未来技术研究方向的确定

未来技术研究方向的确定需要前瞻性的思维和科学的技术预测。虽然人类对未来许多必然事物是无法预测和预知的，但人类对自身社会发展的大方向，对本国的发展追求是能够有基本判断的。一方面，人类对美好生活的追求，是人类社会共同的发展方向；另一方面，在全球竞争愈演愈烈的背景下，各国将提升本国的国际竞争力作为主要的发展追求。以这些关乎人类社会进步的发展方向和关系国家发展战略的发展方向为目标，基于当前的科技发展水平，运用前瞻性思维和科学的技术预测，应该能够对人类社会和各国发展需要的未来技术的性质、功能等有一个清晰的把握，从而确定未来技术的研究方向，如人工智能芯片技术、未来智能交通技术、仿生智能集群技术、未来医学健康技术、量子芯片技术等。

对未来技术研究方向的确定，需要突破传统的技术研发和创新的思维定势，开拓前人未能打开的思维空间，舍弃当前趋于成熟的技术，瞄准前人难以攻克的技术高峰，定位前人未曾涉及的技术领域，从而尽早开展未来技术的探索和研发，抢占全球未来技术创新的制高点，提前布局未来技术产业。

5.2.3　如何开展未来技术探索和研发

未来技术的探索和研发需要做到如下六个"需要"。

1. 需要遵循关键核心技术形成规律

大量关键核心技术的根本在于基础理论研究，没有从源头上将相关问题研究透彻，就会造成"地基"不牢。而从理论成果到关键核心技术的形成再到商业化突破还要走很长的路，要经过多个环节：需要高校与科研院所和高新技术企业等多方协同努力，从而产生大量原始创新成果；需要建立和完善上、中、下游研发各方协同合作的产业链，在产业实践中不断试错和测试，持续提高性能；需要通过产品或成果转化和大规模应用实现其商业价值，使科研不止步于实验室和样机阶段。

2. 需要超越现实和突破传统

未来技术的发展不可能建立在空中楼阁上，它是以当前的现实技术为基础，是在现实技术的基础上发展形成的，但未来技术并不是现实技术，未来技术必须超越现实技术，它不是现实技术的简单延伸，而是对现实技术的创新和重大突破。未来技术的探索和研发要突破传统的观念和思维定势，不能简单沿用传统的技术研发方式，而应该基于未来技术可能具有的性质、功能和特征，运用发散思维、创新思维和逆向思维的思维方式，从多个方向和不同角度寻找形成和产生未来技术的路径，开辟全新的研发空间。因此，未来技术既可以是原始创新，也可以是突破性创新。

3. 需要注重学科交叉和融合

未来技术的产生和形成是伴随着多学科的交叉和融合，这是前沿交叉科学和未来技术发展的规律。正是不同学科的交叉形成了新的学科发展点，也是学科间的相互渗透和融合促使了新技术的产生。因此，要避免在单一学科方向一条路走到底的方式，从核心关键问题出发，努力拓宽未来技术发展思路和空间，寻求未来技术发展的有效路径，注重原创性重大基础理论成果的运用，注重优势学科与迅速发展的人工智能、信息技术等前沿技术的结合，找到现有优势学科与其他学科的交汇点，在交叉中创新，在融合中发展。因此，未来技术既可以是集成创新，也可以是融合创新。

4. 需要持之以恒和不断推进

人类社会的发展伴随着对未来和未知领域的探索，这种探索是永无止境、永不放弃的。对未来技术的探索和研发也是一项艰巨和复杂的工作，不可能在短期内取得突破，需要解决林林总总的问题并克服困难，需要历经反反复复的失败和挫折。这就要求有持之以恒的精神、克难攻坚的勇气、坚忍不拔的毅力和实现目标的信心，在探索和研发未来技术的道路上义无反顾地往前走，在不断的尝试中找到方向，在不断的探索中积累点滴，在不断的努力中寻求突破，只有这样，才能在未来技术的探索和研发中不断推进，取得原创性的创新成果。

5. 需要多方协同和资源共享

未来技术的探索和研发如果仅靠一个学科是难以胜任的，需要多个学科专业的专家共同参与，需要跨越组织、部门甚至行业的界限，需要参与各方在共同目标驱使下，相互协调、密切配合、优势互补、凝聚力量，齐心协力实现目标。未来技术的探索和研发需要充足的资源保障，因此要最大限度地发挥各种科研资源和平台的作用，包括信息、数据、文献、设备、设施、仪器等，达到各种相关科研资源的共用共享。由此可见，对未来技术的探索和研发需要得到高校层面的高度重视，需要学校的政策支持、组织协调、资源投入。

6. 需要立足长远和开放包容

未来技术的探索和研发必须着眼于未来相当长一段时期国家经济社会发展需要和人们对美好生活的期待，因此要立足长远，要有战略眼光、国家视角和前瞻性思维，未来技术研发成果必须是原始创新，不仅在水平上要有高标准，力求国际一流、国际领先，而且在应用上要有广阔的领域，能够成为提升我国国际竞争力的关键核心技术。与此同时，未来技术的提升和研发需要做到开放和包容，一方面是对资源和人员的开放，要求各种实验室资源和信息资源开放共享，要求相关学科专业的研究者不受隶属单位限制并积极参与；另一方面是对不同和失败的包容，既要鼓励和包容研究思路、方法、手段、路径的多样化，也要允许和包容在探索和研发过程中的各种挫折和失败，鼓励从挫折和失败中反思和发现客观规律，实现未来技术探索的突破。

5.2.4　如何建构未来技术研发平台

未来技术研发平台以大量仪器设备和各种实验室等硬件设施和条件为基础，需要大量且持续的经费投入。在此基础上，需要从以下三方面着手未来技术研发平台的建设。

1. 多学科交叉融合平台

学科交叉融合是未来技术的一个主要特征，这就意味着未来技术的研发需要多学科交叉融合平台的支持。在这个平台上，来自校内不同院系，甚至校外不同国家和地区的具有不同学科专业背景的教师和科研人员能够汇聚在一起，从不同的学科和研究视角，通过彼此的思维碰撞和相互借鉴，产生新的见解，形成新的技术路线，促进不同学科的交叉和融合，最终研发出未来技术成果。因此，多学科交叉融合平台的建设需要有政策制度和激励机制。第一，通过鼓励申请国家或国际重大前沿性、基础性、创新性技术攻关项目，支持不同学科背景的科研人员自由自主地开展科研合作；第二，开放校内各种科研资源，允许从事未来技术研发的不同学科背景的科研人员跨院系、跨学科使用科研资源；第三，在科研人员考核评价指标上既要鼓励多学科交叉融合、宽容失败，又要向原创性、基础性、关键性的技术创新成果倾斜。

2. 研学产一体集成平台

科研院所，包括中国科学院系统的所、院和中心，是我国前沿交叉科学和未来技术探索和研发的主力军，它们不仅拥有较强的研究队伍，而且具有较为丰富的研究资源。建立未来技术学院的高等学校与科研院所的合作，将十分有利于研发出原创性的未来技术成果。高新技术企业作为知识密集、技术密集的经济实体，在未来技术研发后续阶段的不断试错、测试、改进、完善、成果转化和商业应用阶段，具有独特的人力资源、设备资源和市场优势。建立未来技术学院的高等学校与高新技术企业的合作，将十分有利于实现未来技术的产业价值和市场化，使得研发出的未来技术得以可持续发展。因此，构建包含科研院所（上游）、高等学校（中游）和高新技术企业（下游）三方研发伙伴一体的集成平台是一种具有产业生态支持的未来技术研发平台，对于实现未来技术的产业价值、突破未来技术的商用生态依赖性具有重要的意义。

3. 动态灵活的合作组织

目前高等学校普遍实行的实体学院制既是某学科专业的人才培养基地，也是该学科领域科学研究的平台，在教师学科专业背景、人员编制和管理上有明确的限制。未来技术研发赖以支撑的组织架构应该是动态灵活的合作组织，这是由其主要特征决定并要求的，其中动态和灵活是相辅相成的。动态表现在人员的数量和学科专业背景要求是能够随着未来技术研发的需要而动态变化的，而不是一成不变的，以避免现行实体学院制在这方面存在的障碍。灵活表现在对科研人员的管理和组织形式上是灵活多样的：在人员管理上既要尊重科研人员的研究风格和工作习惯，又要是松散并仅注重科研结果而忽略科研过程的；在组织形式上既可以是"实体"，也可以是"虚体"，后者不在意科研人员的隶属关系，仅在乎其合作参与。由此形成的动态灵活的合作组织能够营造一个自由探索、激励创新的研究氛围，能够形成一个形式多样、学科交叉、背景丰富的学术共同体，对于未来技术的研发是至关重要的。

4. 国际合作与资源共享

不同国家和地区在未来技术研发上既有值得借鉴和相互学习的地方，包括研究成果、组织形式、研发模式等，也有研发资源上的优势，包括科研人员、研究设备、实验条件、信息资源等。因此，国际合作和资源共享对于未来技术研发水平，不论是处于领先的国家，还是处于赶超的国家都是十分重要的。

进行国际合作与资源共享需要选择合作对象和考虑合作方式。在合作对象的选择上要满足两方面条件：一是合作方在与本校相关的未来技术研发方向上取得了突破性的成果，处于国际领先地位，拥有国际知名学术大师，可以是世界知名大学、著名科研机构和相关高新技术企业等；二是合作双方的互补性，包括科研人员、研究成果、研发资源等方面能够形成优势互补、资源共享，使双方在合作过程中互利互惠。在合作方式上既可以是"请进来"，也可以是"走出去"，还可以是"请进来"和"走出去"相结合，但不论采取何种合作方式，均要有具体的计划安排，以保证国际合作的稳定性和持续性。

国际合作与资源共享的有效推行需要有合作项目或合作计划作为支撑平台。瞄准未来技术前沿、定位国际领先水平、具有持续经费投入的国家级未来技术领域重大项目或计划，不仅有利于吸引符合上述两方面条件的国际合作方，而且更具备要求与合作方资源共享的条件。这类合作项目或合作计划的成功实施，需要成立由双方著名专家领衔的高水平合作团队，制定符合双方法律法规、文化价值、工作方式的合作模式、运行机制和资源共享原则。

参 考 文 献

［1］林健. 胜任卓越工程师培养的工科教师队伍建设［J］. 高等工程教育研究，2012（1）：8-9.

第三篇

现代产业学院建设

第 6 章
现代产业学院建设：培养应用型卓越工程人才和促进产业发展的新途径

【本章导读】

当前我国正处于全面建设社会主义现代化国家新征程的关键时期，全方位深层次推进卓越工程师教育培养及主动服务经济建设和产业发展是我国高等教育当前和未来一段时间的重大任务。现代产业学院建设作为解决产教脱节问题的创举，是我国高等教育界的一项重大行动，其目标是服务和引领国家和区域产业发展，对于实现产教深度融合、培养卓越工程人才和主动服务区域产业发展具有重要意义。

本章分别从现代产业学院的建设目标及理念、参与建设主体分析、主要建设任务、学院主要职能确定、学院组织结构设计、学院运行机制建立和学院建设成效评价等七个方面讨论现代产业学院建设过程中需要深入研究的问题，以期为高校、企业、行业组织、政府部门和科研院所等相关主体参与现代产业学院建设提供参考和借鉴。

当前我国正处于全面建设社会主义现代化国家新征程的关键时期，为了主动应对新一轮工业革命，服务制造强国战略，迫切需要一大批创新能力强、适应社会经济发展需求的卓越工程科技人才，需要加强对新一代产业技术的研发和对传统产业的改造、重组和升级。卓越工程人才教育培养和服务区域产业发展，已经成为我国高等教育高质量发展的重要突破口，全方位深层次推进卓越工程人才教育培养，以及主动服务经济建设和产业发展是我国高等教育当前和未来一段时间的重大任务。

培养卓越工程人才和服务产业发展是两个相互关联、相互促进的重要任务。2022 年 3 月，卓越工程师产教联合培养行动正式启动，这一行动旨在推进"新时代卓越工程师教育培养，加快建设中国特色、世界水平的工程师培养体系，努力培养造就爱党报国、敬业奉献、具有突出技术创新能力、善于解决复杂工程问题的工程师队伍"。[①] 新时代卓越工程师要立足我国经济长远可持续发展，洞悉全球产业发展态势，把握产业发展规律，成为我国传统产业变革、新产业发展和产业安全维护的开拓者和引领者。这就要求在卓越工程师教育培养中解决产教脱节的关键问题，遵循工程人才培养规律，加强与产业界的合作，为工程人才成长提供真实环境，推进工程人才培养与产业实践、技术创新、产业发展的有机结合。

现代产业学院作为解决产教脱节问题的"创举"，对于实现产教融合、培养卓越工程人才和主动服务产业发展具有重要意义。然而，目前现代产业学院建设尚处于探索阶段，仍有许多待进一步深入研究的问题。本章分别从现代产业学院的建设目标及原则、参与建设主体分析、主要建设任务、学院主要职能确定、学院组织结构设计、学院运行机制建立和学院建设成效评价七个方面展开讨论，以期为高校、企业、行业组织、政府部门和科研院所等相关主体参与现代产业学院建设提供参考和借鉴。

6.1　建设目标及原则

现代产业学院建设目标要围绕当前和未来产业发展对高等教育的要求，尤其是区域或地方经济发展对高等教育的要求，明确建设方向，并将其分解为明确的建设任务，推动现代产业学院建设目标的实现。

6.1.1　建设目标

现代产业学院建设的根本目的在于提升高等教育服务产业发展的能力，实现人才培养、科学研究和社会服务等方面的供给侧与产业需求侧紧密对接，以满足不同参与主体的诉求。现代产业学院的建设以服务和引领区域或地方产业发展为宗旨，一方面不断优化相关学科专业结构，培养适应和引领现代产业发展的卓越工程人才，成为高素质、应用型、复合型、创新型人才培养基地；另一方面持续开展产业技术改造和新技术研究，促进科研成果转化和转移，推动现有产业改造、转型和升级，以及促进新产业形成，成为成果转化基地、推动产业发展基地和新产业孵化基地。

---

① 中国教育新闻网：《卓越工程师产教联合培养行动正式启动》。

　　建设现代产业学院的高校主要是具有较强的行业背景、与产业联系紧密、有鲜明的行业特色的地方应用型高校。通过现代产业学院建设，推动这些高校自身发展与区域或地方产业发展紧密结合，探索教育链、产业链和创新链的有效衔接机制，建立人才、技术、设备、信息等多方资源共享机制。这些高校一方面不断优化专业结构、创新人才培养模式、完善产教融合协同育人机制、培养产业发展急需的应用型人才；另一方面加强与行业企业、科研院所及地方政府等相关主体的合作，开展科学研究、技术创新、成果转化和咨询服务，提升服务产业发展的能力，为其他应用型高校开拓发展空间、增强办学活力提供可借鉴、可推广的新模式。

6.1.2　建设原则

　　作为卓越工程人才教育培养的新探索和促进产业发展的新形态，现代产业学院需要打破传统思想观念的束缚，以全新的理念进行人才培养、组织模式和资源配置创新。具体来看，现代产业学院建设需要遵循人才培养为本、产业需求导向、多方协同共赢、可持续发展等原则。

1. 人才培养为本

　　人才培养为本原则就是要坚持育人为本，把培养满足区域产业当前和未来发展需要的卓越工程人才作为现代产业学院建设的首要任务和根本任务。现代产业学院作为卓越工程人才教育培养的"试验田"，在做到人才培养与产业需求紧密结合的基础上，要从四方面做好人才培养工作：首先，必须以立德树人为根本，培养学生爱党报国、家国情怀、追求卓越的态度、勤勉敬业和艰苦奋斗的精神；其次，必须贯彻以学生中心、产出导向、持续改进的先进理念，注重人才培养的内涵和质量，优化人才培养全过程和各个环节；再次，在人才培养方案制定、课程体系设计与课程建设、教学组织形式和教学方式、学生实训实习、工程伦理与职业道德教育等方面要注重创新；最后，要着力培养学生的工程意识、工程实践能力、工程创新能力及复杂工程问题解决能力；从而培养出能够满足产业高质量发展的高素质人才。

2. 产业需求导向

　　现代产业学院建设必须面向当前和未来产业，这就要求现代产业学院的人才培养、科学研究和社会服务必须以产业需求为导向。首先，卓越工程人才教育培养是现代产业学院的重中之重，需要在人才培养方面坚持产业需求导向原则，从学科专业设置和建设，人才培养目标和标准制定，课程和教学内容改革，教学组织和实施，到人才培养成效评价等都要围绕产业发展具体需求、产业面临实际问题而展开。其次，在科学研究方面，现代产业学院要围绕产业通用技术和企业具体技术问题开展研究，全面提升服务产业发展和企业创新的能力。最后，在社会服务方面，现代产业学院也必须面向产业，服务所对应产业的所有类型企业的发展，为企业开展技术咨询和科学研究成果转移转化等。

3. 多方协同共赢

现代产业学院打破了以高校为主体的办学理念，吸引企业、政府部门、行业组织和科研院所等多个主体参与，只有多方协同共赢才能实现现代产业学院建设目标。多方协同共赢原则要体现在参与主体动力、价值观、需求、利益等方面。动力协同就是要实现参与主体动力契合，将不同主体的参与动力转化成为现代产业学院建设的动力。参与主体还必须在价值观方面拥有共同追求，努力扩大合作过程中的共有价值观，淡化不一致的价值观对合作的影响。参与各主体的需求和供给应该相互对应，实现资源优势互补，有利于产生资源优势效应。参与主体利益共享也是多方协同的必要条件，在社会主义市场经济条件下，参与主体在追求各自利益的同时需要关心彼此的利益，实现共赢共享，从而为多方协同创造条件。

多方协同共赢原则的落实需要充分发挥高校与合作企业、地方政府、行业组织、科研院所等双方或多方办学主体的作用，加强所在区域产业、教育和科技资源的统筹及多主体之间的协调，探索和创新多种合作办学模式，推进共同建设、共享资源、共同管理、共担责任，实现现代产业学院的长远及可持续发展。

4. 可持续发展

服务产业发展是现代产业学院的典型特征，随着经济社会的持续发展，现代产业将需要适应性地转型、改造和升级，这就需要现代产业学院的发展与产业保持与时俱进的同时，在适应产业发展和引领产业发展中实现动态平衡，最终实现现代产业学院的可持续发展，为卓越工程人才教育培养和产业持续发展提供稳定的保障和支撑。同时，现代产业学院涉及多个主体且主体类型多样，需要在可持续发展原则的指导下以公平性、持续性和共同性为原则协调参与主体之间的关系，促进产教融合、科教融合、政校合作，打造集产业发展、高等教育、科学研究、成果转化、创新驱动于一体的，互补、共享、互利、共赢的实体。

6.2 参与建设主体分析

现代产业学院是按照资源共享、互惠共赢的原则，由高校、企业、政府、行业组织和科研院所等多主体共同参与而建立的集人才培养、科学研究和社会服务为一体的新的组织形态。由于各参与主体均是独立的法人实体，除地方政府对其他主体拥有行政干预权和政策影响力外，其他主体之间不存在隶属关系，各参与主体在学院建设和发展过程中有着不同的利益诉求，建立和维护相互之间的良好合作关系，以及解决学院建设和运行过程中出现的问题都是高校必须面临的前所未有的挑战，也就是说，现代产业学院的建设和运行在难度和复杂性上要远远超越高校传统二级学院的建设和运行，因此，有必要对各参与建设主体进行分析，明确各主体在参与学院建设和运行过程中所发挥的不同作用和不同利益诉求，从而在满足各参与主体不同利益诉求的同时，最大限度地发挥各参与主体的优势和作用，提高现代产业学院建设和运行的效率和效果。

总体而言，高校、企业、政府、行业组织和科研院所在现代产业学院建设和运行过程中各自发挥的作用和不同的利益诉求如图 6.1 所示。

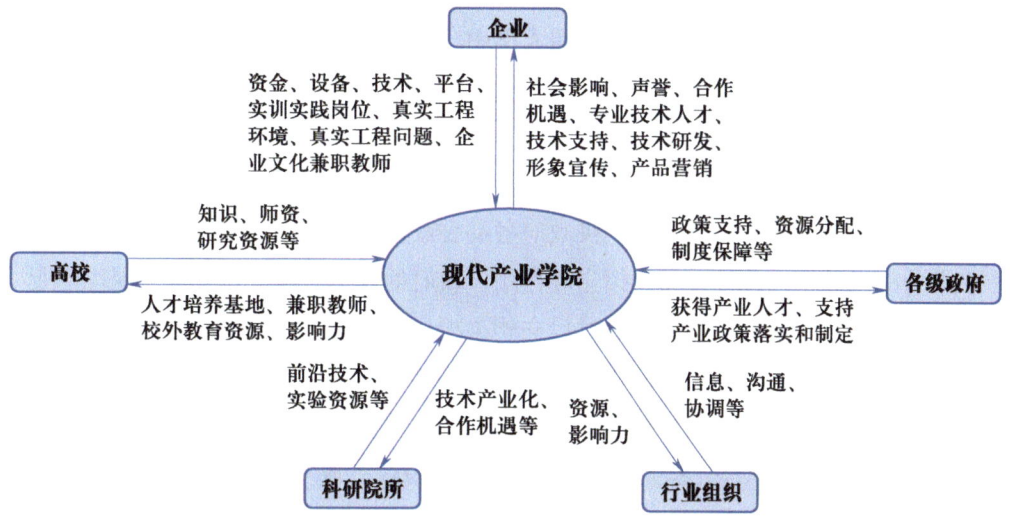

图 6.1 现代产业学院参与主体之间的关系示意图

6.2.1 高校

高校是现代产业学院建设的首要参与主体。培养新时代卓越工程人才是现代产业学院的主要目标，而人才培养是高校的第一要务，因此高校是现代产业学院建设的最重要主体。高校在现代产业学院的招生、培养方案制定、课程体系和课程设置、课程教学、师资配备、学习评价等人才培养过程中，均发挥着主导和核心作用。高校除在人才培养方面为现代产业学院提供系统的学科专业知识、师资力量、人才培养经费等外，同时能为企业提供开展科研需要的人员、设备和平台等资源及技术咨询服务，为政府提供产业发展研究、政策制定和决策支持服务，为行业组织提供发挥纽带作用的平台。现代产业学院为高校提供真实工程环境下的人才培养基地、校外兼职教师及其他教育教学资源，提高高校在产业界的影响力等。

6.2.2 企业

企业参与是现代产业学院最重要的特征，是现代产业学院面向产业培养卓越工程人才和开展产业技术研究的重要前提。企业能够为现代产业学院建设提供资金、设备、技术和研发平台等支持，为人才培养提供工程实训实践岗位、真实工程环境和真实工程问题、企业文化、兼职教师等，有利于提高学生的职业胜任力。参与现代产业学院建设为企业带来的利益包括提高其社会影响、声誉及其在行业内的地位、拓展与高校在其他领域的合作等，还为企业提供相关专业技术人才及技术支持，有利于企业技术研发、形象宣传、产品营销等。因此，实力雄厚的企业是现代产业学院建设不可或缺的参与主体，如入选首批现代产业学院的中南大学轨道交通产业学院和西南交通大学中车时代微电子学院，分别与中车株洲电力机车有限公司和中车株洲电力机车研究所有限公司共建现代产业学院。

6.2.3 各级政府

现代产业学院建设离不开中央政府各部委或地方政府直接或间接的参与，在资源分配及政策措施等方面发挥主导作用。政府的直接参与主要包括为现代产业学院建设提供专门建设用地、通过设立相关项目提供资金、参与多方协同育人平台建设、完善与建立产学研合作中介体系等。政府的间接参与主要为现代产业学院建设和运行提供良好的外部环境，包括政策引导、完善法律体系、降低制度性交易成本和信息不对称性等。简言之，政府为现代产业学院建设提供政策支持、资源分配、制度保障等。政府参与现代产业学院建设所获得利益包括通过培养产业需要的工程人才，支持政府产业政策措施的贯彻落实，促进产业的发展，通过未来新工科学科专业的建设和引领未来产业发展方向，来为政府产业政策措施的制定提供参考[1]。

6.2.4 行业组织

行业组织也是现代产业学院建设的重要参与主体。行业组织在现代产业学院建设中的作用主要表现在为利益相关各方之间搭建协调与沟通的桥梁，促进多方协同育人目标和促进产业发展目标的实现。首先，行业协会能够通过信息沟通和交流，加深企业与大学之间对相互诉求和优势的了解，深化双方可持续的深度合作；其次，行业组织能够为参与各方提供所需的当前和未来信息及必要的技术指导；最后，行业组织能够通过高校出面为其他各方组织相关教育及培训活动。行

业组织通过参与现代产业学院建设可提高自身在学术界和产业界的影响力和认可
度，同时为自身发展获得相应的资源。

6.2.5　科研院所

现代产业学院建设还要根据需要吸引科研院所参与。我国科研院所数量较
多，科研院所主要从事重大前沿基础型研究和应用型研究，研究内容与当前或未
来产业发展与企业需求密切相关，旨在通过技术研发和技术推广推动整个产业的
进步与发展。科研院所能为现代产业学院建设提供前沿性的技术，包括先进实验
条件和高水平技术指导等。科研院所能够利用现代产业学院合作平台进行产学研
合作创新、推动技术产业化、提高科研成果转化率，同时还可以利用高校和企业
的人才聚集优势开展其他相关合作。

企业和高校是现代产业学院建设的重要主体，其他主体的参与对于建设现代
产业学院具有重要的促进作用。然而，如何选择现代产业学院参与主体取决于现
代产业学院建设过程中的具体情境和实际需要，如首批现代产业学院之一的东莞
理工学院西门子智能制造学院，是学校与行业领军企业西门子工业软件（上海）
有限公司、新型研发机构、长安镇政府、行业协会等不同类型主体合作共建的，
各个参与主体均在现代产业学院建设过程中发挥自身作用，并从现代产业学院建
设过程中满足了自身的利益诉求。

6.3　主要建设任务

为了实现现代产业学院的建设目标，使建成后的现代产业学院能够正常运行
和有效运转，需要完成以下主要建设任务：建设特色优势专业、创新人才培养模
式、校企合作建设课程、完善实训实习基地、建设专兼职师资队伍、构建产学研
合作平台、形成多方协同的长效机制、建设学院组织文化等[2]。本节主要讨论
除专兼职教师队伍建设之外的各项建设任务，专兼职教师队伍建设部分由于其特
殊重要性而在第 6.4 节专门讨论。

6.3.1　建设特色优势专业

密切结合国家和地方经济建设发展需要，紧密对接产业链和区域支柱产业
对高素质人才的需求，主动调整、整合和优化专业结构，明确专业建设目标，深
化专业内涵建设，着力打造一批特色优势应用型专业，推动专业集群式发展。首
先，以行业产业当前和未来需求为导向，调整和布局专业结构，转型、改造和升

级现有专业，设立一批多学科交叉复合的新专业；其次，由相关企业、行业组织和高等学校等多方基于行业产业发展需要和高校人才培养特色，确立专业建设目标和制定专业人才培养标准；最后，充分整合多方教育资源，发挥各方优势，探索多方参与、协同配合的应用型本科专业创新发展的建设途径。

特色优势专业的建设不仅要求高校集中有限教育资源，充分发挥办学特色和优势，培养产业急需的高素质应用型人才，而且能够有效地避免众多应用型高校人才培养的同质化，从而使高等教育资源得到有效使用。因此，高校必须在充分的高等教育人才市场调研的基础上，尤其是在与同一服务面向区域同类型高校的比较分析后，才能根据本校的办学积累及毕业生的社会认可度确定拟建设的特色优势专业。

确定拟建设的特色优势专业后，高校必须与行业产业及相关企业共同制定专业人才培养目标和培养标准，将行业产业和企业对人才的要求反映其中，以此作为引导人才培养工作和活动及评价人才培养质量的指南和依据。

6.3.2　创新人才培养模式

面向现代产业的卓越工程人才培养强调培养主体的多元化和培养目标的产业导向性，并注重学生工程实践能力、创新能力、工程设计能力和工程问题解决能力的培养。这就需要现代产业学院在人才培养目标、培养标准、培养方案、课程体系、教学方法等方面有所创新，改变传统的工科人才培养模式，进行多方面的探索，逐渐形成行之有效的多方协同育人模式。

具体而言，创新人才培养模式涉及以下几个方面。

（1）在人才培养方案中注入行业和企业的要素，包括充分考虑校外各种有助于人才培养的资源条件等，将其作为多主体共同参与和实施的行动方案；

（2）在课程体系建设中既要密切结合产业当前发展的实际，又要充分考虑产业未来发展的需要，使之符合人才培养的目标定位；

（3）在课程教学中注重理论教学与生产实践相结合，充分运用产业企业各种实践教育资源，推进研究性学习、项目式教学、探究式学习等引导学生主动参与的教学方式；

（4）在专业实践中强调在产业企业真实环境中开展，鼓励学生参与企业实践创新活动，从而培养和提升学生的实际创新能力；

（5）在课程设计和毕业设计选题中要求源于产业发展实际和企业真实问题，在解决真实复杂的问题中培养和提升学生的能力和素质；

（6）聘请行业组织专家、企业业务骨干和优秀技术和管理人才担任兼职教师，与高校专职教师一道全过程共同参与人才培养。

6.3.3　校企合作建设课程

现代产业学院开设的课程不能仅由高校教师建设，必须有行业企业专家的深度参与，其目的在于保证课程及其教学内容能够满足为产业培养卓越工程人才的需要。具体而言，行业企业专家参与课程建设能够起到以下作用。

（1）所设计的课程体系能够满足行业企业发展对各类卓越工程人才的要求，能够有效地支持培养目标实现和培养标准达成；

（2）课程教学内容不仅能够与产业发展、行业要求、企业实际科学对接，而且能够结合产业动态发展及时地迭代更新；

（3）能够增加实践教学的比重，将理论知识学习与工程实践应用有效地结合起来，一方面能够检验知识的有效性，另一方面能够提高学生知识应用能力；

（4）能够将工程案例、产品设计、工程项目、研发创新等融入课程或作为学生课程设计和毕业设计的选题来源，以有效地提升学生解决真实工程问题的能力；

（5）能够为在企业真实的工程实践环境下开展课程教学提供方便和创造条件，从而提高学生对行业产业的认知程度和课程教学效果；

（6）能够结合企业现场实地的教学环境和充满真实素材的教学内容，采取灵活、创新的教学组织形式和教学方法，提高学生的参与度和学习成效。

6.3.4　完善实训实习基地

现代产业学院需要具备满足学生工程实践创新能力培养的实训实习平台或基地，以及用于产业技术研发、产业发展创新和解决产业实际问题的大型实验平台或综合实验室。这些实训实习基地、实验平台和实验室的建设方式需要有所创新、灵活多样。为此需要在高校现有的或高校与企业共建的各类实践教育教学资源的基础上进行完善或改扩建，要充分利用地方政府主导建设的科教产业园、高新技术企业和行业龙头企业的先进设施和优质资源，采取灵活多样、不拘形式的方式进行建设。总体建设原则是：由高校主导，行业企业和科研院所积极参与，各级政府提供政策和经费等支持。既可以由高校和企业、科研院所合作共建共享平台，也可以由高校联合多个企业共建通用平台。建成后的实训实习基地、实验平台和实验室应该具有以下特点。

（1）通过融入企业生产实践、嵌入完整产业链、对接企业生产环节，提供真实的工程实践环境；

（2）功能综合：兼具生产、教学、研发、创新创业功能；

（3）适应面广：能够满足专业类或跨专业类多方需求；

（4）开放共享：能够在满足本校教育教学需求的前提下，为其他高校和社会开放；

（5）运行高效：有完善的运行管理、设备维护和人岗责任制度，保证平台能充分发挥作用。

6.3.5 构建产学研合作平台

现代产业学院需要构建产学研合作平台以支持现代产业学院建设目标的实现。这就要求高校与行业企业及科研院所密切合作，整合各方资源，构建联合研发中心或科研合作平台，以充分发挥高校科研力量优势、企业资源设备优势、科研院所研究人员和条件优势，围绕产业技术创新核心问题和产业发展面临的重大问题开展联合攻关、协同创新，推动应用科研成果的转化和应用，提升高校服务产业的能力。产学研合作平台的主要任务有两方面：一是产学研联合开展技术攻关、产品研发、成果转化、项目孵化等工作，共同完成科研任务，产出和共享一批科技创新成果，促进产业转型升级，提升产业创新发展能力；二是大力推动科教融合，积极安排学生参与各项科研工作，将科研活动融入人才培养过程，将研究成果及时吸收到课程教学内容，促进科研与人才培养的良性互动，提升人才培养质量。

6.3.6 形成多方协同的长效机制

现代产业学院必须构建高校、企业、行业组织、科研院所和地方政府等多方协同的长效机制，以确保其建设目标的实现和功能的有效发挥。这种长效机制可以从五方面构建。

（1）创新组织架构。探索由各方人员组成的学院董事或理事会等治理模式，形成共建共管的组织架构，共同担负现代产业学院建设和运行的职责。

（2）形成制度体系。按照准独立实体模式，赋予现代产业学院建设和运行所需的人权、财权和事权，给予其在教师聘任考核、人才培养、研发创新、社会服务等各方面相当于独立法人实体的地位，形成开放自主、灵活高效、保障有力的制度体系。

（3）明确各方责任。基于参与共建现代产业学院各方各自的资源优势，在充分沟通和协商的基础上，明确各方在现代产业学院建设中的责任、权利和义务，给出清晰的任务清单，并赋予相应的评价标准和评价方式，形成责任到位、分工明确、相互支持、目标一致的责任体系。

（4）坚持互惠共赢。充分考虑区域和地方经济发展水平和行业产业特点，以及高校自身的禀赋特征，基于优势互补的原则优化各方资源配置方式，基于互惠共赢的原则完善成果共享制度，形成学院长远可持续发展模式。

（5）增强"造血功能"。为增强现代产业学院长远可持续发展的能力，一方面鼓励现代产业学院为区域和地方经济社会发展开展有偿服务；另一方面支持地方政府、行业企业和社会各界，基于现代产业学院人才培养和服务产业的贡献大小，给予补偿性的资源投入。

6.3.7　建设学院组织文化

组织文化是组织的精神支柱，起着凝聚和激励组织成员的作用。组织文化是组织在解决生存和发展的问题中逐步沉淀而形成的，是组织建设和发展不可或缺的要素。现代产业学院需要构建支持多方协同共赢和可持续发展的组织文化，包括共同的价值观念、发展理念、目标追求、组织精神、学院制度、行为规范、组织形象等，涉及精神层面、制度层面和行为层面。精神层面应以现代产业学院建设目标和原则为核心，为制度层面和行为层面建设提供价值观基础。制度层面是精神层面的载体和所依托的平台，包括学院的组织架构、管理体系、规章制度、运行机制，以及落实学院制度而形成的制度意识和环境氛围。行为层面是精神层面和制度层面贯彻落实在学院各种行动上的表现。

现代产业学院建设需要专门的物理空间，一般而言，现代产业学院应建立在现代产业企业相对集中的高新技术园区或产业园区，这样不仅有利于发挥聚集效应优势和地理位置临近优势，使高校与企业及科研院所能更好地开展合作，而且有利于降低合作各方的沟通和协作成本。这就需要各级政府，特别是地方政府为现代产业学院建设提供土地政策支持，建设开放共享的物理空间。

例如，瑞典政府在 20 世纪 80 年代围绕生产制造、电子批发贸易和知识密集型服务三大电子工业领域在瑞典首都斯德哥尔摩北郊建立了被誉为"移动谷"的基斯塔（Kista）科学城。为满足电子制造厂商对工程技术人员的需求，在政府的支持下，瑞典皇家理工学院与斯德哥尔摩大学在基斯塔科学城共同建立了信息通讯学院，该学院到 2012 年有 6 000 余名学生。基斯塔科学城专业人才的快速流动和产业集聚效应，使瑞典其他地区的电子企业也纷纷迁入，发展成为以无线通信为主导的全球信息通讯产业集群区。到 2012 年，基斯塔科学城聚集了 4 600 多家公司，65 500 名科研和技术人员。因此，高新技术园区或现代产业聚集区是现代产业学院建立的理想场所，有利于充分发挥人才流动和产业聚集效应。

6.4　学院主要职能确定

为了实现现代产业学院的建设目标，进行现代产业学院组织结构的设计，需要分析和明确现代产业学院的职能。现代产业学院的职能是指现代产业学院所应发挥的功能与作用，需要完成的任务、工作和责任。培养造就应用型卓越工程人才、促进产业发展、满足当前和未来产业发展需要是现代产业学院的重要使命，围绕这一使命，现代产业学院的职能具有多重性，主要包含以下五方面。

6.4.1 应用型卓越工程人才教育培养

培养造就应用型卓越工程人才，为相关产业培养急需的高素质、应用型、复合型、创新型领军人才，是现代产业学院的首要职能。现代产业学院要充分整合参与主体各方教育教学资源，按照产业发展需要明确培养目标和标准、制定培养方案、重构课程体系、营造有利于卓越工程人才教育培养的环境，使以企业为主的相关各方全程深度参与、共同开展卓越工程人才培养，包括培养方案制定、课程建设、课程教学、实训实习、毕业设计、教学评价等过程，使学院各项工作都能围绕卓越工程人才教育培养这一核心职能开展。

6.4.2 开展创新创业教育

现代产业学院开展创新创业教育具有诸多优势，有利于摆脱传统创新创业教育理念滞后、创新创业教育师资来源单一、创新创业实践平台不足等问题。首先，行业企业能够为创新创业教育提供创业指导导师、创新创业平台、创新创业文化等；其次，高校、企业、行业协会、科研院所等能够以现代产业学院为依托联合开发创新创业培训项目；最后，现代产业学院与行业企业及科研院所拥有充分的合作开展的科研项目。这些均为学生提供了开展创新创业教育的机会。因此，创新创业理应成为现代产业学院的重要职能。

6.4.3 产业技术研究和改造

现代产业的竞争往往集中体现在产业技术水平的高低上，因此，推动产业技术改造和升级是产业得以不断发展并保持竞争优势的关键，这就需要将产业技术研究和改造作为现代产业学院的一项重要任务去完成。高校和科研院所在理论研究和技术创新上具有独到的优势，行业企业在科研创新成果的转化和应用上具备天然的条件，因此，充分利用现代产业学院的产教融合、科教融合平台，集产、学、研、创、转、用于一体，就能够实现在产业技术研究的基础上对其改造和升级。

产业技术研究和改造要将企业生产面临的核心技术问题和产业发展面临的关键技术挑战作为重点，高校与行业企业、科研院所联合开展项目研究和技术攻关，为现代产业的发展在技术创新和改造上做出实质性贡献。

6.4.4　科研成果转化与应用

现代产业学院是建立产学研用深度融合的技术创新体系的重要实践探索。多主体共同参与建设的现代产业学院能够承担科研成果转化与应用的职能，实现科研成果自大学和科研院所向行业产业的转化。将成果转化与应用作为现代产业学院的重要职能，不仅有利于破解高校科研成果转化与应用的难题，还有利于实现参与主体之间的合作共赢。如合肥工业大学智能制造现代产业学院作为教育部公布的首批现代产业学院之一，将成果转化与应用作为重要职能，打造了科技企业孵化器、技术转移服务机构、新型研发机构等紧密衔接的"双创"载体，建立了"孵化器—加速器—科技园"全链条的科技企业孵化育成载体，形成了"标准+定制""普惠+增值"的多元化创业孵化服务体系，已经累计利用科技成果转化及产业化应用培育一百多家科技型企业。

6.4.5　产业转型升级和新产业孵化

除技术的改造和升级因素外，产业自身的不断发展面临转型、改造、重组和升级，以及被新产业所替代。因此，现代产业学院需要充分利用多主体合作平台，加强地方政府、行业企业、高等学校和科研院所之间的协同与合作，充分发挥多主体参与的优势，密切结合区域产业发展需要，关注和重视当前和未来产业的发展趋势和动向，积极主动地参与推动现有产业发展相关方面的各项工作，包括整合产业现有资源、培育产业生态圈、构建产业创新体、支持区域构建创新创业培育平台，在促进相关产业发展及孵化新产业方面发挥应有的作用。

综上所述，现代产业学院与高校普通二级学院在职能上有所不同，集中体现在与产业的密切对接，在面向产业培养卓越工程人才的同时积极促进产业的发展。如在已公布的首批现代产业学院名单中，西南交通大学中车时代微电子学院提出了，建设成集人才培养、科学研究、技术创新、成果转化、学生创新创业等多功能于一体的人才培养实体，打造大功率半导体器件人才聚集地、创新策源地和产业新高地，为提高产业竞争力和汇聚发展新动能提供人才支持和智力支撑。东莞理工学院先进制造学院（长安）将职能定位于集人才培养、科学研究、技术创新、企业服务、技能培训等功能于一体，着力培养制造业转型升级急需、国内稀缺、熟悉机电软控的跨专业智能制造复合型人才。

6.5　学院组织结构设计

现代产业学院建设目标的实现需要以一定的组织结构为载体，其组织结构是指现代产业学院内部各构成要素之间的相互作用关系，应具有三个基本功能。

（1）有利于凝聚各参与建设主体的资源和优势，形成现代产业学院的发展合力；

（2）有利于作出科学、合理、可行的决策并实现建设目标；

（3）有利于主要建设任务的完成、各项职能的履行、日常工作的推进。

现代产业学院的组织结构虽然没有也不应该有统一的模式，但必须满足现代产业学院建设目标的实现、建设任务的完成和各项职能的履行，同时遵循"精简高效"的原则。一般而言，现代产业学院的组织结构可以由三个层级构成，如图6.2 所示。

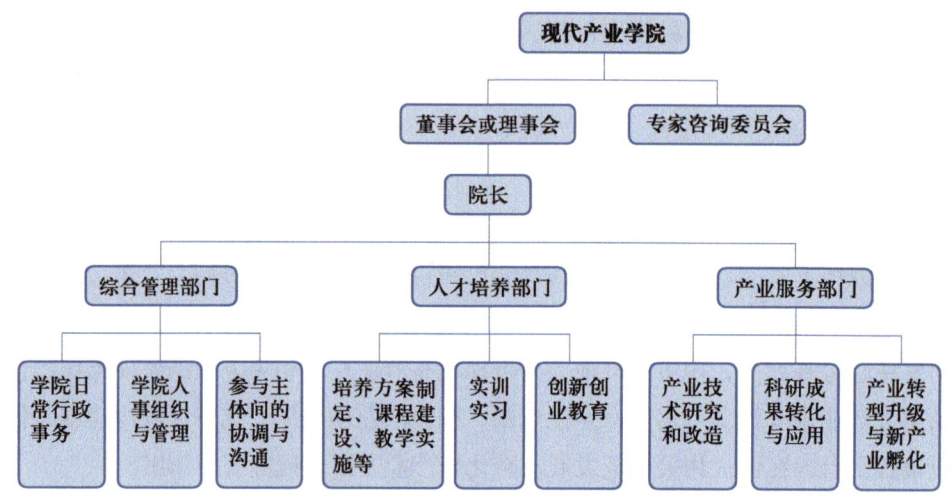

图6.2　现代产业学院的一般组织结构设计

第一层级为董事会或理事会、专家咨询委员会。董事会或理事会由来自企业、高校、政府部门、科研院所和行业组织的代表所构成，是学院的最高决策层，负责学院的目标定位、发展方向、战略及重大事项决策。专家咨询委员会由学者、行业专家、政府人员等组成，主要为学院发展提供咨询和建议。

第二层级为院长。院长既可以由高校派出，也可以实行由高校和企业分别派出院长的双院长制，院长可以是董事会或理事会的成员，由董事会或理事会决定和聘任，实行董事会或理事会体制下的院长负责制，在董事会或理事会领导下落实董事会或理事会的重大决策、负责学院的发展和运行管理。可配备来自企业或其他参与主体的2—3名副院长，以及来自高校负责教学工作的1名副院长，协助院长工作。

第三层级包括综合管理部门、人才培养部门、产业服务部门。综合管理部门主要负责学院日常行政事务、学院人事组织与管理、参与主体间的协调与沟通。人才培养部门和产业服务部门均由来自各参与主体的专家和业务骨干构成，主要负责完成现代产业学院的核心目标和职能。人才培养部门全面负责卓越工程人才培养的各项工作，包括制定培养方案、课程建设、教学实施、实训实习、创新创业教育及安排教师和组织学生产业技术研究和改造；产业服务部门主要负责产业技术研究和改造、科研成果转化与应用、产业转型升级与新产业孵化等。

需要指出的是，现代产业学院组织机构的运行需要相应的制度建设，通过规章制度保证运行规范、顺畅、高效和灵活。

目前在探索中的现代产业学院大体有四种建立与运行模式：地方政府牵头，高校与行业企业共同参与组成理事会的模式；龙头企业牵头，一所或多家高校参与共建的模式；高校牵头，一家或多家企业参与共建的模式；行业协会牵头，多家高校与企业参与的模式。

6.6 学院运行机制建立

现代产业学院各项职能的发挥必须建立有效的运行机制，这一运行机制需要满足三点要求，才能基本保证现代产业学院各项职能的充分发挥，进而实现其建设目标。

（1）能够充分调动参与建设各方的积极性和主动性；

（2）有利于参与各方及时有效的沟通、交流和协同；

（3）立足长远，能够长期、持续、稳定、有效地运行。

基于上述三点要求及现代产业学院的特性，可将其运行机制分为目标机制、决策机制、执行机制、协调机制和保障机制，如图 6.3 所示。

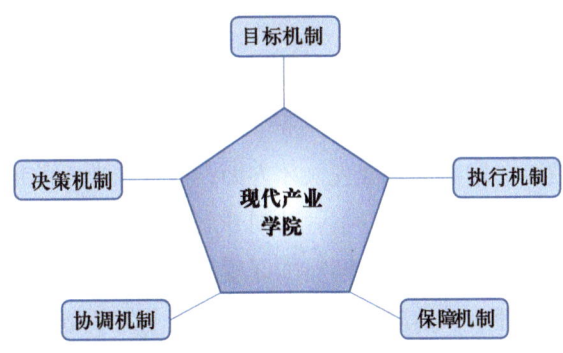

图 6.3　现代产业学院运行机制

6.6.1   目标机制

目标机制是确定现代产业学院中长期目标并将其分解落实以引导各项工作开展和履行各项职能的一种机制，是现代产业学院运行机制的灯塔，所有运行过程都必须围绕目标机制进行。主要包括三个方面：第一，确定学院使命、发展定位，在此基础上制定中长期目标；第二，将中长期目标进行分解、细化和落实；第三，在学院运行过程中对目标实现情况的跟踪、反馈和调整。第一方面的工作需要反复征求各参与主体的意见和建议，能够最大限度凝聚各方共识；第二方面的工作要求分解细化后的目标能够成为相关部门和人员可操作、可评价的目标；第三方面的工作是在学院运行过程中对目标的不断调整和完善，在中长目标期内构成循环。

6.6.2   决策机制

决策机制是现代产业学院的决策机构统筹学院整体发展战略的制定和重大事项决策的过程，包括决策主体和决策行为。决策既是现代产业学院建设过程中的起始环节，又贯穿于现代产业学院运行的各个方面、各个阶段，必须建立一个高效精干、各方参与的决策机构。例如，构建由高校、企业、政府部门、行业组织和科研院所派出人员共同组成的现代产业学院决策委员会。委员会主任由高校和企业主要负责人共同担任；高校方面的参与人员包括校内各个部处和相关院系的负责人；企业方面的参与人员包括企业相关部门，如产学合作部门、人力资源部门、生产技术部门等；政府、行业组织和科研院所参与人员为相关部门负责人。如首批现代产业学院之一——常州大学阿里云大数据学院构建了由常州市人民政府、常州大学、阿里云计算有限公司、北京中软国际、慧科教育集团、昆仑数智等校政企多方参与的决策机构，行使现代产业学院对建设过程中重大事项的决策权。

6.6.3   执行机制

执行机制主要由横向或纵向执行机构或执行体系构成，主要负责决策机构重大决策和计划的落实和执行，现代产业学院执行机制的运行直接关系到现代产业学院目标的实现。在培养卓越工程人才方面，现代产业学院需要各主体共同参与制定和实施卓越工程人才培养方案，共同开展实训实习基地建设、课程体系建设，组成多方参与的教学团队，共同实施课程教学、实习实训，共同负责日常教学运行、实践教学管理、教学质量评价。在促进产业发展方面，现代产业学院需要充分发挥各参与主体的作用，包括高校教师和学生的作用，加强相关职能部门与行业企业的联系，在产业技术研究与改造、科研成果转化与应用、产业转型升

级和新产业孵化等方面制定系统可行的计划和方案并予以认真落实，在培养卓越
工程人才的同时发挥促进产业发展的作用。

6.6.4　协调机制

沟通与协调对于由多主体参与的现代产业学院的建设和发展具有至关重要的
作用，因此需要建立在各个参与主体之间信息共享基础上的沟通协调机制，以达
到以下四方面目的：一是参与各方能够及时地共享多方合作的最新信息，包括工
程人才培养和产业技术研发等方面的进展情况；二是能够解决现代产业学院建设
和发展过程中可能出现的问题，包括各主体利益诉求的冲突等；三是能够及时了
解行业企业对工程人才和产业发展需求的变化，对相关工作做出调整；四是能够
有利于形成各参与主体之间互信稳定的合作关系。

沟通协调既要通过正式关系，又要运用非正式关系。正式关系如契约协调，
是通过正式契约关系建立起来的，对参与各方约束性较高；非正式关系协调依赖
于不同类型组织之间的信任，通过协商解决现代产业学院运行过程中的各种问
题，各主体会自觉在满足多方利益情况下达成一致。

6.6.5　保障机制

现代产业学院的运行需要相应的保障机制，主要包括经费保障制度、师资评
聘制度和学生管理制度等。

首先，建立稳定的经费保障制度，保证现代产业学院有包括来自高校、企
业、行业组织和地方政府等的稳定投入。

其次，建立师资评聘制度，包括：① 专职教师到企业顶岗挂职的制度；
② 专职教师的评聘、任期和年度考核标准；③ 兼职教师的聘任和管理办法；
④ 开设"工程型"教师职务系列等。在师资评聘制度方面，尤其注意具有工程
实践师资的选聘，如德国亚琛工业大学工科教师队伍中有60%的教师拥有工业
企业工作经验，同时很多在工业领域取得成就的教师被聘任为亚琛工业大学全职
教授。

最后，建立相应的学生管理制度，包括：① 学生到企业学习和实践的规定；
② 获得学位必须具有的实践学分要求等；③ 学生实训实习安全管理相关规定和
制度等。

正在建设中的一些现代产业学院尝试构建了运行机制。如东莞理工学院先
进制造学院（长安）建立了理事会、专业咨询委员会、院长办公会等定期议事机
制，合理划分各方权利与义务，以多方协同和可持续发展为理念构建有利于实现
多方共赢的长效机制。然而，应该看到，目前正在建设中的现代产业学院在运行

机制构建方面还处于探索阶段，在未来的运行机制建设方面仍然需要围绕运行过程在目标机制、决策机制、执行机制、协调机制和保障机制等方面进一步完善，为现代产业学院持久稳定运行提供保障。

6.7 学院建设成效评价

为了发现和改进现代产业学院建设和运行过程中的问题，形成可推广的现代产业学院建设和运行模式，需要对现代产业学院的建设成效进行评价。现代产业学院建设成效评价应以建设目标为评价标准，全面审视和检查现代产业学院建设过程中的各项工作，一方面对能够达到建设目标要求的做法和成功的经验进行总结，另一方面找出与建设目标要求存在差距的地方，明确需要改进和完善的环节，为下一阶段的改进提供依据。

现代产业学院的建设成效评价可以从宏观和微观两个层面展开。宏观层面评价主要是整体上对现代产业学院的目标完成情况、职能履行情况、整体运行情况等进行全方位评价，涉及卓越工程人才培养模式、师资队伍建设、专业培养方案、企业培养方案、实习实训平台建设、实验室建设、创新创业教育、教育教学经费的投入、产业关键技术研发、产业设备改造升级、科研成果转化与应用、产业转型升级、新产业孵化及现代产业学院的支持政策等方面。微观层面是对现代产业学院各项职能的每个环节的效果和质量进行评价，尤其要将对人才培养各个环节的评价作为评价的重点，包括教学计划、课程结构、课程设置、教学大纲、教学内容、教学方式、课外活动、实践教学、毕业设计或学位论文等方面，涉及教师教学能力和水平、教学活动安排、理论与实践的结合等方面。

现代产业学院建设成效评价主体选择需要多样化，从不同利益相关者视角对现代产业学院进行全方位评价，以保证评价结果的客观性和公正性。同时，现代产业学院评价要根据不同的评价类型选择相应的评价主体。可作为参与现代产业学院建设评价的主体包括各级政府部门、高校的学生和教师、企业相关部门、用人单位、以毕业生为主的校友、兄弟院校的专家和教师、社会非政府组织的独立机构、第三方评价机构等，从不同的视野和角度立体化审视和评价现代产业学院的建设成效。

在进行现代产业学院建设成效评价时，应该考虑采取多种评价方式，同时采取灵活多样的评价数据收集方式，以利于评价主体客观便捷地提供自己的评价意见。按照现代产业学院评价的目的可以分为终结性评价和形成性评价，终结性评价结果主要用于政府部门对于现代产业学院建设成效的评估，以及为各参与主体利益分配和激励提供依据。形成性评价主要用于发现问题、持续改进和总结经验，及时发现现代产业学院建设和运行过程中出现的问题并总结经验，为持续改进提供依据，从而保证现代产业学院建设和运行能够按照所设定的目标方向进行。

参 考 文 献

［1］林健.新工科建设：强势打造"卓越计划"升级版［J］.高等工程教育研究，2017（3）：7-14.

［2］教育部办公厅，工业和信息化部办公厅.教育部办公厅 工业和信息化部办公厅关于印发《现代产业学院建设指南（试行）》的通知：教高厅函〔2020〕16 号［A］.北京：中华人民共和国教育部，2020.

（本章主要内容以题为"现代产业学院建设：培养新时代卓越工程师和促进产业发展的新途径"发表在《高等工程教育研究》2023 年第 1 期，第二作者为清华大学博士、兰州大学副教授耿乐乐）

第 7 章
现代产业学院建设：主要共性问题分析及对策建议

【本章导读】

现代产业学院建设工作在探索中稳步推进，在取得较为丰硕的成果的同时，也面临不少困难和问题，这些困难和问题的解决关系到现代产业学院的建设目标能否最终实现。

本章针对首批 50 所现代产业学院在建设过程中遇到的 10 个主要共性问题，分别从专兼职教师队伍建设、提高各主体参与学院建设的积极性及其他共性问题三部分展开分析研究并提出相应的对策建议，以期为高校、企业、各级政府、行业组织和科研院所等相关主体参与现代产业学院建设提供参考和借鉴。

现代产业学院建设是我国高等教育界的一项重大行动，其目标是以服务、引领国家和区域产业发展为宗旨，一方面培养适应并引领现代产业发展的卓越工程人才，成为高素质、应用型、复合型、创新型人才培养基地；另一方面持续开展产业技术改造和新技术的研究，促进科研成果转化，推动现有产业改造、转型和升级，以及促进新产业的形成，成为推动产业发展基地和新产业孵化基地。

现代产业学院建设是一项需要多主体共同参与、共享资源、共同管理、共担责任、共享成果的综合性的创新行动。这项行动涉及教育组织模式创新、人才培养模式创新、多方协同育人、产教深度融合、教师队伍建设等诸多方面，不仅要有清晰明确的产业学院建设目标，符合国家与区域经济社会和产业发展方向，以及服务区域支柱产业或战略性新兴产业的办学定位，还要有充分发挥高校与地方政府、产业企业、行业组织、科研院所等多方办学主体作用的制度和机制，以及支持保障产业学院建设发展的稳定的资源投入、有效的政策支持和激励措施。

自首批现代产业学院名单公布以来，现代产业学院建设工作在探索中稳步推进，取得较为丰硕的成果，为提升高等教育服务产业发展的能力做出了积极的贡献。然而，作为一种新生事物，在现代产业学院建设过程中不可避免地会出现和遇到困难和问题，这些困难的克服和问题的解决直接关系到现代产业学院建设工作能否继续深入进行，关系到我国建设现代产业学院的目标能否最终实现。本章针对首批 50 所国家级现代产业学院在建设过程中遇到的 10 个主要共性问题，分别从专兼职教师队伍建设、提高各主体参与学院建设的积极性及其他主要共性问题三部分展开分析研究并提出相应的对策建议，以期为高校、企业、各级政府、行业组织和科研院所等相关主体参与现代产业学院建设提供参考和借鉴。

7.1　专兼职教师队伍建设

教师队伍建设是现代产业学院建设的一项重要任务，直接关系到现代产业学院建设目标的实现。现代产业学院要求建设一支具有广博的知识面、高水平的教育教学能力、扎实的工程实践能力、突出的工程创新能力、显著的服务产业发展能力、优秀的综合素质，从而能够胜任培养应用型卓越工程人才和促进产业发展需要的教师队伍。

7.1.1　现代产业学院教师的任职要求

现代产业学院教师的任职要求应该在"卓越工程师教育培养计划"1.0 要求的基础上[1]强调多学科专业的交融性和学科专业的产业性[2]。

多学科专业交融性主要体现在两方面：一是在知识面上，在强化工程科学的基础上，不仅要拓展到除所承担教学任务之外的所有相关课程和学科专业，包括人文和社会科学知识，还要关注一些新兴、交叉和前沿学科，尤其是与本学科专业领域相关的新技术、新产业的出现和发展。二是在学科交融上，要求在掌握本学科专业坚实宽广基础理论和系统深入专门知识的基础上，注重学科交叉融合，能够将相关学科知识融入并促进本学科专业的发展，或者应用其他学科知识和方法解决本学科专业的复杂问题。

学科专业的产业性也可以体现在两方面：一是在产业经历上，了解产业链的形成和转化，关注新技术和新产业的发展，了解新技术和先进工程设备的使用，积累解决各类产业问题的经验，掌握应对产业发展出现的基本问题的有效方式，与产业界和行业企业保持密切的合作关系。二是在产业能力上，除具备设计开发、技术创新和科学研究能力之外，还要具备运用多学科知识、原理和方法解决复杂工程问题的能力，以及应对、挑战和处理产业未来问题的能力。

此外，对现代产业学院教师的教学水平和综合素质也应该有要求。在教学水平上，不仅对工程教育理念、教育研究能力、教学学术水平、实践教学能力有要求，还要强调"互联网+"平台和信息技术在教育教学上的应用。在综合素质上，要重点强调敬业精神、职业道德和家国情怀，忠诚党的教育事业，注重教书育人，要成为学生道德品质修养的榜样、精神文明的典范和身体力行的楷模。

7.1.2 专兼职教师队伍建设的必要性

现代产业学院的建设目标决定着其教师队伍必须是由校内专职教师和校外兼职教师共同组成的优势互补、密切合作的教师团队。专兼职教师队伍建设的主要目的在于充分发挥专职教师和兼职教师各自的优势、形成合力，共同为实现现代产业学院建设目标而努力。为此，需要建立校内外人才双向流动机制，设置灵活的人事制度，打造一支由校企教师组成的专兼职教师队伍。一方面选聘行业协会、各类企业及科研院所实践经验丰富的高水平专家、优秀技术骨干和管理人才担任兼职教师，完善产业兼职教师引进、认证与使用机制；另一方面选送高校教师到行业企业顶岗锻炼、提升工程实践能力和解决产业发展实际问题的能力；与此同时，建立健全专职教师和兼职教师的交流、研讨、合作机制，提高教师队伍的整体水平。

专兼职教师的密切合作、共同承担教育教学、学生指导、科学研究和成果转化工作是实现教师队伍建设目标的关键。在人才培养上，通过专兼职教师联合讲授课程、联合指导学生，充分发挥专职教师系统掌握学科专业理论和兼职教师工程实践经历丰富的优势，从而提高人才培养质量。在促进产业发展上，通过专兼职教师合作开展产业技术创新、联合开展科学研究，充分发挥高校科技创新和智力优势，以及行业企业对产业发展的把握和资源条件优势，加速产业技术创新和成果转化，有力推动产业发展。

在专兼职教师队伍建设上普遍存在五方面共性问题，这些问题能否得到有效的解决关系到现代产业学院建设目标的实现，需要予以高度重视，以下分别讨论各个问题相应的解决方案和建议。

7.1.3 高校专职教师实践能力提升

【问题1】高校教师工程实践能力不足。

我国高校工科中青年教师普遍具有工学博士学位，在科学研究和发表高水平论文上得到过充分的训练。然而，其中一些教师存在着工程实践能力不足的问题，这一问题如果不能得到解决，不仅难以胜任指导学生的工作，也难以参与工程实践项目的研究，更不可能在产业改造、转型和升级中发挥作用。

在工程实践中提升工程实践能力。提升专职教师工程实践能力的主要场所在企业现场，包括生产制造、运行维护、维修服务等部门；指导教师由企业现场经验丰富的工程师担任；采取顶岗锻炼，到不同的部门定期轮岗，一个部门的工作熟悉后再到下一个部门的培养方式，使教师由浅入深、由感性到理性，逐步了解、熟悉和掌握这些部门的工作流程，以及发现问题的途径、处理问题的方式和解决问题的手段，从而培养和提高教师发现、分析和解决企业实际问题的能力；时间安排上应该以全脱产的方式，全职到企业工作。

提升专职教师工程实践能力的另一种有效方式是鼓励教师参与源于企业的工程项目和产学研合作项目。这类项目研究和解决的均是行业企业当前和未来面临的实际问题，通过参与这类项目的研究，了解企业实际问题产生的环境和背景、熟悉企业生产和工艺流程、了解企业先进的生产和制造技术、明晰解决工程问题的思路和途径、掌握应对企业问题的方法和手段，从而通过"做中学"的方式最终提升其工程实践能力。

"卓越工程师教育培养计划"1.0 对专职教师的要求是：对于没有工程实践经历的教师，学校要制定刚性的培训政策，安排他们到企业去工作 1—2 年，包括参与企业实际工程项目或研发项目，以获得比较丰富的工程实践经历，提高工程实践能力。对于过去具有工程实践经历的教师，学校要制定到企业轮训的制度，有计划地定期安排他们到企业工作，以更新工程知识、掌握新的实践技能、丰富工程实践经验，并不断强化工程实践能力[3]。

高校要按照以上要求制定专职教师在企业顶岗挂职以取得工程实践经历的具体办法。教师到企业轮训的周期取决于工程专业的性质，一般而言，传统工程专业的周期可长些，迅速发展的新兴工程专业的周期则要短得多。教师到企业顶岗工作的岗位或挂职的岗位，可以由高校与企业联合设立，也可以通过教师与企业的联系来确定。

7.1.4　企业兼职教师教学能力提升

【问题 2】企业兼职教师教学能力有待提升。

企业兼职教师的主要优势表现在其工程实践性和技术先进性，工程实践性表现在具有丰富的工程实践积累和卓越的工程能力，技术先进性表现在掌握企业或本行业先进的生产工艺和制造技术，了解工程技术的最新发展。然而，兼职教师的主要问题是缺乏作为教师的训练，因此，提升企业兼职教师的教育教学能力是他们掌握教育教学规律、胜任实践性强的专业课程教学和指导学生的关键。为此，需要做好以下几项工作。

（1）制定企业兼职教师教育教学能力基本要求。总体而言，应该从独立完成一门课程教学工作所必需具备的教育基本理论、教育教学理念、教学大纲制定、教学内容组织、教学方法掌握、课堂教学安排、教学效果评价等方面对兼职教师教育教学能力提出基本要求。具体而言，要基于学科专业的特点及兼职教师拟承担的教学工作提出更为具体的基本要求，为兼职教师教育教学能力培训和提升明确方向和制定标准。

（2）安排针对企业兼职教师的专门培训。结合兼职教师个人的实际情况，如学科专业知识面、组织安排能力、语言表达能力等，高校安排针对兼职教师教育教学能力提升的专门培训活动，包括学习教育教学理论、把握教学方法、进行教学观摩、试行教学实践、课堂试讲训练、接受专门指导等。这方面要充分发挥本校教学名师和教师教学发展中心的作用。

（3）加强专职教师与兼职教师的相互交流和学习。专职教师在与兼职教师的交流过程中，能够向兼职教师学习解决实际工程问题所积累的经验和方法，兼职教师在与专职教师交流的过程中，能够获得专职教师在教育教学方面的指导和经验，这种相互交流和学习不仅能够取长补短，而且为日后的合作奠定良好的基础。

（4）面向兼职教师开放校内各种教育教学资源。高校拥有各式各样、适合各种层次和水平学习者的教育教学资源，包括各种课程资源，如在线课程学习平台、课程视频、课程案例库、微课、各种课件、教学工具软件等，这些为兼职教师自学提升教育教学能力提供了良好的学习资源和平台。

（5）教学任务安排上由易到难、从实践教学入手。企业兼职教师教学能力的提升离不开教学实践，需要从内容简单熟悉、时长短的教学任务开始，逐渐过渡到内容综合复杂、课时较长的教学任务，在教学实践中逐渐提升自己的教学能力。因此，可以先给企业兼职教师安排他们熟悉的、课时不长的实践教学，然后再与校内专职教师合作，在有经验的教师的帮助下完成实践与理论相结合的、课时更长的教学任务。

7.1.5　高校专职教师积极性的调动

【问题 3】高校骨干教师参与现代产业学院建设的积极性调动。

目前高校教师尤其是中青年教师既有的教学工作量大、科研任务繁重，而高校现有的职称晋升和绩效考核评价机制对参与现代产业学院建设工作的教师缺乏有效的激励，从而较大程度上影响教师参与学院建设的积极性。总体而言，调动高校专职教师参与现代产业学院建设工作积极性的措施有以下三方面。

（1）制定激励教师投入产业学院教育教学工作的绩效薪酬制度[4]。

通过优化调整高校自主权范围内的绩效工资分配机制，制定能够有效地引导和激励教师投入现代产业学院教书育人和教研教改工作的绩效薪酬政策，主要内容包括两方面。一是在提高质量要求的基础上，提高产业学院核心或重点课程刚性教学工作的单位学时教学报酬。按照教师在卓越工程人才培养上的教学效果和评价质量，确定教师刚性教学工作的绩效工资。二是将建设新学科专业、指导青年教师、开展教育教学研究、进行课程内容更新、实施教学方式改革、开展课外育人工作等无法计量的重要工作，作为教师的柔性工作，通过科学的测算和广泛征求意见，按照教师在柔性工作上投入的时间和精力来确定教师柔性工作的绩效奖励。

（2）制定激励教师积极参与产业技术改造项目和主动服务产业发展的政策。

一是激励专职教师重视和参与产业技术改造和新技术的研究，包括源于企业的工程项目和产学研合作项目。高校十分重视来自国家和政府的纵向项目，认为其层次高，研究成果代表着学校的科研能力和学术水准，而往往忽视源于地方政府、产业组织和行业企业的横向项目，认为其学术水准不够高。因此，很多高校，即使是以服务区域为主的地方高校的激励政策都是向纵向项目倾斜的，如将主持和承担纵向项目作为教师晋升高级职务的必要条件。事实上，横向项目更加面向企业和工程实际，对经济社会和行业产业的发展一样重要。因此，高校应该像对待纵向项目一样，重视面向产业的技术改造和新技术研究的横向项目。

二是激励专职教师主动服务产业发展，促进科研成果转化，推动产业改造、转型和升级，促进新产业的形成。虽然社会服务是高校的四大职能之一，高校一般也鼓励教师开展社会服务，但多数高校并没有将社会服务作为教师考核的硬性要求，更没有激励教师进行社会服务的政策。现代产业学院的建设目标决定着专职教师必须把服务行业产业发展作为自身的一项重要使命，这不仅能够使教师更加了解行业产业发展的实际，明确产业学院人才培养目标、设置和改革课程、选择和更新教学内容，而且能够使教师在社会服务过程中，不断地提高自身解决各种复杂工程问题的能力。因此，高校不仅应该将教师服务和推动区域产业发展作为年度和聘期重要的考核指标及职务晋升的条件之一，而且应该根据教师的贡献及成果予以相应的绩效奖励。

（3）制定配套激励政策鼓励教师到企业丰富工程实践经历。

高校不仅要制定专职教师在企业顶岗挂职和到企业轮训以取得和加强工程实

践经历的具体办法，还应该制定与之配套的有效的激励政策，支持和鼓励专职教师主动自觉地到企业挂职锻炼和顶岗工作。虽然工程实践经历对工科教师的重要性应该足以使教师有到企业工作的积极性和主动性，但是目前高校实行的绩效考核管理和绩效工资制度对高校教师到企业顶岗挂职没有起到激励作用，因此需要从以下两方面入手予以解决。

一方面，完善教师绩效考核管理。完善这方面管理制度的指导思想是将教师到企业全脱产顶岗挂职作为本职工作的一部分。为此，可以从三个角度考虑：一是减免教师在企业期间本应在学校完成的教学、科研、社会服务等工作量；二是通过多方征求意见，尤其是拟去企业顶岗挂职教师的意见，给予教师在企业期间合理的工作量补贴；三是在得到企业对教师在企业顶岗挂职期间的合格及以上的考核结果后，高校对教师在企业期间的绩效不予考核。

另一方面，改革教师绩效工资制度。减少教师因为到企业工作而降低绩效工资收入，以及减少教师的额外支出是制定激励政策的另一着力点，可以从三方面入手：一是将教师在挂职或顶岗工作期间的工作计入学校对教师的年度考核工作量，并支付相应的绩效工资和福利；二是学校支付教师往返企业的差旅费，给予教师在企业顶岗挂职期间相当于国内访问学者的待遇及补贴；三是参与高校还可以根据合作企业所处地域和教师顶岗挂职岗位的工作性质予以教师必要的岗位津贴等。

7.1.6　企业兼职教师投入时间的保证

【问题 4】企业兼职教师参与现代产业学院建设的时间投入有限。

能够被高校聘任的企业兼职教师均是企业业务骨干，日常工作繁忙，而且有较大的流动性，因此，他们在履行兼职教师职责时会面临着时间无法保证和投入有限的问题，这些问题如果不能有效地解决，他们承担的教学任务和指导学生的工作将无法完成，从而影响到人才培养质量，他们参与的校企合作项目的研究也不可能顺利进行，从而影响到产业技术改造、升级等企业发展面临重大问题的解决。解决该问题的途径有以下四方面。

（1）高校争取企业的支持。在开展共建现代产业学院之初和聘请企业兼职教师之时，高校与相关企业应该就企业兼职教师在学院建设过程中所担负的职责要求和时间保证予以充分的沟通交流并达成共识，以得到企业领导层在不影响企业正常运营的前提下尽可能对兼职教师所承担的兼职工作的支持。

（2）采取教学 A、B 角制度。对兼职教师承担的教学工作，采取兼职教师 A、

B 角制度，以避免单一教师在企业临时任务与规定教学时间发生冲突时对正常教学的影响。兼职教师不一定来自同一企业，可以由担任 A 角的教师选择 B 角，但 B 角教师必须能胜任所承担的教学任务。

（3）柔性灵活的教学安排。企业兼职教师承担的教学任务的安排需要考虑到兼职教师与专职教师在对自身时间掌控上的区别，使教学计划安排具有一定的灵活性，以便于兼职教师在不影响其企业本职工作的前提下能够安排充足的时间承担学校的兼职工作，包括将课程教学尽可能安排在有利于兼职教师的时间内，或偶尔采取线上教学的方式以减少兼职教师往返学校的时间等。

（4）专兼职教师联合授课。由高校专职教师和企业兼职教师联合，共同完成某门课程的教学工作，专职教师侧重理论教学，兼职教师侧重实践教学，二者之间既有分工又有合作，当兼职教师在规定时间不能授课时，由专职教师及时顶上，以确保课程教学工作的顺利进行。

7.1.7　专兼职教师之间的流动交流

【问题 5】企业兼职教师与高校专职教师之间缺乏流动，学院缺乏从企业引进优秀教师的自主权，高校教师也缺乏进入企业学习交流的相应政策和渠道。

因为专兼职教师各自的优势和不足，所以二者之间的流动交流是十分必要的，通过相互流动、岗位交流，使双方能够在自身缺乏优势的新岗位上迅速弥补在原有岗位上的不足，从而形成新的优势。这种方式的流动和双向交流在欧洲一些国家，尤其是德国的高校和企业间不存在任何障碍，即不存在任职资格上的阻碍，因为德国高校教师和企业工程师之间在工程实践和创新能力与工程理论和先进技术掌握上几乎没有差别。

在我国，高校专职教师和企业兼职教师之间的流动交流在现代产业学院建设和运行的背景下应该得到鼓励和支持。虽然目前高校会因为对教师的资格要求，将企业工程师拒之门外，而企业会因为对工程师实践能力和解决企业重大实际问题能力的要求，以及担心一些高校教师到企业学习交流会影响企业的正常工作等无法接纳高校教师，但是从现代产业学院建设和发展的长远视角、产教融合的发展势头和社会需求考虑，应该制定鼓励应用型高校教师到企业学习交流或工作，支持企业工程师到应用型高校任职的制度和政策。

因此，一方面，产业学院董事会或理事会应该在得到学院共建单位，尤其是高校的认可后，授权产业学院拥有从包括合作企业在内的产业内企业引进少量优秀兼职教师作为专职教师的自主权。兼职教师受聘为高校专职教师后先进入准聘系列，若干年后再根据考核评价结果决定能否转为长聘系列。另一方面，合作企业从产业企业未来发展对新技术和高层次人才需求的角度，如智能生产制造、产业的跨界整合等对智能技术和跨学科人才的需求，制定吸纳少量高校专职中青年教师到本企业任职的政策和渠道。起初高校教师可以以挂职的身份到企业进行学习交流，挂职期满后如果满足企业岗位要求，高校教师可以选择留在企业成为正式工程技术人员。

作为一种改变现状的新事物，考虑到目前高校和企业的接受程度和社会公众的认可程度，这项制度的推行应该起步于小范围和短周期。小范围指的是在具有积极性的高校中青年教师和企业中青年骨干之间进行。对于那些有着丰富人生经历和调整职业轨迹想法的企业工程师而言，能够应聘高校教师是他们在一生中实现为人师表愿望的良好机会。对于那些怀抱创新创业理想的中青年教师而言，到企业工作不失为他们迈向创新创业道路的良好开端。短周期指的是流动交流的初定时间不宜太长，以 2—3 年为宜，以后再根据流动交流情况调整。在起步阶段，兼职教师到高校和专职教师到企业均可以以挂职的身份进行，享受相应等级的待遇，时长为 2—3 年；挂职届满后，他们可以基于双向选择的原则考虑是否分别转为工程师和专职教师的身份，继续为现代产业学院的建设和发展作出贡献。

7.2　提高各主体参与学院建设的积极性

【问题 6】企业参与共建现代产业学院建设的积极性没有得到充分调动。

高校在完成现代产业学院的主要建设任务和实现现代产业学院建设目标，以及现代产业学院在履行其主要职能的过程中，必然会遇到这样或那样的问题，虽然不同高校由于其产业背景、所处区域、合作主体、建设目标的区别，致使其面临的问题可能各有不同，但从对正在建设和运行的现代产业学院的调研结果的分析中，可以看到，提高各主体参与建设学院的积极性是现代产业学院建设中最为共性的问题，本节聚焦企业这一重要主体，探究解决这类问题的路径、方案和对策。

7.2.1　原因分析

从目前现代产业学院建设的总体情况分析，企业积极性不高的主要原因有三方面。

（1）企业参与共建现代产业学院的主体地位没有明确。目前除了个别产业学院外，多数产业学院的建设没有脱离传统的办学体制，主要表现在：① 高校是现代产业学院的唯一办学主体，企业只是学院建设的参与方，高校仍沿用传统的二级学院的模式建设和管理产业学院；② 产教融合并未脱离传统的高校主导、企业配合的校企合作方式，合作层次低、内容单一、形式松散，谈不上真正意义上的产教融合。

（2）缺乏各级政府有效的针对性激励政策。基于职能和性质的不同，企业与高校二者之间在目标定位上存在着本质的差异，企业以追求经济效益为最终目标，重视的是产品质量、技术水平和竞争优势，办学和人才培养并不是其初衷，因此在共同建设现代产业学院的过程中，各级政府应该充分意识到企业与高校的这种区别，出台相应的鼓励支持政策。

（3）企业的多种诉求没有得到应有的满足。任何一个组织的行为背后都由明确的动机驱动着，企业参与共建现代产业学院也必然有自身的利益诉求和动机，这些诉求和动机如果能够得到充分的满足，将提高企业参与现代产业学院建设的积极性，有利于鼓励和吸引企业自觉主动地投入现代产业学院建设，形成长期稳定的产教融合模式。

针对上述三方面主要原因，提高企业参与共建现代产业学院积极性的途径相应的有三条：一是明确企业在现代产业学院建设中的主体地位；二是各级政府出台切实可行的激励政策；三是高校坚持互利共赢的共建原则并采取行动。

7.2.2　明确企业在学院建设中的主体地位

企业在现代产业学院建设中主体地位的明确大致可以分为"四步走"。第一步是选择企业：参与现代产业学院建设的企业应该是本地区行业产业的龙头或骨干企业，具有较强的社会责任感、明确的服务社会意识、良好的公众认可度，期望在区域产业发展中发挥引领和示范作用，从而有利于从责任和义务角度明确自身在产业学院建设中的主体地位。第二步是政府明确：教育部等相关部委和现代产业学院所在区域政府应该行文明确参与企业在现代产业学院建设中的主体地位、责任、权利和义务，支持企业以主体的身份名正言顺地参与学院建设。第三步是组织措施：在现代产业学院组织架构中，企业负责人应该担任董事会的副董事长或理事会的副理事长，在最高决策层中参与把握学院发展方向、战略定位及重大事项决策。第四步是自主认同：在现代产业学院建设过程中企业逐步认识到自己与其他主体是互利互惠的"利益共同体"，在区域产业和经济发展进程中，在企业自身发展过程中，企业逐渐形成对自身在现代产业学院建设中的角色定位、社会责任和义务的认同。

7.2.3 各级政府出台切实可行的激励政策

各级政府，尤其是现代产业学院落户区域的地方政府，应该从促进和支持本地区行业产业发展的高度，通过充分的调查研究和座谈研讨，了解所在地区相关行业企业发展状况，包括产品类型、技术水平、市场占有、当前困难、面临挑战等，从解决企业急需解决的问题和支持企业未来发展的角度统筹协调、积极推进，出台相关的激励政策，进一步调动相关行业企业及其他主体共同建设现代产业学院的积极性。各级政府制定出台的激励政策可以从两方面考虑：一是税费优惠政策；二是财政支持政策。

税费优惠政策实为减税降费政策，中央政府可以针对企业类型（如高新技术企业、跨行业新兴企业等）及所发生费用（如企业研发费用）在增值税减免优惠和企业所得税减免优惠上做出规定和调整，如对企业投入校企合作项目中的研发经费不仅享受研发费用提前加计扣除政策，而且提高加计扣除比例。地方政府可以根据企业在共建现代产业学院过程中贡献的大小，不仅可以将地方留存的增值税和企业所得税中的一部分作为支持奖励，还可以将地方附加税（如教育附加税）减免作为税费优惠政策的一部分予以考虑，如根据企业在共建现代产业学院中投入的资源设备估值给予企业一定的税费减免等。

财政支持政策是给予参与企业政府财政方面的补贴，以鼓励和支持行业企业参与共建现代产业学院。现代产业学院所聚焦的产业如果属于国家中长期产业发展规划中需要重点建设的产业，国家相关部委应该对参与现代产业学院建设的企业给予相应的财政支持；现代产业学院所聚焦的产业如果是所在区域的支柱产业或拟重点发展的产业，地方政府应该基于产业的重要性、参与企业的贡献度和地方的财政状况对参与共建现代产业学院的企业给予财政支持。国家相关部委和地方政府给予相关企业财政支持的目的在于鼓励企业在与高校等多主体共建现代产业学院的过程中促进自身的发展。

7.2.4 高校坚持互利共赢的共建原则并采取行动

多方参与共建现代产业学院的初衷是多方优势互补，激励多方参与共建的驱动力源于各方期待互利共赢，因此高校要坚持互利共赢的共建原则，在实现现代产业学院建设目标的过程中，使企业满足需求和赢得发展。为此，高校需要做好以下三方面工作。

（1）企业参与共建现代产业学院的动机分析。通过到企业调研、座谈和分析，可以明确企业期望从五方面获得收益。① 工程人才：获得满足企业发展需要的工程技术人才，尤其是通过订单式的合作模式，得到为企业量身打造的人才；② 教育资源：利用高校的教育资源，对企业员工进行岗位培训和继续教育；

③ 科技资源：借助高校的智力和科技资源，解决企业生产、研发、创新、技术和管理等方面的问题；④ 优惠政策：享受国家与各级政府在校企合作方面相关的优惠政策，如税费减免等；⑤ 社会形象：有利于树立良好的社会形象及提高企业知名度。

（2）高校能够为企业提供的服务和支持分析。在共同建设现代产业学院的过程中，高校与企业建立相互交融的关系，能够为企业提供的服务和支持主要有三方面。① 人才培养和教育培训：包括为企业"量身打造"企业需要的不同层次和类型的、各种可能学科专业的专门人才，为企业员工提供学历教育、继续教育和脱产学习等教育教学服务，培训相关的技术、管理和经营人员；② 产业升级和科技创新：包括参与企业产业升级、设备改造和技术革新，共同研究企业发展中面临的工程技术与经营管理问题，促进高校科研成果向企业产品和生产技术的转化，提升了企业的技术创新能力和竞争优势；③ 技术支持和咨询服务：及时提供企业所需的各种技术服务，解决企业在生产、管理和经营等方面遇到的各种问题，促进企业产品改造和升级换代，保持和提高企业的市场竞争力。

（3）高校明确原则思路并采取积极的行动。在原则思路上，与企业共建现代产业学院的过程中，高校要清醒地认识到产教融合是校企双方以各自的发展和需要为导向，借助对方的条件和资源优势，在平等互利的基础上开展深度合作，因此长期稳定的产教融合合作关系必须建立在优势互补、互利共赢这项根本原则上，这就要求校企双方树立"发展共同体"的合作理念，在合作过程中既要基于自身发展的需要，又要着眼于对方的发展需要，在满足自身要求的同时，努力满足对方的要求，只有这样，才使得产教融合持续、稳定和健康地发展，最终达到校企共赢的良好局面。

在具体行动上，高校一方面要树立主动服务行业企业需求的观念，要深入了解企业生产经营、产品研发、设备技术、人力资源、内部管理等方面的问题，及时主动地针对企业发展中出现的问题和面临的困难提供服务和支持；另一方面要将现代产业学院建设与企业的发展紧密结合起来，将完成现代产业学院的主要建设任务和履行现代产业学院的主要职能与满足企业当前需求和长远发展密切结合起来，尤其是在构建产学研合作平台、形成多方协同长效机制，开展产业技术研究和改造、科研成果转化与应用、产业转型升级和新产业孵化等方面，要与企业一道统筹规划和设计，制定切实可行的合作模式，并在实施过程中不断完善以达到互利共赢。

7.3　其他主要共性问题

7.3.1　现代产业学院学科专业设置问题

【问题 7】较多现代产业学院仍以传统思路设置学科专业，学科边界明显，不利于校企深度合作。

现代产业学院在设置学科专业时容易出现沿用传统方式，在现有的学科范畴内设置专业的现象，使得所设置的专业难以满足区域经济社会和产业发展的需要。因此，需要学院深化学科专业供给侧改革，做好以下几方面工作。

（1）突破学科专业界限、打破传统专业设置思路。人们对学科的界定和专业的定义既是基于以往对学科专业范畴的认识，也是出于学科专业自身发展的需要。长期以来，在新学科专业设置上高校教师往往局限于所学专业及所属学科的范畴，而不容易突破学科专业的界限。但是经济社会发展对人才的需求是不受人们既定学科专业边界限制的，随着新技术、新产品、新模式、新业态和新产业等新的经济结构和经济形态的出现，跨越学科专业、多学科交叉的人才越来越成为行业企业发展急需的人才，因此，现代产业学院在设置学科专业时，需要突破现有学科专业所规定的界限，打破传统学科专业设置的思路。

（2）开展广泛的行业产业调查，研究分析行业产业未来发展方向和趋势。不同行业产业未来发展的方向和趋势是不同的，在设置学科专业前，现代产业学院要针对所聚焦产业开展广泛的行业产业调查，包括了解区域龙头骨干企业对未来产业发展的判断、把握区域地方政府中长期产业发展规划、掌握行业组织对未来产业发展的预测分析，在此基础上开展分析研究，进一步明确行业产业未来发展的方向和趋势。

（3）面向经济社会和产业未来发展、围绕产业链和创新链的融合设置专业和调整专业。在明确行业产业未来发展方向和趋势的基础上，现代产业学院要围绕产业链和创新链的深度融合设置和调整学科专业。产业链涉及一个产业的上中下游，是产供销全过程链条或网络。创新链是从源头创新到中试孵化再到成果转化，最后形成产业化的过程。只有二者之间的精准对接和深度融合才能将产业技术改造和新技术的研究成果及时地转化为生产力，促进和推动产业的发展。

（4）加强各方资源整合，尤其是重视校企教育资源的一体化，建设好学科专业。现代产业学院汇聚着各方优势资源，这些是建设好学科专业和培养高素质人才的重要基础，因此，高校要主动与参与共建各主体沟通协调，整合好各方优势教育资源，尤其要重视校企教育资源的整合，包括在企业建立工程实践教育中心、基地或平台，通过专兼职教师的紧密合作和共同努力，打造高水平的学科专业。

7.3.2　现代产业学院毕业生不能留在企业的问题

【问题 8】现代产业学院毕业的学生如果不能流向参与人才培养的企业，会使企业短期内看不到参与人才培养为本企业带来的效益，容易降低企业参与产教融合，尤其是合作培养本科生的积极性。

企业积极全程参与应用型卓越工程人才教育培养的一个潜在动力是期望现代产业学院培养的一些人才在毕业后能够选择留在企业就业，如果大多数本科毕业生选择继续深造读研，或者留在企业的毕业生没有达到企业的预期，则在一定程度上会挫伤企业参与人才培养的积极性。解决这类问题除本书第 7.2 节"提高各主体参与学院建设的积极性"中提出的路径和对策外，还有以下几条途径。

（1）选择好合作企业。在建设现代产业学院伊始，应该注重选择那些在区域产业发展中占据龙头、标杆、引领地位的企业参与共建。显然，这类企业会以其在区域产业发展中的优势地位吸引现代产业学院培养的应届毕业生，以及到其他高校继续深造读研后毕业的研究生。

（2）提高企业吸引力。在现代产业学院建设和产教深度融合的过程中，企业的社会声誉和知名度、在产业界的影响力及自身的整体实力等都会得到一定程度的提升，同时高校、政府和企业应该加强在学生、家长中和社会上对企业的宣传和推介，提升企业对各类卓越人才的吸引力。

（3）强化企业大局意识。加强政府和高校与企业的沟通、交流和宣传，从区域经济社会和产业发展的高度，提高企业对现代产业学院建设重要性的认识，强化企业在现代产业学院建设中的责任和担当，从而调动企业从区域大局出发、从产业长远发展参与人才培养的积极性。

7.3.3　企业知识产权问题

【问题 9】企业出于知识产权保护的需要，不愿向现代产业学院提供企业拥有的行业一线的关键技术数据资料。

在开展产业技术研究和改造时，企业出于对知识产权的保护，往往不愿意向学院提供涉及知识产权的关键技术数据资料和关系到商业机密的信息资料，使得基于企业现有产业水平的产业技术研究和改造不能顺利进行。

解决这类问题的方式有两种。一是企业加强对知识产权的保护。包括设立专门的知识产权管理部门，增强员工知识产权保护意识，完成对知识产权的注册等，以有效地保护企业原先不愿公开分享的知识产权。二是签订知识产权保护多方协议。现代产业学院的学生和高校教师在参与涉及企业知识产权的实践教学、科研活动之前要与企业签订三方协议，明确自身在企业知识产权保护上的责任，以促使各方自觉主动地承担保护企业知识产权的义务。

7.3.4 理事会作用发挥问题

【问题 10】理事会的实际运行存在形式主义、决策偏差等现象，导致办学效益不高。

董事会或理事会是现代产业学院的最高决策机构，需要充分发挥其在学院建设和治理中的关键作用，避免出现形式主义、决策偏差等现象，因此，要重视董事会或理事会的制度建设，提升管理水平，重点做好以下三项工作。

1. 明确董事会或理事会工作规则

全面规范学院董事会或理事会各项管理原则和基本方法，包括董事会或理事会的组成和结构、定位和权责、成员责权利、决策程序等。

2. 明确董事会或理事会议事规则

为了提高董事会或理事会会议效果和决策的科学性，需要有明确的会议责权、流程方法等规则，包括职权、董事长或理事长在休会期间的工作权限、年度召开会议次数和召集方式、讨论决策事项的程序等。

3. 细化董事会或理事会的决策程序

为了使得决策科学合理，避免偏差和失误，必须明确和细化董事会或理事会讨论决策事项的程序，包括强化对议案的前期调研，补充必要的资料信息，尊重各位董事或理事的意见表达，确定议案讨论顺序和不同意见处理方式，细化议案决策表态流程等。

现代产业学院建设是一项需要长期努力、不断积累、不断完善的工作，而随着国家经济社会发展和产业改造、转型和升级，以及新产业的出现，现代产业学院当前的主要建设任务和职能的内涵也要及时地做出相应调整和适应。因此，除本书讨论的上述问题外，现代产业学院建设还将面临新的困难和问题，这些都有待于有关专家学者与学院建设实践者和参与者的继续合作，提出解决的思路、方案和建议，以保证现代产业学院建设和发展的顺利进行。

参 考 文 献

［1］林健. 卓越工程师培养——工程教育系统性改革研究［M］. 北京：清华大学出版社，2013：217-245.

［2］林健. 面向未来的新工科建设——新理念 新模式 新突破［M］. 北京：高等教育出版社，2021：55-56.

［3］林健. 卓越工程师培养——工程教育系统性改革研究［M］. 北京：清华大学出版社，2013：39.

［4］林健. 大学薪酬管理——从实践到理论［M］. 北京：清华大学出版社，2010：124，134-138.

第四篇

国家卓越工程师学院建设

第 8 章
国家卓越工程师学院建设：培养造就国家重大战略急需的卓越工程师

【本章导读】

国家卓越工程师学院建设是"卓越工程师教育培养计划"1.0 和 2.0 的继续深入推进，是中国高等教育发展中的一项新生事物，也是世界工程教育发展中的一个创举，对推动中国特色、世界水平工程师教育培养体系建设将发挥不可替代的作用。其主要目标是在关键核心领域培养造就一批服务国家重大战略急需的硕士、博士层次尤其是博士层次卓越工程师。

本章聚焦国家卓越工程师学院建设，依次从学院定位、建设目标、培养模式、培养标准、培养方案、课程体系、质量评价等方面进行讨论。旨在为相关高校和央企开展国家卓越工程师学院建设，以及地方高校开展省市级卓越工程师学院建设提供参考和借鉴。

工程科技深刻影响着国家前途、民族命运和人民安危，是国家发展直面全球挑战、赢得战略主动的关键要素，是社会进步和经济发展的推动力量，是国家富强、民族复兴、人民福祉的坚实支撑。建设中国式现代化强国，实现中华民族伟大复兴中国梦，维护人类和平和发展，构建人类命运共同体，都需要工程科技为经济社会创新发展提供不竭的动力，需要培养大批支撑我国高水平科技自立自强和制造业高质量发展的卓越工程师。

党的二十大报告指出，"加快建设国家战略人才力量，努力培养造就更多大师、战略科学家、一流科技领军人才和创新团队、青年科技人才、卓越工程师、大国工匠、高技能人才。""卓越工程师"被置于国家战略人才力量的重要位置。习近平总书记在中央人才工作会议上强调："要探索形成中国特色、世界水平的工程师培养体系，努力建设一支爱党报国、敬业奉献、具有突出技术创新能力、善于解决复杂工程问题的工程师队伍。"2022 年 9 月 27 日，首批 18 所国家卓越工程师学院正式挂牌，建设单位包括清华大学等 10 所"双一流"建设高校和中国航天科工集团等 8 家大型央企；2023 年 9 月 1 日，第二批国家卓越工程师学院名单公布，建设单位包括北京科技大学等 14 所高校；2024 年 9 月 26 日，第三批国家卓越工程师学院名单公布，建设单位包括北京交通大学等 8 所高校。这三批共 32 所高校、8 家大型央企，标志着我国"卓越工程师教育培养计划"（简称"卓越计划"）在继续稳步深入地推进，是继 2010 年启动"卓越计划"1.0 和 2017 年开启"卓越计划"2.0 之后，针对国家重大战略急需高端工程人才培养，提出的更高和更明确的要求，对于更好地发挥我国一流工科院校在高层次卓越工程人才培养上的优势，更有效地发挥我国工业发展核心领域大型央企在工程实践教育上的作用，培养工业核心及关键领域的卓越工程师，探索形成中国特色、世界一流的工程师培养体系等具有十分重要的意义。

作为一种新型人才培养组织架构，国家卓越工程师学院既与"卓越计划"2.0 提出的现代产业学院和未来技术学院的目标定位不同，也遇到在高层次卓越工程师培养上前所未有的系统性的新问题，有必要对其进行深入的探讨、分析和研究。本章聚焦国家卓越工程师学院建设，依次从学院定位、建设目标、培养标准、培养模式、培养方案、课程体系、质量评价等方面进行讨论，旨在为相关高校和央企开展国家卓越工程师学院建设提供参考和借鉴，为推动建设中国特色、世界水平的工程师培养体系提出建议。

8.1　学　院　定　位

首批 10 所国家卓越工程师学院建设高校均是"双一流"建设高校，在我国工程教育领域极具优势且享誉盛名，不仅具有高水平的涵盖本硕博各层次的工程教育体系，而且工程学科齐全、重点突出、各具特色，在博士层次工程人才培养上有丰富的积累，代表着我国工程教育的最高水平。首批 8 家国家卓越工程师学院建设企业不仅是世界 500 强企业，而且均是在制造强国建设中担负重要使命的央企，覆盖了我国工业发展的核心领域，在本领域与高校合作培养高端卓越工程师上具有独特优势。

从完善卓越工程师教育培养的整体布局考虑，国家卓越工程师学院与"卓越计划"1.0 和"卓越计划"2.0 共同构成完整的卓越工程师教育培养体系。首先，"卓越计划"1.0 有全国 30 个省市的 208 所高校的 1 257 个本科专业点的 20 余万本科生和 514 个研究生专业点的近 4 万研究生参与，以本科层次卓越工程师教育培养为主；其次，"卓越计划" 2.0 是在"卓越计划" 1.0 的基础上，以"研究与实践项目"的方式推动卓越工程师教育培养行动"研行一致"，吸引了包括综合性大学在内的几乎所有开设工科专业的高校参与，基本覆盖所有工程学科专业，在本科层次基础上，强调本研贯通培养；最后，国家卓越工程师学院是针对国家重大战略急需高端工程人才，将其作为国家战略人才力量，注重的是硕博层次尤其是博士层次的卓越工程师教育培养，需要与相关领域龙头企业密切合作。

基于以上分析，国家卓越工程师学院的定位可以从以下四方面明确。

8.1.1　服务面向定位

国家卓越工程学院服务国家重大战略需求，面向急需关键核心领域而不是传统的学科专业，涉及集成电路、智能制造、航空航天工程、航空发动机、船舶海洋、机器人工程、高端数控机床、量子信息科学、人工智能、核能核技术、新材料、医药医疗、网络安全等关系到国家重大战略实施、制造业核心竞争力提升和工程技术前沿的领域，以满足制造业高质量发展的需要和制造强国建设对人才的需求。

8.1.2　培养目标定位

以培养硕博层次尤其是博士层次卓越工程师为目标，以服务面向行业龙头企业对未来工程人才要求为培养标准，不仅要具有坚实全面的基础理论和系统深入的专门知识，更要具备复杂工程问题和"卡脖子"技术问题解决能力及工程技术创新能力，还要具备崇高的理想信念、家国情怀、工程伦理等综合素质，学生在毕业若干年后能够成为所在行业领域的领军人物。

8.1.3　组织架构定位

国家卓越工程师学院在组织架构上打破了人才培养学科化、院系制的传统组织模式，不同于高校现有的二级教学学院，既没有专职教师编制，也没有固定不变的学科专业，只有教学管理人员和学院负责人，是一个介于"实体"和"虚体"之间的组织，在校内作为多学科交叉的教育培养组织平台，整合各实体院系相关学科教育教学资源，在校外作为联系沟通相关行业企业的平台，协调与这些行业企业的协同育人行为。

8.1.4　运行机制定位

国家卓越工程师学院运行机制是以培养高层次卓越工程师为目标形成的校内外各方参与教育培养过程的功能责任、基本准则、相应制度和合作关系，包括校内相关学院的协调运行及校企之间的协同运行。其中的核心是高校与企业全过程深度合作关系和方式，涉及校企双方从招生、培养到毕业全过程各个环节各项教育教学活动的协调、灵活和高效的运行。

总之，国家卓越工程师学院要扎根中国大地，校企全程合作、双向奔赴，校内目标一致、通力合作，担当起为国家重大战略急需工程技术领域培养高层次卓越工程师的重任，着力打造具有中国特色、世界水平的卓越工程师教育培养体系，努力为世界重要人才中心和创新高地建设做出实质性贡献，在世界工程教育界发出中国声音、贡献中国方案。

8.2　建　设　目　标

在中国式现代化建设中，党和国家赋予高等教育和高等学校新使命，高校必须责无旁贷地担当加快建设教育强国、科技强国和人才强国的时代责任，全面提升人才自主培养质量，全面提升科技自主创新能力，为现代化建设提供强大人才支撑，为世界重要人才中心和创新高地建设做出实质性贡献。将党和国家对高等教育和高等学校的要求落实到国家卓越工程师学院层面，其建设目标包括三方面内涵：即工程学科建设、卓越工程师培养和教育培养体系建设。

8.2.1　工程学科建设目标

工程学科建设目标：**主动布局、设置和建设在关键核心领域服务国家重大战略急需、引领产业发展、满足未来需求的工程学科。**

工程学科是卓越工程师教育培养的载体，在开展卓越工程师教育培养之前，必须有相应的工程学科为基础。国家卓越工程师学院培养的卓越工程师不同于"卓越计划"1.0 和"卓越计划"2.0 所培养的卓越工程师，前者必须聚焦有限的关键核心领域，这些领域不仅要主动对接国家战略布局，服务国家重大战略急需，还要能引领产业发展，同时要满足未来发展需求。"关键核心领域"包含但不限于上述"服务面向定位"所列举的领域。"服务国家战略"指的是主动服务国家一系列重大战略实施，包括科教兴国战略、人才强国战略、创新驱动发展战略，加快建设教育强国、科技强国、人才强国。引领产业发展指的是培养出的卓越工程师不仅能够引领当前产业做大做强，夯实大国经济根基，而且能够引领新产业的形成和发展。满足未来需求指的是满足国家未来在关键核心领域对卓越工程师的需求。

国家卓越工程师学院培养卓越工程师所依托的工程学科应该是前沿学科、交叉学科和未来学科，需要国家卓越工程师学院组织相关院系，联合合作行业企业主动布局、设置和建设。虽然伴随着我国经济发展方式转变、新旧动能转换、产业结构转型升级，我国高校近年来及时地进行了学科结构调整、学科专业转型和新学科专业的建设，但均不能完全满足卓越工程师培养对工程学科的要求，需要高校主动做好两方面工作。一是工程学科的确定、设置和建设：按照"服务国家战略急需、引领产业发展、满足未来需求"的要求，确定能够充分体现本校工程学科优势和特色的若干个学科，这些学科既可能是现成的，也可能是需要加强的，还可能是需要新建的；二是工程学科的动态调整和持续完善：学科建设不是一蹴而就的，学科方向的调整、学科内涵的完善、学科的转型升级、新学科尤其是交叉学科的建设等，均需要动态、及时、超前、有计划地进行。

8.2.2　卓越工程师培养目标

卓越工程师培养目标：**面向国家重大战略急需关键核心领域，培养在相关工程领域掌握坚实全面的基础理论和系统深入的专门知识，具备全球战略视野、突出的工程技术创新能力、动态适应能力，善于解决复杂工程问题和"卡脖子"技术问题的高素质、高层次、交叉复合型卓越工程师。**

培养高素质、高层次、交叉复合型卓越工程师是国家卓越工程师学院建设的主要目标。其中"高素质"指的是卓越工程师在本领域工程能力之外所必须拥有的高水准的社会能力、职业素养和伦理道德等素养。"高层次"指的是拥有硕士或博士学位。"交叉复合型"指的是卓越工程师应掌握多学科交叉融合的知识、理论和方法，具备解决交叉复合问题的工程能力和综合素养。具体到培养标准上，这一主要目标与"卓越计划"2.0提出的主要目标[1]的区别集中表现在作为国家重大战略急需的高层次卓越工程师所必须具备的关键能力和综合素质上，包括具有全球战略视野、突出的工程技术创新能力、动态适应能力，善于解决复杂工程问题和"卡脖子"技术问题等，其中工程技术创新能力和解决问题能力是重点。总之，国家卓越工程师学院培养的是在国家战略性和前沿性等关键核心领域能够做出重大贡献的卓越工程师。

需要专门指出的是，从严格意义上界定，上述培养目标中定义的"卓越工程师"只能是"卓越工程师后备人才"，这是由于除高校的教育培养外，名副其实的卓越工程师是需要在经历了各种复杂的工程实践，尤其是被实践证明"善于解决复杂工程问题和'卡脖子'技术问题"和具有"突出的工程技术创新能力"后，才能够名正言顺地称之为"卓越工程师"。

8.2.3　教育培养体系建设目标

教育培养体系建设目标：**推动中国特色、世界水平工程师教育培养体系建设。**

推动中国特色、世界水平工程师教育培养体系（简称"培养体系"）建设是国家卓越工程师学院在建设和运行过程中逐渐实现的目标。严格地说，培养体系建设应该体现在国家层面，涵盖中国式现代化建设需要的各行各业、各种层次、各种类型卓越工程师的教育培养，需要全国各类高校共同付出努力来建设完成。而国家层面的培养体系是由众多高校的卓越工程师教育培养体系构成的，是高校培养体系的集成或集合。国家卓越工程师学院在卓越工程师教育培养过程中应该结合本校的实际，密切与产学研用的合作，建立持久稳定的校企深度融合协调育人的体制机制，充分发挥自身优势和形成高层次人才教育培养特色，不断完善本校的卓越工程师教育培养体系，为推动国家层面中国特色、世界水平工程师培养体系建设提供经验和贡献方案。

培养体系建设重点包括突出中国特色和具有世界水平。

"中国特色"主要突出体现在：

（1）国家战略需求导向的工程教育发展；

（2）以校企合作为主的多方协同育人模式；

（3）国家引导推动式的工程教育改革；

（4）联盟形式的工程教育合作交流。

"世界水平"应该具有的标志是：

（1）工程师培养模式得到世界工程教育界的认可；

（2）毕业生就业竞争力不低于国际同类高水平大学毕业生；

（3）工程教育成果得到境外高校的学习和借鉴。

8.3　培养标准

国家卓越工程师学院培养的卓越工程师肩负着民族复兴的重任，不仅要有过硬的专业能力、创新创造力和组织领导力，更要心系民族复兴、爱党报国、德才兼备、敬业奉献。国家卓越工程师学院的卓越工程师培养标准可以在"卓越计划"1.0通用标准中工程硕博士人才培养通用标准[2]及针对新工科人才培养提出的通用标准[3]的基础上结合培养目标要求进行拓展和提升。针对博士层次的卓越工程师培养标准主要包括以下内容。

8.3.1　知识与素质标准

（1）基本知识方面：掌握本工程领域坚实全面的基础理论和系统深入的专门知识，掌握解决复杂工程问题和"卡脖子"技术问题所需的工程原理、工程技术、工程科学、人文社科、经济管理和多学科交叉复合知识；熟悉相关工程领域的最新发展状况和趋势。

（2）职业素质方面：爱党报国，具有家国情怀、全球战略视野、人文社科素养、批判性思维、跨学科和系统思维、追求卓越的态度、敬业奉献和艰苦奋斗精神。

（3）工程责任和伦理方面：能够理解和评价针对复杂工程问题和"卡脖子"技术问题的解决方案对社会、健康、安全、法律、文化、环境和可持续发展的影响及产生的责任；具有工程伦理意识、社会责任感，能够在工程活动中遵守职业道德和规范，平衡各方利益并承担工程的自然及社会责任。

8.3.2　能力标准

（1）复杂工程和技术问题解决方面：善于解决复杂工程问题和"卡脖子"技术问题，包括能够综合运用应用数学、自然科学、工程科学和相关学科的基本原理，分析复杂工程问题和"卡脖子"技术问题，得出被证实的结论；能够通过文献研究、实验设计、数据分析和解释，以及信息综合等研究方法，开展对复杂工程问题和"卡脖子"技术问题的研究，得出有效的结论；能够设计复杂工程问题和"卡脖子"技术问题的解决方案，以及设计和开发满足特定需求的系统、部件或工艺流程。

（2）工程技术创新能力方面：具有突出工程技术创新能力，包括具有丰富的知识和开阔的视野、持之以恒追求革新追求卓越的创新意识、以独特的视角发现新问题和用新颖的思维解决新问题的创新思维、协调各方关系调动多方积极因素和集中各种优势资源的创新素质、运用知识经验通过反复实践将创新思维成果转化为创新成果的创新技能等，从而能够进行规划、组织和实施工程技术研发并取得创新性成果。

（3）沟通与团队协作方面：主要包括沟通交流、团队工作和全球胜任力。能够在复杂工程活动中与工程界和非工程界进行有效的交流沟通，能够在不同团队和多学科环境中有效地发挥个体、成员和领导角色的作用，能够在跨文化环境下进行交流、竞争和合作。

（4）工程领导力方面：能够负责大型复杂工程项目的组织、管理和实施，参与或负责重大工程决策，以及危机与突发事件的处理。

（5）动态适应能力方面：能够主动更新和拓展学科知识、调整学科方向，主动适应国际环境变化、技术更新迭代，迎接新的复杂工程问题、"卡脖子"技术问题和新挑战的出现。

8.3.3 关键素质和能力分析

上述培养标准中要着重强调以下几方面关键能力和素质。

（1）全球战略视野。这是对高层次卓越工程师站位、胸怀、格局和视野的要求。在解决各种复杂工程问题和"卡脖子"技术问题时不局限于当下和局部，要充分把握本行业领域国际发展趋势，要面向未来和长远，要有全球发展眼光和开阔的眼界，要站在国家战略的高度。

（2）善于解决复杂工程问题和"卡脖子"技术问题。善于解决复杂工程问题是卓越工程师的基本能力要求；"卡脖子"技术问题是我国在强国建设和民族复兴道路上需要较长时期面对的核心问题，这类问题没有解决好就谈不上科技强国，民族复兴进程也会受到影响。因此，这就成为国家卓越工程师学院培养卓越工程师的核心能力要求。

（3）突出工程技术创新能力。这是对国家卓越工程师学院培养卓越工程师的首要能力要求。要求有突出的能力，在本行业领域实现一些关键核心工程技术的创新和突破，能够在诸如集成电路、载人航天、探月探火、深海深地探测、超级计算机、量子信息、核电技术、新能源技术、大飞机制造、生物医药等领域取得重要成果。

（4）动态适应能力。它是卓越工程师面对未来国际竞争需要、国家重大战略调整、行业产业转型升级所必须具备的适应能力。要求卓越工程师能够主动更新和拓展学科知识、调整学科方向，主动适应国际环境变化、技术更新迭代，迎接新的复杂工程问题、"卡脖子"技术问题和新挑战的出现。

需要着重指出的是，高校国家卓越工程师学院的卓越工程师教育培养标准的制定不能是高校闭门造车、自圆其说，需要邀请产学研用各方，包括合作企业、潜在用人单位、行业部门、科研院所、政府部委等与卓越工程师教育培养存在密切关系的组织机构参加，在明确培养目标的基础上，共同研讨、达成共识并制定完成，只有这样才使得培养出来的卓越工程师"适销对路"，能够堪当大任、承担重责。

8.4 培养模式

国家卓越工程师学院所培养的卓越工程师授予的是工程类硕士或博士专业学位，可采用全日制和非全日制两种学习方式。全日制面向全国招生、接收达到入学要求的本校及其他高校的免试推荐，硕士、博士研究生基本修业年分别为2—3年和3—4年，硕博连读研究生的基本修业年限为5年；非全日制面向重点行业、特定区域、相关领域高新技术企业招生，基本修业年限较全日制而言可以适当延长。

国家卓越工程师学院的卓越工程师培养采取以校企合作为主多方协同的育人方式，同时要注重校内多院系的合作，需要建立好校企共同深度参与及校内相关院系积极参与教育培养全过程的运行机制。在校企之间，国家卓越工程师学院要在已有工程硕士、博士专业学位研究生培养校企合作模式的基础上，根据卓越工程师培养目标和培养标准的要求，建立与企业协同和运行的有效机制，高效整合相关合作企业的教育教学资源，积极推进有组织的校企深度合作，形成高层次卓越工程师有组织联合培养的新模式。在校内，与以往工程硕士、博士专业学位研究生培养局限在单一学科专业不同的是，国家卓越工程师学院的卓越工程师培养要突出工程学科间的深度交叉融合，要与校内相关工科院系共同探讨高层次工程专业学位人才培养的新范式，在资源整合、课程教学、质量评价等方面形成有效的协调和运行机制。

国家卓越工程师学院的卓越工程师培养采取校企导师组的方式进行，导师组以复杂工程问题及"卡脖子"技术问题解决能力和工程技术创新能力培养为导向，由来自培养单位具有较高学术水平和丰富指导经验的教师，以及来自企业（行业）具有丰富工程实践经验的专家作为导师组成。

国家卓越工程师学院人才培养模式可以多种多样，如"学工交替"模式、"基于项目"模式、"订单式"模式等。其中最基本的是"学工交替"模式，就是学校学习和企业工作交替循环进行的合作教育模式。这种教育模式既符合人们对客观事物的认识规律，又符合人才培养的教育规律，具有以下三方面的主要优势。

（1）通过合理地设计和安排每次交替中的学校学习内容时间和企业工作内容时间，学生一方面能够将学校学习的理论知识及时地在企业工作中得到运用和检验，提高学习成效；另一方面也增强了学生学习的目的性、选择性、积极性和主动性。

（2）学生在企业工作是以正式员工的身份开展的，这就要求学生必须遵守企业的规章制度、严格要求自己、承担相应的责任，以及适应企业的工作环境，这种以"正式身份"在真实环境下的工作不仅有利于培养学生的敬业精神、职业道德，以及工程师责任和伦理，而且也给学生带来在企业深入学习的机会。

（3）学生在校期间作为学生和在企业作为员工的双重身份，使其成为高校与企业沟通与合作的重要纽带，学生的这种作用，以及企业对学生毕业后的期待，将有利于调动企业主动与高校开展合作教育的积极性，促进企业全过程参与卓越工程师培养。

学工交替模式能否在卓越工程师教育培养上充分发挥作用取决于能否做好以

下两方面工作。一是学校学习内容与企业工作内容的有效衔接，即学校学习的理论要能够在企业工作中得到及时的应用和检验，这就需要校企双方在培养方案和学生个体培养计划中的合作和共同制定。二是注重学工交替模式实施过程中的个性化和灵活性，即在学工交替模式总体框架下，学生个体的背景、兴趣和特征、学科的属性特征及企业的实际情况等，能够灵活地在学校学习内容和企业工作内容中得到体现。

学工交替模式尤其适合非全日制硕士、博士层次卓越工程师的培养。这是由于非全日制硕、博研究生是企业在职员工，学校学习期间的学生身份及企业工作的员工身份，使得学工交替合作模式在实施运行和学生管理上有独特的优势。

通过对"学""工"内涵的拓展，学工交替模式也可以灵活地运用在全日制硕、博层次卓越工程师培养上。其中"学"与"工"之间侧重不同，学校学习以理论学习为主，包括一定的实践学习，如参与工程技术方面的研究项目等；企业工作以工程实践创新为主，包括一定的在岗学习，如先进工程技术的学习等。

以全日制3—4年制博士层次卓越工程师的培养为例，可以采用"1+（0.5—1）+（0.5—1）+1"的学校学习和企业工作交替进行的方式完成学业，即学生入学后先用1年时间在校内集中完成学位课程的学习，然后花0.5—1年时间在企业工作及学习、着手博士论文的选题和准备博士资格考试，之后回到学校用0.5—1年时间针对博士论文选题进行文献综述、通过博士资格考试和博士论文开题，而后再回到企业工作1年左右时间完成博士论文的研究。这样学生可以用3—4年的时间，其中学校学习和企业工作时间各半，来完成博士层次卓越工程师培养。

全日制学生采用学工交替模式有两方面的问题需要注意。一是学生在企业工作期间双重身份的管理，作为准企业员工，学生必须接受企业与其他员工一样的管理，但其学生身份使得高校对其在企业工作期间发生的问题要承担责任。因此，高校、企业和学生本人三方需要签立具有法律效力的协议，就学生在企业工作期间的责任和义务予以明确界定。二是学工交替的性质使得企业往往只能将学生安排在灵活的岗位上工作，以至于学生在返回学校学习期间，企业的正常运行不受太大的影响，这样的工作安排要求将会给目前强调岗位绩效和团队合作的企业增加一定的难度，从而影响企业接受这种校企合作教育模式。

8.5　培　养　方　案

国家卓越工程师学院的培养方案是对卓越工程师培养提出的系统完整的具体

要求和实施措施，包括培养目标、培养标准（基本要求）、培养方式、课程设置、实现培养目标和达到培养标准所必须完成的教学环节、学位论文与创新成果要求、质量保障等。

8.5.1　培养方案及主要培养环节

由于国家卓越工程师学院是面向国家重大战略急需关键核心技术领域培养卓越工程师，因此培养方案的制定要避免以下问题的出现：一是简单沿用以往工程类硕士、博士专业学位研究生培养方案作为培养方案；二是在传统学科专业培养方案上进行简单的修订；三是缺乏关键核心技术领域相关专业院系、合作企业、行业院所、用人单位的共同参与。

制定培养方案的核心就是将基于培养目标的培养标准细化落实到具体的课程教学、企业实践、科学研究和学位论文等环节中，使细化后的标准（也称"标准点"）均能够成为这些教育教学环节的教学目标，从而使每一条培养标准的要求均能够通过相应的教育教学活动的开展得以最终实现。

针对工程学科特点和专业学位要求，卓越工程师教育培养的主要教育教学环节应该由课程学习、工程实践、科研训练和学位论文等四方面构成，并给予各环节每项教育教学活动相应的学分。以博士层次培养方案为例，各环节的内容要求如下。

课程学习主要包括公共学位课、公共选修课、专业学位课、专业选修课等，主要在学校完成；工程实践主要包括参与由简单到复杂的工程实践活动，掌握基本工程技能和先进工业技术，掌握设计、开发复杂工程问题和"卡脖子"技术问题解决方案的基本方法和技术，主要在企业完成；科研训练包括参与由校企双方导师主持的、源于国家层面的、本工程学科领域的重大重点项目，源于行业企业实际的大型复杂工程项目或工程技术创新项目，旨在培养和提升学生复杂工程问题和"卡脖子"技术问题解决能力，以及工程技术创新能力，既可在学校也可在企业开展；课程学习、工程实践及科研训练应该交替进行，三者的共同推进过程就是相关培养标准的逐渐实现过程；工程实践和科研训练中各项活动应该按照由易到难的顺序进行安排，这两个环节的参与应该予以学生结合自身工程实践经历进行自主选择的权力，以最大限度地因材施教。

学位论文是硕士、博士层次卓越工程师教育培养中重要的综合环节，包括从选题到完成学位论文，均需要在导师组导师的指导下完成。博士学位论文的选题应源于国家重大战略关键核心领域的重大复杂工程问题、"卡脖子"技术问题或重大工程技术创新问题，往往出自大型高新技术企业和大型央企的重大工程项目，以及学校承担的国家重大工程技术项目，包括工程新技术研究、重大工程研发和设计、核心关键领域新产品或新装置研制等，能够达到制造业发展和工程技术发展的最新进展和先进水平，能够综合有效地提升学生复杂工程问题和"卡脖子"技术问题解决能力，以及工程技术创新能力，具有重要的现实意义和应用价值。

图 8.1 给出了培养方案主要要素之间的关系及其与核心能力培养的关系。需要说明的是：核心能力的培养，主要包括复杂工程问题和"卡脖子"技术问题解决能力，以及工程技术创新能力的培养，需要贯穿于卓越工程师教育培养全过程，而不是仅靠一项教育教学活动或一个环节就能够完成的，需要从学生入学开始直至通过学位论文答辩，经过各个环节的积累，才使得这些能力得到逐渐培养和不断提升。因此，应该在各项教育教学活动之间建立符合能力培养和提升螺旋上升的相互衔接的逻辑顺序。

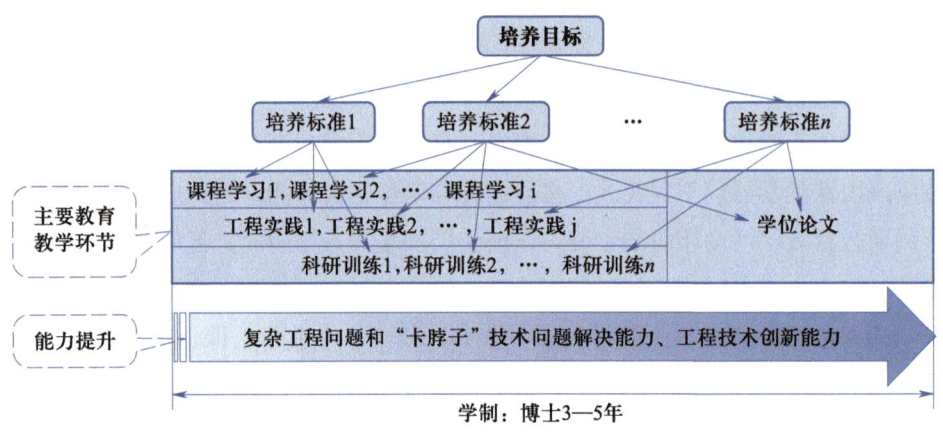

图 8.1 高层次卓越工程师教育培养方案各要素间关系

8.5.2 柔性化培养方案、多方协同育人培养方案和企业培养方案

国家卓越工程师学院的培养方案必须具备柔性化的特点并满足多方协同育人尤其是校企合作的需要。

（1）柔性化培养方案。多样化的企业人才需求、多元化的未来人才需求、动态变化的产业发展，以及个性化的人才培养等要求国家卓越工程师学院的培养方案必须是柔性化的，能够用同一培养方案，按照企业或学生的要求，通过不同课程组合、新工程学科专业方向选择和个性化培养计划制定等，培养出不同类型的卓越工程师。柔性化的培养方案需要具备三个条件：一是丰富多样的课程和教学资源，如允许学生跨校选课并认定学分；二是新工程学科方向的认可机制，允许认定既满足国家重大战略关键核心领域发展趋势，又符合学生学科和职业发展兴趣的新工程学科方向；三是能够胜任的指导教师组，可以指导学生在新工程学科方向的学位论文。

（2）多方协同育人培养方案。卓越工程师教育培养离不开相关学科专业、行业产业、科研院所，以及可能的国际教育组织等多方的密切配合和共同努力，因此，需要融入多方携手合作、体现多方协同育人的培养方案。多方协同育人培养方案的实质是体现多方共同参与培养方案的制定和实施，主要体现在三方面：一是参与卓越工程师教育培养各方共同制定培养目标、培养标准和培养方案、共同建设课程体系；二是能够共享行业企业、科研院所的教育教学资源，包括聘请校外导师并充分发挥他们的作用；三是校外各方能够全程参与培养方案的实施，包括卓越工程师教育培养质量的评价等。因此，培养方案是开放的、多方参与的。

（3）企业培养方案。由于校企合作协同育人是国家卓越工程师学院培养卓越工程师的主要方式，企业是与学校同等重要的教育培养场所，为了企业教育教学活动有章可循及更好地开展，明确企业的责任和义务，以保障在企业开展教育教学活动的质量，应该将培养方案中学生在企业开展和完成的各项教育教学活动及其考核评价等形成企业培养方案（或称"企业培养计划"），主要包括相关教育教学活动、企业工程教育条件、企业导师配备、质量评价标准等。与整个培养方案的制定要求一样，企业培养方案的制定更需要合作企业的主动参与和高度认可。

8.6　课　程　体　系

国家卓越工程师学院用于教育培养卓越工程师的课程体系不能简单沿用以往工程类硕士、博士专业学位研究生课程体系，必须按照卓越工程师培养目标和培养标准要求专门建设。针对上述培养方案中提出的课程学习、工程实践和科研训练三个教育教学环节，卓越工程师培养的课程体系应该由相应的三个主要课程模块构成：理论课程模块、实践课程模块、项目课程模块。理论课程模块包括在课堂教学的各种理论性课程，实践课程模块包括在企业现场及实验室开展的各种工程实践活动，项目课程模块包括学生参与的基于各种重大科研项目的科研训练活动。这样构成的课程体系，既反映出高层次卓越工程人才培养的特征，又体现了与本科层次卓越工程人才课程体系的主要区别。

上述三大课程模块中均有核心课程，核心课程在人才培养中承担着专业能力培养和综合素质养成的重任，是课程体系的核心所在，直接关系到卓越工程师培养目标实现和培养标准的达成。核心课程要有源于培养标准的清晰的课程目标，要有企业导师深度参与建设。针对当前存在的主要问题，核心课程建设要着力做到以下四点。

8.6.1 课程的交融性

课程的交融性是指课程内容是通过交叉融合多学科专业知识、原理和方法等形成的，这是由当前和未来各类工程专业共同具有的多学科交叉属性所决定的，对国家卓越工程师学院培养卓越工程师所依托的工程学科更是如此。课程的交融性不是对相关学科现有课程的简单"拼盘"或叠加，而是需要按照实现课程目标的需要，或者对相关课程内容进行交叉或融合，或者开发全新的课程。相关课程的交叉主要指的是对这些课程教学内容进行相互渗透、整合、重组和优化；相关课程的融合则是指对这些课程教学内容先进行交叉，然后相互渗透，最后实质性地融合成新的课程；全新课程的开发是针对已经基本成熟的新的学科方向或领域，需要在这些方向或领域有一定的研究积累和成果，足以成为课程的核心内容。

8.6.2 课程的综合化

课程的综合化是指将解决一类工程问题所需的各方面的知识、方法和技术等内容整合成为一门综合性课程，包括：① 将原有课程内容相互关联的两门及以上课程通过相互渗透融合后整合重组成一门新的综合性课程；② 按照实现培养标准的需要建设覆盖面较广的全新的综合化课程，包括工程学科与人文社会科学的融合贯通等。

综合化的课程有三个特点：① 课程内容不存在人为割裂的现象，有利于学生系统完整地学习解决复杂工程问题所需要的理论、方法和技术；② 能够更好地将课堂理论学习与课外实践运用相结合，有利于培养学生复杂工程问题解决能力；③ 支持实施研究性学习等参与式教学方法，在教学过程中探究复杂工程问题、分析实际工程案例，以及开展基于项目的学习，有利于培养学生多方面能力。

课程综合化的另一种形式是将理论课程与实践课程或项目课程的结合，将上述理论课程模块中的课程与实践课程模块或项目课程模块中相应的实践课程或项目课程结合，形成一门综合性课程，从而提高理论课程学习效果，提升学生的工程实践能力或工程创新能力。

8.6.3 课程的项目化

工程教育的目的是培养学生解决复杂工程和技术问题的能力，以及设计和创造未来世界的创新创造能力。项目是当前和未来各种复杂工程和技术问题的集合体，因此，以解决项目问题为目标任务，在完成项目的过程中实现课程目标，培养学生的工程能力和综合素质，是践行"做中学"教育理念，培养卓越工程师的最有效的方式之一，也是克服当前课程教学与能力培养和素质提升脱钩的有效方式之一。

课程的项目化指的是课程以项目为基础或以项目为中心进行建设和组织实施，以利于学生解决问题能力和综合素质的提升。课程项目化的关键在于项目的选择：一是项目必须源于工程实践或企业实际，只有这样才能使学生在解决真实的项目问题中得到培养和提高；二是项目必须是综合性复杂工程问题，涉及多学科交叉，需要综合运用多学科知识才能解决；三是项目任务的完成能够保证课程目标的实现。

课程的项目化既可以是上述项目课程模块中的课程，也可以是理论课程模块和实践课程模块中的课程。项目课程模块中的课程是将参与科研活动和科研项目等科研训练组成课程，从而搭建学生核心能力培养和综合素质提升的平台，这类课程往往在课外完成，不占用课时，但应给予适当学分；理论课程模块中的课程可以打破原有的理论教学大纲，围绕项目研究或问题解决来重新组织理论知识的学习和应用，这种改变将有效地提高理论课程学习效果；实践课程模块中的课程，可以按照项目的方式组织各种工程实践活动，使其成为目标清晰、功能明确、能够有效地支持理论课程学习并提高学习效果的课程。

8.6.4　课程的挑战性

通过提升课程的挑战性，提高学生的学习兴趣、激发挑战问题和克服困难的勇气、提升学习效果、培养学生自主学习和终身学习能力，培养学生综合运用多学科知识解决复杂工程问题的能力，以及创新能力和合作能力等。

提高课程的挑战性可以通过增加以下四方面课程内容着手：一是前沿性内容，包括工程学科前沿问题、行业领域前沿发展问题、工业企业未来发展需求等；二是综合性内容，包括跨学科问题、综合性问题、依靠单一学科知识不能解决的问题、当前行业企业发展中的热点和难点问题等；三是研究性内容，包括需要运用工程科学和技术的原理、理论和方法等予以分析、研究才能解决的问题；四是开放性问题，问题和结果均是开放的，旨在最大限度地允许和鼓励学生不受限制地去探究和发现未知领域。

8.7　质　量　评　价

卓越工程师培养目标是通过培养标准的达成来实现的，而评价培养质量是否达到培养标准的要求可以从两方面的质量评价来进行：课程教学质量评价和学位论文质量评价。

8.7.1 课程教学质量评价

课程体系中的每一门课程均有来自培养标准分解后得到的课程教学目标，评价课程教学质量的关键是所采用的考核评价方式必须能够准确地衡量课程教学效果是否达到课程教学目标的要求。例如，核心专业课程一般是以培养学生某方面的专业能力为课程教学目标，对这类课程教学质量的考核评价不能简单地采用卷面考试，通过让学生回答几个问答题衡量学生在某方面的专业能力，而应该通过学生解决工程问题的方案、完成工程任务的综合性作业、工程设计或研发等方面的作品、参与科研项目所取得的成果，以及学生在集体项目研究中的表现和贡献等来评价。对于博士研究生的课程教学质量评价，应该鼓励学生在其作业、作品、成果和贡献的创新性上有所突破。

8.7.2 学位论文质量评价

博士学位论文的评价着重在创新性成果，要求学生在攻读学位期间取得与博士学位论文相关的创新性成果。创新性主要体现在：重大复杂工程问题或"卡脖子"技术问题解决方案的创新、核心工程技术研发的创新、重大工程项目设计方案的创新等，并取得良好的社会效益及经济效益。成果形式包括：学术论文、发明专利、科技奖励、设计方案等。创新性成果评价主要参考：① 以第一作者身份在业界公认的国际顶级学术刊物（如 EI 期刊）上发表学术论文或在国际顶级学术会议上做大会学术报告；② 以第一完成人完成国家发明专利或国际发明专利并有良好的应用证明；③ 作为主要完成人获得国家技术发明奖或国家科学技术进步奖（排名前 5）或省部级科学技术奖一、二等奖（排名前 2）；④ 完成获得应用及同行认可的重大工程项目的设计方案及其论证报告等。博士学位论文评价目的在于体现出学位申请人掌握本工程领域坚实全面的基础理论和系统深入的专门知识，能够独立从事工程研究工作，善于解决重大复杂工程问题和"卡脖子"技术问题，具有突出的工程技术创新能力，具备作为卓越工程师的综合素质。

硕士学位论文的评价强调研究成果具有一定的创新性，要求学生在复杂工程问题的解决和工程技术的创新上做出一定的贡献。将学生在攻读学位期间完成与硕士学位论文相关的学术期刊论文、学术会议报告、发明专利、科技奖励等作为评价学位论文创新性的主要参考，以体现学位申请人在本工程领域具有较好的基础理论和专门知识，以及独立担负工程专业工作的能力。

参 考 文 献

［1］林健.面向未来的中国新工科建设［J］.清华大学教育研究，2017，38（2）：26–35.

［2］教育部，中国工程院.教育部 中国工程院关于印发《卓越工程师教育培养计划通用标准》的通知：高教函〔2013〕15 号［A］.北京：中华人民共和国教育部，2013.

［3］林健.新工科人才培养质量通用标准研制［J］.高等工程教育研究，2022（3）：5–16.

第9章
国家卓越工程师学院建设：校企全方位深度合作培养高层次卓越工程师

【本章导读】

　　校企全方位深度合作既是国家卓越工程师学院成功培养满足国家重大战略急需的高层次卓越工程师的关键，也是中国高等工程教育面临的前所未有的挑战。国家卓越工程师学院建设要求高校和企业一道构建卓越工程师联合培养共同体。

　　本章聚焦这一共同体需要共同开展的工作和面临的主要问题，依次对导师队伍建设、培养目标和标准制定、培养方案制定、课程体系建设、工程实践创新活动指导、学位论文指导、培养质量评价等进行分析讨论，旨在为相关高校和央企开展国家卓越工程师学院建设，以及地方高校开展省市级卓越工程师学院建设提供参考和借鉴，为推动建设中国特色、世界水平的工程师培养体系提出建议。

　　习近平总书记在中共中央政治局第二次集体学习时指出，"实现科教兴国战略、人才强国战略、创新驱动发展战略有效联动"。我们必须准确把握坚持教育优先发展、科技自立自强、人才引领驱动的相互关系，坚持教育发展、科技创新、人才培养一体推进，形成良性循环；坚持原始创新、集成创新、开放创新一体设计，实现有效贯通；坚持创新链、产业链、人才链一体部署，推动深度融合。国家卓越工程师学院建设以培养造就国家重大战略急需关键核心领域高层次卓越工程师后备人才（简称"卓越工程师"）为主要目标任务，立足将教育发展、科技创新与人才培养一体推进，形成良性循环，推动产教深度融合。

　　培养国家重大战略急需关键核心领域高层次卓越工程师，需要各具优势的高校和企业的深度合作。一方面要求高校在关键核心工程学科领域具有显著的学科优势和影响力、丰富的教育教学资源和人才培养特色；另一方面要求企业是该工程学科领域关联行业中的龙头企业，承担国家重大工程技术项目，聚集行业领域的专家，拥有高水平的科研条件、领先的工程技术创新成果和丰富的工程实践教育资源。

培养国家重大战略急需关键核心领域高层次卓越工程师需要构建产教融合人才培养共同体。

首先，体制机制建设。将高层次卓越工程师培养与国家重大战略需求对接，建立校企合作开展人才培养的体制机制。

其次，全方位合作。充分整合校企优质教育教学资源，开展有组织、全过程、全方位人才培养的密切合作。

再次，长期关系建立。坚持优势互补、互惠共赢原则，在组织机构、合作模式、经费保障等方面进行机制创新，建立长期稳定合作关系。

最后，新范式探索。校企在合作过程中共同探索中国特色、世界水平的卓越工程师教育培养的新范式、新路径。

国家卓越工程师学院校企合作的基本关系有两种：一是，一个高校设立的国家卓越工程师学院与多家相关企业合作；二是，一个大型央企设立的国家卓越工程师学院与多所相关高校合作。其中硕士层次研究生在校课程学习时间为 1 年，在企业工程实践时间为 2 年；博士层次研究生在校学习时间为 2 年，在企业工程实践时间为 3 年。在这种 1 所高校学院对多个企业和 1 所企业学院对多所高校的基本合作关系下，聚焦硕博层次卓越工程师培养而不同于"卓越工程师教育培养计划"1.0 和 2.0 重点在本科层次，要求高校与企业之间深度融合和无缝对接等，是中国高等工程教育面临的一个前所未有的挑战。

国家卓越工程师学院建设要求校企全方位深度合作构建高层次卓越工程师联合培养共同体，本章聚集这一共同体需要共同开展的工作和面临的主要问题，围绕导师队伍建设、培养目标和标准制定、培养方案制定、课程体系建设、工程实践创新活动指导、学位论文指导、培养质量评价等进行分析讨论，以期为相关高校和企业开展国家卓越工程师学院建设、培养高层次卓越工程师提供参考和借鉴，为推动建设中国特色、世界水平的工程师培养体系提出建议。

9.1　共同建设导师队伍

教师队伍建设是学科建设和人才培养的关键，为了实现这一目标，以及由于卓越工程师教育培养必须采取以校企合作为主的多方协同育人的方式，国家卓越工程师学院需要建设一支政治立场坚定、爱党报国，在知识、能力、经历、素质等方面都能够胜任工程学科建设和卓越工程师教育培养任务的高水平校企导师队伍，在卓越工程师教育培养过程实行由校企双方导师组成的导师组指导制，充分发挥企业导师的工程实践性和技术先进性优势，使其与学校导师的工程理论性和知识前沿性优势形成互补。这就需要学校和企业共同建设高水平校企导师队伍，主要包括以下七方面任务。

9.1.1　制定评聘要求

学校导师：由于多学科交叉融合是国家战略关键核心领域的共同特征，因此，对学校导师的评聘要求除了要满足本校相应工程学科对长聘教师职务的任职资格外，还应该在多学科交叉融合上有要求，要具备运用多学科知识、原理和方法解决复杂工程技术问题的能力，以及应对、挑战和处理前沿问题及未来问题的能力。对学校导师具体的聘任与考核标准应该能突出反映其工程技术创新能力，并取得工程技术领域的实际成果，如通过受到国内外同行认可的高水平学术专著或论文、工程研发设计成果、复杂工程技术问题解决方案、知识产权和发明专利等来衡量。

企业导师：要在高校相应工程类专业学位研究生校外指导教师任职条件基础上，要求工程实践经验丰富、工程技术创新能力强，主持过大型工程项目或复杂产品的生产制造和设计开发工作，承担过前沿工程技术研究、开发和创新任务，有高水平并受到国内外同行认可的研究成果、技术专利、发明创造和省部级及以上科技奖励，正在主持承担国家级或省部级重大重点科研项目，具有企业高级专业技术职称，能够为人师表、遵守学术道德规范，有足够的时间和精力指导研究生，最好有对工程硕士、博士研究生的指导经验，聘任周期建议与所指导研究生层次的学制相一致。

国家卓越工程师学院的学校导师和企业导师虽然是由合作高校和企业根据培养硕、博层次卓越工程师的目标要求分别聘任和管理，但是校企之间仍然需要保持经常性的沟通和交流，以保证所聘任导师的高水平及其作用的充分发挥。

9.1.2　明确职责要求

导师是卓越工程师教育培养的第一责任人，肩负教书育人、对工程硕士、博士研究生在学业、职业、生活、成长等方面的引导、培养和指导责任。校企导师要通力合作，共同负责工程硕士、博士研究生全过程的培养，共同为每位学生制定培养计划，指导课程学习、工程实践、科研训练、学位论文等，对学生的成才和发展均负有直接责任。

在共担责任的基础上，基于各自的专长，校企导师所担负责任的重点有所区别。学校导师主要负责学生在学校期间的理论学习指导、学术水平提高和科研能力提升；企业导师主要负责学生在企业期间工程实践指导、解决复杂工程技术问题能力和工程技术创新能力的培养和提升。

9.1.3　提升导师能力

为了更好地发挥校企导师各自在卓越工程师教育培养上的作用，校企导师在能力提升上各有侧重，做到扬长补短。

学校导师掌握本学科系统前沿的理论知识，具有很强的学术研究和理论创新能力，中青年教师要不断提升工程实践能力、多学科交叉融合能力、工程设计开发能力、复杂工程问题解决能力、工程技术创新能力和工程科学研究能力。学校方面需要在导师任职资格、考核评价标准上从以往仅注重学术论文转向学术论文与工程技术领域创新成果并重。企业方面需要接受高校导师到企业挂职，参与重点型号和重大项目的研发等实际工作，在企业真实的工程环境和先进的装备技术环境中，在企业经验丰富、工程能力强的工程师的指导下，培养和提升他们的上述能力。

企业导师掌握前沿和先进的工程技术，具有很强的工程实践创新能力，重点在培养和提升教育教学能力，更新学科专业知识和提高学科专业理论水平，将工程实践与学科理论相结合。其中提高企业导师的教育教学能力是重点，包括掌握先进的工程教育理念，学习工程教育教学理论，掌握课程组织和教学实施方法，运用信息技术和数字化手段开展教学等。企业导师在能力提升方面可以通过以下两种手段实现。

（1）加强校企导师之间的相互学习、取长补短、共同提高，一方面学校导师向企业导师学习解决复杂实际工程问题的经验，另一方面企业导师向学校导师学习教育教学方法，了解本工程学科的最新发展；

（2）安排企业导师脱产到高校接受继续教育，包括参与学校教师发展中心的培训、选修一些学科专业理论课程、接受有针对性的专题培训等，更新他们的专业知识、提高他们在工程领域的理论水平以促进他们实践经验与理论知识的结合。

9.1.4　建立合作机制

校企双方导师密切合作是成功培养卓越工程师的关键，因此，需要建立导师组内导师之间有效的合作机制。

（1）建立有效的沟通渠道，通过研究生和教学秘书形成导师之间及时顺畅的沟通，以确保研究生培养计划顺利地实施；

（2）建立定期的联合指导制度，定期对研究生培养计划、理论学习、工程实践、创新活动、论文选题、开题报告、科学研究等进行指导；

（3）建立不定期的研讨制度，及时地讨论卓越工程师教育培养过程中出现的问题，交流成功有效的教育方法和指导方式，研究共同关注的问题；

（4）鼓励通过共同承担科研项目建立校企导师间的合作关系，并将合作内容转化为协同育人的内容，如研究生学位论文选题源于科研项目，校企导师合作机制的有效运行需要注意大学文化与企业文化的差异，将大学文化中的自由性和民主性与企业文化中的严谨性和规范性有机地结合起来。

9.1.5 加强团队建设

现代工程教育需要教师间的合作与共同努力才能完成，培养国家重大战略急需的关键核心领域卓越工程师是一项全新的教育任务，与高校现有工程硕、博研究生培养存在诸多区别，涉及工程学科建设、培养方案制定、课程体系改革、教学内容更新、培养模式创新、研究生指导等方面，需要分别由若干名知识、能力和经验互补、彼此分工明确、相互密切配合的教师组成的不同团队来完成相应的工作。

教师团队主要有学科建设团队、课程教学团队、指导教师团队等，能够促进校内教师之间及校企导师之间的相互学习、取长补短、团队协作，有利于整合和开发各种教育教学资源、提升人才培养质量，其主要任务包括建设新工程交叉学科、创新教育教学理念、改革课程体系和教学内容、研讨教学和交流经验、改革教学组织形式和教学方式、指导研究生学位论文、评价教育培养质量等。教师团队的组织建设大体包括以下几方面：称职的团队带头人，合理的团队构成，适当的团队规模，以及明确的团队目标等。

9.1.6 提供政策保障

导师队伍建设的政策制度主要有三方面。

（1）企业导师聘任和管理办法：包括聘任条件、岗位职责、聘任周期、工作评价、日程管理，以及提供的资源和工作条件等，主要目的有两个：一是聘请称职且时间投入有保证的企业专家；二是能够最大限度地发挥企业导师的作用；

（2）鼓励和支持学校导师提升工程技术创新能力的政策措施：包括鼓励和支持学校导师承担或主持本工程学科关键核心领域的重大和重点项目，以及源于本领域龙头企业的重大工业产品研发和工程技术创新项目，产出创新性的成果；

（3）保障教师团队建设的制度：包括鼓励校企导师参与团队的政策实施，提供团队建设所需的资源和经费，制定团队管理和运行的规章制度。

9.1.7　出台激励措施

导师队伍建设的激励措施主要有两方面。

（1）企业导师的激励。主要通过评优和津贴的方式鼓励企业导师在学生指导上重视、投入并取得显著成效，一方面对于所指导学生在学习成效和科研成果上有突出表现的导师给予评优和表彰奖励，另一方面按照指导学生的层次和人数向导师发放与其贡献、职称、资历相一致的津贴。

（2）学校导师的激励。制定有效引导和激励学校导师重视和投身于工程学科建设和卓越工程师教育培养的绩效工资政策，主要包括两方面：一是将难以计量的工作，如学科建设、课程改革、教研教改、团队建设等确定为柔性工作并给予相应的绩效奖励，二是对在卓越工程师教育培养上取得突出成绩的教师予以额外的绩效奖励。

9.2　共同制定培养目标和培养标准

9.2.1　校企共同制定培养目标

培养目标决定着人才培养的方向，是培养标准的纲，是卓越工程师培养各项工作中首先要明确的，需要高校与企业共同制定，成为指导高校和企业卓越工程师培养各项工作的指南。

国家卓越工程师学院卓越工程师培养总体目标应该是："面向国家重大战略急需关键核心领域，培养在相关工程领域掌握坚实全面的基础理论和系统深入的专门知识，具备全球战略视野、突出工程技术创新能力、动态适应能力，善于解决复杂工程问题和"卡脖子技术"问题的高素质、高层次、交叉复合型卓越工程师"。

校企在共同制定某一工程学科领域卓越工程师培养目标时要满足服务国家重大战略、满足未来发展需求、突出工程技术创新三条要求，一方面要满足服务国家重大战略急需关键核心领域对卓越工程师的需要，另一方面要满足中国经济社会未来发展对卓越工程师的需要，同时强调突出的工程技术创新能力是卓越工程师必须具有的首要能力。

校企在共同制定卓越工程师培养目标时，要综合考虑和平衡国家重大战略急需关键核心领域对卓越工程师的目标要求与高校和企业在该工程学科领域培养卓越工程师的教育教学条件，制定既满足国家重大战略急需又切实可行的卓越工程师培养目标。高校在与企业一道制定卓越工程师培养目标时，既要站在国家战略的高度调研和分析对卓越工程师培养的目标要求，又要认真考虑学校的学科优势、办学特色、资源条件、师资队伍、服务面向等因素。企业在与高校一道制定卓越工程师培养目标时既要从国家战略的高度，又要从用人单位和未来发展的角度分析和研究对卓越工程师培养的目标要求，还要认真考虑企业所拥有的工程实践教育资源。

9.2.2　校企共同制定培养标准

培养标准是培养目标的细化，是制定培养方案和课程体系建设的依据，是高校和企业培养卓越工程师的纲领，是卓越工程师培养质量评价的标准，需要高校与企业共同制定，成为高校和企业卓越工程师教育培养各项工作的引领和要求。

国家卓越工程师学院卓越工程师培养通用标准应该包括以下几方面：基本知识、职业素质、复杂工程技术问题解决、工程技术创新能力、工程责任和伦理、沟通与团队协作、工程领导力、动态适应能力等，其中要着重强调爱党报国、家国情怀、全球战略视野、复杂工程问题和"卡脖子"技术问题解决能力、工程技术创新能力和动态适应能力等。

校企共同制定卓越工程师培养标准时需要邀请潜在用人单位、行业部门、科研院所、政府部委等与卓越工程师教育培养存在密切关系的组织机构的专家参加，在既定培养目标的基础上，共同分析研讨、达成共识、制定并完成。

校企共同制定卓越工程师培养标准就是要以卓越工程师培养目标为纲，将其通过分解细化转成卓越工程师培养标准，需要共同做好以下五项工作。

（1）发挥优势、凸显特色：培养标准既要凸显高校人才培养特色，又要最大限度地发挥高校工程学科优势和企业的工程实践优势，以充分体现高校偕同企业一道培养卓越工程师的责无旁贷和重要性；

（2）既高标准又具可行性：既要高标准，满足国家重大战略关键核心领域对卓越工程师的要求，又要考虑每条标准实现的可行性，包括分析高校的课程教学资源、师资队伍条件等和企业实践教育资源和导师队伍等，确保每一条培养标准得以实现；

（3）系统性和完整性：培养标准应该包含知识结构、能力水平和素质要求这三方面内容，能系统、完整地体现国家重大战略急需关键核心领域对卓越工程师的要求；

（4）可分解、可落实、可评价：培养标准可以分解和细化到操作层面，可以落实到人才培养过程的各个教育教学环节和相关要素，可以通过相应的评价指标体系和评价方法，对卓越工程师培养质量是否达到培养标准进行评估检查；

（5）要尽可能地将企业相应岗位高层次工程师等任职资格或评聘要求融入培养标准中，使培养出来的卓越工程师更加符合企业的要求。

9.3　共同制定培养方案

培养方案是卓越工程师教育培养的顶层设计，是实现卓越工程师培养目标和培养标准的书面保证，是卓越工程师培养全过程必须依据和执行的纲领性文件。

9.3.1　企业参与制定培养方案的优势

企业全方位参与卓越工程师培养是企业独具的优势所决定的。由于高校的工程实践教育资源不足、高校教师的工程实践能力有限，以及理论联系"真实实践"不够等因素，从而凸显了企业在卓越工程师培养上的重要作用。

（1）能够准确把握经济社会对工程人才的需求；

（2）拥有先进的生产设备和制造技术；

（3）拥有一批经验丰富的工程技术人员；

（4）拥有真实的工程实践和创新环境。

因此，卓越工程师培养方案需要在高校和企业分别实施，应该由学校培养方案和企业培养方案两部分构成，二者之间要做到无缝连接，需要高校与企业一道共同制定。

9.3.2　共同制定培养方案应该遵循的原则

校企共同制定卓越工程师培养方案应该遵循以下四个的原则。

（1）充分发挥高校工程学科优势和人才培养特色，以及企业工程实践资源的优势。不论是高校工程学科前沿性，以及在其长期的办学过程中不断积累和逐渐形成的特色，还是企业工程教育资源的先进性，均应该在卓越工程师培养中得到最大限度的发挥，以保证卓越工程师培养目标的实现和培养标准的达成。

（2）重视高校与企业教育教学资源的整合与融合。高校与企业的教育教学资源分属两个不同性质的法人实体，将二者整合与融合是一个挑战。例如，将企业用于生产制造的仪器设备用于人才培养，将企业的生产车间或科研实验室作为人才培养的基地等，就需要协调各方面关系，认真处理好生产和人才培养的关系。

（3）注重高校培养环节与企业培养环节的无缝对接。相互关联的教育教学环节之间的衔接，尤其是在高校培养环节与后续的企业培养环节之间的无缝对接对于巩固教育教学效果、提高教育培养效率均是十分重要的。例如，将在高校的课程学习与在企业相应的工程实践对接好，不仅能够把课堂学习的理论用于工程实践中，进而巩固课堂学习的知识，而且能够在工程实践中激发学生回到课堂中学习新的学科理论的欲望。

（4）强调校企合作人才培养范式的创新突破。国家卓越工程师学院的校企合作培养卓越工程师，不论在合作层次、内容、方式和时间上，还是在具体的实施、评价和管理上，都极大超越了以往校企合作的深度和广度，在给予更大的空间和范围的基础上，需要结合合作高校与企业的客观实际，分析研究校企联合培养卓越工程师的要素、关系、机制，灵活自主、创造性地提出校企合作联合培养卓越工程师的新范式。

9.3.3　培养方案的构成要素

卓越工程师培养方案的构成要素包括：（1）培养目标和培养标准或基本要求；（2）专业学位类别（领域）和培养方向；（3）培养方式；（4）基本修业年限（学制）；（5）课程体系设置；（6）课程教学要求；（7）主要培养环节及要求；（8）学位论文与创新成果要求；（9）质量保障体系等。

工程硕、博层次研究生专业学位培养方向要在制定培养方案时予以明确，需要从高校和企业两方面考虑。高校主要考虑的因素包括学科优势、办学特色、师资队伍、服务面向等。其中学科优势指的是本校在国家重大战略急需关键核心领域工程学科的优势，这些工程学科应该是前沿学科、交叉学科和未来学科，既可能是现成的，也可能是需要加强的，还可能是需要新建的。办学特色指的是本校在长期的办学过程中积累形成和发展的、在硕博层次专业学位人才培养上表现出的、明显区别于其他高校的、独特的、相对持久稳定的优良特性[1]，如在培养方案、课程设置、课堂教学、能力培养等方面的特色。师资队伍则要从学科背景的交叉性、创新成果标志性、工程经历丰富性、行业产业关联性等方面满足卓越工程师培养。服务面向主要考虑学生毕业后就业的主要区域或行业领域，应重点考虑这些区域或领域对卓越工程师的学科方向要求。企业主要考虑的是能够为专业学位研究生培养所提供的工程实践创新条件，包括实验、研发、创新、生产、制造等方面的仪器、设备、实验室、中心的硬件条件和具有丰富工程实践经验和突出工程技术创新能力的高级工程技术专家等。

目前，各类学科博士层次研究生的培养环节包括课程学习、资格考试、选题报告、专业实践、中期检查（年度进展报告）、预答辩（最终学术报告）、论文送审或评阅、学位论文答辩等，其中除了课程学习、资格考试和专业实践外，其余环节均属于学位论文这个大环节。针对工程学科特点和专业学位要求，卓越工程师教育培养的主要教育教学环节可以归纳为课程学习、工程实践、科研训练和学位论文等四个方面，以突出工程实践创新环节，它们之间虽然有先后顺序，但不是截然分开的，而是交互进行的，即在前者活动进行过程中，而不是到前者所有活动结束后，才开启后者的活动。

国家卓越工程师学院的培养方案必须具备柔性化的特点并满足多方协同育人尤其是校企合作的需要。（柔性化培养方案详见本书 8.5.2 节）

9.3.4　企业培养方案

确保企业在卓越工程师培养上作用得到充分发挥的关键是制定好企业培养方案。由于企业的本职工作是生产和制造，系统规范的人才培养不是其擅长，因此，共同制定培养方案的重点任务是：高校要发挥自身优势，与企业一道深入认真研讨，共同制定企业培养方案。

企业培养方案主要包括企业培养阶段的培养目标和培养标准、培养方式、主要培养环节及要求、工程实践创新条件、学位论文及研究、导师配备及职责要求等方面内容。企业培养方案不仅要符合企业实际、具体明确，而且还要切实可行、具有可操作性。

企业培养方案中的培养目标与培养标准要根据企业的条件和企业培养阶段的主要任务制定。培养目标是学生通过企业培养阶段的学习、实践和训练后在能力和素质方面要达到的总体要求，它应该是卓越工程师培养目标的组成部分。培养标准是学生通过企业培养阶段的学习、实践和训练后在能力和素质等多方面要达到的具体要求，是衡量企业培养阶段的培养目标是否达到的评价标准，它应该是卓越工程师培养标准的一部分。

培养方式包括以企业导师为主的导师组指导制、企业课程学习方式、工程实践进行方式、科研训练开展方式、学术报告和交流方式、学位论文完成方式等。

主要培养环节及要求包括工程实践、科研训练和学位论文三个环节的具体设置、培养内容、学时数、考试要求、考核方式、学分要求、时间场地、导师安排等。关键有两点：一是这三个环节如何与学校培养方案中的相关环节形成有效衔接；二是这三个环节如何相互作用，循序渐进，以实现不断提高学生的工程能力和综合素质、并最终完成学位论文研究的目标。

工程实践创新条件是指企业所具有的满足落实企业培养方案的各种软硬件条件。硬件条件一般指企业的生产制造设备、研发设计中心、实验测试平台、国家工程实验中心或研究基地等。软件条件主要指担任指导教师的企业工程技术人员情况、科研项目情况、企业管理制度、企业文化及环境等。

学位论文及研究包括：对学位论文选题、论文研究方式、开展研究的场地、研究条件设施、论文进展报告、指导教师（组）责任等提出具体明确的要求。

导师配备及职责要求包括：企业配备与学生规模相适应的、具有丰富工程实践经验的、高水平的工程师担任企业导师，并对他们提出具体的职责任务要求。企业导师是企业培养方案制定和实施的主要责任人，除了参与企业培养方案的制定外，还要承担工程课程教学、专题报告、工程实践和科研训练指导、学位论文导师等人才培养工作。

校企在共同制定企业培养方案时应有明确的责任分工。高校的主要责任在于保证制定出的企业培养方案是整个培养方案的有机组成，而不是毫不相关的独立方案，因此不仅要注重与学校培养方案的联系和衔接，而且要避免培养内容上的重复。企业的主要责任在于要认真分析企业的各种软硬件条件，包括用于工程实践、科研训练、学位论文研究的条件和设备、企业能够担任教学与指导工作的工程师人数，以及学生食宿条件等，以保证企业培养方案的有效性和可行性。

9.4 共同建设课程体系

课程体系是实现卓越工程师培养目标的平台，也是落实卓越工程师培养标准的载体，先将培养标准分解落实到构成课程体系的各个模块上，而后将落实到各个模块的培养标准进一步细化成标准点，最后将各个标准点进一步落实到模块中的各门课程，成为各门课程的课程教学目标。校企共同建设课程体系的目的就是要从卓越工程师岗位实际要求，即落实培养标准的角度，充分吸收来自企业具有不同视野和丰富实践经验的高级工程师的意见和建议，使课程体系更加适应卓越工程师培养的需要。

针对卓越工程师培养的课程学习、工程实践和科研训练三个方面的教育教学环节，卓越工程师培养的课程体系应该由相应的三个主要课程模块构成：理论课程模块、实践课程模块、项目课程模块，每个模块中的课程均赋予相应的学分，其中核心课程建设要着力做到：课程的交融性、课程的综合化、课程的项目化和课程的挑战性。（这4方面内容详见本书8.5节"课程体系"）

需要着重说明的是，将工程实践和科研训练环节与课程学习环节一样设立相应的课程模块，学生完成模块内的课程将获得相应的学分，主要目的在于提高导师和研究生对这两个环节的重视程度，将工程实践和科研训练环节的实践创新活动作为在学校开设的课程学习来对待，避免重理论学习、重课程教学，轻企业实践、轻工程训练的现象。

9.4.1　课程体系建设的准备

校企共同建设课程体系要着重处理好三方面的关系：一是理论课程与实践课程的关系，这方面要着力避免以往的重理论轻实践、理论学习与实践训练相脱节的现象，使理论课程和实践课程成为相互依存的有机整体，既要使理论课程成为实践课程的基础，也要使实践课程成为理论课程的延伸；二是实践课程与项目课程的关系，在这方面要注意到实践课程是项目课程的基础，项目课程是在学生通过实践课程获得工程实践能力的基础上，参与的基于各种重大科研项目的科研训练活动；三是学校课程与企业课程的关系，首先要明确卓越工程师培养的课程体系是由学校课程和企业课程共同构成的，其次在进行课程体系建设上，要明确两个不同培养阶段的培养重点并找到这两个培养阶段之间的必然联系。

校企共同建设课程体系必须重视课程体系的系统性。由于课程体系中的课程要分别在高校和企业实施，分别由高校和企业导师主导，各方的精力主要关注各自所开设的课程上，容易在课程体系建设上形成各自为政，顾此失彼的现象，因此，必须重视课程体系的整体性和系统性，注重不同课程模块之间，尤其是学校培养方案和企业培养方案之间课程模块的相互关联、相互作用、逻辑顺序，以及各个模块共同作用形成的课程体系的整体效果。

在课程体系建设中高校导师有着丰富的经验，而这方面正是企业导师所欠缺的，因此，在课程体系建设过程中高校导师要主动加强与企业导师的交流沟通，到企业考察调研，增进对彼此课程资源的了解、形成课程体系建设上的共识，不仅要建设好理论课程模块，更要建设好主要在企业实施的实践课程模块和项目课程模块。

9.4.2　实践课程模块建设

实践是工程的本质，实践是创新的基础，实践课程模块的功能在于培养学生的工程实践能力、基本的综合素质和社会能力，为创新能力培养打下基础。针对硕、博层次卓越工程师的培养，在假定学生已经具有基础性的工程实践能力的前提下，整个实践课程模块可以大致分为专项实践课程、综合实践课程和技术实践课程。

专项实践课程主要由工程实践训练、企业生产实习、企业顶岗实习等单一或专门的实践教育环节构成，旨在培养学生处理和解决实际工程问题的基本能力，其中工程实践训练可以在高校完成。专业实践课程可以作为理论课程模块中某门课程的后续课程，二者实际上可以构成一门理论+实践的复合型课程。

综合实践课程主要由涉及多个部门、岗位的综合性的工程实践活动、企业轮岗实习等综合实践教育环节构成，旨在培养学生处理和解决具有一定复杂性工程问题的基本能力和团队合作能力，综合实践课程可以作为理论课程模块中的课程和专项实践课程的后续课程而单独开设。

技术实践课程主要由工程活动中涉及应用知识、方法、手段、工艺和技能等实践环节所构成，如一项新技术的学习、一道工序的熟悉、一项发明专利的使用等，旨在培养学生掌握工程实践中基本技术、关键技术和先进技术，为复杂工程技术问题的解决奠定基础。技术实践课程既可以与综合实践课程并行，也可以作为其后续课程。

9.4.3 项目课程模块建设

项目是一系列独特复杂、相互关联、目标明确、时间确定、预算限定、资源有限的工程实践创新活动。项目课程模块是将参与源于行业企业实际的大型复杂工程项目或工程技术创新项目、源于国家层面的在本工程学科领域的重点重大项目等作为系列科研训练活动，旨在培养和提升学生复杂工程问题和"卡脖子"技术问题解决能力、工程技术创新能力、团队合作能力等社会能力和综合素质。

项目课程模块应该根据项目的复杂性和创新性分为企业复杂工程项目、企业技术创新项目、国家重点工程项目（如重点型号）和国家重大工程项目四个类型项目课程。这些项目课程的安排应该由易到难、循序渐进、符合学生能力形成和提升规律，每位学生在项目研究中有明确的角色定位、任务分工、责任要求，每位学生均配有指导教师或导师组，他们在学生参与科研训练全过程中对学生进行指导并对学生项目课程学习成效进行考核评价。

项目课程模块与实践课程模块一样，能够充分发挥企业丰富工程实践创新资源的优势，因此，需要企业领导层予以高度重视，出台相关的政策措施和激励办法，既要协调好企业内部各方面的关系，统筹好各种工程教育资源，又要使这些工程教育资源能够融入实践课程模块和项目课程模块，在确保高质量完成相关工程项目的前提下，实现学生各类课程的学习目标。

9.4.4 工程硕士、博士研究生课程体系的区别

具体到硕士和博士层面研究生培养，虽然课程体系中均有理论课程模块、实践课程模块和项目课程模块，但是各自存在着不同侧重和显著区别。如图9.1所示，硕士研究生课程体系的实践课程模块主要包括专项实践课程和综合实践课程，项目课程模块主要包括企业复杂工程项目和企业技术创新项目。博士研究生

课程体系的实践课程模块主要包括综合实践课程和技术实践课程，项目课程模块主要包括国家重点工程项目和国家重大工程项目。

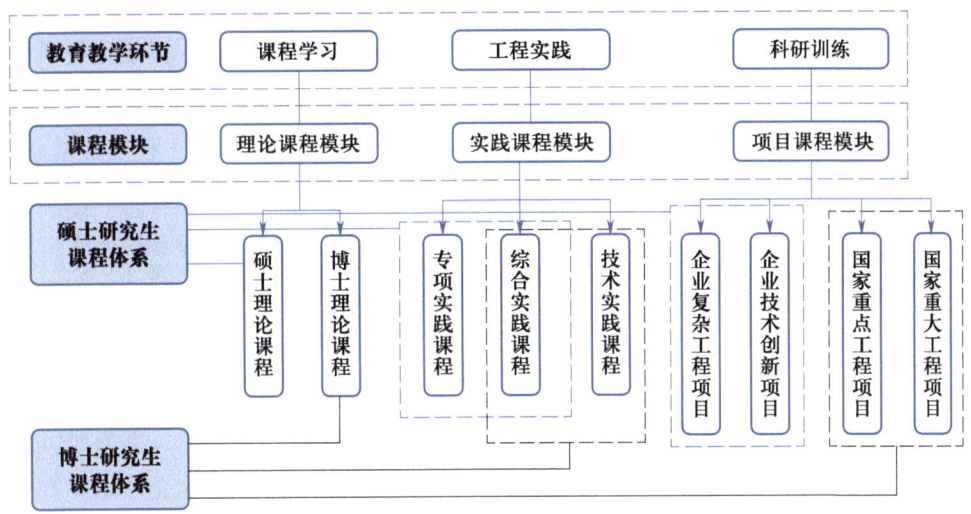

图 9.1　工程硕士和博士研究生课程体系构成

必须指出的是，上述实践课程模块中的课程并不是所有工程硕士、博士研究生都必修的，而要取决于研究生本人的工程实践背景。全日制硕士、博士研究生由于缺乏工程实践经历，因而该模块中的课程应该成为必修；非全日制的在职硕博士研究生基本都有一定的工程实践背景，因而可以根据每个人的具体情况，针对性地选修或全部免修该模块的课程。

9.5　共同指导工程实践创新活动

工程实践创新活动，即工程实践和科研训练，是企业培养方案的主要构成，是工程硕士、博士研究生培养的重要必修环节，是培养研究生熟悉和掌握相关工程工艺、流程、方法、技术、标准和职业规范等的有效途径，也是研究生结合企业实际工程项目进行学位论文选题的重要阶段。

9.5.1　工程实践创新活动的开展

工程实践创新活动的目标是：增强工程实践能力和提高专业技术水平，培养和提升工程技术创新能力、解决复杂工程问题和"卡脖子"技术问题的能力，为成为卓越工程师打下坚实的基础。

硕士研究生在企业实践和研究的时间为 2 年，开展工程实践活动和完成学位论文的时间各半，均为 1 年左右；博士研究生在企业实践创新和研究的时间为 3 年，开展工程实践创新活动和完成学位论文的时间各半，均为 1.5 年左右。具体时间需要根据研究生参与的各类工程项目所需时间周期确定。

工程硕士、博士研究生在完成高校的理论课程模块的学习前，需要在校企导师（组）的指导下，根据企业培养方案要求，遵循因材施教的原则，结合研究生本人的兴趣、潜能和志向，在充分协商的基础上，认真考虑本人工程实践基础，选择确定进行工程实践和科研训练的具体内容、目标任务和进度安排，共同制定工程实践创新活动计划（简称"实践创新计划"）。随后学校、企业和研究生三方签订协议，明确各方的责任、权利和义务，为研究生在企业开展工程实践创新活动规范各方的行为。

高校在研究生赴企业开展工程实践创新活动前要完成对学生在企业阶段的安全、保密和知识产权保护等教育。在研究生赴企业后，学校导师也要参与对研究生的指导、积极配合企业导师完成各项工程实践创新活动。在实施企业培养方案过程中，企业要负责研究生工程实践创新活动的全过程管理，包括企业导师的指派、实践创新活动的安排、学生日常管理、食宿安排和后勤保障、学生安全防护设备提供，以及协调企业内部各方面的关系等。企业导师具体负责实践创新计划的实施，包括对工程实践和科研训练活动的指导、按照企业培养方案中相应的培养标准对研究生实践创新成效进行评价、研究生敬业精神和职业道德的培养等。

研究生的工程实践创新活动必须紧密结合所在企业的工程实践创新活动，包括生产任务、校企合作在研项目、企业工程研发项目、企业技术创新项目、国家委托重点重大项目等。除了实践课程，博士研究生应当参与承担具有挑战性、创新性和前沿性的工程技术攻关项目，硕士研究生应当参与承担具有应用性和复杂性的工程攻关项目。

工程硕士、博士研究生在企业开展工程实践创新活动期间可以根据实际需要返回高校，主要出于三方面目的。

（1）与学校导师和同学交流在企业开展工程实践创新的进展情况，探讨遇到的理论、方法和技术等方面的学术或前沿问题，为继续企业的工程实践创新活动扫清障碍；

（2）使用高校丰富的图书情报资源，查阅文献资料，以及利用高校的实验室和科研仪器设备进行专门或补充的实验和研究；

（3）与学校导师探讨潜在的学位论文选题，包括选题方向、研究内容、价值意义、创新性、基本理论、研究方法等。

在整个企业培养方案的实施过程中，校企导师（组）要保持密切沟通、相互积极配合，共同评估和商议每位研究生实践创新计划实施情况，及时地根据企业当时的实际情况、研究生开展工程实践创新活动的效果和研究生的反馈，调整和充实实践创新计划，及时地解决可能出现的各种问题和处理一些突发事件，共同评价研究生工程实践创新教育质量，并不断地总结各方面的经验和教训，以利于日后进一步改进和完善企业培养方案、提高学生在企业阶段的工程实践创新成效。

9.5.2　开展工程实践创新活动需要处理好的问题

工程硕博士研究生在企业开展工程实践创新活动需要处理好以下三方面问题。

（1）保密问题。由于是面向国家重大战略急需关键核心领域培养卓越工程师，因此硕士、博士研究生尤其是博士生在企业参与的工程项目十分可能涉及国家关键核心技术的保密问题或知识产权问题。如果研究生毕业后不在该企业就业，就容易引发企业不得不基于保密性要求对是否允许研究生参与关键核心技术研发或专利开发等进行权衡，这势必影响研究生在企业开展工程实践创新的成效。针对这一问题目前普遍的做法是在到企业之前，要求研究生无条件接受企业对保密级别及期限的要求，签订保密协议并严格遵守。

然而，签订保密协议容易引起一些研究生担心涉密后脱密期较长，从而影响其毕业后的就业。因此还需要协调解决好涉密和脱密之间的矛盾。

（2）成果归属问题。工程硕士、博士研究生在企业参与工程技术创新研发项目所取得的研究成果、发明专利等的归属也是容易引发纠纷和争议的问题，这方面问题如果处理不好也会影响企业接受培养卓越工程师任务的积极性。目前这方面的主要做法是按照企业单方约定，将研究成果、发明专利、技术秘密等知识产权等归企业所有，因而企业也会要求研究生无条件签订产权归属协议。

（3）企业导师时间问题。企业导师是企业各部门的骨干和负责人，责任重大、工作繁忙，往往在指导研究生上不能抽出足够的时间，这将影响研究生在企业的工程实践创新活动的成效，因此，应该尽可能地安排研究生参与企业导师主持负责的工程项目及其从事的工程工作中，使企业导师能够在自己日常的工作实践中指导研究生。

9.6　共同指导学位论文

学位论文是研究生培养的重要综合环节，学位论文研究是企业培养方案的一个重要构成，硕士、博士研究生学位论文的主要工作是在企业完成的。工程博士学位论文环节包括选题报告、中期检查（年度进展报告）、预答辩（最终学术报告）、论文送审及评阅、学位论文答辩等，工程硕士学位论文没有预答辩这一环节等，这些环节均需要校企导师（组）的通力合作、全程指导和认真把关，企业导师重点负责工程实践和技术创新方面的指导，学校导师重点负责工程理论和研究方法等方面的指导。

9.6.1 选题报告（开题报告）

学位论文题目是研究生在科研训练环节即在企业参与工程项目过程中，在校企导师（组）的共同指导下选定的。硕士学位论文选题要源于企业正在研发或校企合作的复杂工程项目和技术创新项目等，研究内容应包括新产品或工程的设计与开发、复杂工程问题的解决、工程技术研发创新等。博士学位论文的选题应源于国家重大战略关键核心领域的重大复杂工程问题、"卡脖子"技术问题或重大工程技术创新问题，往往出自企业的重大工程项目，以及校企合作承担的国家重大工程技术项目，包括工程新技术研究、重大工程研发和设计、关键核心领域新产品或新装置研制等，能够达到制造业发展和工程技术发展的最新进展和先进水平，能够综合有效地提升学生复杂工程问题和"卡脖子"技术问题解决能力，以及工程技术创新能力，具有重要的现实意义和应用价值。

在选题上目前可能存在的问题有两方面：一是担任企业导师的专家不是企业一线主持或承担重大工程技术项目的高级工程师或技术专家，他们拿不出适合卓越工程师培养的、源于现实需要和工程实际的课题；二是企业下属部门只能给出时间周期短、过于具体的工程技术问题，也无法满足卓越工程师培养的要求。

在选题指导方面，企业导师的作用主要在分析选题的应用价值和创新性，判断能否有效地提升研究生复杂工程问题解决能力和工程技术创新能力。学校导师的作用主要在把握选题的前沿性和判断选题的难度，以及工作量是否适合作为学位论文。校企导师（组）还需针对每个研究生的具体情况与研究生共同商讨并最终确定选题。

选题报告应包含论文选题和来源及价值意义、文献综述（与选题相关的国内外相关技术研究、项目设计实施或产品研发的最新进展）、主要研究内容、拟采取的技术路线、研究设计或实施方案、可行性分析、研究重点及难点、预期成果及可能的创新点、研究工作进度安排等。选题报告考核小组由校企导师（组）和相关学科领域行业企业及高校具有高级技术职务的专家组成。选题报告时间距离申请学位论文答辩时间一般不少于12个月。

9.6.2 学位论文研究

选题报告通过后，研究生需要在校企导师（组）指导下集中精力在企业项目组开展学位论文研究工作。研究生需要与导师保持经常性的沟通，就学位论文及工程技术项目研究的进展情况、当前面临的主要问题与困难及时地向校企导师（组）汇报和寻求帮助。校企导师（组）应主动地与研究生沟通交流，及时地对研究生面临的主要问题与困难提出解决思路、方案和建议，以保证研究生学位论文研究工作的顺利进行。

9.6.3　中期检查（年度进展报告）

学位论文实行中期检查制，即在学位论文工作中期，研究生应以书面报告的形式向包括导师在内的考核小组进行论文研究进展汇报，报告内容包括学位论文工作进展情况，所取得的阶段性成果，阶段性工作存在的主要问题，对与选题报告内容不相符的部分进行说明，并对下一阶段的研究内容和工作计划进行阐述。

考核小组以导师（组）为主，一般不少于 3 人，除本二级学科的专家外，还应该邀请学位论文涉及的其他相关学科的专家参加，主要对研究生综合能力、论文工作进展、工作态度及精力投入等进行全面检查。中期检查应在预答辩 3 个月前举行。中期检查通过者，准予继续进行学位论文工作。中期检查可与年度进展报告合并进行，在此情况下研究生仅需撰写并提交"中期检查报告"。

9.6.4　预答辩（最终学术报告）

博士学位论文工作基本完成后，在正式申请学位论文答辩前三个月，博士生可以申请预答辩（最终学术报告）。申请前提是：学位论文研究工作完成，基本达到博士生创新成果要求，对研究成果进行了系统深入和科学合理的分析总结，能够反映出博士生具有复杂工程问题和"卡脖子"技术问题解决能力和工程技术创新能力，且已完成博士论文初稿，并经校企导师审阅修改。

预答辩是博士学位论文质量把关的关键环节，预答辩由培养单位统一组织，预答辩委员会由 5 人及以上专家组成，除校企导师（组）外，委员会成员应该由本学科及相关学科的具有高级职称或博士生指导教师资格的专家组成，预答辩委员会要根据博士生创新成果要求及卓越工程师培养目标要求对博士论文初稿进行严格认真的审阅评价，给予中肯明确的修改意见以帮助博士生进一步完善学位论文工作。

9.6.5　学位论文答辩

通过预答辩及学位论文评阅环节的学位论文，经学位分委员会审批后，可组织答辩。博士学位论文应从成果的创新性、选题的应用价值和现实意义、论文工作中反映出的基础理论和专门知识水平、论文成果中反映出来的复杂工程问题和"卡脖子"技术问题解决能力，以及工程技术创新能力等多方面体现工程博士层次卓越工程师培养的目标要求。

9.7 共同评价培养质量

高校和企业作为卓越工程师培养的两个主体，需要共同对卓越工程师培养质量进行评价。校企双方应该以共同制定的卓越工程师培养标准作为衡量评价卓越工程师培养的质量是否达到既定要求的依据，全面审视和检查卓越工程师培养全过程各项工作。具体而言，就是要将培养标准自上而下分解细化落实到卓越工程师培养全过程的每门课程和每个环节，作为相应课程和环节的目标及质量评价标准，然后对卓越工程师培养全过程各门课程和各个环节进行质量评价，最后将所有质量评价结果自下而上地汇总，最终形成了基于卓越工程师培养标准的卓越工程师培养质量评价结果。

由于卓越工程师教育培养的主要环节为课程学习、工程实践、科研训练和学位论文四个方面，因此对培养质量的评价可以分别从这四方面进行，这四方面质量评价重点和评价主体各有不同，如表 9.1 所示。

表 9.1   卓越工程师培养主要环节质量评价重点和主体

评价环节/模块	质量评价重点	质量评价主体
课程学习环节/理论课程模块	工程学科领域基础理论和专门知识的掌握	学校导师为主、企业导师为辅
工程实践环节/实践课程模块	工程实践能力、复杂工程问题解决能力、综合素质	企业导师为主、学校导师为辅
科研训练环节/项目课程模块	工程技术创新能力、复杂工程技术问题解决能力、综合素质、社会能力	校企导师（组）
学位论文环节	成果的创新性、工程技术创新能力、复杂工程技术问题解决能力、综合素质、社会能力	校企导师（组）参与的由相关学科领域专家组成的答辩委员会

9.7.1   课程学习环节的质量评价

理论课程教学主要在高校完成，虽然可以沿用高校现行的评价方式和手段，以包括学校导师在内的高校教师为主对其质量进行评价，但是应该鼓励和支持企

业导师从企业工程实际的角度看待学校课程：一是审视课程教学目标和教学内容
如何支持复杂工程技术问题解决和工程能力培养；二是审视学校课程设置及课程
教学计划如何更好地与企业工程实践环节和科研训练环节衔接。企业导师参与评
价的目的在于提高理论课程教学内容的应用性和理论课程设置对工程实践环节和
科研训练环节的支持性。

9.7.2　工程实践环节的质量评价

企业导师是工程实践环节即实践课程模块质量评价的第一责任人，他们对
工程实践效果好坏的判断有着长期积累的经验和做法，然而，学校导师在这方面
的作用不容忽视：一是从工程实践的针对性和有效性角度，分析每个学生实践创
新计划的合理性；二是从工程实践的系统性和渐进性角度，分析整个实践课程模
块课程设置是否完整、是否符合工程实践能力培养和提升规律。学校导师参与评
价的目的在于从教育教学和人才培养视角审视工程实践环节的制定、实施及其
质量。

9.7.3　科研训练环节的质量评价

科研训练环节即项目课程模块，其质量评价关系到卓越工程师培养标准、主
要指标的实现，需要校企导师（组）共同参与，针对质量评价重点对科研训练成
效开展评价，重点关注的问题包括。

（1）所选择的项目能否有效地支持科研训练目标的实现；

（2）如何从科研团队的科研成果中分清学生个体的贡献；

（3）如何加强并充分体现导师的指导作用；

（4）科研训练过程中是否需要补充学习和掌握相关学科的理论和技术；

（5）所采用的质量评价方法是否科学合理、有针对性；

（6）定性质量标准，如综合素质等，如何在工程技术创新能力培养和提升过
程中得到形成和提高。

9.7.4　学位论文环节的质量评价

学位论文质量评价关系到卓越工程师培养目标的实现，是一个综合性、复杂
性的评价。综合性表现在学生完成所有人才培养环节后，以学位论文为载体，对
其知识、能力和素质的系统整体评价。复杂性表现在创新性成果评价、复杂工程
问题尤其是"卡脖子"技术问题解决能力评价，以及工程技术创新能力评价上。
因此，需要包括导师（组）在内的预答辩和答辩委员会的专家们基于每个人的经
验、积累和洞察做出客观、公正、准确的定性分析和判断，并尽可能地为卓越工

程师培养各项工作的完善提出意见和建议。

校企共同开展卓越工程师培养质量评价时，应该考虑选择多元评价主体，以保证评价结果的客观性和公正性。除了校企导师（组）作为主体参加评价外，应当积极引入用人单位、行业部门、科研院所、政府部委等与卓越工程师培养关系密切的组织机构的专家，甚至学生代表等从不同的视野和角度全面审视和评价卓越工程师的培养质量。

校企共同进行卓越工程师培养质量的评价时，应该注意评价方式对评价标准的有效性，即所采用的评价方式必须能够准确地衡量每门课程和每个环节的教学效果是否达到课程和环节的目标要求。如对工程能力和综合素质的评价就不能简单地通过文字说明、采用书面回答问题的方式考核，而应该通过研究生的成果、方案、作品等来评价。

卓越工程师培养质量的评价结果可以用于重新审视卓越工程师培养的宏观要素，包括导师队伍建设、学科方向设置、人才培养模式、学校培养方案和企业培养方案制定、课程体系建设、工程实践创新活动安排、校企合作方式、校企合作支持政策等方面。这些要素的完善是一项长期的工作和持续不断的过程，需要在校企深度合作过程中持续关注和不断深入。但只要校企双方目标一致、精诚合作，就一定能够实现高层次卓越工程师培养目标。

参 考 文 献

［1］林健.大学战略管理［M］.北京：清华大学出版社，2023：194-196.

第 10 章
国家卓越工程师学院建设：高层次卓越工程师培养标准体系的构建和通用标准的研制

【本章导读】

　　培养标准的研制是实现高层次卓越工程师培养目标及保证其培养质量的一项重要的基础性工作。高层次卓越工程师培养标准体系的构建关系到明确其中各层次标准的定位及其在高层次卓越工程师培养中的不同作用。在高层次卓越工程师培养标准体系中，最基础、最核心、具有宏观指导和引领作用的是处于顶层的、学科门类层面的、适用于国家卓越工程师学院所有学科的标准，即通用标准。

　　本章聚焦高层次卓越工程师培养标准体系构建和通用标准研制。第一，在依次分析研究生层次国家工程教育质量标准体系和研究生层次卓越工程师培养标准体系之后，讨论国家卓越工程师学院卓越工程师培养标准体系的构成；第二，通过分析制定培养标准体系中各层次标准的原则要求和讨论培养标准体系中各层次标准的制定主体探讨国家卓越工程师学院卓越工程师培养标准体系的构建；第三，提出国家卓越工程师学院卓越工程师培养通用标准的制定原则和基本思路；第四，分析国家重大战略对高层次卓越工程师的核心要求，为通用标准的制定明确重点；第五，依次分析欧洲、英国、美国和中国四种有影响力的工程师专业能力标准，为通用标准制定提供参考和借鉴；第六，按照通用标准制定原则和基本思路，分别制定和诠释硕士层次和博士层次卓越工程师培养通用标准，旨在为相关高校和央企国家卓越工程师学院建设，以及地方高校省市级卓越工程师学院建设过程中研制研究生层次卓越工程师培养单位标准/学科点标准提供基础，为各类高层次卓越工程师培养标准提供可参考借鉴的总体质量要求。

随着我国经济社会的迅速发展、综合国力和核心竞争力的大幅提升，尤其是在党的二十大提出的全面建成社会主义现代化强国、实现第二个百年奋斗目标，以中国式现代化全面推进中华民族伟大复兴的宏伟目标的背景下，党和国家对各种层次和类型的卓越工程师培养提出更高、更长远的要求。国家卓越工程师学院培养的高层次卓越工程师在中华民族伟大复兴事业中要承担重任，在国家重大战略实施中要不辱使命，不仅要有过硬的专业能力、创新创造力和组织领导力，更要心系民族复兴、爱党报国、德才兼备、敬业奉献。

国家卓越工程师学院建设的主要目标是培养造就一批国家重大战略急需的高层次卓越工程师，高层次卓越工程师培养标准的研究和制定是实现上述主要目标、保证高层次卓越工程师培养质量的一项重要的基础性工作。高层次卓越工程师培养标准体系的构建关系到明确其中各层次标准的定位及其在高层次卓越工程师培养中的不同作用。在高层次卓越工程师培养标准体系各个层次的标准中，最基础、最核心、具有宏观指导和引领作用的是处于顶层的、学科门类层面的、适用于国家卓越工程师学院所有学科的标准，即通用标准。

本章聚焦国家卓越工程师学院建设的核心需求：高层次卓越工程师培养标准体系构建和通用标准研制。第一，在依次分析研究生层次国家工程教育质量标准体系和研究生层次卓越工程师培养标准体系之后，讨论国家卓越工程师学院卓越工程师培养标准体系的构成；第二，通过分析制定培养标准体系中各层次标准的原则要求，讨论培养标准体系中各层次标准的制定主体，探讨国家卓越工程师学院卓越工程师培养标准体系的构建；第三，提出国家卓越工程师学院卓越工程师培养通用标准的制定原则和基本思路；第四，分析国家重大战略对高层次卓越工程师的核心要求，为通用标准的制定明确重点；第五，依次分析欧洲、英国、美国和中国四种有影响的工程师专业能力标准，为通用标准制定提供参考和借鉴；第六，按照通用标准制定原则和基本思路，分别制定和诠释硕士层次和博士层次卓越工程师培养通用标准。

10.1 国家卓越工程师学院卓越工程师培养标准体系的构成

严格地说，国家卓越工程师学院卓越工程师培养标准体系属于我国研究生层次卓越工程师培养标准体系，而后者中各个层次的标准要求均要高于研究生层次国家工程教育质量标准体系相应层次的标准。为了更好地把握国家卓越工程师学院卓越工程师培养标准体系的构成要素，本节先讨论研究生层次国家工程教育质量标准体系，之后讨论研究生层次卓越工程师培养标准体系，最后研究国家卓越工程师学院卓越工程师培养标准体系。

10.1.1　研究生层次国家工程教育质量标准体系

我国研究生工学学科门类下设一级学科 32 个，二级学科（专业）115 种。我国工科毕业生占高校毕业生总量的 1/3，工程教育是高等教育的主体，工程教育质量直接关系到我国国民经济和社会发展，因此，需要构建完整的国家工程教育质量标准体系，以确保各级各类工程人才的培养质量。

虽然国家工程教育质量标准体系的构成与其他学科门类的高等教育质量标准体系一致，如图 10.1 所示，但其中的中观标准，即工程学科行业标准的重要性和作用更加凸显。高校培养的工程人才能否与行业产业实际需要对接，即是否"适销对路"，是衡量工程教育质量高低的试金石，这就意味着工程教育必须紧密结合行业企业实际需求，使培养出的工程人才能够满足各行各业对各级各类工程人才的要求或达到相应行业工程师的任职资格要求。因此，在国家工程教育质量标准体系中的行业标准具有较其他学科门类中的行业标准更重要的地位和作用。

严格地说，行业工程师任职资格能够准确地表述行业产业对工程人才的要求。因此，行业标准与行业工程师任职资格是等效的。任职资格是指为了保证工作目标的实现，任职者必须具备的知识、技能、能力和个性等方面的要求，往往以胜任职位所需的学历、专业、工作经验、工作技能、能力等予以表达。但目前我国只有少数行业制定了本行业的工程师任职资格，更多的是一些企业自行制定的仅在本企业内部使用的工程师任职资格。因此，对于没有制定本行业工程师任职资格的行业，需要行业组织或部门制定出适用于本行业内所有企业、本行业主体工程学科专业领域工程师培养必须达到的要求或标准，如图 10.1 所示的是研究生层次国家工程教育质量标准体系。

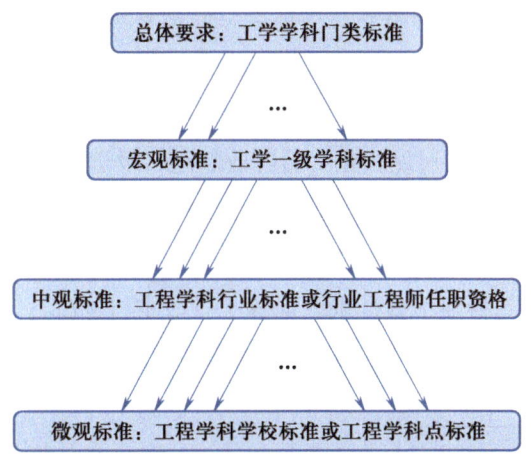

图 10.1　研究生层次国家工程教育质量标准体系

10.1.2 研究生层次卓越工程师培养标准体系

研究生层次（即高层次）卓越工程师培养强调的是"高素质、高层次、交叉复合型"，突出的是"卓越"，这就意味着研究生层次卓越工程师培养标准体系中四个层次的标准均要高于研究生层次国家工程教育质量标准体系（如图 10.1 所示）中对应的四个层次的标准，显然，不能简单地用研究生层次国家工程教育质量标准体系中的相关标准替代研究生层次卓越工程师培养标准体系中的对应标准，必须专门构建如图 10.2 所示的标准体系，这个标准体系同样包括"总体要求""宏观标准""中观标准"和"微观标准"四个层次。

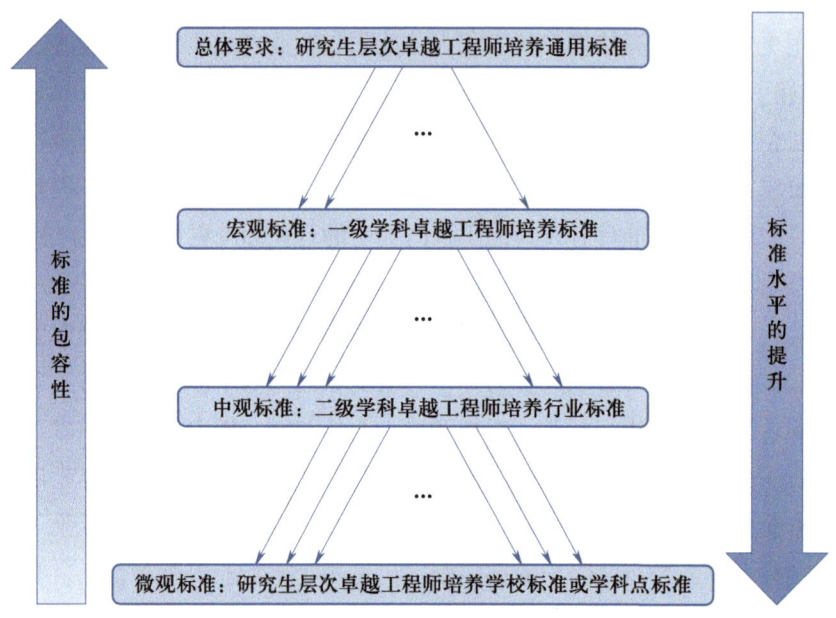

图 10.2 研究生层次卓越工程师培养标准体系

研究生层次卓越工程师培养通用标准，简称"通用标准"，是国家层面对各行各业各种类型高层次卓越工程师培养在总体上提出的基本质量要求；是制定所有一级学科[①]卓越工程师培养标准的起点和基础，是平衡和把握不同一级学科之间卓越工程师培养标准的尺度；是各行各业制定二级学科卓越工程师培养行业标准、高等学校制定二级学科卓越工程师培养学校标准或学科点标准的总体指导性标准。

一级学科卓越工程师培养标准，简称"一级学科标准"，是以通用标准为基础，国家层面对各个一级学科卓越工程师培养在宏观上提出的基本质量要求；是

[①] 研究生层次"一级学科"对应本科层次"专业类"，研究生层次"二级学科"对应本科层次"专业"。

各个工学一级学科卓越工程师培养应该达到的宏观质量要求，也称"宏观标准"；是各行各业制定二级学科卓越工程师培养行业标准、高等学校制定二级学科卓越工程师培养学校标准或学科点标准的宏观指导性标准。

二级学科卓越工程师培养行业标准，简称"行业标准"，是以一级学科标准为基础，各行各业主体二级学科领域的卓越工程师培养必须达到的中观要求，也称"中观标准"，包含本行业内若干主体二级学科的标准，它不仅是一级学科标准在行业二级学科领域的落实、补充和具体化，还是从行业角度体现的学科特点及行业对该二级学科的专门要求，是高等学校制定二级学科卓越工程师培养学校标准或学科点标准的基础。

研究生层次卓越工程师培养学校标准或学科点标准，简称"学校标准"，是高校在通用标准总体要求下，以一级学科标准和行业标准为基础制定的校内各个工程二级学科卓越工程师培养标准，也称"微观标准"。学校标准主要有三个方面的作用：

（1）制定本校工学学科点卓越工程师培养方案的依据；

（2）制定本校工学学科点毕业要求与学位授予实施细则的依据；

（3）教育部门和行业部门评估检查各高校研究生层次卓越工程师培养质量的标准。

研究生层次卓越工程师培养标准体系中各层次标准之间的关系表现为：标准的包容性自下而上，标准水平的提升自上而下，如图 10.2 所示。由于学校标准、学科点标准是以行业标准为基础的，行业标准又以一级学科标准为依据，一级学科标准又以通用标准为前提，因此，学校标准或学科点标准所提出的要求要包括行业标准，行业标准所提出的要求要包括一级学科标准，一级学科标准所提出的要求要包括通用标准。通俗地说，学校标准或学科点标准的要求不能低于行业标准，行业标准的要求不能低于一级学科标准，一级学科标准的要求不能低于通用标准。换句话说，学校标准或学科点标准的水平最高，行业标准的水平次之，一级学科标准的水平再次之，通用标准的要求最低。

10.1.3　国家卓越工程师学院卓越工程师培养标准体系

国家卓越工程师学院针对国家重大战略急需的高端工程人才，将其作为国家战略人才力量，注重的是硕博层次尤其是博士层次的卓越工程师教育培养。国家卓越工程师学院卓越工程师的培养目标：**面向国家重大战略急需关键核心领域，培养在相关工程领域掌握坚实全面的基础理论和系统深入的专业知识，具备全球战略视野，突出工程技术创新能力、动态适应能力，善于解决复杂工程问题和"卡脖子"技术问题的高素质、高层次、交叉复合型卓越工程师。**由此可见，国家卓越工程师学院聚焦培养在国家重大战略关键核心领域急需的卓越工程师,这种聚焦需要在后续讨论的培养标准中得到体现。

从理论上说,国家卓越工程师学院培养高层次卓越工程师应该沿用图 10.2 所示培养标准体系,但基于下述原因,需要在图 10.2 标准体系的基础上构建专门适合国家卓越工程师学院卓越工程师培养的标准体系。

(1)国家卓越工程师学院设置的特殊性。国家卓越工程师学院不但在高校设置而且前所未有地在企业集团设置,这些企业从过去的配合高校参与卓越工程师培养转变成为高层次卓越工程师培养的主体,它们一方面作为供给方基于自身培养高层次卓越工程师的需要,具有参与高层次卓越工程师培养标准体系构建的主动性和积极性;另一方面作为需求方和我国重大战略急需关键核心领域的龙头企业,既能够从行业角度对相关二级学科提出行业特殊要求,又十分清楚所在行业对相关二级学科领域的卓越工程师培养必须达到的专门要求。

(2)国家卓越工程师学院设置数量的有限性。国家批准建设的国家卓越工程师学院数量十分有限,2022 年 9 月 27 日首批正式挂牌的国家卓越工程师学院共 18 所,建设单位包括清华大学等 10 所 985 高校和中国航天科工集团等 8 家大型央企;2023 年 9 月 1 日正式挂牌的第二批国家卓越工程师学院 14 所,建设单位均为高校;2024 年 9 月 26 日第三批国家卓越工程师学院名单公布,建设单位为 8 所高校。这三批共 32 所高校和 8 家大型央企(集团),因此,针对这些有限数量的高校,不可能也没有必要建立如图 10.2 所示的适用于全国性高校研究生层次卓越工程师培养标准体系。

(3)各行各业行业标准制定的可行性。短期内组织各个行业领域的专家专门制定如图 10.2 所示的行业标准缺乏可行性,不但需要各行各业的积极参与,而且需要相当长的时间才能完成,既需要政府部门的强力主导,也需要各行各业的积极主动配合,这一点从"卓越工程师教育培养计划"1.0 的标准体系构建过程中可以得到充分印证,对于国家卓越工程师学院而言,只需要有限的与国家重大战略急需关键核心领域相关的行业标准。

(4)标准体系需求的迫切性。这三批国家卓越工程师学院均已正式挂牌,多数已进入人才培养的实质性阶段,迫切需要指导和引领培养方案制定、课程体系建设、各类教育教学活动开展、质量保障体系建设等人才培养全过程各项活动的培养标准体系,因此,构建如图 10.2 所示的标准体系对于正在运行的国家卓越工程师学院而言显然是"远水救不了近渴"。

基于以上分析,国家卓越工程师学院卓越工程师培养标准体系可以由图 10.2 所示的研究生层次卓越工程师培养标准体系简化而成,如图 10.3 所示。

图 10.3 与图 10.2 的区别在于将图 10.2 中的"中观标准"(即"行业标准")

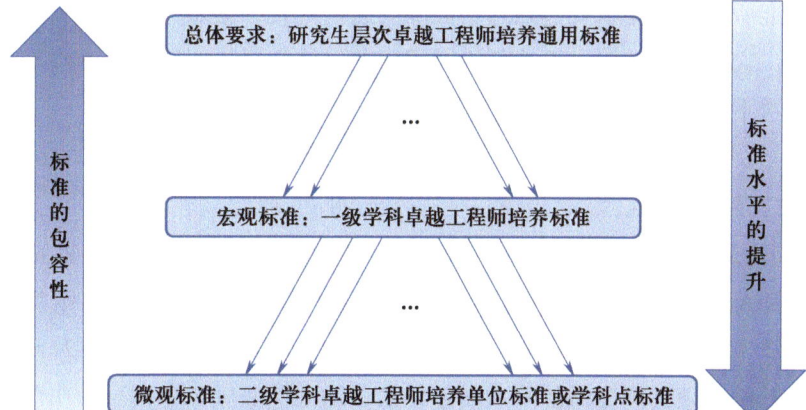

图 10.3　国家卓越工程师学院卓越工程师培养标准体系

与"微观标准"（即"学校标准或学科点标准"）合并成为图 10.3 的"微观标准"
即"二级学科卓越工程师培养单位标准或学科点标准"。之所以进行这种合并式
的简化的原因有以下几点：

　　一是上述国家卓越工程师学院设置的特殊性说明，设置国家卓越工程师学院
的大型央企是所在行业产业的典型代表，由它们牵头组织能够将所在行业产业对
相关二级学科及卓越工程师培养的要求在培养单位标准或学科点标准制定过程中
准确地提出，而不必专门设置制定行业标准这一层次和环节；

　　二是将行业标准和学校标准或学科点标准合并制定不但能够使得行业领域对
卓越工程师培养的要求更好地体现在学校标准或学科点标准中，使得图 10.3 的
微观标准是包含行业要求的培养单位标准或学科点标准，而且能够避免在学校标
准或学科点标准制定过程中对部分行业标准忽略或遗漏的现象。

10.2　国家卓越工程师学院卓越工程师培养
标准体系的构建

　　构建如图 10.3 所示的国家卓越工程师学院卓越工程师培养标准体系（以下
简称"培养标准体系"）需要做好三方面的工作：一是明晰标准体系中各层次标
准之间的关系；二是明确制定各层次标准的原则要求；三是确定每个层次标准的
制定主体。

　　培养标准体系中各层次标准之间的关系表现在：标准的包容性自下而上，标
准水平的提升自上而下，如图 10.3 所示。由于微观标准是以宏观标准为基础，
宏观标准又以通用标准为前提，因此，微观标准所提出的要求要包括宏观标准，

宏观标准所提出的要求要包括通用标准。通俗地说，微观标准的要求不能低于宏观标准，宏观标准的要求不能低于通用标准。换句话说，微观标准水平最高，宏观标准水平次之，通用标准要求最低。

10.2.1 制定培养标准体系中各层次标准的原则要求

培养标准体系中各层次标准的制定要符合各自的定位并满足各自作用的发挥。通用标准的制定要遵循统一性和均衡性的原则[1]。统一性原则突出的是高层次卓越工程师培养内在的共同本质，强调的是所有高层次卓越工程师培养教育教学活动都必须共同遵循的基本质量要求。均衡性原则基于同一学历层次卓越工程师培养教育质量应该相当的理念，强调的是同一学历层次的各个一级学科卓越工程师培养教育质量标准之间应该具有基本一致的要求。

宏观标准的制定要遵循一致性和基础性原则[1]。一致性原则强调一级学科标准的规格，要求必须与一级学科卓越工程师培养的总体目标和市场定位保持一致，以更好地适应经济社会发展和行业企业对该一级学科卓越工程师的要求。基础性原则强调一级学科标准提出的质量要求是制定该一级学科中所有卓越工程师培养标准的基础，也就是说，微观标准的内容和水平只能在一级学科标准的基础上进行拓展和提升。

微观标准的制定既要遵循行业性和学科性原则，也要遵循特色性和实现性原则[1]。行业性原则强调充分体现行业对卓越工程师培养在质量上的专门要求，以反映卓越工程师培养满足行业企业对未来人才的需求。学科性原则强调既要反映卓越工程师所属学科的性质和特征，又要满足卓越工程师职业发展的需要。行业性原则和学科性原则所强调的正是无法在宏观标准中表达的内容，需要在微观标准中予以具体的规定和明确。

特色性原则要求国家卓越工程师学院在制定本院卓越工程师培养标准时要注重突出本校或本企业特有的、难以模仿的、长期积累的、优于其他高校或企业的并得到社会公认的人才培养优势和特色。事实上，一个学科点的人才培养质量的具体内涵可以分为共性和个性两个方面。共性方面的质量是基本的，由宏观标准规定，个性方面的质量是每一所高校或企业独有的，要在微观标准中具体规定。所以说，微观标准是通用标准和宏观标准在学科点层面的落实、细化和个性化。

实现性原则要求微观标准的各项内容能够在本校或本企业卓越工程师培养过程中得到具体实现，包括三个方面：一是微观标准的内容要求有一定的高度，即可望可及；二是微观标准的内容要求要符合学校和企业的具体实际，即切实可行，也就是说，标准的内容要求可以被分解、细化并落实到每一门课程及其他教学环节的目标要求上，并通过有效的教学组织形式和教学方法来实现；三是微观标准的内容是可以检查和评估的，否则就无法最终确定微观标准要求是否得到准确地实现。

10.2.2　培养标准体系中各层次标准的制定主体

制定通用标准的专家作为国家层面的专家，一方面应该对工程教育改革和发展具有深厚的研究和实践积淀，能够站在国家和全局的高度，洞悉中国和全球工程教育的未来发展趋势，能够从国家和国际竞争的角度认识培养高层次卓越工程师的重要性；另一方面应该把握国家重大战略急需关键核心领域对卓越工程师的总体要求，把握高层次卓越工程师培养质量，能够平衡各一级学科之间卓越工程师培养的质量要求。在当前情况下，可以在教育部和国务院国资委的指导下，由首批 10 所国家卓越工程师学院建设高校出面邀请和组织达到上述要求的专家制定国家卓越工程师学院卓越工程师培养标准体系中的通用标准。

制定宏观标准的专家作为教育部层面的专家，应该是教育部相关学科研究生教学指导委员会的核心委员，他们熟悉国际上所在一级学科工程教育高层次人才培养及改革与发展的方向和趋势，能够从国家和全局的角度把握所在一级学科在国家重大战略急需关键核心领域对卓越工程师的总体质量要求，在工程教育改革和高层次卓越工程人才培养上具有丰富的研究与实践积累，对所在一级学科工程教育质量有清晰的把握。宏观标准的制定过程需要广泛征求不同类型高校、企业、有关用人单位和行业部门、组织的意见。在当前情况下，可以在教育部的指导下，由首批 10 所国家卓越工程师学院建设高校的学科带头人和 8 家央企的总工等组成一级学科卓越工程师培养标准制定专家组，完成宏观标准的制定。

微观标准是高校和企业培养高层次卓越工程师的纲领性文件，是卓越工程师培养全过程各项教育教学活动的指南，其重要性异常突出，为此，微观标准的制定虽然应以高校和企业专家为主，但是也不能闭门造车、自圆其说，还应邀请其他方面专家，应该由三部分人员组成。一部分专家来自以国家卓越工程师学院建设高校为主的高等学校，他们应该是所在二级学科的负责人，不仅在卓越工程人才培养上有着丰富的经验，而且对卓越工程人才教育教学有着较为深入的研究，在标准制定中侧重人才培养规律、标准的系统性和可行性，使得制定出的微观标准能够得到落实；另一部分专家来自国家卓越工程师学院建设企业、合作企业及行业协会等行业组织，他们不仅要有丰富的行业背景和企业工作经历，还要熟悉本行业的特点及对卓越工程师的要求，在标准制定中侧重行业企业要求和学科特点；还有一部分专家来自潜在用人单位、科研院所、政府部委等与卓越工程师培养存在密切关系的组织机构。在当前情况下，可以由各个卓越工程师学院建设高校或企业单独出面，邀请和组织达到上述要求的内外部专家，在明确培养目标的基础上，共同研讨、达成共识并制定出适合本单位的卓越工程师学院卓越工程师培养标准即学科点标准，只有这样才能使培养出来的卓越工程师"适销对路"，能够堪当大任、承担重责。

需要说明的是，基于制定微观标准必须遵循的特色性原则，相同二级学科不同培养单位标准、学科点标准应该在满足一级学科卓越工程师培养标准的基本质量要求下，充分体现各个高校或企业培养单位在工程人才培养上的优势和特色，反映出各个培养单位特有的、难以模仿的、长期积累的、优于其他单位的并得到社会公认的优势和特色，从而避免各个培养单位标准的趋同，这对于强化个性化卓越工程师培养和满足国家重大战略急需关键核心领域对卓越工程师需求的多样性十分重要。

10.3　国家卓越工程师学院卓越工程师培养通用标准的制定原则和基本思路

10.3.1　通用标准的制定原则

在当今世界百年未有之大变局的国际环境下，中国人民在中国共产党领导下正向实现中华民族伟大复兴中国梦奋勇迈进。国家卓越工程师学院从根本上是培养在民族复兴道路上国家重大战略急需的高层次卓越工程人才。制定如图 10.3 所示的三个层次的标准体系，首先要完成的是"总体要求"即"研究生层次卓越工程师培养通用标准"的制定，通用标准是国家层面对各个国家卓越工程师学院培养出的各行各业各种类型高层次卓越工程师在总体上提出的基本质量要求。其制定应该遵循以下原则。

1. 服务国家战略

通用标准首先要满足国家重大战略在关键领域对高层次卓越工程师的需要。当前我国主要的国家战略有："一带一路"建设、创新驱动发展战略、科教兴国战略、人才强国战略、制造强国战略、可持续发展战略等，旨在实现中国式现代化和中华民族伟大复兴。这些战略的实施及产业结构转型、改造和升级等均需要大批各种类型和层次的卓越师。立足于中华民族伟大复兴战略全局和世界百年未有之大变局中，心怀国之大，我国在高科技领域，尤其是在先进制造技术、高性能计算技术、半导体技术、人工智能技术、通信技术、先进材料科学等关键技术领域的创新和突破，是国家一系列重大战略目标得以实现的关键，需要大批相关领域高层次卓越工程师以服务国家重大战略的实施。因此，需要从服务国家战略，尤其是服务国家重大战略的高度研究和制定通用标准。

2. 追求质量卓越

国家卓越工程师学院必须在各种类型高层次卓越工程师培养质量上追求卓越。在通用标准中应该反映在国家重大战略急需关键核心领域各种类型高层次卓越工程师在知识、能力和素质方面具备的竞争优势和发展潜力。在竞争优势方面，硕士层次卓越工程师的设计开发和研究创新能力应该在国内具有明显的竞争优势，博士层次工程师的研究开发和创新创造能力应该在国际上具有突出的竞争优势。在发展潜力方面，硕士层次和博士层次的卓越工程师，应该能够满足未来发展需要，具备适应国家重大战略关键核心领域未来发展和引领未来工程技术发展的能力。

3. 面向未来发展

国家卓越工程师学院培养的卓越工程师要面向中国经济社会和国民经济关键领域未来发展及中华民族伟大复兴进程对高层次卓越工程师的需求，而不能仅考虑当下，这是因为：

（1）进入 21 世纪，许多学科知识和技术的更新周期缩短到 2—3 年，迫使高层次卓越工程师培养更加注重有效和稳定知识的学习以及能力与素质的培养；

（2）前沿技术、高新技术和关键核心技术等的产生和更新迭代的周期不断缩短，导致国家重大战略涉及领域对高层次卓越工程师培养的要求变化加快；

（3）高层次卓越工程师培养的学制不可缩短，硕士 3 年、博士 5 年，在学生入学前制定的培养标准可能无法满足学生毕业时国家重大战略实施对高层次卓越工程师的要求。

由此可见，立足当前、面向未来需求培养高层次卓越工程师应该成为通用标准的重要导向，需要在通用标准中的素质、知识和能力等方面得到具体体现。

4. 成为中国标杆

中国经济的快速发展，共建"一带一路"建设、创新驱动发展战略、制造强国战略等国家重大战略的实施，使得中国作为负责任的大国越来越被发展中国家期待在经济全球化深入推进的过程中发挥重要的作用，需要在高等工程教育领域输出中国智慧、中国标准、中国范式和中国经验。在世界还没有全球公认并广泛接受的研究生层次尤其是博士生层次卓越工程人才培养标准或要求的当下，作为各种类型高层次卓越工程师培养必须共同遵循的基本质量要求，强调统一性和均衡性，而不具体到特定工程学科的国家卓越工程师学院卓越工程师培养通用标准，必须总体展现出中国在高层次卓越工程师培养上的高要求、高标准，能够成为中国研究生层次工程教育的质量标杆，为国际工程教育界广泛认可和接受，成为中国工程教育走向世界、迈向工程教育强国、影响国际工程教育质量标准的标志。因此，通用标准的制定不仅要着眼于中国高层次卓越工程师培养的高要求和高标准，而且要得到国际工程教育界的认可并成为他国标准的重要参考。

5. 发挥宏观指导

通用标准是从国家层面、着眼未来、面向世界，对国家重大战略关键领域各类高层次卓越工程师培养提出共性要求，它不仅要有利于制定符合自身性质和特征的各个一级学科卓越工程师培养标准，而且要有利于制定具有专业特点和行业要求、能够发挥高校或企业办学优势和人才培养特色的培养单位标准、学科点标准。因此，通用标准应该是宏观定性、内涵丰富、适应面广和富有弹性的培养标准，能够充分体现出对一级学科标准及二级学科标准的宏观指导作用，并为这些标准的制定提供充足的余地和灵活的空间。具体而言，通用标准条目不能太多，内容不能过细和具体，以利于一级学科标准尤其是二级学科标准在其基础上的拓展和具体化，从而发挥其宏观指导作用。

10.3.2 通用标准制定的基本思路

基于研究生层次卓越工程师培养通用标准的上述制定原则，可以提出通用标准制定的基本思路如下：

第一，明确通用标准的定位。按照"服务国家战略"和"追求质量卓越"的原则，国家卓越工程师学院卓越工程师培养通用标准应该定位在服务国家重大战略、培养关键核心领域急需的工程技术骨干或领军人才上；这一定位确定了通用标准的战略高度和质量水准，包括对各类高层次卓越工程师培养的定位和水平要求。按照"发挥宏观指导"原则，通用标准应该定位在为宏观标准即一级学科卓越工程师培养标准和微观标准即二级学科卓越工程师培养单位标准、学科点标准的制定提供宏观指导；这一定位确定了通用标准的内涵是能够覆盖对所有国家卓越工程师学院卓越工程师培养的共性要求，它应该是宏观的、包容性的，允许一级学科标准和学科点标准有各自的发挥和拓展空间。

第二，研究未来工程技术发展趋势及其特征。按照"面向未来发展"原则，需要研究未来工程技术的发展趋势及工程活动的主要特征，尤其在国家重大战略急需关键核心领域未来的工程技术，以此分析和判断未来国家重大战略相关行业企业的关键岗位对卓越工程师的各种要求，然后将这些要求进行分解和归纳，或进行细化到知识、能力和素质等方面的具体要求，为通用标准的制定提供参考。

第三，研究国际上具有影响的研究生层次工程人才培养标准。按照"成为中国标杆"原则，需要对目前在国际上具有影响、认可度、代表性、标杆性的研究生层次工程人才培养标准或工程师任职资格进行分析和研究，了解和掌握国际工程教育界、工程师组织或工程行业企业对研究生层次，尤其是博士生层次工程人才培养的最新标准或要求，以形成通用标准制定的国际基准和参考，为落实"成为中国标杆"提供起点。

第四，以"卓越计划"通用标准为重要基础。"卓越计划"1.0 通用标准[2][3]包括本科工程型人才培养通用标准、工程硕士人才培养通用标准和工程博士人才培养通用标准，在推动"卓越计划"实施和保证卓越工程师后备人才培养质量上发挥不可替代的作用。国家卓越工程师学院卓越工程师培养通用标准，可以在本科层次的新工科（即"卓越计划"2.0）教育质量通用标准[4]的基础上，参考国际上有影响的相关标准，充分保留和完善"卓越计划"1.0 中研究生层次符合国家卓越工程师学院卓越工程师培养目标定位的条款，并补充和增加与时俱进的条款，依次制定国家卓越工程师学院硕士层次和博士层次卓越工程师培养通用标准，如图 10.4 所示。

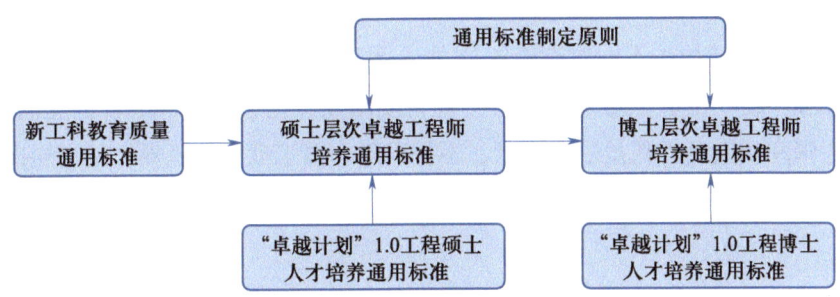

图 10.4　国家卓越工程师学院卓越工程师培养通用标准制定的基本思路

10.4　国家重大战略对高层次卓越工程师的核心要求

国家重大战略对研究生尤其是博士生层次卓越工程师的核心要求是制定高层次卓越工程师培养通用标准必须重点关注和考虑的，需要从落实和实现国家重大战略的角度，即从卓越工程师如何能够最好地发挥其在参与或负责贯彻和实施相关国家重大战略过程中的作用所必须具备的关键的能力和素质方面进行分析。这些能力和素质不是工程师的基本要求，而是由国家卓越工程师学院卓越工程师培养目标所决定的作为国家重大战略急需关键核心领域的高层次卓越工程师所必须具备的最重要的能力和素质，大体有以下几方面。

10.4.1　核心素质

1. 家国情怀、以民族复兴为己任

卓越工程师首先必须忠于党和人民，始终心怀国家和民族，国家利益至上，

具有强烈的历史使命感和社会责任感，勇于承担党和国家交给的重任，毕生致力于服务国家经济社会发展，以中华民族伟大复兴为己任。

2. 全球战略视野

高层次卓越工程师在参与或负责国家重大战略的实施过程中要有开放的胸怀、视野和格局，具备全球战略视野，即在充分了解本学科专业领域国际发展趋势的基础上，从全球战略的高度和世界发展的视角，运用前瞻性思维、发展性思维和创新性思维，努力把握未来世界的不确定性和长远发展的机遇和挑战。

3. 追求卓越的态度

高层次卓越工程师要求具备追求卓越的态度，在"卡脖子"技术的研究开发、解决重大复杂工程问题等方面，以世界领先或一流为目标，以不断追求、永无止境的态度，追求不断完善、精益求精、尽善尽美和创新突破。

4. 艰苦奋斗的精神

艰苦奋斗精神在不同时期有不同的内涵和体现。在新时期它是一种不畏艰苦、顽强拼搏、战胜困难的态度；一种奋发图强、锐意进取、艰苦创业的精神；一种为国家和人民的利益乐于奉献、不畏艰险、勇于献身的境界；是高层次卓越工程师完成所肩负的使命和责任必须具有的本质要求。

10.4.2　核心能力

1. 突出的工程技术创新能力

高层次卓越工程师的一项关键使命和责任是打破西方发达国家在关系到民族复兴关键核心技术领域中某些工程技术形成的"卡脖子"垄断局面。这就要求卓越工程师具备突出的工程技术创新能力，在国家创新驱动发展战略引领下，瞄准世界领先水平，在国家重大战略相关领域实现关键核心工程技术的突破。

2. 解决重大工程中复杂工程问题的能力

国家重大战略相关的工程与技术领域必然面临一批高难度的复杂工程问题，解决这些问题的责任责无旁贷地落在高层次卓越工程师的肩上，因此，他们必须具备解决这些重大复杂工程问题的能力，包括对这些复杂工程问题进行分析、研究和提出解决方案等。

3. 工程领导力

高层次卓越工程师不仅是国家重大战略实施的参与者，而且是组织者和领导者，因此工程领导力是其必须具备的一项基本能力，他们一方面是所在工程学科专业领域工程技术的领军人物，能够带领团队解决各种复杂工程问题；另一方面具备在跨学科、跨行业、跨文化环境下重大复杂工程的组织管理、工程决策和应急事件处理能力。

4. 全球胜任力

国家"一带一路"倡议和"人类命运共同体"理念的落实是高层次卓越工程师的一项重要任务，要求其具备全球胜任力，能够在跨文化环境中与外籍专业及非专业人士开展交流沟通、公平竞争、合作共事，共同完成国际合作项目、一起解决复杂国际工程技术问题，提升中国工程界的国际影响力、话语权和胜任力。

5. 动态适应能力

国际竞争加剧、国家发展提速导致的外部环境的迅速变化和工业行业的加速转型使得高层次卓越工程师必须面对由外部、内部环境变化带来的岗位调整、职务变动和职责转化，这就要求他们具备能够应对这些挑战的动态适应能力，不断适应职业发展和内外部环境的变化。具备这项能力的关键在于拥有终身学习能力，因此人们往往将二者等同。

10.5　欧洲工程师协会规定的工程师专业胜任力要求

长期以来，高层次卓越工程人才培养一直得到发达国家政府和工程教育界的高度重视，其中最为突出的是欧盟、英国和美国，它们均制定出台了全国性的高层次工程师胜任力等方面的标准要求，对于提高本国（地区）工程师培养质量、把握工程师任职资格、持续衡量工程师能力等均起到关键性的作用。中国"卓越计划"1.0通用标准在推动"卓越计划"1.0实施和保证卓越工程师后备人才培养质量上发挥核心作用。因此，国内外这些工程师能力标准对于制定高层次卓越工程师培养标准具有参考和借鉴价值。

10.5.1　欧洲工程师协会规定的工程师专业胜任力构成

成立于 1951 年的欧洲国家工程协会联合会（Federation of European National Engineering Associations，简称 FEANI），2023 年 1 月 1 日更名为欧洲工程师协会（ENGINEERS EUROPE），是由 33 个欧洲国家的 350 个国家工程协会组合而成的，是被欧洲委员会（European Commission）正式认可为欧洲工程专业的代表。欧洲工程师协会的宗旨是通过以下三个方面确定欧洲工程师的职业身份：

（1）确保成员国工程师的专业资格在欧洲和世界范围内得到承认；

（2）强调工程师在社会中的地位、作用和责任；

（3）维护和促进工程师的专业利益，并促进他们在欧洲和世界范围内的自由流动。

　　为此，欧洲工程师协会颁发了得到各成员国认可的欧洲工程师证书（EUR ING Certificate），旨在保证专业工程师的胜任力（Professional Competence），目的在于：

　　（1）促进执业工程师在欧洲工程师协会成员国所代表的地理区域内外的流动，并建立一个相互承认资格的框架，以便使希望在本国以外执业的工程师能够保证他们的能力；

　　（2）为潜在雇主提供有关个体工程师的各种信息系统的信息；

　　（3）通过制定、监督和检讨标准，鼓励工程师不断提高素质。

　　欧洲工程师证书的标准由两部分组成：欧洲工程师指南（EUR ING Tutorial）和欧洲工程师胜任力标准（EUR ING SPEC）。前者强调工程师首先必须经过得到认可的工程教育，强调重视工程师职业生涯中不限于工程或技术的终身学习；后者规定了欧洲工程师的专业胜任力标准（如表 10.1 所示），以此评价欧洲各国不同教育和专业体系的价值，建立资格互认的框架。因此，欧洲工程师证书的上述标准不仅有力地促进了欧洲成员国家工程师的流动和交流，而且整体提高了欧洲工程师的技术水平，为欧洲工程技术走在世界前列奠定了基础。

表 10.1　欧洲工程师协会规定的工程师专业胜任力构成 [②]

1	知识与理解	（1）以数学和与其学科相关的科学科目组合为基础，全面了解工程原理
2	工程分析	（2）能够运用适当的理论和实践方法分析和解决工程问题
3	调查研究	（3）具有持续技术变革的意识，培养在工程专业寻求创新和创造力的态度
4	工程设计	（4）了解与其专业领域相关的现有和新兴技术的使用； （5）具有与其专业领域相适应的标准和法规知识
5	工程实践	（6）在各自的工程领域，以及材料、部件和软件的性能、特性、制造和使用方面，具有良好工程实践的一般知识
6	可迁移技能	（7）理解工程专业，致力于应用适当的职业行为准则，有义务服务社会、专业和环境； （8）具备工程经济学、质量保证、可维护性，以及技术信息和统计数据的使用能力； （9）能够与他人合作完成多学科项目； （10）具备领导能力，包括管理、技术、财务和人员方面的考虑； （11）具有沟通技巧和通过持续的专业发展来保持胜任力的义务； （12）掌握流利的欧洲语言，足以在欧洲各地工作时进行沟通

---

② 源于欧洲工程师协会（ENGINEERS EUROPE）engineereurope 官网。

欧洲工程师协会专门强调：表 10.1 所列 6 个方面的 12 条胜任力只有在获得有效的专业经验后才能达到。这意味着，工程师专业胜任力不是靠学校教育出来的，而是需要经过大量的工程实践不断积累形成的，这方面与用于专业认证的《华盛顿协议》相比更加符合工程师胜任力培养和形成的实际。虽然欧洲工程师协会声称表 10.1 的水平与《华盛顿协议》等框架是一致的，但通过分析并与《华盛顿协议》标准进行比较可以发现以下几点：

（1）整体的表述更为简单和宽泛，这可能是考虑到欧洲各国之间的兼容性和可接受性；

（2）没有涉及复杂工程问题的解决；

（3）没有明确提及工程伦理方面的要求；

（4）已在 EUR ING Tutorial 强调终身学习；

（5）强调在工程专业创新意识和创造力的培养。

表 10.1 所述的由 6 方面构成的工程师专业胜任力是所有工程师必须努力实现的，是一个不分胜任力水平高低的要求。具体到专业胜任力的不同水平，欧洲工程师协会建议使用欧洲资格认证框架（European qualifications framework，EQF）[③] 中 6 级及以上级别的描述。

10.5.2 EQF 的 6 级、7 级、8 级构成

欧洲资格认证框架是一个共同的欧洲参考框架，其目的是使不同欧洲国家和体系的资格认证更具可读性和可理解性。EQF 涵盖了所有级别和所有教育和培训子系统的资格，对目前参与其实施的 38 个欧洲国家的资格进行了全面概述。EQF 由 8 个级别构成，每一个级别表明在任何资历制度下，该级别的资历所涉及的学习成果，其中 QEF 的 6 级、7 级和 8 级分别对应着本科、硕士和博士层次的教育成果。表 10.2 给出了 QEF 的 6 级、7 级和 8 级所具有的知识（Knowledge）、技能（Skill）及责任心和自主性（Responsibility and Autonomy），其中知识指的是理论和/或事实，技能指的是认知（涉及使用逻辑、直觉和创造性思维）和实践（涉及手工灵巧和使用方法、材料、工具和仪器），责任心和自主性指的是学习者自主地、负责地运用知识和技能的能力 [④]。

③ 源于欧洲资格认证框架（European Qualifications Framework，EQF）官网。
④ 源于欧盟（European Union）europass 官网对欧洲资格框架（EQF）8 个级别的具体阐述。其中每个级别都有与之对应的学历教育结果。

表10.2 QEF 的 6 级、7 级和 8 级构成

QEF 等级	知识	技能	责任心和自主性
6级 （本科）	具有对某一工作或研究领域的高级知识，包括对理论和原理的批判性理解	展现出对高级技能的精通和创新，胜任解决在一个工作或学习的专业领域复杂和不可预测的问题	管理复杂的技术或专业活动或项目，在不可预测的工作或学习环境中负责决策；负责管理个人和团体的专业发展
7级 （硕士）	具有高度专业化的知识，其中一些是在工作或学习领域的前沿知识，作为原创思维和研究的基础 具有在一个领域和不同领域交叉知识问题的批判性意识	具有研究和创新所需的专业解决问题的技能，以开发新的知识和程序，并整合来自不同领域的知识	管理和转变复杂的、不可预测的、需要新的战略方法的工作或学习环境；负责为专业知识和实践作出贡献和审查团队的战略绩效
8级 （博士）	具有在某一工作或学习领域以及各领域之间交叉的最前沿知识	具有解决研究和创新中的关键问题以及扩展和重新定义现有知识或专业实践所需的最先进和最专业的技能和技术，包括综合和评估	表现出实质性的权威、创新、自主、学术和专业诚信，并持续致力于在工作或学习及研究的前沿发展新思想或新过程

将表 10.1 和表 10.2 中 QEF 7 级和 8 级相结合，构成了欧洲工程师协会对硕士层次和博士层次工程师专业胜任力的更为具体的标准要求，可以分别作为制定国家卓越工程师学院硕士层次和博士层次卓越工程师培养通用标准的参考。

10.6 英国工程理事会对特许工程师制定的专业能力标准

英国工程理事会（Engineering Council of United Kingdom，ECUK）[5]是英国监管工程专业的机构，其将注册工程师分为工程技术员（Engineering Technician，EngTech）、技术工程师（Incorporated Engineer，IEng）和特许工程师（Chartered Engineer，CEng）三种类型。ECUK 对这三类注册工程师在教育背景上有明确的要求：工程技术员强调的是在岗学习，如完成学徒期或其他以工作为基础的学习计划；技术工程师要求的是获得工程或技术专业的学士学位或荣誉学位，也可以是获得工程或技术方面的高级国家证书（Higher National Certificate）或高级国家

⑤英国工程理事会（Engineering Council of United Kingdom，ECUK）对注册工程师分类的信息源于其官网。

文凭（Higher National Diploma）等；特许工程师要求的是在具有工程或技术专业的学士学位或荣誉学位的基础上，还要获得适当的硕士学位或工程博士学位，也可以是认证过的综合工程硕士（Master of Engineering，Meng）等。ECUK 分别制定了三类工程师的专业工程胜任力和承诺标准（The UK Standards for Professional Engineering Competence and Commitment，UK-SPEC）。由于聚焦研究硕士及博士层次的卓越工程师培养标准，本文仅针对性地讨论特许工程师标准。

特许工程师的职责是使用新的或现有的技术，并通过创新、创造和技术分析，开发解决复杂工程问题的方案。特许工程师须证明具有下述能力：

- 具有解决新的和已有技术问题以及开发新的分析技术的理论知识；
- 成功运用知识进行创新产品和服务或承担复杂工程系统的技术责任；
- 负责项目、子项目或任务财务和计划方面的工作；
- 通过管理、指导或辅导，领导和发展其他专业人员；
- 具有有效的人际沟通技能；
- 理解的安全性和可持续性在他们工作的影响下，在可行的地方寻求改进；
- 致力于专业的工程价值。

具体而言，特许工程师需要在由以下 A~E 方面 17 条构成的标准中证明他的工程胜任力和承诺[⑥]。

A 知识和理解：综合地将通识的和专业的工程知识及其理解运用于优化先进和复杂系统的应用。

A1 维持和拓展坚实的理论方法使其发挥特殊作用；（实例：通过研究和实验使自己具有更广泛和深入的知识基础；了解专业领域内当前和新兴的技术及专业领域技术方面的最佳实践等）

A2 开发针对不寻常或具有挑战性问题的技术解决方案，利用他们的知识和理解和（或）处理具有重大风险水平的复杂技术问题或情况；（实例：基于新的或不断发展的技术开发新的设计、流程或系统；开发涉及复杂或多学科技术的解决方案等）

B 设计、开发和解决工程问题：运用适当的理论和实践方法分析和解决工程问题。

B1 在项目需求、问题和机会的识别和定义中发挥积极作用；（实例：确定产品、流程或系统的项目或技术改进；审查规格和标书，以确定技术问题和潜在的改进等）

[⑥] 源于英国工程理事会 2020 年 8 月发布的第 4 版英国三类工程师的专业工程胜任能力和承诺标准（The UK Standard for Professional Engeineering Competence and Commitment，UK-SPEC）。

B2 确定进行设计、开发和分析所需的适当调查和研究，以完成一项工程任务，并有效地进行这些活动；（实例：调查技术问题，确定潜在的解决方案，并确定比较它们所需的因素；准备、提交并同意设计建议，同时适当分析风险，并考虑成本、质量、安全性、可靠性、可使用性、外观、用途适用性、网络安全性、知识产权约束和机会及环境影响）

B3 能执行工程任务并评估工程解决方案的有效性。（实例：实施设计解决方案，考虑到关键的限制因素，包括对安全性、可持续性和处置或退役的适当关注；评估现有的设计或工艺，识别故障或潜在的改进，包括风险、安全和生命周期等的考虑）

C 职责、管理和领导能力：技术和商业领导力。

C1 计划所需的工作和资源，以便有效地实施重要的工程任务或项目；（实例：为项目或任务准备预算和相关工作计划；系统地审查影响项目实施的因素，包括安全性、可持续性及处置或撤销的考虑因素等）

C2 管理（组织、指导和控制）重大工程任务或项目的计划或进度、预算和资源要素；（实例：运行或定义适当的管理系统，包括风险登记和应急系统；管理质量，成本和时间之间的平衡等）

C3 领导团队或技术专家并协助他人以满足不断变化的技术和管理需求；（实例：与团队和个人就目标和工作计划达成一致；为工程团队、工程师、客户、管理层及相关利益相关者提供专业知识、指导和输入；开发和提供硕士水平的教学模块，或领导大学的研究项目等）

C4 持续改进质量，推广最佳实践。（实例：提高整个组织及其客户和供应商网络的质量；支持或指导项目评估并提出改进建议等）

D 沟通与人际交往技能：有效的沟通和人际交往能力。

D1 用英语与各个层次的人进行有效的沟通；（实例：领导、主持、参与并记录会议和讨论；与技术和非技术同事交换信息并提供建议等）；

D2 清楚地提出和讨论建议、理由和结论；（实例：作为作者为科学论文或文章作出贡献；确定、同意并领导工作以实现集体目标等）

D3 展示个人和社交技能，以及对多样性和包容性问题的认识。（实例：自信和灵活地处理新的、不断变化的人际关系；建立、维护和加强富有成效的工作关系，并解决冲突等）

E 个人和专业承诺：对专业标准的个人承诺，认识到对社会、专业和环境的责任。

E1 理解并遵守相关的行为准则；（实例：了解与你的角色相关的法律法规框架，以及它们如何符合这些框架；在相关立法和监管框架内领导工作，包括社会

和就业立法等）

E2 了解他们的角色对安全的影响，管理、应用和改进工作的安全系统；（实例：确定并承担自己的义务，并确保他人在健康、安全和福利问题上承担类似的责任；开发和实施适当的危害识别和风险管理系统和文化等）

E3 了解可持续发展的原则，并将其应用于工作中；（实例：负责任的运营和行动，同时考虑推动环境、社会和经济成果同步发展的需要等）

E4 进行和记录持续专业发展（Continuing Professional Development，CPD），以保持和提高他们在自己执业领域的能力；（实例：规划如何实现个人和组织目标；执行计划内和计划外的 CPD 活动等）

E5 了解在他们的角色中可能出现的伦理问题，并以伦理的方式履行他们的责任。（实例：了解你在工作中可能遇到的伦理问题；举例说明你在哪些方面应用或维护了你的组织或公司定义的伦理原则）

除了上述五个方面 17 条胜任力标准和承诺，ECUK 还强调对各类注册工程师持续不断提高自学能力和承诺的重要性，指出持续专业发展（Continuing Professional Development，CPD）对于维持和提高所需的能力和承诺，以及发展新的能力至关重要。这种义务巩固了 EngTech、IEng 和 CEng 这些专业头衔的价值，并使社会对工程专业有信心。具体而言，CPD 有以下作用：

- 确保在目前的工作中能够胜任；
- 为不同的角色做准备；
- 遵循长期的职业发展计划；
- 在比特定工作角色更广泛的背景下提高专业水平。

上述英国工程理事会对特许工程师制定的专业能力标准，虽然条目不多但五个方面覆盖内容全面，而且通过实例给出了简洁的胜任力和承诺要求，应该作为制定国家卓越工程师学院高层次卓越工程师培养通用标准的重要参考。

10.7　美国全国专业工程师协会编制的工程学科通用工程知识体系

10.7.1　美国全国工程师协会与工程学科通用工程体系

成立于 1934 年的美国全国专业工程师协会（National Society of Professional Engineer，NSPE）[7]是美国一个全国性的注册专业工程师（Licensed Professional

---

[7] 有关美国全国专业工程师协会 NSPE 的详细信息源于其官网。

Engineers，LPEs）组织，提供领导力培训、教育等，是美国至今唯一一个致力于解决所有工程学科注册专业工程师职业关注问题的国家组织。在美国，工程师要获得执业执照，必须完成四年的大学学习，并在专业工程师的指导下工作至少四年，通过两次强化能力考试，从州执照委员会获得执照。然后，为了保留他们的执照，工程师必须在整个职业生涯中不断保持和提高他们的技能。NSPE 的成员是全美顶尖的工程师和专业人士，他们通过密集的培训，获得许可、继续教育和领导能力，在各自的领域中名列前茅。他们遵守道德准则，表现出诚实和正直的最高标准，并将公众的安全、健康和福利放在首位。NSPE 设立的奖项包括联邦年度工程师奖、NSPE 杰出服务奖、NSPE 年度青年工程师奖等。总之，NSPE 在美国工程界和工程教育界具有重要的影响。

在《2020 年的工程师》（2004 年出版）中，美国国家工程院（National Academy of Engineering，NAE）呼吁全国专业工程师协会帮助培养"未来的工程师"——能够适应技术及影响工程的社会、经济和文化力量快速变化的工程师。为了响应 NAE 的号召，支持 NSPE 愿景、使命和价值观，并认识到积极准备和参与技术、社会、文化、政治和经济条件的持续变化的必要性，NSPE 的执业执照和资格委员会（Licensure and Qualifications for Practice Committee，LQPC）于 2013 年编制了所有工程学科通用共有的专业工程知识体系（Professional Engineering Body of Knowledge，EBOK）[8]，这是第一次为开发跨工程学科专业工程师所需的知识、技能和态度提供共同基础。其中：

- 知识包括对理论、原则和基本原理的理解；
- 技能是执行任务和应用知识的能力；
- 态度是一个人面对事实或情况时的思考和感受方式。

EBOK 将知识、技能和态度统称为能力（Capabilities），定义为在一个人进入职业实践领域担负起负责任的角色时应该知道的和能够做到的能力。一个给定的能力（Capabilities）通常是由许多不同的和特定的能力（Abilities）组成，每种能力（Abilities）通常都是通过工程教育和实践经验的结合来获得的，而工程教育和实践经验的结合在不同的工程学科和就业环境中存在很大的差异。

10.7.2 工程学科通用工程知识体系包含的 30 种能力

作为其"核心"，EBOK 给出了 30 种能力（Capabilities），并将这些能力分成三个类别，即基本或基础能力（Basic or Foundational Capabilities）、技术能力（Technical Capabilities）和专业实践能力（Professional Practice Capabilities），对

---

⑧ 源于美国全国专业工程师协会 NSPE 官网中 Professional Engineering Body of Knowledge 网页。

每一种能力均给出与工程专业实践的相关性和支持说明能力的例子，如表 10.3
所示。

表 10.3　EBOK 中的能力概要

能力分类	能力名称和编号	与工程专业实践的相关性	支持能力的例子
基本或基础能力	1. 数学	数学使工程师能够运用逻辑和计算来解决实际问题	在设施、结构、系统或产品的某一部分的规划或设计中应用适当的数学领域的知识
	2. 自然科学	物理和生物科学是工程学的基础	用科学定律来解决工程问题
	3. 人文和社会科学	人文学科研究人类价值"是什么"，社会科学研究社会现象"是如何"	向非技术人员解释工程项目的技术方面和好处
技术能力	4. 制造/建造	制造的成品和建造的基础设施是决定生活质量的主要因素	分析不同制造或施工工艺的优缺点，并参与最佳方法的选择
	5. 设计	设计是将想法变为现实的手段，使有用的产品和项目得以制造和建造	为复杂项目提供备选方案并准备设计细节
	6. 工程经济学	在比较各种选择方案时，经济分析是必不可少的	准备一个项目或项目组成部分的初始资本和年度运营、维护、维修和更换成本的详细成本估算
	7. 工程科学	工程科学是从纯科学到工程的桥梁	运用一个或多个工程科学领域的原理和概念来解决工程问题
	8. 工程工具	工程师必须及时了解他们专业领域中正在使用和开发的工具	确定在工程师的专业领域中所使用工具的优点和缺点
	9. 实验	实验通过展示当一个特定因素改变时会发生什么结果，提供了对因果关系的洞察	进行实验并分析和解释结果
	10. 认识和解决问题	工程的本质是认识和解决问题	分析现有的情况，并制定一个完整和准确的问题陈述
	11. 质量控制与质量保证	项目质量的度量是结果符合所有需求的程度	应用或审查项目组成部分的质量控制和/或质量保证程序

续表

能力分类	能力名称和编号	与工程专业实践的相关性	支持能力的例子
技术能力	12. 风险、可靠性和不确定性	风险、可靠性和/或不确定性评估在工程实践中是必不可少的	将风险、可靠性和/或不确定性的概念作为工程设计和决策的组成部分
	13. 安全性	在制造业中，安全是设计的一个组成部分，以确保工人和消费者的产品安全	识别并应用与过程、项目组成部分或产品相关的安全相关法规要求
	14. 社会影响	对社会背景的理解是大多数工程活动的一个关键方面	评估项目备选方案的环境、经济和社会影响，并向项目利益相关者解释这些备选方案的影响
	15. 系统工程	系统工程力求充分利用人员、材料、设备和能源	分析备选设计方案的利弊，并根据系统的整体特性和性能，协助选择优化的设计方案
	16. 运营与维护	工程系统和工程的安全、可靠和经济有效的运行和维护需要工程监督	为工程系统和工程的安全可靠运行和维护制定标准操作程序和方法
	17. 可持续性与环境影响	工程师应该关注可持续材料、工艺、系统，以及资源和能源的使用	识别理解和分析产品、过程、系统或其组成部分对环境、经济和社会影响所需的信息
	18. 技术广度	为了在多学科团队中发挥作用，工程师需要具备其他学科的工作知识	描述与工程实践的特定领域相关的科学或技术的基本原理
	19. 技术深度	随着技术的进步，在给定领域的技术深度变得更加重要	选择最适合继续教育的主题，以增加与工程实践特定领域相关的技术知识的深度
专业实践能力	20. 工程的商业方面	工程师在业务框架内工作，必须认识到相关的机会和限制	描述合同的基本要素、成本计算方法和费用结构
	21. 沟通	工程师需要与技术人员和非技术人员进行有效的沟通	计划、准备和发表口头报告，并附上适当的可视工具、讲义和/或其他支持材料
	22. 伦理责任	伦理价值和原则体现在所有工程实践领域	分析涉及多种职业和伦理利益冲突的情况，以确定适当的行动方案

续表

能力分类	能力名称和编号	与工程专业实践的相关性	支持能力的例子
专业实践能力	23. 全球知识与意识	工程师的工作效率将越来越取决于他们对全球发展和影响的理解	讨论从全球资源中寻找和实施技术和产品的重要性
	24. 领导能力	处于领导地位的工程师带领团队或团组进入新的领域	确定可能受到变化积极或消极影响的个人和群体，并向每个群体描述这些影响
	25. 工程的法律方面	从事项目工作的工程师必须了解并遵守适用的地方、州和联邦法律法规	描述和解释设计、建造或制造中适用的规范
	26. 终身学习	为了在知识、技术和工具的变化中与时俱进，终身学习是必要的	进行自我评估，以识别偏好、优势和劣势
	27. 职业态度	工程师的态度是职业精神的重要组成部分	用实际情况考察态度是如何推进或阻碍工程项目的
	28. 项目管理	项目管理是工程组织满足可交付性、进度和预算需求并管理人力资源的过程	编制要纳入项目计划的文件
	29. 公共政策与工程	虽然公共政策以不同的方式影响各种类型的工程实践，但所有工程师都受到影响	描述公共政策如何影响工程学科中的工程实践
	30. 团队合作	工程师为团队服务，必须作为团队成员有效地发挥作用	确定成功团队合作的要素

10.7.3　工程学科通用工程知识体系的作用价值

NSPE 认为 EBOK 可以以多种不同的方式对与工程职业相关的各种人员起作用，进一步说，EBOK 对以下人员都很有价值：未来和现在的工程专业学生及其父母和顾问；公众；工程专业实习生、专业工程师、工程导师和主管；雇主；工程及其他学科教师；认证领导人；执照和认证委员会等。NSPE 要求每个工程学科使用 EBOK 作为利益相关者参与工程学科评估的另一种方法，评估学科的现状、挑战，然后考虑如何应对这些挑战。为此，对上述 30 种能力的每一种能力，LQPC 在附录 D 中均给出详细的描述和更多具体的例子予以说明。

更具体地说，NSPE 认为 EBOK 可以在工程界以下述 10 种方式服务工程师和利益相关者⑨：

（1）为未来的工程专业学生及其父母、老师、顾问和公众提供工程重要性的了解；表明在工程实践所需的知识和技能的广度；并暗示工程职业提供机会的广度；

（2）协助工程和其他学院教师设计课程体系，创建和改进课程，安排课外活动，教学和辅导学生；

（3）为当前的工程专业学生提供一个框架，使他们可以理解学习目的，制订学习计划，并衡量他们的学习进展；

（4）为认证负责人在制定适当的教育标准时提供指导。例如，EBOK 可能对 ABET 的工程认证委员会在其标准 3 的讨论中有用，标准 3 描述了所有学科的工程师期望通过学士学位教育获得的最低知识和技能；

（5）告知雇主他们对工程毕业生的基本知识、技能和态度的期望，并向雇主建议他们的潜在角色，与个体初级工程师合作，帮助他们达到进入专业水平的工程实践所需的成就水平；

（6）为工程师实习生提供全面的能力清单，以帮助他们评估现有的和期望的工程经验的广度和深度；

（7）为工程导师和主管提供模板，以评估工程师实习生所获得的经验的广度和深度，并协助关注可能需要的其他经验领域；

（8）为执照委员会提供更好的能力来评估工程师在专业实践中的能力，这些能力是满足工程专业保护公众健康、安全和福利的责任所必需的；

（9）鼓励专业认证委员会在 EBOK 的基础上定义他们期望的成就掌握水平；

（10）为 NSPE 和其他工程学会的成员提供委员会、小组委员会和专责小组工作的资源。

综上所述，覆盖所有工程学科、得到多方认可并具有广泛影响力的 EBOK，给出了 30 种能力要求，其中符合中国国情的条目可以作为制定国家卓越工程师学院硕士层次和博士层次卓越工程师培养通用标准的参考。

10.8 "卓越计划"1.0 工程硕士和工程博士人才培养通用标准

受教育部委托，本书作者作为"卓越计划"1.0 通用标准的起草专家，负责

⑨ 源于美国全国专业工程师协会 NSPE 官网中 Professional Engineering Body of Knowledge Background Information（Talking Points）网页。

该标准的研究、起草、征求意见、修改和完善，经历了起草阶段（2009 年 8 月至 11 月初）、四次会议征求意见（2009 年 11 月 12 日、12 月 8 日、12 月 10 日和 12 月 14 日）和一次通信征求意见（2010 年 6 月 23 日）[5]，而后在包括清华大学、上海交通大学、浙江大学、同济大学、天津大学等 208 所"卓越计划"参与高校的 1 257 个试点专业试行，最后于 2013 年 11 月 28 日由教育部和中国工程院联合发布，要求"卓越计划"参与高校参照本通用标准，结合各校特色和人才培养定位，优化试点专业人才培养方案，推进人才培养模式改革，不断提升工程技术人才培养水平[6]。

"卓越计划"1.0 通用标准是国家对各行各业各种类型卓越工程师培养在宏观上提出的基本质量要求，是各个行业制定行业内各个学科专业卓越工程师培养标准的根据和基础，是制定行业标准和学校标准的宏观指导性标准，是衡量和评价卓越工程师培养整体质量的纲领性文件。"卓越计划"1.0 通用标准包括本科工程型人才培养通用标准、工程硕士人才培养通用标准和工程博士人才培养通用标准，本节聚焦讨论后两个[2][3]。

10.8.1 "卓越计划"1.0 工程硕士人才培养通用标准

硕士层次卓越工程师的培养目标是主要从事产品或工程项目的设计与开发或生产过程的设计、运行和维护，具备设计开发出拥有自主知识产权的新产品或新工程项目的能力，设计开发的产品或工程项目应在国内市场具有竞争力。按照这一目标制定的"卓越计划"工程硕士人才培养的通用标准，包含对参与"卓越计划"的两年制工程硕士毕业生在素质、知识和能力方面的 13 条要求。

【素质要求】

（1）【基本素质】具有良好的工程职业道德、追求卓越的态度、爱国敬业和艰苦奋斗精神、较强的社会责任感和较好的人文素养；

（2）【现代工程意识】具有良好的市场、质量、职业健康和安全意识，注重环境保护、生态平衡和可持续发展；

【知识要求】

（3）【基础知识】具有从事工程开发和设计所需的相关数学、自然科学、经济管理等人文社会科学知识；

（4）【专业知识】掌握扎实的工程原理、工程技术和本专业的理论知识，了解新材料、新工艺、新设备和先进生产方式以及本专业的前沿发展现状和趋势；

（5）【技术标准与政策法规】熟悉本专业领域技术标准，相关行业的政策、法律和法规；

【能力要求】

（6）【学习能力】具有信息获取、知识更新和终身学习的能力；

（7）【思维能力】具有创新性思维和系统性思维的能力；

（8）【分析解决问题能力】具有综合运用所学科学理论、分析与解决问题的方法和技术手段，独立地解决较复杂工程问题的能力；

（9）【创新意识与开发设计能力】具有开拓创新意识和进行产品开发和设计的能力，以及工程项目集成的基本能力；

（10）【创新开发与自然和谐能力】具有工程技术创新和开发的基本能力和处理工程与社会和自然和谐的基本能力；

（11）【管理与沟通合作能力】具有良好的组织管理能力、较强的交流沟通、环境适应和团队合作的能力；

（12）【危机处理与领导意识】具有应对危机与突发事件的基本能力和一定的领导意识；

（13）【国际交流合作能力】具有国际视野和跨文化环境下的交流、竞争与合作的基本能力。

10.8.2 "卓越计划"1.0 工程博士人才培养通用标准

博士层次卓越工程师的培养目标是主要从事复杂产品或大型工程项目的研究、开发以及工程科学的研究，具备创造出具有国际竞争力的专利技术、专有技术、尖端产品或高技术含量的工程项目的能力，所研究开发的技术、产品或项目应具有国际竞争力。按照这一目标制定的"卓越计划"博士层次卓越工程师培养的通用标准包含对参与"卓越计划"的工程专业博士毕业生在素质、知识和能力方面的13条要求。

【素质要求】

（1）【基本素质】具有良好的工程职业道德、追求卓越的态度、爱国敬业和艰苦奋斗精神、较强的社会责任感和较好的人文素养；

（2）【现代工程意识】具有良好的市场、质量、职业健康和安全意识，注重环境保护、生态平衡、社会和谐和可持续发展；

【知识要求】

（3）【基础知识】具有从事大型工程研究和开发、工程科学研究所需的相关数学、自然科学、经济管理等人文社会科学知识；

（4）【专业知识】系统深入地掌握工程原理、工程技术、工程科学和本专业的理论知识，熟悉新材料、新工艺、新设备和先进制造系统以及本专业的最新发展状况和趋势；

（5）【技术标准与政策法规】熟悉本专业领域技术标准，相关行业的政策、法律和法规；

【能力要求】

（6）【学习能力】具有知识更新、知识创造和终身学习的能力；

（7）【思维能力】具有战略性思维、创新性思维和系统性思维的能力；

（8）【分析解决问题能力】具有综合运用所学科学理论、分析与解决问题的方法和技术手段，独立地解决复杂工程问题的能力；

（9）【开发设计、项目集成与自然和谐能力】具有复杂产品开发和设计能力、复杂工程项目集成能力以及处理工程与社会和自然和谐的能力；

（10）【创新开发与科学研究能力】具有工程项目研究和开发能力、工程技术创新和开发能力，以及工程科学研究的能力；

（11）【沟通合作与组织管理能力】具有大型工程系统的组织管理能力、较强的交流沟通、环境适应和团队合作的能力；

（12）【危机处理与领导能力】具有应对危机与突发事件的能力和一定的领导能力；

（13）【国际交流合作能力】具有宽阔的国际视野和跨文化环境下的交流、竞争与合作能力。

上述"卓越计划"1.0 工程硕士和工程博士人才培养通用标准在素质、知识和能力要求的提出，一方面以实现"卓越计划"1.0 的主要目标为根本，即面向工业界、面向未来、面向世界，培养造就一大批创新能力强、适应经济社会发展需要的各类型高质量工程技术人才，为建设创新型国家、实现工业化和现代化奠定坚实人力资源优势，为增强我国核心竞争力和综合国力做贡献；另一方面以遵循服务国家战略、追求质量卓越、满足国际要求和发挥宏观指导等思想原则为指导；完全符合国家经济社会的发展，"走中国特色新型工业化道路""建设创新型国家"和"建设人力资源强国"三大战略的实施，提升我国的综合国力和国际竞争力，实现中华民族伟大复兴的中国梦的需要，为"卓越计划"的深入推进和卓越工程师的培养发挥纲领性的作用，为国家高等教育质量标准及其标准体系的建设起到重要的示范和推动作用。

国家卓越工程师学院高层次卓越工程师培养通用标准的制定，必须认真研究新时期党和国家对高层次卓越工程师的新要求，遵循国家卓越工程师学院卓越工程师培养通用标准制定原则和基本思路，在本科层次的新工科（即"卓越计划"2.0）教育质量通用标准[4]的基础上，以"卓越计划"1.0 上述通用标准为蓝本，在参考欧洲工程师协会对硕士层次和博士层次工程师专业胜任力的具体标准要求、英国工程理事会对特许工程师制定的专业能力标准要求，以及美国全国专业工程师协会编制的工程学科通用的工程知识体系的基础上，进行补充、完善、增加和拓展，制定出符合国家卓越工程师学院卓越工程师培养的目标定位，能够为高层次卓越工程师培养全过程起到宏观指导作用的通用标准。

10.9　国家卓越工程师学院硕士层次卓越工程师培养通用标准

国家卓越工程师学院硕士层次卓越工程师培养通用标准包含对三年制工程硕士毕业生在素质、知识和能力方面的 15 条要求。

10.9.1　硕士层次卓越工程师素质要求

硕士层次卓越工程师在素质方面要达到以下两方面要求。

（1）【基本素质】具有家国情怀、全球战略视野、追求卓越的态度、艰苦奋斗精神和人文社会科学素养。

本条标准是从实施国家重大战略需要的角度对卓越工程师提出的基本素质要求，是国外具有影响的几类工程师能力标准所没有的。

① 家国情怀强调的是卓越工程师必须忠于党和人民，明确自身的历史使命和时代责任，无论何时何地、从事何种工作，都要心怀国家和民族、国家利益至上、致力于服务国家经济社会发展、以中华民族伟大复兴为己任。

② 全球战略视野是对卓越工程师胸怀、视野和格局的要求，即在解决各种复杂的工程技术问题时不局限于当下和局部，要面向未来和世界，从全球战略的高度和世界发展的视角，把握机遇，应对挑战，进行决策。此外，"全球战略视野"是高层次卓越工程师成为战略工程师的一项重要素质。

③ 追求卓越的态度是每一位高层次卓越工程师必须具备的一项基本素质，表现在其对待所参与和所负责的每一项工程技术工作，均要追求不断完善、精益求精、尽善尽美。只有这种不断追求、永无止境的态度，才能够在国家重大战略急需关键核心领域，解决好各种复杂工程问题和"卡脖子"问题，取得高质量、高水准成果。

④ 艰苦奋斗精神是对每一位卓越工程师的本质要求，是一种不畏艰苦、顽强拼搏、战胜困难的态度，一种奋发图强、锐意进取、艰苦创业的精神，一种为国家和人民的利益乐于奉献、不畏劳苦、勇于献身的境界。

⑤ 人文社会科学素养是指由具备人文科学和社会科学知识所反映出来的人格、气质和修养，卓越工程师只有具备了人文社会科学素养，才能够更好地理解

工程与社会、历史、文化及发展的关系和内涵，才能在改造物质世界的同时，促进整个人类文明社会的进步和发展。

与"卓越计划"1.0[10] 的【基本素质】相比较：本条保留了"追求卓越的态度、艰苦奋斗精神"，将其中的"爱国敬业"改为"家国情怀"，将其中的"较好的人文素养"拓展为"人文社会科学素养"，将"具有较强的社会责任感"和"良好的工程职业道德"移到【伦理责任】中。

（2）【伦理责任】具有较强的社会责任感，良好的工程职业道德，在所有工程实践活动中注重质量与效益、健康与安全、环境保护、生态平衡和可持续发展。

本条标准从工程伦理和社会责任的角度对卓越工程师在所有工程实践活动中的行为和责任提出要求，这条在伦理责任上的要求较为全面，是与高层次卓越工程师所担负的使命和责任相对应的，超越了国内外具有影响的几种工程师能力标准所规定的。

① 社会责任感指的是工程师个体对自身在人类社会发展中应承担的责任的总体意识，或工程师个体对国家、集体及工程项目的其他利益相关者所应该履行或承担的职责、任务和使命的态度。工程师的社会责任除了与工程伦理一致的内涵，还包括重视环境保护、生态平衡和可持续发展，自觉维护国家和社会公共利益等。

② 工程职业道德指的是以从事工程活动为职业的人员必须共同遵守的道德责任、职业操守和行为准则，虽然不同的工程领域有各自具体的细化规定，但共同的核心要义是守法、诚信、公正、科学，这些需要工程师在工程实践中自觉遵守。

③ 所有工程实践活动包括工程项目的分析、研究、设计、实施和评估等各个环节，尤其是解决复杂工程问题的各项工程实践活动。

④ 质量与效益是高层次卓越工程师在参与或负责所有工程实践活动中必须高度重视的。一方面质量是追求卓越的前提，是经济社会发展和社会各界对复杂工程问题技术解决结果的要求，因此，要将工程质量放在首位，这不仅关系到工程项目的实用性、可靠性、耐久性和投资效益，还关系到人民群众生命财产安全乃至经济社会的健康发展；另一方面要重视工程投资效益，包括经济效益和社会效益，经济效益是指在工程活动中成本与成果的对比，社会效益指的是工程活动所产生的社会效益和影响及给工程利益相关主体带来的社会影响和声誉等，因此，工程投资效益对于发挥工程项目预期作用，获得良好的经济回报并助力经济

[10] 具体指"卓越计划"1.0 相应研究生层次条款的标准，下同。

社会健康可持续发展至关重要。不仅如此，在中国经济进入高质量发展阶段，高层次卓越工程师更要始终坚持质量第一、效益优先的原则。

⑤ 健康与安全是针对参与工程实践活动工程技术人员而言的，也是高层次卓越工程师在参与或负责所有工程实践活动中必须高度重视的。健康包括人们在工程活动过程中的身体生理机理健康、心理健康和社会适应能力，良好的职业健康是工程师预防职业疾患、保持身心健康和能在各种环境下开展工作的条件。安全关系到工程技术人员的人身安全、广大职工的切身利益、国家和人民生命财产的安全，以及经济的健康发展和社会的安全稳定。

⑥ 环境保护是指保护自然资源并使其得到合理的利用，防止自然环境受到污染和破坏；对受到污染和破坏的环境进行综合治理，以创造出适合人类生活和工作的环境。工程师在工程设计与开发中要注重的环境保护内容包括防止由产品生产引起的环境污染，防止由建设和开发活动引起的环境破坏，保护有特殊价值的自然环境等。

⑦ 生态平衡一方面是指生物种类，即生物、植物、微生物和有机物的组成和数量比例的相对稳定，另一方面是指非生物环境，包括空气、阳光、水、土壤等保持的相对稳定。生态平衡是人类生存的基本条件。工程师在进行产品或工程项目的设计与开发时，要发挥主观能动性，去维护适合人类需要的生态平衡，或改造不适应人类生存要求的旧平衡，建立新平衡，使生态系统的结构更合理，功能更完善，效益更高。

⑧ 可持续发展是既满足当代人的需求，又不对后代人满足其需求的能力构成危害的发展。对于工程师而言，在满足发展的前提下，所设计和开发的产品的生产和使用或工程项目的建造和运行要注重采用可循环使用的材料——尽可能减少对自然资源的消耗，要注重使用更清洁有效的能源——尽可能接近"零排放"，以减少对能源的消耗。

与"卓越计划"1.0【现代工程意识】相比较：本条将后者【基本素质】中的"具有较强的社会责任感"和"良好的工程职业道德"移入，将"市场、质量、职业健康和安全意识"改为"质量与效益、健康与安全"，强调了"在所有工程实践活动中"，因此本条的小标题也随之改变。

10.9.2 硕士层次卓越工程师知识要求

硕士层次卓越工程师在知识方面要达到以下四方面要求。

（3）【基础知识】具有从事复杂工程开发和设计所需的数学、自然科学、经济管理等人文与社会科学知识。

① 数学、自然科学知识是能够满足硕士层次卓越工程师在复杂工程开发和

设计上所需要的相关数学和其他自然科学课程和教学内容，不同学科专业方向各有侧重和区别。

②　经济管理知识主要指工程经济学、工程概预算、运筹学（包含决策理论与方法等）、系统工程、工程管理（包含项目管理、可靠性评估等）、企业管理（包含质量管理、生产组织与运作管理等）、应急管理等。

③　人文科学是指以人类的精神世界及其沉淀的精神文化为研究对象的科学，主要研究人的观念、精神、情感和价值，即人的主观精神世界及其所积淀下来的精神文化，包括文、史、哲及其衍生出来的美学、宗教学、伦理学、文化学、艺术学等。

④　社会科学是指以人类社会为研究对象的科学，主要研究客观的人类社会之于具体的个人及其主观世界，主要包括经济学、管理学、社会学、政治学、法学等。

⑤　人文科学知识是指形成上述【基本素质】中"人文科学素养"所需要的相关知识；社会科学知识是指硕士层次卓越工程师作为社会人及所承担的社会责任所必备的形成"社会科学素养"的相关知识。

与"卓越计划"1.0【基础知识】相比较：本条除了删除后者的"相关"，以避免与"所需"存在含义上的重复外，其他无异，只是在内涵解读上有所拓展。

（4）【专业知识】掌握扎实的工程原理、工程技术、本学科专业知识和相关学科知识，了解新材料、新工艺、新设备和先进生产方式，以及本学科和相关学科领域的前沿发展现状和趋势。

①　工程原理指的是将科学、技术、数学和实践经验应用于设计、生产或制造产品及完成工程项目的基本规律；工程技术是在工业生产中实际应用的技术，是人们应用科学知识或利用技术发展的研究成果于工业生产过程，以达到改造自然的预定目标的系统知识、手段和方法，如工艺、工具、设备、标准、规范、指标等，这方面要关注国际上新出现的工程技术，包括信息化和智能化的工程技术。

②　本学科专业知识是由本学科的核心课程及其教学内容为主组成的专业知识；相关学科知识是基于多学科交叉需要掌握的与本学科密切相关的其他学科的知识，相关学科知识的选择取决于这些学科与本学科的相关程度及重要性。

与"卓越计划"1.0【专业知识】的比较：本条保留了后者的"掌握扎实的工程原理、工程技术"和"了解新材料、新工艺、新设备和先进生产方式"，将"本专业的理论知识"改为"本学科专业知识"，增加了"相关学科知识"和"了解""相关学科领域"。

上述【基础知识】和【专业知识】的内涵可以从高层次卓越工程师胜任未来

重大工程工作和解决复杂工程问题的角度理解：首先，这些知识能够用来表述具体的复杂工程问题；其次，它们能够针对具体的复杂工程问题建立数学模型并求解；再次，高层次卓越工程师能够用这些知识和数学模型分析、解释复杂工程问题；最后，能够形成用于复杂工程问题的解决方案。

（5）【工具使用】能够针对复杂工程问题，包括对其预测和模拟，开发、选择与使用恰当的技术、资源、现代工程工具、信息和智能技术工具，并理解其局限性。

工具和手段是解决复杂工程问题必须具备的。本条标准规定了高层次卓越工程师使用现代工具的能力要求，不仅在必要时会开发，而且在有条件时会选择，还要会正确地使用针对复杂工程问题特征的恰当的现代工具，包括技术、资源、现代工程工具、信息和智能技术工具等，对复杂工程问题技术进行预测和模拟。要做到"恰当"，不仅要了解复杂工程问题的属性和特征，而且要了解现代工具的性能特点、使用条件及局限性，这样才能针对复杂工程问题的实际"开发、选择与使用"现代工具。

对本条标准内涵的理解可以从四个层面：① 现代工程工具包括本专业常用的现代仪器、专业设备和其他工程工具等，信息和智能技术工具包括对数据和信息进行采集、处理、传输、组织、检索等方面的信息和智能技术工具以及适用于复杂工程问题的建模、仿真、分析的信息化和智能化软件、平台等；② 了解这些现代工具的使用原理和方法、功能和特点、使用条件、不足及其局限性；③ 能够根据复杂工程问题的属性和特征，选择与使用恰当的技术、资源和现代工具，对复杂工程问题进行分析、计算和设计；④ 能够针对具体的对象，开发或选用满足特定需求的现代工具，预测和模拟复杂工程问题，并分析其结果。

作为本科层次就应该掌握的知识，本条【工具使用】完全采用了本科层次的新工科（即"卓越计划"2.0）教育质量通用标准中的【工具使用】标准，只是将后者的"信息技术工具"拓展为"信息和智能技术工具"。

"卓越计划"1.0没有与本条标准对应的标准。

（6）【技术标准与政策法规】熟悉本学科专业领域技术标准，相关行业的政策、法律和法规。

工程师的职业活动需要在一定的规范范围内开展，因此，他们不仅要严格按照本专业领域的技术标准进行，而且还要遵守相关行业的政策、法律和法规，这是他们的职业要求。行业政策又称部门政策，是国家通过部门颁布实施的，用以监督、规范特定行业，使其协调和平稳发展。行业法律和法规属于国家政策的组成部分，是国家以法律和法规的形式颁布实施的，要求特定行业必须遵循的规定和准则。

与"卓越计划"1.0【技术标准与政策法规】的比较：本条只是将后者的"本专业领域"改为"本学科专业领域"。

10.9.3　硕士层次卓越工程师能力要求

硕士层次卓越工程师在能力方面要达到以下九个方面要求。

（7）【思维能力】具有批判性思维、创新性思维和系统性思维的能力。

① 批判性思维作为创新性思维的核心，强调用挑剌的眼光、从批判的角度对事物进行分析、研究并提出方案和对策，对于追求自我完善、不断进步、卓越的工程师具有十分重要的意义。在欧洲资格认证框架中针对硕士层次工程师的EQF 7级要求具有"批判性意识"，本条标准将意识提升为思维活动[7]。

② 创新性思维作为创新能力的基础，是一种复杂的思维活动，具有求异性、首创性、灵活性和开放性等特点。创新性思维能力的培养要注重培养丰富的想象力和强烈的求知欲，注重培养逆向思维、批判性思维、超前思维和灵感思维，注重发散思维和聚合思维相结合、直觉思维和逻辑思维相统一。

③ 系统性思维是在思维活动中，把认识对象作为一个整体来思考的方式，它具有全局性、整体性和多维性的特点，能够很好地处理整体与局部的关系。系统性思维不仅能够提高大局意识，而且能够提高统筹能力和预见能力。系统性思维能力对于避免本学科和局部的局限，以及从全局和跨学科的角度分析和解决重大复杂工程问题是十分重要的，对于培养卓越工程师的工程领导力和全球战略视野也是不可或缺的。

与"卓越计划"1.0【思维能力】的比较：本条只是在后者中增加了"批判性思维"能力。

（8）【复杂工程问题分析和研究】能够识别、表达和分析复杂工程问题，得出被证实的结论；能够通过系列研究方法开展对复杂工程问题的研究，得出有效的结论。

本条标准注重对复杂工程问题的分析和研究。其中分析部分包括三个方面：一是识别，即能够应用知识要求部分所掌握的相关学科的基本原理和方法识别复杂工程问题并判断其主要特征；二是表达，即能够运用相关科学基本原理和各种建模方法对复杂工程问题进行准确的描述和表达；三是分析，能够运用相关科学理论、方法和手段对复杂工程问题进行系统深入的分析，并得出被证实有效的结论，以支持解决方案的提出。

研究部分强调通过系列研究方法对复杂工程问题进行系统性研究，具体环节包括调研、设计、实验、分析和归纳等。第一，能够在已得出的复杂工程问题分析结果的基础上，基于相关科学原理，通过文献研究等方法，调研和分析复杂工程问题各种可能的解决方案；第二，能够根据复杂工程问题中具体研究对象的特征，提出研究思路，设计实验方案；第三，能够按照实验方案进行实验准备，安全地开展实验并采集和获取有效的实验数据；第四，能够对实验数据进行科学的分析和合乎逻辑的解释；第五，能够对实验数据分析结果及其他相关信息进行归纳综合并得出合理和有效的结论。

与"卓越计划"1.0【分析解决问题能力】相比较，本条有如下改动：

① 由于解决"复杂工程问题"往往需要团队合作，故删除了后者的"独立地"；

② 将"较复杂工程问题"提升为"复杂工程问题"；

③ 后者将复杂工程问题的分析和解决放在一起，过于简单和笼统，没有包括对复杂工程问题十分重要的研究环节。

（9）【复杂工程问题解决方案设计】能够恪守工程伦理和工程师责任，设计和开发复杂工程问题的解决方案。

本条标准是【复杂工程问题分析和研究】标准的继续。

"能够恪守工程伦理和工程师责任"是强调将【伦理责任】标准中的各项具体要求在设计和开发复杂工程问题解决方案时得到实际落实和体现。

复杂工程问题解决方案应包括以下几方面：

① 准确定义问题，包括问题的本质、原因和影响；

② 明确解决目标，必须是清晰、具体、可衡量的；

③ 提出思路和措施，给出清晰的步骤、采用的措施、技术或方法；

④ 实施和落实，给出具体行动计划、进度安排、责任分工和时间表；

⑤ 可行性分析，充分考虑各种资源和环境等因素；

⑥ 评估和反馈，包括有效的评估方法、及时反馈及改进工作。

"卓越计划"1.0没有与本条标准对应的标准。

（10）【复杂工程问题解决方案实施和评估】能够组织实施复杂工程问题解决方案，评估解决方案的有效性，以及对社会、健康、安全、法律、文化和环境产生的影响和责任。

本条标准是【复杂工程问题解决方案设计】标准的继续。高层次卓越工程师不仅能够完成各种工程技术问题的分析、研究及解决方案的设计和开发，而且能够胜任组织实施复杂工程问题解决方案，这是对他们重要的能力要求，是对其能力和素质的综合考验。

评估解决方案包括两方面的要求。一是从工程问题本身，评估其解决方案的"有效性"，目的是掌握该方案在各方的共同努力下多大程度能够实现既定的目标；对于有效性不佳的解决方案，要进行原因分析，找到根源，必要时修改和完善解决方案。二是从工程问题与外部的关系，评估其解决方案对社会、健康、安全、法律、文化和环境产生的影响及责任，其中影响包括正面和负面两方面，评估侧重在工程项目或工业产品寿命周期内的负面影响，工程师必须理解应该承担负面影响所产生的责任。

解决复杂工程问题的最终目标是造福人类社会，其可能给社会带来的影响包括改变人们的生活、工作、休闲、社交方式，以及社会组织的运行和组织方式等，在工程项目的施工、建造期间也会对周围人群的居住环境和交通出行造成影响。

在健康和安全方面，具体的工程项目在设计与开发时容易忽视了其潜在的、对特定人群健康的影响和安全的威胁，如在健康上由于过度使用和依赖工业产品形成职业病和慢性病，在安全上由于过于关注和分散注意力形成安全隐患等。

在法律方面，复杂工程问题的解决可能触碰了现行法律法规，尤其是嵌入信息技术和人工智能的工程项目和工业产品可能突破人们传统的道德观念和伦理约束，从而形成新的社会和法律问题。

在文化方面，大型工程项目可能会改变周边建筑传统的文化格局，产生新的工业产品。例如，智能化通信工具等会改变年轻人学习文化的方式，同时改变书本的作用和教师的角色，从而影响文化传承的方式。

在环境方面，复杂工程问题的解决，如大型工程项目的建造，可能对周边或区域的水资源、河流、土地、森林、气候等多方面产生影响，造成生态和可持续发展的问题。

因此，一个好的复杂工程问题解决方案需要促进人类经济社会发展，需要把公众的健康和安全放在首位，需要符合现行法律并促进法律的完善，需要与当地历史文化的格局、内涵、风格相协调，需要符合当地的社会和可持续发展需求，需要注重环境的保护和与周边环境的协调。

用上述 3 条标准取代"卓越计划"1.0 中【分析解决问题能力】和【创新意识和开发设计能力】2 条标准，是对高层次卓越工程师提出更高、更具体的要求。

"卓越计划"1.0 没有与本条标准对应的标准。

（11）【创新与研究能力】具有工程技术创新和工程科学研究的基本能力。

解决具有挑战性的复杂工程问题的关键是工程技术的创新突破，或者说首先要开发技术解决方案或处理技术问题。为此，高层次卓越工程师针对解决复杂工程问题所面临的相关技术的挑战，需要综合地运用所掌握的坚实的多学科理论和方法开展工程技术创新。

工程技术创新包括新技术的开发和现有技术的应用创新。新技术开发包括原始创新、集成创新和跟随创新。原始创新是指全新开发创造出新的技术或者新的方法；集成创新是指把现有的技术加以综合运用，创造出一种新的技术或工具，或将几项现有技术进行交叉组合形成新技术；跟随创新是在成熟技术的基础上拓展得来的新技术或者新方法。现有技术的应用创新是指通过对现有技术的开发使其能够用于解决复杂工程问题，既包括基于新技术开发新的设计、流程或系统，也包括对现有技术的改进和优化。

工程科学（Engineering Science）是工程技术发展的直接基础，是工程技术联系基础科学的桥梁[8]。我国当前面临的许多"卡脖子"技术问题的本质是工程科学问题。解决"卡脖子"技术问题的关键是要解决与其相关的一系列工程科学问题。因此，工程科学研究能力对高层次卓越工程师十分重要，是硕士层次卓越工程师应该具备工程学科研究的基本能力。

工程科学是以人工物为研究对象，研究内容包括两方面：一是研究人工物的原理、设计、制造、功用、结果等领域的规律性问题，包括与人工物相关的产品和工艺的规律、原理、程序、方法和规律等；二是研究工程活动的规律性问题，包括工程活动的技术要素和规律，以及工程活动中的经济要素和社会要素的规律性问题，如经济成本、工程管理等。

与"卓越计划"1.0【创新开发与自然和谐能力】的比较：由于工程技术开发是工程技术创新的组成部分，故本条删除了1.0中的"开发"；又由于1.0的处理工程与自然和社会和谐的基本能力在【伦理责任】标准中已有体现，故无须重复。

（12）【沟通合作能力】能够在复杂工程活动中与工程界和非工程界进行有效交流沟通，以及在各种形式和多学科背景的团队合作中有效发挥作用。

本条标准首先要求的是针对复杂工程问题的交流沟通能力。具体有三个方面内涵：一是交流沟通的对象，包括工程界同行，如行业部门、规划部门、施工单位等，以及非工程界的社会各界，如公众、媒体、社区、团体等利益相关者或关注方；二是交流沟通的内容，包括复杂工程和技术活动的方方面面，涉及复杂工程问题从识别、建模、设计、实验、评价到实践等各个环节，以及社会、健康、安全、法律、文化和环境等方面，需要就技术问题和非技术问题准确表达自己的观点和认识，回应各方的质疑；三是沟通交流的方式，既可以是口头、文稿、图表等方式，也可以通过媒体、会议、互联网等渠道。

本条标准其次要求的是具备在各种形式团队和多学科环境中的有效工作能力。首先，团队成员的背景既可以是学科专业基本相同，也可以是多个不同学科背景。其次，团队成员在团队中担任不同角色：作为个体，需要处理好个人与团队的关系，服从领导，保质保量地独立完成所分配给的工作任务；作为成员，需要善于沟通交流，与其他成员合作共事，处理好局部与整体的关系，服从领导，共同完成团队任务；作为负责人，需要擅长聆听、沟通和交流，能够有效地协调和处理各方面的关系，同时激励、组织和指挥团队成员开展工作，按期实现团队工作目标。

与"卓越计划"1.0【管理与沟通合作能力】的比较：1.0 中的"组织管理能力"移到 2.0 通用标准【工程领导力】中，并对其应用场景予以明确的界定；本条对交流沟通和团队合作的场景均给出了全面、清晰的界定。

（13）【全球胜任力】具有国际视野和在跨文化环境下的交流、竞争与合作的基本能力。

作为国家重大战略对高层次卓越工程师的一项核心要求，本条标准是为了落实国家"一带一路"倡议和"构建人类命运共同体"理念，要求在具有国际视野的基础上，在跨文化环境中与外籍人士开展交流、竞争与合作。

具有国际视野需要做到以下四点：

① 通过学习和参加各种交流活动，熟悉世界各国历史、文化、艺术、风俗等来开拓和丰富自己的眼界；

② 理解和尊重世界不同国家、地区和民族不同文化的传统、历史、风俗和习惯的差异性和多样性；

③ 能够从全球的高度和全局的广度看待国际形势的发展和世界风云变幻；

④ 能够从中国和世界发展的角度看待和认识国际交流、竞争与合作的重要性。

本条与"卓越计划"1.0 中的【国际交流合作能力】表述完全一致。

（14）【工程领导力】具备在跨学科、跨部门、跨文化环境中对复杂工程项目的组织管理、工程决策及危机与突发事件处理的基本能力。

工程领导力是高层次卓越工程师必备的一项基本能力。这条标准的提出基于三个方面的考虑：一是高层次卓越工程师所肩负的使命和责任决定着他们是需要多方参与，甚至多国合作才能共同完成的重大工程技术项目的组织者和领导者；二是复杂工程问题的最终解决不能仅靠技术，还需要资源、人力、时间等方面的协调、组织与管理，以及成本和经费的决策和控制等；三是工业化、现代化和城镇化进程的加快，资源和环境压力加大、人与自然矛盾加剧，使得危机与突发事件的出现更加频繁和突然并成为经济社会发展中的常态。

① 这项能力展现的环境不是简单地在一个学科、单一部门或华人群体中，而是要在不同学科、多部门或不同文化人群中，这就要具备上述【沟通合作能力】和【全球胜任力】。

② 复杂工程项目组织与管理活动涉及项目的设计和建设或产品的研发和生产等全过程中的时间进度安排和控制、人力资源组织和配备、材料及装备调动和

保障、多任务之间协调和配合等。

③ 工程经济决策方面主要包括工程项目设计和建设或产品研发和生产全周期中涉及资源消耗、成本构成、预算制订和实施等方面的决策和控制。

④ 危机与突发事件主要指由不可预见的自然或人为因素对人类生活和工作造成无法预知、突然发生、致命、灾难性的、覆盖面广的并需要通过工程手段进行处理的事件。

⑤ 本条标准需要掌握工程项目组织管理和工程经济决策的理论、方法和技术，包括使用在互联网环境下出现的数字化、信息化和智能化的软件工具和平台。

⑥ 处理危机与突发事件要求卓越工程师具有比其他专业领域人员更强的危机意识，以及危机与突发事件处理能力。

与"卓越计划"1.0【危机处理能力和领导意识】的比较：一是本条增加了"卓越计划"1.0【管理与沟通合作能力】中的"组织管理"能力；二是由于本条已包含较为全面的领导力内涵，故删除了1.0中的"一定的领导意识"；三是明确规定了高标准工程领导力所展现的环境。

（15）【终身学习能力】具有终身学习意识，能够及时获取信息，更新、拓展和整合知识及应用新知识，以动态适应职业发展和迅速变化的内外部环境。

本条标准要求高层次卓越工程师具有终身学习能力和动态适应能力。事实上，终身学习能力是知识爆炸时代对社会各类人才的基本要求，动态适应能力是迅速变化的各行各业对卓越人才的适应性要求，前者是后者的基础，后者是职业发展所必需的。本条标准的内涵可以从四个方面理解。

① 具有终身学习意识：要充分认识数字智能时代的知识生产日新月异，知识更新迭代周期不断缩短，仅靠在学校期间学习的知识根本不可能适应社会发展和时代进步的要求，要有自觉主动学习和更新知识的认识和愿望，从而不断推动学习行为的发生。

② 具有及时获取信息、更新、拓展和整合知识及应用新知识的能力：包括信息获取的途径和手段、有效知识的过滤和选择、自主学习的方式和方法、新知识的理解和掌握、学科知识的拓展和丰富、不同领域知识的整合及新知识在工程实践中的应用等。

③ 知识更新、拓展、整合及应用要与职业发展密切挂钩：一方面伴随新经济出现的新技术、新产业、新业态和新模式形成了对所在行业产业的挑战，另一方面行业产业自身的发展需要与多学科专业之间的交叉融合形成了新趋势，因此，必须根据这些挑战和新趋势决定在职业发展过程中需要更新、拓展和整合并在工作中应用的业务知识。

④ 在上述三个方面的基础上，将及时更新、拓展和整合的知识转化为自身在工程工作上的优势，能够动态适应岗位调整、职务变动、职责转变等职业发展，主动适应国际环境变化、技术更新迭代，新的复杂工程问题、"卡脖子"技术问题和新挑战的出现等迅速变化的内外部环境，更好地履行岗位职责，甚至成为本领域的领军人物。

与"卓越计划"1.0【学习能力】相比较，本条有以下改动：

① 由于信息获取、知识更新是终身学习能力的重要构成要素，故将 1.0 的"终身学习能力"去除，而在终身学习能力各要素的表述之前增加"具有终身学习意识"，以表明首先需要在思想上重视终身学习；

② 增加了"整合知识"这项终身学习的重要因素，这是由于知识的更新不仅是新旧知识简单的更替，还包括将不同领域的知识基于职业发展的需要进行整合形成新知识，欧洲资格认证框架也提出了类似要求，即在针对硕士层次工程师的 EQF7 中要求具有"整合来自不同领域的知识"；

③ 增加"以动态适应职业发展和迅速变化的外部环境"，将终身学习能力与动态适应能力紧密联系起来。

10.10　国家卓越工程师学院博士层次卓越工程师培养通用标准

国家卓越工程师学院博士层次卓越工程师培养通用标准包含对五年制工程博士毕业生在素质、知识和能力方面的 16 条要求。

10.10.1　博士层次卓越工程师素质要求

博士层次卓越工程师在素质方面要达到以下两方面要求。

（1）【基本素质】具有家国情怀、全球战略视野、追求卓越的态度、艰苦奋斗的精神和人文社会科学素养。

基于【基本素质】对不同层次研究生应该要求一致地考虑，本条标准与硕士层次卓越工程师的【基本素质】标准相同。

（2）【伦理责任】具有强烈的社会责任感，优良的工程职业道德，在所有工程领域注重质量与效益、健康与安全、环境保护、生态平衡、社会和谐及可持续发展。

本条标准是在硕士层次卓越工程师【伦理责任】基础上的拓展：一是将该条中的"社会责任感"从"较强的"上升为"强烈的"，以彰显博士层次卓越工程师在民族复兴和中国式现代化建设中责无旁贷的职业和历史责任；二是用"优良的"强化了该条中的"工程职业道德"，以凸显对博士层次卓越工程师的更高要求；三是将"工程实践活动"拓展到"工程领域"，以涵盖与工程相关的各个方面，其中尤其重视解决"卡脖子"技术问题的各个环节；四是增加了注重"社会和谐"，强调博士层次卓越工程师在实现中国特色社会主义本质属性方面应有的责任。

与"卓越计划"1.0【现代工程意识】的比较：本条除将1.0【基本素质】中的"具有较强的社会责任感"和"良好的工程职业道德"移入并提升外，还将"市场、质量、职业健康和安全意识"改为"质量与效益、健康与安全"，增加了"社会和谐"，并强调"在所有工程领域"，因此，本条的小标题也随之改变。

10.10.2 博士层次卓越工程师知识要求

博士层次卓越工程师在知识方面要达到以下四方面要求。

（3）【基础知识】具有从事大型工程研究和开发、"卡脖子"技术问题解决和工程科学研究所需的数学、自然科学、经济管理等人文与社会科学知识。

不同层次工程师培养目标的不同决定了其所需要的基础知识的不同，本条是在硕士层次卓越工程师【基础知识】基础上的提升，规定了博士层次卓越工程师所需基础知识的范围。

首先，博士层次卓越工程师所需的相关数学、自然科学知识必须满足其培养目标规定的主要工作——从事大型工程研究和开发、"卡脖子"技术问题解决和工程科学研究的需要；

其次，工程师所需的经济管理和人文与社会科学知识虽然在课程科目上可能与硕士层次大致一样，但是在深度和广度上要超越后者，要能够满足应肩负的社会责任的需要。

与"卓越计划"1.0【基础知识】的比较：本条除删除后者的"相关"，以避免与"所需"存在含义上的重复外，其他无异，只是在内涵解读上有所拓展。

（4）【专业知识】系统深入地掌握工程原理、工程技术、工程科学、本学科专业知识和相关学科知识，熟悉新材料、新工艺、新设备和先进制造系统，以及本学科和相关学科领域的最新发展状况和趋势。

本条是在硕士层次卓越工程师【专业知识】基础上的拓展：第一，将该条对专业知识的掌握程度从"扎实的"提高到"系统深入地"；第二，增加了对"工程科学"理论知识的要求；第三，将该条对新材料、新工艺和新设备的"了解"提升到"熟悉"；第四，用"先进制造系统"拓展并涵盖了该条中的"先进生产方式"；第五，要求熟悉本专业的"最新发展状况"，而不仅是"前沿发展现状"。

工程科学是对工程问题进行研究、分析和设计的科学，它是随着工程活动的结构复杂性程度的提高，在现代科学与工程技术之间形成独立的学科体系。工程科学具有系统科学、复杂性科学、交叉科学，以及综合科学的特征[9]。典型的工程科学包括流体动力学、固体力学、运筹学、信息技术工程、动力系统、生物工程、环境工程、计算工程、工程数学与统计、材料科学、电磁学、纳米技术等。

先进制造系统是指在时间、质量、成本、服务和环境诸方面，能够很好地满足市场需求，采用了先进制造技术和先进制造模式，协调运行，获取系统资源投入的最大增值，具有良好社会效益，达到整体最优的制造系统。

与"卓越计划"1.0【专业知识】相比较：本条保留了 1.0 中的"深入系统的工程原理、工程技术、工程科学"和"熟悉新材料、新工艺、新设备和先进制造系统"，将"本专业的理论知识"改为"本学科专业知识"，增加了"相关学科知识"和熟悉"相关学科领域"。

（5）【工具使用】能够针对重大复杂工程问题和"卡脖子"技术问题，包括对其预测和模拟，开发、选择与使用恰当的先进技术、资源、现代工程工具、信息和智能技术工具，并理解其局限性。

本条是在硕士层次卓越工程师【工具使用】基础上的拓展：首先，在"复杂工程问题"前增加了"重大"，以体现博士层次与硕士层次的差异；其次，增加了对"卡脖子"技术问题解决所需要的工具要求；最后，在"技术"之前增加了"先进"，以提高对博士层次的要求。

"卓越计划"1.0 没有与本条标准对应的标准。

（6）【技术标准与政策法规】熟悉本学科专业领域技术标准、相关行业的政策、法律和法规。

基于不同层次研究生熟悉技术标准和政策法规的程度不应该有差异地考虑，本条标准与硕士层次卓越工程师的【技术标准与政策法规】相同。

10.10.3　博士层次卓越工程师能力要求

博士层次卓越工程师在能力方面要达到以下十方面要求。

（7）【思维能力】具有批判性思维、战略性思维、创新性思维和系统性思维的能力。

本条标准是在硕士层次卓越工程师【思维能力】基础上增加了"战略性思维"。战略性思维是从全局性、根本性、系统性和长远性的角度思考、分析、研究和解决问题的思维方式、思维理念和思维活动的综合。战略性思维具有全局性、根本性、系统性、前瞻性、创新性、动态性和灵活性等主要特征[10]。

与"卓越计划"1.0【思维能力】相比较：本条只是在1.0中增加了批判性思维能力。

（8）【复杂工程问题分析和研究】能够识别、表达和分析重大复杂工程问题，得出被证实的结论；能够通过系列研究方法开展对重大复杂工程问题的研究，得出有效的结论。

本条是在硕士层次卓越工程师【复杂工程问题分析和研究】基础上的拓展：在两处将"复杂工程问题"冠以"重大"，以显示博士层次卓越工程师分析和研究的复杂工程问题是"重大"的，包括国家重大战略急需关键核心领域的复杂工程问题等。

与"卓越计划"1.0【分析解决问题能力】相比较：

① 由于解决"复杂工程问题"往往需要团队合作，故本条删除了1.0中的"独立的"；

② 1.0将复杂工程问题的分析和解决放在一起，过于简单和笼统，没有包括对于复杂工程问题十分重要的研究环节。

"卓越计划"1.0没有与本条标准对应的标准。

（9）【复杂工程问题解决方案设计】能够恪守工程伦理和工程师责任，设计和开发重大复杂工程问题解决方案。

本条是在硕士层次卓越工程师【复杂工程问题解决方案设计】基础上的拓展：将"复杂工程问题"冠以"重大"，以显示博士层次卓越工程师设计和开发的解决方案是针对更大、更难的复杂工程问题。

"卓越计划"1.0没有与本条标准对应的标准。

（10）【复杂工程问题解决方案实施和评估】能够组织实施重大复杂工程问题解决方案，评估解决方案的有效性，以及对社会、健康、安全、法律、文化和环境产生的影响和责任。

本条是在硕士层次卓越工程师【复杂工程问题解决方案实施和评估】基础上的拓展：将"复杂工程问题"冠以"重大"，以显示博士层次卓越工程师实施和评估的解决方案是针对更大、更难的复杂工程问题。

"卓越计划"1.0没有与本条标准对应的标准。

（11）【"卡脖子"技术问题解决能力】能够设计和开发"卡脖子"技术问题的解决方案，评估解决方案的有效性，以及对社会、经济、法律、健康、生活、文化和环境产生的影响和责任。

"卡脖子"技术问题解决方案主要由技术手段、技术问题和技术效果三要素构成的，即解决方案在实质上采用了技术手段，解决了技术问题，并获得了技术效果，大致包括如下内容：

① 技术问题分析描述，包括问题的本质、原因和影响；

② 解决目标和技术效果，必须是清晰、具体、可衡量的；

③ 拟采取的技术路线，给出具体的研究步骤、所采用的技术手段、方法或措施；

④ 实施和落实，给出具体的行动计划、进度安排、责任分工和时间表；

⑤ 可行性分析，充分考虑人财物等资源和环境等因素；

⑥ 评估和反馈，包括评估方法和手段，以衡量是否取得预订的技术效果等，并将结果及时反馈以改进工作。

评估解决方案的有效性的目的是掌握该方案在多大程度能够实现既定的目标，即技术效果。对于有效性不佳的解决方案，要进行原因分析，找到根源，必要时修改和完善解决方案。对解决方案技术效果的评估包括先进性和适用性，先进性主要评价对"卡脖子"技术问题解决的程度、对工程技术发展的意义等；适用性主要评价技术的应用效应、实用程度和所形成的技术优势等。

评估解决方案对社会、经济、法律、健康、生活、文化和环境产生的影响和责任，是系统性地评估在"卡脖子"技术寿命周期内对外部世界全方位的影响，以及工程师必须理解应该承担这项影响产生的责任。

解决"卡脖子"技术问题不仅对维护我国产业链安全稳定、国家重大战略实施和中国式现代化建设等至关重要，而且会在不同程度上以不同形式影响经济社会发展，如产业结构调整、经济效益提升、就业岗位变革等。

在法律方面，"卡脖子"技术的应用可能触碰国家的政策和法令，突破人们传统的道德观念和伦理约束，形成新的社会和法律问题。

在健康和生活方面，"卡脖子"技术的应用可能有利于改善医疗技术条件和水平、提高人们生活水平和社会福利、改善生活环境和提高便利程度等。

在文化方面，"卡脖子"技术的应用可能提高全社会文化技术水平，改变文化传承和传播方式，促进国际文化交流和新文化的产生。

在环境方面，"卡脖子"技术的应用可能有利于提升资源利用率、环境保护和生态平衡，支持可持续发展。

本条是专门针对博士层次卓越工程师设立的，也是国内外具有影响的各种工程师能力标准中所没有的。

（12）【创新与研究能力】具有工程技术创新能力和工程科学研究能力，推动本学科领域前沿理论和新技术的发展。

具备较强的工程科学研究能力是博士层次卓越工程师成为工程科学家的核心能力，能够在工程技术发展、工程科学发展等方面发挥关键作用，从而推动所在工程学科领域前沿理论和新技术的发展。

本条是在硕士层次卓越工程师【创新与研究能力】基础上的拓展：将后者的"基本能力"上升为"能力"，增加了"推动本学科领域前沿理论和新技术的发展"。

除了在硕士层次卓越工程师【创新与研究能力】上的诠释外，工程技术创新能力可以从其构成要素及创新过程予以深入诠释：工程技术创新能力包括具有丰富的知识和开阔的视野，持之以恒追求革新和卓越的创新意识，以独特的视角发现新问题和用新颖的思维解决新问题的创新思维，协调各方关系，调动多方积极因素，集中各种优势资源的创新素质，运用知识经验反复实践将创新思维成果转化为创新成果的创新技能等，从而能够进行规划、组织和实施工程技术研发并取得创新性成果。

与"卓越计划"1.0【创新开发与自然和谐能力】相比较：由于工程技术开发是工程技术创新的组成部分，故本条删除了1.0中的"开发"；又由于1.0中的处理工程与自然和社会和谐的基本能力在【伦理责任】标准中已有体现，故无需重复。

（13）【沟通合作能力】能够在重大复杂工程活动中与工程界和非工程界进行有效交流沟通，能够在各种形式和多学科背景的团队合作中有效发挥作用。

本条是在硕士层次卓越工程师【沟通合作能力】基础上的拓展：仅在后者的"复杂工程活动"前冠以"重大"，以界定开展有效交流沟通的内容。

（14）【全球胜任力】具有宽阔的国际视野和在跨文化环境下的交流、竞争与合作能力。

本条是在硕士层次卓越工程师【全球胜任力】基础上的拓展：一是在后者的"国际视野"前增加了"宽阔的"；二是将后者的"基本能力"提升为"能力"。

本条与"卓越计划"1.0【国际交流合作能力】表述完全一致。

（15）【工程领导力】作为本学科领域领军人物，具备在跨学科、跨部门、跨行业、跨文化环境中重大复杂工程项目的组织管理、工程决策，以及危机与突发事件处理的能力。

作为本学科领域的领军人物是博士层次卓越工程师具备工程领导力的前提条件，这是因为要在工程领域发挥领导作用，首先必须是工程领域的权威专家，才能够作为内行领导者，从专业和内行的角度开展管理活动，进行工程决策，以及处理各种突发事件，使得被领导者心悦诚服地接受其领导。

本条是在硕士层次卓越工程师【全球胜任力】基础上的拓展：

① 对工程领导力拥有者要求其"作为本学科领域领军人物"；

② 在环境中增加了"跨行业"，以要求在更大范围内具备工程领导力；

③ 在"复杂工程项目"前冠以"重大"。

与"卓越计划"1.0【危机处理能力和领导意识】相比较：

① 本条增加了"作为本学科领域的领军人物"，限定了工程领导力拥有者在本学科领域的学术地位；

② 将"卓越计划"1.0【管理与沟通合作能力】中的"大型工程系统的组织管理"能力改为"重大复杂工程项目的组织管理"能力增加到本条；

③ 明确规定了高标准工程领导力所展现的环境；

④ 由于本条已包含较为全面的领导力内涵，故删除了 1.0 中的"一定的领导能力"。

（16）【终身学习能力】具有强烈的终身学习意识，能够及时获取信息，更新、拓展和整合并创造知识及应用新知识，以动态适应职业发展和迅速变化的内外部环境。

博士层次卓越工程师必须高度重视终身学习，不仅要像硕士层次卓越工程师那样能够及时获取信息、更新和整合知识，还应该创造知识，为本学科知识体系的完善和发展做出应有的贡献。在知识创造方面，欧洲资格认证框架也提出了类似要求，即在针对博士层次工程师的 EQF8 级中要求具有"扩展和重新定义现有知识"的能力。

本条是在硕士层次卓越工程师【终身学习能力】基础上有以下拓展：

① "终身学习意识"前增加了"强烈的"，以强调博士层次卓越工程师高度重视终身学习；

② 增加了"创造知识"，以强调博士层次卓越工程师在新知识生产上应该具有的作用。

与"卓越计划"1.0【学习能力】的比较：

① 由于信息获取、知识更新等是终身学习能力的重要构成要素，故将 1.0 中的"终身学习能力"去除，而在终身学习能力各要素的表述之前增加"具有终身学习意识"，以表明首先需要在思想上重视终身学习；

② 增加了"整合并创造知识"这两项终身学习的重要因素，这是由于知识的更新不仅是新旧知识简单地更替，还应包括将不同领域的知识基于职业发展的需要进行整合，形成新知识，以及在已掌握知识的基础上创造新的知识；

③ 增加"以动态适应职业发展和迅速变化的外部环境"，将终身学习能力与动态适应能力紧密联系起来。

10.10.4　硕士和博士层次卓越工程师培养通用标准对照

表 10.4 汇总了本章以上两节所讨论的国家卓越工程师学院硕士和博士层次

卓越工程师培养通用标准。

表 10.4 国家卓越工程师学院硕士和博士层次卓越工程师培养通用标准

类型	条目	硕士层次	博士层次
素质要求	基本素质	1. 具有家国情怀、全球战略视野、追求卓越的态度、艰苦奋斗精神和人文社会科学素养	1. 具有家国情怀、全球战略视野、追求卓越的态度、艰苦奋斗精神和人文社会科学素养
	伦理责任	2. 具有较强的社会责任感，良好的工程职业道德，在所有工程实践活动中注重质量与效益、健康与安全、环境保护、生态平衡和可持续发展	2. 具有强烈的社会责任感，优良的工程职业道德，在所有工程领域注重质量与效益、健康与安全、环境保护、生态平衡、社会和谐和可持续发展
知识要求	基础知识	3. 具有从事复杂工程开发和设计所需的数学、自然科学、经济管理等人文与社会科学知识	3. 具有从事大型复杂工程研究和开发、"卡脖子"技术问题解决和工程科学研究所需的数学、自然科学、经济管理等人文与社会科学知识
	专业知识	4. 掌握扎实的工程原理、工程技术、本学科专业知识和相关学科知识，了解新材料、新工艺、新设备和先进生产方式，以及本学科和相关学科领域的前沿发展现状和趋势	4. 系统深入地掌握工程原理、工程技术、工程科学、本学科专业知识和相关学科知识，熟悉新材料、新工艺、新设备和先进制造系统，以及本学科和相关学科领域的最新发展状况和趋势
	工具使用	5. 能够针对复杂工程问题，包括对其预测和模拟，开发、选择与使用恰当的技术、资源、现代工程工具、信息和智能技术工具，并理解其局限性	5. 能够针对重大复杂工程问题和"卡脖子"技术问题，包括对其预测和模拟，开发、选择与使用恰当的先进技术、资源、现代工程工具、信息和智能技术工具，并理解其局限性
	技术标准与政策法规	6. 熟悉本学科专业领域技术标准，相关行业的政策、法律和法规	6. 熟悉本学科专业领域技术标准，相关行业的政策、法律和法规
能力要求	思维能力	7. 具有批判性思维、创新性思维和系统性思维的能力	7. 具有批判性思维、战略性思维、创新性思维和系统性思维的能力
	复杂工程问题分析和研究	8. 能够识别、表达和分析复杂工程问题，得出被证实的结论；能够通过系列研究方法开展对复杂工程问题的研究，得出有效的结论	8. 能够识别、表达和分析重大复杂工程问题，得出被证实的结论；能够通过系列研究方法开展对重大复杂工程问题的研究，得出有效的结论

续表

类型	条目	硕士层次	博士层次
能力要求	复杂工程问题解决方案设计	9. 能够恪守工程伦理和工程师责任，设计和开发复杂工程问题解决方案	9. 能够恪守工程伦理和工程师责任，设计和开发重大复杂工程问题解决方案
	复杂工程问题解决方案实施和评估	10. 能够组织实施复杂工程问题解决方案，评估解决方案的有效性及对社会、健康、安全、法律、文化和环境产生的影响和责任	10. 能够组织实施重大复杂工程问题解决方案，评估解决方案的有效性及对社会、健康、安全、法律、文化和环境产生的影响和责任
	"卡脖子"技术问题解决能力		11. 能够设计和开发"卡脖子"技术问题解决方案，评估解决方案的有效性，以及对社会、经济、法律、健康、生活、文化和环境产生的影响和产生的责任
	创新与研究能力	11. 具有工程技术创新和工程科学研究的基本能力	12. 具有工程技术创新能力和工程科学研究能力，推动本学科领域前沿理论和新技术的发展
	沟通合作能力	12. 能够在复杂工程活动中与工程界和非工程界进行有效交流沟通，能够在各种形式和多学科背景的团队合作中有效发挥作用	13. 能够在重大复杂工程活动中与工程界和非工程界进行有效交流沟通，能够在各种形式和多学科背景的团队合作中有效发挥作用
	全球胜任力	13. 具有国际视野和在跨文化环境下的交流、竞争与合作的基本能力	14. 具有宽阔的国际视野和在跨文化环境下的交流、竞争与合作能力
	工程领导力	14. 具备在跨学科、跨部门、跨文化环境中复杂工程项目的组织管理、工程决策，以及危机与突发事件处理的基本能力	15. 作为本学科领域领军人物，具备在跨学科、跨部门、跨行业、跨文化环境中重大复杂工程项目的组织管理、工程决策，以及危机与突发事件处理能力
	终身学习能力	15. 具有终身学习意识，能够及时获取信息、更新、拓展和整合知识及应用新知识，以动态适应职业发展和迅速变化的外部环境	16. 具有强烈的终身学习意识，能够及时获取信息、更新、拓展和整合并创造知识及应用新知识，以动态适应职业发展和迅速变化的外部环境

10.11 国家卓越工程师学院通用标准与"卓越计划" 1.0 通用标准的比较

为了便于更直观地了解国家卓越工程师学院研究生层次通用标准与"卓越计划"1.0 研究生层次通用标准的异同,本节以列表的形式分别对硕士层次和博士层次通用标准进行比较。

10.11.1 "卓越计划"1.0 与国家卓越工程师学院硕士层次通用标准的比较

总体上,国家卓越工程师学院硕士层次卓越工程师培养通用标准在素质、知识和能力的各个方面的要求均高于"卓越计划"1.0 工程硕士人才培养通用标准,具体差异在表 10.5 中一目了然。需要专门指出如下两点:

(1)为了更加突出复杂问题解决能力,国家卓越工程师学院硕士层次通用标准中不仅增加了【工具使用】,还将复杂工程问题解决能力分为三条,即【复杂工程问题分析和研究】、【复杂工程问题解决方案设计】和【复杂工程问题解决方案实施和评估】。

(2)由于相关内容在国家卓越工程师学院硕士层次卓越工程师培养通用标准中已有体现,"卓越计划"1.0 工程硕士通用标准【创新意识与开发设计能力】和【创新开发与自然和谐能力】合并为前者的【创新与研究能力】。

表 10.5 硕士层次通用标准的比较

类型	"卓越计划"1.0 工程硕士层次通用标准			国家卓越工程师学院硕士层次通用标准	
要求	条目	具体内容		条目	具体内容
素质要求	基本素质	1. 具有良好的工程职业道德、追求卓越的态度、爱国敬业和艰苦奋斗精神、较强的社会责任感和较好的人文素养		基本素质	1. 具有家国情怀、全球战略视野、追求卓越的态度、艰苦奋斗精神和人文社会科学素养
	现代工程意识	2. 具有良好的市场、质量、职业健康和安全意识,注重环境保护、生态平衡和可持续发展		伦理责任	2. 具有较强的社会责任感,良好的工程职业道德,在所有工程实践活动中注重质量与效益、健康与安全、环境保护、生态平衡和可持续发展

续表

类型	"卓越计划" 1.0 工程硕士层次通用标准		国家卓越工程师学院硕士层次通用标准	
要求	条目	具体内容	条目	具体内容
知识要求	基础知识	3. 具有从事工程开发和设计所需的相关数学、自然科学、经济管理等人文社会科学知识	基础知识	3. 具有从事复杂工程开发和设计所需的数学、自然科学、经济管理等人文与社会科学知识
	专业知识	4. 掌握扎实的工程原理、工程技术和本专业的理论知识，了解新材料、新工艺、新设备和先进生产方式，以及本专业的前沿发展现状和趋势	专业知识	4. 掌握扎实的工程原理、工程技术、本学科专业知识和相关学科知识，了解新材料、新工艺、新设备和先进生产方式以及本学科和相关学科领域的前沿发展现状和趋势
	—	—	工具使用	5. 能够针对复杂工程问题，包括对其预测和模拟，开发、选择与使用恰当的技术、资源、现代工程工具、信息和智能技术工具，并理解其局限性
	技术标准与政策法规	5. 熟悉本专业领域技术标准，相关行业的政策、法律和法规	技术标准与政策法规	6. 熟悉本学科专业领域技术标准，相关行业的政策、法律和法规
能力要求	思维能力	6. 具有创新性思维和系统性思维的能力	思维能力	7. 具有批判性思维、创新性思维和系统性思维的能力
	分析解决问题能力	7. 具有综合运用所学科学理论、分析与解决问题的方法和技术手段，独立地解决较复杂工程问题的能力	复杂工程问题分析和研究	8. 能够识别、表达和分析复杂工程问题，得出被证实的结论；能够通过系列研究方法开展对复杂工程问题的研究，得出有效的结论
			复杂工程问题解决方案设计	9. 能够恪守工程伦理和工程师责任，设计和开发复杂工程问题解决方案
			复杂工程问题解决方案实施和评估	10. 能够组织实施复杂工程问题解决方案，评估解决方案的有效性，以及对社会、健康、安全、法律、文化和环境产生的影响和责任

续表

类型	"卓越计划" 1.0 工程硕士层次通用标准		国家卓越工程师学院硕士层次通用标准	
要求	条目	具体内容	条目	具体内容
能力要求	创新意识与开发设计能力	8. 具有开拓创新意识和进行产品开发和设计的能力，以及工程项目集成的基本能力	创新与研究能力	11. 具有工程技术创新和工程科学研究的基本能力
	创新开发与自然和谐能力	9. 具有工程技术创新和开发的基本能力，以及处理工程与社会和自然和谐的基本能力		
	管理与沟通合作能力	10. 具有良好的组织管理能力、较强的交流沟通、环境适应和团队合作的能力	沟通合作能力	12. 能够在复杂工程活动中与工程界和非工程界进行有效交流沟通，能够在各种形式和多学科背景的团队合作中有效发挥作用
	全球胜任力	11. 具有国际视野和跨文化环境下的交流、竞争与合作的基本能力	全球胜任力	13. 具有国际视野和在跨文化环境下的交流、竞争与合作的基本能力
	危机处理与领导意识	12. 具有应对危机与突发事件的基本能力和一定的领导意识	工程领导力	14. 具备在跨学科、跨部门、跨文化环境中复杂工程项目的组织管理、工程决策，以及危机与突发事件处理的基本能力
	学习能力	13. 具有信息获取、知识更新和终身学习的能力	终身学习能力	15. 具有终身学习意识，能够及时获取信息、更新、拓展和整合知识，以及应用新知识，以动态适应职业发展和迅速变化的外部环境

10.11.2 "卓越计划" 1.0 与国家卓越工程师学院博士层次通用标准的比较

总体上，国家卓越工程师学院博士层次卓越工程师培养通用标准在素质、知识和能力的各个方面的要求均高于"卓越计划" 1.0 工程博士人才培养通用标准，具体差异在表 10.6 中一目了然。为了更加突出解决复杂问题和"卡脖子"技术问题的解决能力，国家卓越工程师学院博士层次通用标准中做了三方面增加：

一是增加了【工具使用】；

二是还将复杂工程问题解决能力分为三条，即【复杂工程问题分析和研究】、

【复杂工程问题解决方案设计】和【复杂工程问题解决方案实施和评估】；

三是增加了【"卡脖子"技术问题解决能力】。此外，由于相关内容在国家卓越工程师学院博士层次卓越工程师培养通用标准中已有体现，"卓越计划" 1.0 工程博士通用标准【开发设计、项目集成与自然和谐能力】和【创新开发与科学研究能力】合并为前者的【创新与研究能力】。

表 10.6　博士层次通用标准比较

类型	"卓越计划" 1.0 工程博士层次通用标准			国家卓越工程师学院博士层次通用标准	
要求	条目	具体内容		条目	具体内容
素质要求	基本素质	1. 具有良好的工程职业道德、追求卓越的态度、爱国敬业和艰苦奋斗精神、较强的社会责任感和较好的人文素养		基本素质	1. 具有家国情怀、全球战略视野、追求卓越的态度、艰苦奋斗精神和人文社会科学素养
	现代工程意识	2. 具有良好的市场、质量、职业健康和安全意识，注重环境保护、生态平衡、社会和谐和可持续发展		伦理责任	2. 具有强烈的社会责任感，优良的工程职业道德，在所有工程领域注重质量与效益、健康与安全、环境保护、生态平衡、社会和谐和可持续发展
知识要求	基础知识	3. 具有从事大型工程研究和开发、工程科学研究所需的相关数学、自然科学、经济管理等人文社会科学知识		基础知识	3. 具有从事大型复杂工程研究和开发、"卡脖子"技术问题解决和工程科学研究所需的数学、自然科学、经济管理等人文与社会科学知识
	专业知识	4. 系统深入地掌握工程原理、工程技术、工程科学和本专业的理论知识，熟悉新材料、新工艺、新设备和先进制造系统，以及本专业的最新发展状况和趋势		专业知识	4. 系统深入地掌握工程原理、工程技术、工程科学、本学科专业知识和相关学科知识，熟悉新材料、新工艺、新设备和先进制造系统，以及本学科和相关学科领域的最新发展状况和趋势
	—	—		工具使用	5. 能够针对重大复杂工程问题和"卡脖子"技术问题，包括对其预测和模拟，开发、选择与使用恰当的先进技术、资源、现代工程工具、信息和智能技术工具，并理解其局限性

续表

类型	条目	具体内容	条目	具体内容
要求	\multicolumn{2}{c}{"卓越计划"1.0 工程博士层次通用标准}		\multicolumn{2}{c}{国家卓越工程师学院博士层次通用标准}
知识要求	技术标准与政策法规	5. 熟悉本专业领域技术标准，相关行业的政策、法律和法规	技术标准与政策法规	6. 熟悉本学科专业领域技术标准，相关行业的政策、法律和法规
能力要求	思维能力	6. 具有战略性思维、创新性思维和系统性思维的能力	思维能力	7. 具有批判性思维、战略性思维、创新性思维和系统性思维的能力
	分析解决问题能力	7. 具有综合运用所学科学理论、分析与解决问题的方法和技术手段，独立地解决复杂工程问题的能力	复杂工程问题分析和研究	8. 能够识别、表达和分析重大复杂工程问题，得出被证实的结论；能够通过系列研究方法开展对重大复杂工程问题的研究，得出有效的结论
	分析解决问题能力	—	复杂工程问题解决方案设计	9. 能够恪守工程伦理和工程师责任，设计和开发重大复杂工程问题解决方案
			复杂工程问题解决方案实施和评估	10. 能够组织实施重大复杂工程问题解决方案，评估解决方案的有效性及对社会、健康、安全、法律、文化和环境产生的影响和产生的责任
	—	—	"卡脖子"技术问题解决能力	11. 能够设计和开发"卡脖子"技术问题解决方案，评估解决方案的有效性及对社会、经济、法律、健康、生活、文化和环境产生的影响和责任
	开发设计、项目集成与自然和谐能力	8. 具有复杂产品开发和设计能力、复杂工程项目集成能力，以及处理工程与社会和自然和谐的能力	创新与研究能力	12. 具有工程技术创新能力和工程科学研究能力，推动本学科领域前沿理论和新技术的发展
	创新开发与科学研究能力	9. 具有工程项目研究和开发能力、工程技术创新和开发的能力，以及工程科学研究能力		

续表

类型	"卓越计划"1.0 工程博士层次通用标准		国家卓越工程师学院博士层次通用标准	
要求	条目	具体内容	条目	具体内容
能力要求	沟通合作与组织管理能力	10. 具有大型工程系统的组织管理能力、较强的交流沟通、环境适应和团队合作的能力	沟通合作能力	13. 能够在重大复杂工程活动中与工程界和非工程界进行有效交流沟通，能够在各种形式和多学科背景的团队合作中有效发挥作用
	全球胜任力	11. 具有宽阔的国际视野和跨文化环境下的交流、竞争与合作能力	全球胜任力	14. 具有宽阔的国际视野和在跨文化环境下的交流、竞争与合作能力
	危机处理与领导能力	12. 具有应对危机与突发事件的能力和一定的领导能力	工程领导力	15. 作为本学科领域领军人物，具备在跨学科、跨部门、跨行业、跨文化环境中重大复杂工程项目的组织管理、工程决策，以及危机与突发事件处理能力
	终身学习能力	13. 具有知识更新、知识创造和终身学习的能力	终身学习能力	16. 具有强烈的终身学习意识，能够及时获取信息，更新、拓展和整合并创造知识以及应用新知识，以动态适应职业发展和迅速变化的外部环境

参 考 文 献

［1］林健.国家高等教育质量标准体系及其构建［J］.中国高等教育，2014（6）：8-12.

［2］林健."卓越工程师教育培养计划"通用标准研制［J］.高等工程教育研究，2010（4）：21-29.

［3］林健."卓越工程师教育培养计划"通用标准诠释［J］.高等工程教育研究，2014（1）：12-23.

［4］林健.面向未来的新工科建设：新理念 新模式 新突破［M］.北京：高等教育出版社，2020：97-138.

［5］林健. 卓越工程师培养：工程教育系统性改革研究［M］. 北京：清华大学出版社，2013：87-89.

［6］教育部，中国工程院. 关于印发《卓越工程师教育培养计划通用标准》的通知：教高函〔2013〕15号［A］. 2013-11-28.

［7］林健. 卓越工程师创新能力的培养［J］. 高等工程教育研究，2012（5）：1-17.

［8］李伯聪. 工程科学的对象、内容和意义：工程哲学视野的分析和思考［J］. 工程研究——跨学科视野中的工程，2020，12（5）：463-471.

［9］汪应络，王宏波. 工程科学与工程哲学［J］. 自然辩证法研究，2005（9）：59-63.

［10］林健. 大学战略管理［M］. 北京：清华大学出版社，2023：58-63.

第 11 章
国家卓越工程师学院建设：问题挑战及对策建议

【本章导读】

　　国家卓越工程师学院建设是中国高等教育发展中的一项新生事物，也是世界工程教育发展中的一个创举，对推动中国特色、世界水平工程师教育培养体系建设发挥不可替代的作用。目前，在国家层面 3 批次 32 所高校和 8 家央企集团设立卓越工程师学院的基础上，大批省级卓越工程师学院也纷纷成立，这两个层级卓越工程师学院在建设过程中必将遇到在中国工程教育史上前所未有甚至中国独具的问题和挑战，需要认真分析研究并提出解决的思路和对策。

　　本章在充分调研的基础上，从 10 个方面依次对 17 个问题和挑战进行分析，进而提出相应的解决问题和应对挑战的对策建议，以期为开展国家级和省市级卓越工程师学院建设的高校提供建议和参考。

11.1　多学科院系的通力合作

　　在国际科技和人才竞争日益激烈、多学科交叉融合成为常态、新兴科技领域不断涌现的背景下，依托单一学科院系培养高层次工程人才的模式根本无法满足国家重大战略急需关键核心领域对高层次人才的需求。国家卓越工程师学院是一种没有专职教师和没有自身学科的非实体的组织形式，作为高层次人才培养平台，承担着组织、协调和管理面向国家重大战略急需的多个关键核心技术领域教育培养研究生层次卓越工程师后备人才（简称"卓越工程师"）的主要任务。

　　【问题挑战 1】国家重大战略急需关键核心领域高层次卓越工程师的培养需要高校内部相关多学科院系的通力合作，这种合作如何开展？

多学科专业交叉融合是培养高层次卓越工程师的学科专业属性。每个关键核心领域的卓越工程师培养必然涉及多个学科专业的交叉融合，包括两种模式：一种是以某一学科专业为主牵头负责，其他学科专业为辅的"1+n"模式；另一种是多个学科专业共同负责的"1+1+…"模式。不论何种模式，都需要高校内部不同实体院系、不同学科和专业方向的教师，以及来自合作企业的兼职教师的通力合作，达到多学科专业的交叉融合，共同努力做好该核心领域卓越工程师培养的各项教育教学工作。

国家卓越工程师学院这种非实体平台的有效运行需要制度和机制的保障，主要有以下四点：

（1）在资源配置上要突破传统的院系利益格局，鼓励学科之间融合，强调教育与科研资源共享；

（2）考核制度上要改变以院系为中心的传统评价模式，破除院系界线，鼓励教师跨学科专业、跨院系的合作与融合；

（3）在管理体制上要转变传统的条块分割的管理模式，促进跨院系跨学科跨部门的协同发展；

（4）在运行机制上要基于合作学科院系各自的特点，秉持"目标一致、齐心协力"的原则，在逐渐摸索、不断积累、持续优化的基础上形成适合多学科院系通力合作的运行机制。

卓越工程师的学科专业需要建立动态调整机制。一方面，随着中国式现代化进程的快速推进、国际竞争的不断加剧和国家重大战略的调整，国家重大战略急需关键核心领域对卓越工程师学科专业及其人才培养的要求变化将成为常态；另一方面，随着开放的全球高等教育人才市场竞争的日趋激烈，高校必须经常性地分析本校学科专业在人才市场上的优势和不足、机遇和挑战，不断明确卓越工程师培养的努力方向。因此，高校需要建立学科专业的动态调整机制，以满足未来国家重大战略急需关键核心领域对卓越工程师的需求。

11.2　合作企业类型的转变

适合高层次卓越工程师培养的合作企业类型不同于本科层次卓越工程师培养的合作企业，即它们必须是与卓越工程师培养关联的科技工业领域中的行业龙头企业或（特）大型高新技术企业，属于工程科技型企业（集团）。主要从事国防建设和国民经济发展中关键核心产品的研究、开发、生产和经营，具备很强的科技创新能力，其科技人员和专业人员比例高，R&D 经费占销售收入的比例高，其产品的技术含量高，在行业中具有核心竞争力，占有明显的市场份额。

研究生层次与本科层次卓越工程师培养合作企业的主要区别如表 11.1 所示。为了便于讨论，可以将研究生层次卓越工程师培养（统称"高层次卓越工程师培养"）合作企业统称为"大型工程科技型企业（集团）"，将本科层次卓越工程师培养合作企业统称为"生产制造型企业"。

表 11.1 研究生和本科层次卓越工程师培养合作企业

项目	研究生层次培养合作企业	本科层次培养合作企业
企业类型	工程科技型	生产制造型
企业规模	以大型企业（集团）为主	规模不限，以中小型为主
人力资源	本行业领域顶级专家	本行业领域高级工程师
设备条件	一流科研设备和实验条件	良好的生产设备和实验条件
科研项目	国家重大/重点工程技术项目	企业技改/研发项目
知识产权	一流工程技术创新成果、发明专利	产品研发和企业技改有限专利

我国本科生层次卓越工程师培养的校企合作始于 2010 年启动的"卓越工程师教育培养计划" 1.0，走过了十余年的历程，高校与这类生产制造型企业的合作积累了一定的经验。高层次卓越工程师培养的校企合作主要始于 2022 年首批国家卓越工程师学院，高校国家卓越工程师学院与这类大型工程科技型企业（集团）的校企合作面临的主要问题如下：

① 高校与企业作为两个相互独立的法人主体，相互之间不存在隶属关系，在高层次卓越工程师培养上存在各自不同的利益诉求；

② 我国多年在本科层次卓越工程师培养校企合作上积累的成功经验无法简单移植、照搬硬套；

③ 作为本行业龙头的大型工程科技型企业（集团）涉及更多的保密和知识产权问题，这些问题如果处理不好会直接影响校企合作的成效。

【问题挑战 2】合作企业类型从本科层次生产制造型企业转变为大型工程科技型企业（集团），使得如何与后者开展合作是高校国家卓越工程师学院必须解决好的关键问题。

合作企业类型的转变意味着高校在与企业开展合作前要充分了解企业的性质和特点，既要充分了解企业所拥有的能够用于高层次卓越工程师培养的各种工程实践教育和创新教育资源，又要充分掌握企业与高校合作培养卓越工程师的利益诉求，以利于高层次卓越工程师培养。

从高层次卓越工程师培养所需要的教育教学资源角度，这类大型工程科技型企业（集团）一般都具备如下条件：

① 承担国家重大、重点工程技术项目或研发任务，能够作为研究生尤其是博士生开展工程实践创新活动的依托和学位论文选题的来源；

② 聚集了本行业领域的顶级专家，能够胜任并履行研究生兼职导师的职责；

③ 拥有一流的科研设备和实验条件，能够提供丰富的工程实践和创新教育资源；

④ 积累了国内一流的工程科技创新和专利成果，展现出在本行业领域的领军地位。

大型工程科技型企业（集团）往往是本工程科技领域的龙头企业，它们参与高层次卓越工程师培养的动机主要有以下六个方面。

（1）获得企业（集团）快速发展、保持核心竞争优势所需要的高层次、创新型、复合型工程技术人才；

（2）利用高校丰富的教育教学资源，对企业普通员工进行知识更新方面的岗位培训和继续教育；

（3）运用高校对前沿科技知识的掌握，对企业科技人员和专业人员进行新技术及其前沿发展等方面的岗位培训；

（4）借助高水平高校的智力和科技资源，共同开展重大工程科技项目和技术创新项目的研究和攻关；

（5）履行国家和国务院相关部委赋予的开展产教融合、协同育人的责任；

（6）享受国家与各级政府在校企合作方面相关的优惠政策，如税费减免等。

高校国家卓越工程师学院需要与上述大型工程科技型企业（集团）构建产教融合卓越工程师联合培养共同体。一方面，这类企业拥有高校不具备但又必需的培养高层次卓越工程师的上述教育教学资源；另一方面，高校与企业的合作是长期和相互交融的，按照硕士研究生在校 1 年、在企业 2 年，以及博士研究生在校 2 年、在企业 3 年的学制安排，每届高层次卓越工程师培养要 3~5 年。只有校企构建产教融合卓越工程师联合培养共同体，才能有效地开展全方位深度合作，完成国家赋予的高层次卓越工程师联合培养的重要使命。

产教融合卓越工程师培养共同体的构建需要做好三方面工作。

（1）体制机制建设。① 组织体制建设：设立由校企双方主要负责人担任理事长、双方相关部门负责人担任理事的理事会，负责指导和建设国家卓越工程师学院；② 制度机制建设：通过理事会明确学院建设目标、卓越工程师培养目标、校企双方职责分工，以及制定可操作且行之有效的规章制度、知识产权保护和保密条例等，确保国家卓越工程师学院的运行。

（2）坚持"优势互补、互惠共赢"原则：基于优势互补的原则优化各方教育教学资源配置方式，基于互惠共赢的原则完善成果共享制度，形成校企合作共同体长远可持续发展模式。

（3）共同开展全过程卓越工程师培养工作：即高校在与企业合作过程中要充分发挥企业丰富的工程教育资源在培养卓越工程师上的作用，共同建设专兼职导师队伍，共同制定培养目标和标准，共同制定人才培养方案，共同建设课程体系，共同指导学生工程实践创新活动，共同指导学位论文，共同评价人才培养质量。

在构建产教融合共同体的同时，高校要充分发挥人力资源的优势，主动服务企业，尽最大努力满足企业的利益诉求，以最大限度地调动企业的积极性。设立国家卓越工程师学院的 32 所高校均是国家"双一流"建设高校、在工程学科专业领域具有显著优势和突出特色，这些高校能够在三个方面为合作企业提供服务和支持。

（1）人才培养和教育培训：一方面能够为企业"定制化"培养企业需要的不同层次、类型、学科专业的专门人才；另一方面为企业员工提供继续教育和脱产学习等教育教学服务，培训相关的技术和管理人员。

（2）合作科研和成果转化：一方面就企业承担的国家重大科研项目、重点型号项目、科技攻关项目，以及本领域的前沿科技创新问题等开展合作研究，提供相关最新理论和技术的支持；另一方面，在促进高校科研成果转化成企业新产品、新工艺、新材料和新技术的同时，推动高新技术企业科研成果的开发、应用和推广。

（3）数字化转型和咨询服务：一方面提升企业员工的数字素养和数字技能，运用人工智能和大数据等新技术改造现有技术，实现企业数字化转型，保持企业在行业中的竞争优势和领先地位；另一方面，及时提供企业所需的各种技术服务和决策咨询服务，解决企业在生产、管理和经营等方面遇到的各种问题，保持和提高企业的市场竞争力。

11.3　校企导师队伍建设

高层次卓越工程师培养需要建设一支由学校导师和企业导师组成的校企导师队伍，这是实现高层次卓越工程师培养目标的关键。这方面需要做的工作包括制定校企导师评聘标准、明确校企导师职责要求、提升校企导师能力、建立双方合作机制、加强导师团队建设、提供队伍建设政策保障、出台激励校企导师的措施等（详见本书第 9 章 9.1 节"共同建设导师队伍"）。

【问题挑战3】由于企业导师没有担任教师和导师的经历和经验，因此企业导师能力提升是校企导师队伍建设中最为突出的问题挑战之一。

研究生在企业学习期间的主要学习内容是工程实践和科研训练，因此企业导师能力提升问题主要包括企业导师实践教学能力和科研指导能力两方面的提升。

（1）实践教学能力

实践教学能力应该包括实践教学内容组织和教学两部分。

① 实践教学内容组织：将企业生产和制造过程，包括对原材料或半成品进行加工、组装、调试、检验等一系列加工工序制造成合格产品的全过程中的环节，根据研究生在企业学习期间工程实践能力培养的要求，基于能力培养和提升的规律，进行有的放矢地选择和组织，形成实践教学内容。

② 实践教学内容教学：根据实践教学目标，开展实践教学设计、实施实践教学，培养和提升学生的工程实践能力。

实践教学能力的提升可以通过与其他导师的相互学习或到高校脱产学习的方式实现。学校导师及一些企业导师在教学内容选择、组织和设计方面积累了经验，能够作为需要提升实践教学能力的企业导师相互学习的对象。企业导师也可以脱产到高校，通过学习教育学原理、课程教学论等课程，参与课程教学内容设计，观摩实践课程教学等形式提升实践教学能力。

（2）科研指导能力

科研指导能力应该包括科研项目的选择、科研方案的设计和指导科研活动三部分。

① 科研项目的选择：根据研究生在企业学习期间科研能力培养的要求，在企业导师主持和参与的各种科研项目中，结合研究生的科研基础，选择研究生能够以研究者身份充分参与并得到有效训练的科研项目。

② 科研方案的设计：主要包括研究目标的制订、研究对象和研究内容的确定、研究重点和难点的把握、研究技术路线的提出、研究方法手段的选择、研究框架的设计、研究进度的安排等，这些既是指导研究生时导师需要明确的，也是需要研究生最终能够掌握的内容，是作为高层次研究者必须具备的。

③ 指导科研活动：根据研究生的科研基础，针对性地指导研究生开展科研活动，包括针对研究重点难点选择研究方法、优化科研资源配置、使用先进的科研仪器设备、解决科研瓶颈问题、开展科研创新等，这样使研究生不仅能够与其他研究者一道实现研究目标，而且能够有效地提升科研能力。

科研指导能力的提升可以通过自身经验的总结和归纳，以及与其他导师的相互学习来提升。担任企业导师的企业工程科技人员均具有很强的工程科技研究能力和丰富的工程科技研究经验，以及指导企业年轻科技人员开展科研的能力，但缺乏作为导师系统地指导研究生开展科研的能力。这些能力既要有能够准确动态地掌握研究生科研基础和水平的能力，也要有能够针对研究生的潜力和所遇到的科研问题，从理论的高度和实践的行动两方面因材施导的能力。因此，一方面，可以通过企业导师将自身在工程科技研究和指导方面的经验进行总结和归纳，上升到理论知识层面，进而转化为指导研究生开展科研的能力；另一方面，也可通过与校企其他导师的相互交流、学习和借鉴，提升企业导师自身的科研指导能力。

【问题挑战 4】由于存在一些企业导师与学校导师没有合作基础，因此校企导师合作机制建立是校企导师队伍建设中遇到的另一最为突出的问题。

研究生层次工程人才培养的校企导师合作关系的建立需要较长时间的积累。其中最主要是通过合作科研的方式形成，包括合作申报和研究国家科研项目、企业委托学校研究企业项目、校企合作开展企业项目的研究等。在校企导师开展合作科研的过程中，研究生的参与是必然的，因此，往往企业导师也会应邀参与研究生的指导工作，逐渐形成了校企导师合作培养研究生层次工程人才的机制。

高层次卓越工程师培养校企导师合作机制建立的主要障碍在于双方隶属于不同的独立实体且担负着各自单位的重要工作。因此，需要校企双方导师寻求利益共同点并以此为基础，在开展高层次卓越工程师培养的过程中，不仅能实现双方共同追求的目标，而且能满足各自的利益诉求。

对于没有合作基础的校企导师在联合指导和培养高层次卓越工程师并建立合作机制上会面临较大的挑战，需要从四个方面解决。

① 加强相互了解：从教育背景、工作经历、研究领域、当前工作到兴趣爱好等全方面进行交流沟通，拉近彼此距离，为双方合作打下基础；

② 以项目为平台：通过邀请对方参与己方科研项目，尤其是邀请学校导师参与企业研究项目，建立紧密的合作关系；

③ 以目标为追求：在明确责任分工、权利义务的基础上，以高层次卓越工程师培养目标为共同追求，开展联合培养工作；

④ 以制度为保障：建立定期联合指导制度对培养过程各个环节进行指导，建立不定期研讨制度对培养过程中出现和关注的问题进行研讨并交流经验（详见本书第 9 章 9.1.4 节 "建立合作机制"）。

对于有合作基础的校企导师在建立新的合作机制上具有明显优势：校企导师

之间相互了解、沟通顺畅，合作方式形成且基本稳定。对于这类校企导师的合作需要注意避免沿用或依赖原有的合作方式，而需要以高层次卓越工程师培养目标和培养标准为引导，按照相应培养方案的要求，将过去的科研合作或工程硕博士人才联合培养转向面向高层次卓越工程师培养的全方位深度的合作。

11.4 生源质量保证

高质量的生源是高质量人才培养的基础，高层次卓越工程师培养需要高质量生源的保证。国家卓越工程师学院的生源有多种渠道，主要包括：

（1）面向本校大四学生以保研（直博）方式招收入学，这方面存在仅为了获取保研资格而学业成绩不达标者；

（2）以卓越工程师培养专项或基于企业项目的"项目式"方式直接录取入学，这方面存在学生报考热情不如学术学位的现象；

（3）企业推荐回校以在职身份入学，这些学生的优势是有一定年限的工程实践经历，但不一定是企业中理想的中青年技术骨干。目前通过上述渠道获取的生源并不能保证其高质量。

【问题挑战 5】高层次卓越工程师培养的优质生源吸引力不足。

主要原因有三个方面：

（1）按照硕士生企业 2 年和博士生企业 3 年的安排，学生有相当长时间必须在企业开展工程实践和科研训练，而这些合作企业除总部外，大多数在偏远地区，远离高校所在城市；

（2）对参与项目的保密要求，如不留在开展工程实践和科研训练的企业，研究生毕业后就业将受到限制；

（3）对专业学位的重要性认识不足，认为其"含金量"较低，多数学生倾向于攻读学术学位。

上述三点对优秀学生缺乏吸引力，容易影响生源质量。

解决生源质量问题的对策应该从问题源头做起。

第一，提高学生使命责任感，加大对高层次卓越工程师在国家重大战略实施和中国式现代化建设中重要性的宣传和教育，提高青年学生家国情怀和在民族复兴中的使命感和责任感。

第二，做好招生宣传，向社会公布学科专业培养目标、培养标准和培养方案，一方面要突出教育教学资源的丰富和高水准，进一步清晰高水平双导师、校企优质教育资源、拟参与的重大工程项目等信息，甚至邀请担任导师的院士直面考生；另一方面要强调人才培养的个性化和多样化，以吸引注重个性发展和职业取向的学生。

第三，出台政策措施提高申请进入卓越工程师专项学生的保研比例，提高进入国家卓越工程师学院学习学生奖学金比例和覆盖面，鼓励学生在学期间获得社会认可的各级各类工程资格证书。

第四，增强专业学位认同。从国家和高校层面加强对研究生专业学位在培养目标定位、专业特点、培养标准、职业要求和发展前景等方面的宣传和引导，增强学生及其家长和全社会对专业学位的认同感。

在上述各项对策中，提高学生及全社会对专业学位的认同感对吸引优质生源具有重要意义。事实上，专业学位（professional degree）是相对于学术学位（academic degree）而言的学位类型，其目的是培养具有扎实理论基础，并适应特定行业或职业实际工作需要的应用型高层次专门人才。专业学位与学术学位处于同一层次，但在培养目标和培养标准上有明显差异。学术学位以学术研究为导向，偏重理论和研究，培养高校教师和科研机构的研究人员；专业学位以专业实践为导向，重视实践和应用，培养在专业和专门技术上受到系统、严格、高水平训练的高层次专业人才。

11.5　培养目标和培养标准

国家卓越工程师学院卓越工程师培养目标和培养标准必须满足国家重大战略急需关键核心领域对高层次卓越工程师的需求，需要高校与合作企业一道共同制定（详见本书第 8 章 8.2 节"建设目标"、第 8.3 节"培养标准"和第 9 章 9.2 节"共同制定培养目标和培养标准"）[1]。然而，从合作企业的角度，它们主要关注的是如何为本企业培养所需要的高层次卓越工程师。

【问题挑战 6】合作企业参与校企联合培养卓越工程师的主要动机是为本企业培养"量身打造"的高层次卓越工程师，因而在培养目标和培养标准上往往强调企业的要求，而忽略其他。

这一问题的解决需要高校加强与企业的交流沟通，在此基础上形成共识：高层次卓越工程师培养目标和培养标准的制定既要满足合作企业的个性要求又要满足更大适应面的共性要求。

（1）从合作企业的角度，合作企业当前对高层次卓越工程师培养的要求并不一定是该企业未来对这类人才的要求，随着企业的发展、所承担重大科研任务的变化，对高层次卓越工程师的要求也将随之改变；

（2）从学生发展的角度，企业的个性要求与学生的兴趣、潜质及个性存在差异，更大适应面的共性要求容易覆盖学生的个性化要求，这对提高学生学习兴趣和发挥其潜能至关重要；

（3）从招生人数的角度，高校每年在某个学科专业方向上招收的研究生往往超过合作企业需要的人数，其余学生毕业后需要到其他企业就业，合作企业个性化的要求难以成为其他企业的要求；

（4）从人才流动的角度，满足更大适应面的共性要求对学生毕业后的就业或留在合作企业工作一段时间后的岗位流动和社会流动均有重要的支持作用。

【问题挑战 7】如何区别国家卓越工程师学院研究生培养标准与以往工程硕士、工程博士、企业定向培养研究生的培养标准？

这方面的区别主要在于突出国家卓越工程师学院培养的卓越工程师的"卓越"和服务面向两方面。在"卓越"上，要突出体现家国情怀、全球战略视野、追求卓越的态度、批判性思维、战略性思维，尤其是全球胜任力、工程领导力和"卡脖子"技术问题解决能力等素质和能力要求，这些在以往的工程硕博士及企业定向培养研究生的培养标准中不存在。在服务面向上，国家卓越工程师学院培养目标强调的是面向"国家重大战略急需关键核心技术领域"，这也是其他研究生层次工程专业学位培养目标所无法强调的。

11.6　培养方案制定和实施

培养方案是落实培养标准和实现培养目标的平台，由于大型工程科技型企业（集团）不擅长专业化的人才培养即学历教育，因此，在高层次卓越工程师培养方案的制定和实施上，国家卓越工程师学院面临着以下问题挑战。

【问题挑战 8】高校对原有相近专业研究生的培养方案依赖性较大，甚至存在直接沿用以往工程硕士、博士专业学位培养方案的情况。

高层次卓越工程师的培养方案既不能依赖原有相近专业研究生的培养方案，也不能直接沿用以往工程专业学位研究生的培养方案。一方面，高层次卓越工程师培养的"卓越"要求远高于以往相近专业研究生及工程专业学位研究生的要求；另一方面，这些毕业生就业的服务领域是面向国家重大战略急需关键核心技术领域，其培养过程中与企业全方位深度合作的专门性要求也远高于以往工程专业研究生中校企合作的要求。

国家卓越工程师学院高层次卓越工程师校企联合培养方式决定着其培养方案应由学校培养方案和企业培养方案两部分组成，这不仅因为这类学生在企业学习的时间远超在学校学习的时间，同时必须有相对于学校学习期间的培养方案，而且也由这类学生在企业培养的重要性决定。

企业培养方案包含学生在企业培养阶段的培养目标和培养标准、培养方式、主要培养环节及要求、工程实践创新条件、学位论文及研究、导师配备及职责要求、培养质量保障等方面内容。企业培养方案不仅要符合企业实际、具体明确，而且还要切实可行，具有可操作性。（详见本书第 9 章 9.3 节"共同制定培养方案"）

【问题挑战 9】研究生培养方案尤其是博士生培养方案如何满足同一学科专业不同研究方向研究生的培养需要。

虽然同一学科专业研究生采用的是同一培养方案，但是这些研究生的研究方向可以各不相同。这一方面源于学生兴趣潜能等个性化培养需要，另一方面源于企业对人才的多样化需求、未来社会对人才变化的需求、学科和行业发展的动态变化。因此，研究生培养方案应该是柔性化的，以满足同一学科专业不同研究方向研究生的培养需要。

柔性化培养方案的"柔性"表现在允许按照联合培养高层次卓越工程师的合作企业和研究生个人的要求：（1）在满足总学分要求的前提下，自主选择和组合课程，包括本校没有的课程；（2）制订符合企业或个人的个性化培养计划；（3）构建和选择既定培养方案中没有的新工程学科方向，作为研究生的研究领域。

柔性化培养方案需要具备三个条件：一是允许学生跨校选课并认定学分，以解决本校课程和教学资源不足的问题；二是允许认定既满足国家重大战略关键核心领域发展趋势，又符合学生学科和职业发展兴趣的新工程学科方向；三是配备胜任指导学生在新工程学科方向学位论文的校企导师（组）。

【问题挑战 10】企业培养方案的制定，以及与学校培养方案的有效衔接。

企业培养方案的制定需要高校与企业一起完成，这方面面临的主要挑战是如何在不影响企业正常的科研和生产任务的前提下，将企业的科研、生产设备和场地用于人才培养。首先，整体性地认真分析校企双方在高层次卓越工程师培养上所拥有的资源和优势；其次，将高校与企业的教育教学资源进行整合，成为有序关联、相互衔接的整体；最后，理顺学校学习与企业学习之间的衔接关系，做好理论学习（理论课程模块）与工程实践（实践课程模块）的衔接、工程实践与科研训练（项目课程模块）的衔接。

【问题挑战 11】企业培养方案的实施。

企业培养方案的实施主体是企业导师，他们均是企业各部门的技术骨干，年富力强，肩负重任，工作繁忙，因此，他们在实施企业培养方案、履行企业导师职责时会面临着时间无法保证和投入精力有限的问题，这些问题如果不能有效地解决，企业培养方案将无法顺利实施。这一问题的解决要充分考虑企业导师具体实际情况，可以从以下四方面入手。

（1）获得合作企业政策保证。高校在选定合作企业之初要与合作企业就企业导师所担负的职责要求和时间保证上予以充分的沟通交流、达成共识并形成政策文件，以得到企业领导层在不影响企业正常运营的前提下尽可能对企业导师所承担的培养卓越工程师的工作承诺和支持。

（2）柔性灵活的时间安排。企业培养方案在实施计划安排应具有一定的灵活性，以便企业导师在不影响其在企业的本职工作的前提下能够安排充足的时间来履行企业导师所承担的职责，包括将指导学生的工作尽可能安排在有利于企业导师的时间上，如晚上等非企业上班时间等，或偶尔采取线上的方式以避免师生见面时间的冲突。

（3）紧密结合企业导师本职工作。将指导学生工程实践和科研训练与企业导师正在承担或参与的生产任务和科研项目密切结合，使企业导师完成本职工作和履行导师职责两不误。

（4）加强与企业导师的沟通与协调。学校导师通过与企业导师保持经常性的沟通，了解学生在企业学习的进程，也便于协调和协助解决企业导师在实施企业培养方案时可能遇到的障碍和问题。

11.7　校企合作培养模式

国家卓越工程师学院对高层次卓越工程师培养有明确的学制要求。硕士：1年学校+2年企业；博士：2年学校+3年企业。在这种学制要求下，校企合作可以采取多种培养模式，在目前较多采用的是"学工交替"的培养模式，如硕士层次为"1+1+1"，即硕士研究生在学校完成一年学习后，进入企业进行为期一年的工程实践，而后用一年的时间主要在企业完成学位论文，其间可以返校查阅文献资料、获取学校导师的指导。又如博士层次为"1+2+2"，即博士研究生在学校完成一年学习后，进入企业进行为期2年的工程实践和科研训练，而后用2年的时间完成学位论文，其间可以在学校和企业之间往返，在学校和企业时间均为一年左右。

【问题挑战 12】目前校企合作培养模式面临着生源背景不同、校企合作缺乏基础等方面问题的挑战，培养模式往往刚性有余而灵活性不足，一方面造成学校学习与企业学习的衔接不够，另一方面由于影响企业科研和生产任务而不得不调整学生工程实践和科研训练的安排。

校企合作培养模式的确定和选择需要做好三方面的工作：

（1）充分考虑学生的生源情况、学科背景和工程经历，这些均会影响学校培养方案和企业培养方案的制定和实施，以及校企合作培养模式的选择和实行；

（2）除高校必须与企业充分沟通外，至关重要的是校企双方，尤其是企业要预判和分析拟采取的培养模式在动荡和变化的企业内外部环境下可能出现的突发事件或意外情况对合作培养模式的影响；

（3）校企双方要就企业可能出现的不可预见情况制定拟采取的应对方案或措施，以保证学校学习与企业学习的有效衔接，以及学生在企业的工程实践和科研训练活动的顺利进行。

11.8　课程体系改革

课程是落实培养标准的平台，虽然高层次卓越工程师培养在企业学习的时间超过在学校学习时间，但由企业自主或独立建设研究生层次课程的可行性并不高，由企业导师单独开设一门系统性课程的可能性也不大，包括理论联系实际的课程及完整的实践性课程。这是由于：一方面，企业导师不具备独立进行课程建设的能力和系统性的课程教学能力；另一方面，企业已有的课程资源主要针对企业在职员工的培训或继续教育，与研究生层次学历教育的要求相距甚远。

高层次卓越工程师的培养高度重视工程实践和科研训练，强调在企业参与工程实践和科研项目的过程中培养学生"突出的工程技术创新能力""解决重大工程中复杂工程问题的能力""工程领导力"和"全球胜任力"等核心能力。基于能力形成的渐进性规律，上述实践和训练及核心能力的培养需要连续性、系统性的培养过程。

【问题挑战 13】学生在企业学习期间的实践性学习如何安排？是否有"课程"要求？学生的工程实践和科研训练如何组织？

首先，要对课程在高等教育中的作用重新认识。课程是学习的基本单元，每门课程均有课时、计划、目标和学分等要求。一门课程的教学内容是聚集学科专业某一方面、能够自成一体、系统完整的知识信息，包括理论知识和实践经验。一门课程的教学实施是学生系统地掌握该门课程的知识或应用已掌握的知识解决实际问题，从而提升自身能力和素质的学习活动，包括课堂学习、实验训练、社会实践和科学研究等。

其次，将工程实践和科研训练活动组织成课程。遵循认知循序渐进和能力逐渐提升的规律，将学生在企业学习阶段的系列工程实践和科研训练活动按照由易到难、由浅入深的思路设计和组织成若干门课程，再以课程的方式组织学生在企业学习阶段的实践性学习，这样就能够使学生的各项工程实践和科研训练活动得以目标明确、要求清晰、有序渐进地推进。

最后，总体上可以将高层次卓越工程师培养方案分为四个模块，即理论课程模块、实践课程模块、项目课程模块和学位论文环节，其中实践课程模块和项目课程模块在企业完成，分别对应学生在企业的工程实践和科研训练。

11.9　企业项目要求

学生在企业学习期间参与的各种企业项目需要分别满足高层次卓越工程师培养在工程实践、科研训练和学位论文各个阶段的要求。因此，对这些项目理应有具体的要求，这些要求既是企业科技创新和生产任务所需要的，又是满足高层次卓越工程师培养所需要的。具体而言，用于工程实践的项目要具有实践性和创新性，用于科研训练的项目要具有创新性和系统性，用于学位论文的项目要具有创新性、前沿性和战略性。

【问题挑战 14】对企业项目的要求应该是高校与企业商讨合作意向时必须重点考虑并得到保证的。但是，由于高校与企业对接的多为大型工程科技型企业（集团）总部或人力资源部门，对企业项目的要求可能在学生企业学习期间得不到兑现，包括不适合和不存在。

这种问题的出现一方面是由于具体负责企业各种工程项目的生产、技术、研发部门的负责人或高级工程师没有参与校企合作意向的商讨，另一方面可能是企业确实没有适合高层次卓越工程师培养的项目。为解决或避免这种问题应该在三个阶段做好企业项目的确认和保证工作：

第一阶段，在高校与企业商讨合作意向时，应该有掌握企业各种项目信息的二级单位负责人的参与，以明确企业是否具有满足高层次卓越工程师培养的项目；

第二阶段，高校在与企业制定企业培养方案时，需要进一步确认满足学生在企业学习阶段学习要求的各种企业项目，包括项目的来源层次、完成周期、技术要求和负责人等；

第三阶段，学生进入企业学习和进行具体的学习活动前，校企双方导师要与学生拟参与的企业项目负责人进行沟通，以确保学生能够顺利地参与企业项目的活动。

【问题挑战 15】保密问题。大型工程科技型企业（集团）的重大项目或国家型号项目都可能涉及国家关键核心技术的保密问题，除了该企业定向培养的研究生外，其他研究生参与这些项目将使企业不得不再三权衡利弊，包括对能否参与、参与哪些环节、参与到什么程度等方面的仔细考量。

从企业项目对国家和企业的重要性考虑，解决保密问题从而让企业没有后顾之忧的有效做法是研究生无条件接受企业对保密级别及其期限的要求，签订保密协议并在学校的监督下严格遵守。

然而，事物都有两面性。签订保密协议容易引起学生毕业后可能到其他类型企业和组织就业的顾虑，学生担心脱密期较长从而影响其毕业后的就业和出国，如到与合作企业存在竞争关系的民营企业、外资企业或出国就业。因此解决好涉密问题，以及涉密和脱密之间的矛盾是高校、企业和政府各方都需要认真对待的。

【问题挑战 16】成果归属问题。研究生在企业参与企业科研项目所取得的成果，按照企业单方面的约定，必须归企业所有。这方面问题可能在一些高校和学校导师中存在异议，但处理不好容易影响企业参与校企合作的积极性。

按照高校的惯例，研究生在高校参与任何科研活动所取得的成果的知识产权均属于高校，主要理由是科研设备、条件、环境为高校所有，指导教师和学生也是高校的成员。但是，研究生在企业参与企业科研项目的情况与在高校有所不同，除了研究生本人，学校导师也可能参与企业科研项目的研究或做出一定程度的贡献。解决这一问题的原则是：不影响企业的积极性。具体思路是在尊重企业意见的前提下，按照对成果的贡献度由企业与高校一道协商来确定成果的归属，包括归企业独有、按贡献比例划分成果拥有、共同享有成果等。

11.10　学位论文评价

培养质量评价标准直接关系到培养活动的组织和开展。高层次卓越工程师培养的质量评价需要涵盖人才培养全过程，包括理论学习、工程实践、科研训练和学位论文四个培养环节，针对各个环节的质量评价标准直接影响校企双方教学管理部门和导师的设计、布局、组织和安排等相关环节活动的开展。

在这四个培养环节中，最具有挑战的是学位论文环节质量评价，关系到高层次卓越工程师培养目标的实现，是一个综合性和创新性的评价。综合性表现在以学位论文为载体，对研究生知识、能力和素质进行系统整体的评价。创新性必须分别基于博士和硕士培养目标和培养标准展开。

就博士研究生而言，学位论文综合性评价主要包括以下三点：

（1）知识方面，强调在本工程技术学科领域掌握坚实全面的基础理论和系统深入的专门知识；

（2）能力方面，具有在本工程科技学科领域独立从事研究工作的能力；

（3）素质方面，具备作为卓越工程师的综合素质。

由此可见，综合性评价容易在校企导师和学位论文答辩委员会中形成共识，因此，学位论文评价的问题挑战聚焦在学位论文的创新性评价上。

【问题挑战 17】创新性评价。高层次卓越工程师培养学位论文的创新性评价的难点在于不能沿用以往工程硕博士学位论文评价标准，而必须根据高层次卓越工程师培养目标定位，确定创新性评价的重点和内涵。

　　博士层次卓越工程师培养的学位论文创新性评价重点应该聚焦在工程科技创新或工程科技应用创新。其中，工程科技应用创新是指应用现有的工程科技成功地解决了重大复杂工程问题或"卡脖子"技术问题，主要体现在以下三个方面之一：

　　（1）对现有工程科技的修正、补充、完善或发展；

　　（2）通过工程科技的研发产生全新的工程科技；

　　（3）通过工程科技创新解决了"卡脖子"技术问题。

　　具体而言，博士学位论文的创新性主要体现在：重大复杂工程问题或"卡脖子"技术问题解决方案的创新、"卡脖子"技术研发的创新、重大工程项目设计方案的创新等并取得良好的社会经济效益。创新性成果形式包括：学术论文、发明专利、科技奖励、设计方案等。

　　总之，通过工程科技创新或工程科技应用创新以显现博士研究生具有突出的工程技术创新能力、"卡脖子"技术问题解决能力，以及重大复杂工程问题解决能力。

　　硕士研究生创新性评价重点应该聚集在工程技术创新和工程技术应用创新。其中，工程技术应用创新是指应用现有的工程技术成功地解决了复杂工程问题。主要体现在以下两个方面之一：

　　（1）对现有工程技术的修正、补充、完善或发展；

　　（2）通过工程技术的研发形成全新的工程技术。

　　因此，通过工程技术创新或工程技术应用创新可以显现硕士研究生具有工程技术创新基本能力和复杂工程问题解决能力。具体而言，硕士学位论文的创新性主要要求学生在复杂工程问题的解决和工程技术的创新上做出一定的贡献。创新性成果形式包括：学术论文、学术会议报告、发明专利、科技奖励等，以体现学位申请人在本工程领域具有较好的基础理论和专门知识，以及独立担负工程专业工作的能力。

参 考 文 献

［1］林健. 国家卓越工程师学院建设：高层次卓越工程师培养通用标准研制［J］.清华大学教育研究，2024（5）：25-38.

第五篇

工程教育信息化

第 12 章
工程教育的信息化

【本章导读】

　　教育信息化对于加快我国教育现代化和教育强国建设具有不言而喻的重要意义，工程教育在高等教育中的引领和示范地位日益凸显，工程教育的信息化不仅关系到高等教育信息化，而且关系到高等教育强国建设。

　　本章聚焦工程教育的信息化展开讨论，涉及工程教育信息化的特征、学习环境的数字化、课程教学的信息化、虚拟仿真实验教学、校企合作教育信息化、教育教学评价信息化，以及教师信息化教育教学能力提升等方面内容，以期为准备和正在开展工程教育信息化的高校及相关专业提供借鉴和参考。

12.1　引　　言

　　教育信息化对于加快我国教育现代化和教育强国建设具有不言而喻的重要意义，这方面可以从党中央和国务院的文件中得到充分体现。中共中央办公厅、国务院办公厅印发的《加快推进教育现代化实施方案（2018—2022年）》中提出"大力推进教育信息化"，指出"促进信息技术与教育教学深度融合，支持学校充分利用信息技术开展人才培养模式和教学方法改革，逐步实现信息化教与学应用师生全覆盖。"中共中央、国务院印发的《中国教育现代化2035》进一步强调"加快信息化时代教育变革""利用现代技术加快推动人才培养模式改革，实现规模化教育与个性化培养的有机结合""建立数字教育资源共建共享机制"。

　　当前高等教育教学存在以下三个方面的突出矛盾：

　　一是学科专业发展使得教学内容不断丰富与单门课程课时有限的矛盾；

　　二是经济社会发展对学生个性化培养的要求与教师时间精力有限的矛盾；

三是学科专业多学科交叉需要增设课程与学科专业总课时有限的矛盾。

上述矛盾在工程教育领域尤为突出，解决这些矛盾应该"双管齐下"：一是通过课程的整合重组，教学内容的更新优化，改革课程体系，提高课程的含金量和教学内容的有效性，提升课程教学的产出和成效；二是利用互联网和信息技术推动人才培养模式的改革，在丰富教育教学资源的基础上，通过课下线上自主学习和课上参与式学习等多种形式的混合式教学方式，更好地实现教师教育教学主导作用的充分发挥和学生个性化学习主体地位的有效彰显，既减轻了教师的工作负担，又提高了教学质量和学习效果。

新冠疫情虽然迫使高等教育借助互联网和信息技术开展线上教育教学活动，但是也在很大程度上推动了高等教育信息化超预期的发展，这种情形在后疫情时期会得到延续，主要体现在以下三个方面：

（1）高等教育与互联网和信息技术的关系更加密切，现代信息技术与高等教育相互依存、相互促进、共同发展；

（2）混合式线上线下相结合的教学模式将成为常态，新的教与学的方式将继续呈现，有效地提升高等教育教与学的成效；

（3）学生个性化学习、自主性学习和泛在化学习将成为趋势，有利于学生克服时间和空间的局限，提高学生学习的投入和产出。

作为高等教育的主体，工程教育在高等教育中的引领和示范地位日益凸显，工程教育的信息化直接关系到高等教育信息化的实现，将推动我国高等教育信息化向更高层次和水平继续发展。本章聚焦工程教育的信息化并展开讨论，涉及工程教育信息化的特征、学习环境的数字化、课程教学的信息化、虚拟仿真实验教学、校企合作教育信息化、教育教学评价信息化，以及教师信息化教育教学能力提升等方面，以期为准备和正在开展工程教育信息化的高校和相关专业提供借鉴和参考。

12.2　工程教育信息化的特征

在信息技术迅速发展的时代，互联网和信息技术与工程教育的深度结合，将引发工程教育教学革命性的变化，直接影响到高等学校工科专业建设、工程人才培养模式改革、工科教师教学和学生学习方式的转变、工程教育教学效果的考核与评价等。归纳起来，工程教育的信息化对传统工程教育教学的影响集中表现在以下几个方面特征上。

1. 教育教学资源丰富多样

互联网和多媒体等信息技术使得工程教育教学资源更加充实丰富、形式多样。传统的工程教育教学资源主要局限于纸质材料，数字化形式的教育教学资源，如电子文档、精品课程、视频公开课、视频、音频、多媒体课件等，借助互联网等资源共享平台，使师生能够方便获得丰富的、以多种不同形式呈现课堂教学用的教材，以及课后学习用的参考资料等。

2. 突破时间和空间限制

互联网和信息技术将突破传统工程教育教学在时间和空间上的限制，为工程教育教学活动时间和场域从课堂拓展到课堂之外的任意时间和地点提供条件和技术支持。随着互联网和信息技术的不断发展，工程学科专业的知识能够以立体多元化的交互方式传播给在线学习的学生，使得知识无处不在，学习行为到处发生，进而促进学生学习的自主性和泛在性。

3. 转变教师与学生角色

在工程教育的信息化中，教师不仅要从传统教学中的知识传授者和基本教学资料的提供者，转变为学生学习的组织者、启发者、引导者、激励者和促进者，还要成为教育教学资源的整合者和开发者、学习环境的建设者和维护者。学生要由传统学习中被动的接受者转变为积极主动的学习者，在教师的指导下成为学习的主体、成为个性化的学习者。

4. 形成平等的师生关系

工程教育的信息化为平等的师生关系的形成提供了有力支撑。首先，教师和学生均能够通过互联网渠道获取大量工程学科专业知识，教师不再是学生获取知识的唯一渠道；其次，学生基于对先进信息技术的掌握，能够基于个人兴趣获取课程教学内容之外的新知识和行业新进展，教师在知识信息拥有上不再有绝对优势。上述因素有利于教师与学生的地位分别从主动和支配、被动和服从转向形成平等的师生关系，有利于教师更好地尊重学生的个性和兴趣，启发、引导、鼓励和支持学生自主学习。

5. 改变教与学的方式

互联网、信息技术和在线教学平台促使教和学的方式发生根本改变。对教师而言，课堂教学要改变传授式教学方式，避免照本宣科，要开展参与式或互动式教学、研究性学习等、突出难点和重点；在课下要关注学生自主学习进程，及时为学生提供个性化的指导和帮助。对学生而言，不仅在课堂上要改变被动学习方式，成为积极主动、研究型的学习者，而且要在课外充分利用资源丰富多样和无时空限制的优势，随时随地利用碎片化时间主动自觉学习。

6. 教与学效率的提高

工程教育的信息化能够较大程度地提高教师的教学效果和学生的学习产出。对教师而言，课堂上能够将有限的课时用于讲解学生自主学习和合作学习难以解决的问题，参与式教学能够有效提高学生学习成效；课下能够对学生展开针对性的辅导和支持。对学生而言，丰富多样的教育教学资源、宽松平等的学习环境、参与式的课堂氛围、灵活多样的学习方式、不受时空限制的学习时间等能够大幅度提升学生的学习兴趣、积极性和主动性，进而提高学习产出。

12.3 　学习环境数字化

在信息化和智能化的 5G 网络时代，新的学习模式不断出现，学习无处不在，高等学校必须为学生提供能够随时随地开展学习的环境，从而激发学生的学习兴趣和热情，充分调动学生学习的主动性、积极性，提高学习效果。具体而言，一方面，学生学习行为的发生不受时间的限制，可以在包括课堂教学时间在内的任何时候，学生只要想学习就能随时通过互联网移动通信开展；另一方面，学生学习行为的发生不受地点的限制，可以打破学校教室等固定学习场所的限制，只要有一台电脑或手机，就可以在校园的任何地方开始学习。

数字化的学习环境主要由设施、资源、平台、通信工具等组成。其中由多媒体计算机和校园网络等组成的设施，由学习界面和网上教学软件等构成的平台，以及以计算机和手机等为代表的通信工具在今天是容易实现的，因此构建数字化学习环境的关键在于各种学习资源的数字化，尤其是在线课程平台建设、在线案例资源库、教材与参考资料的数字化。

12.3.1 　在线课程平台建设

这一平台建设可以由两部分内容组成：一部分是高校能够获得的与本校工程教育相关的来自全球各地的 MOOC（Massive Open Online Course）视频资源，如中国大学 MOOC、清华大学"学堂在线" MOOC 等优质慕课资源，以及国内外知名高校开发的相关专业教育在线课程资源；另一部分是高校鼓励本校教师结合工程教育需要自主开发的课程视频。这个平台上的课程视频资源既可以作为任课教师课堂教学时选用和课下布置的学习资料，也可以作为学生在线自主学习的课程资源，能够有力地支持高校教师结合课堂教学实施 SPOC（Small Private Online Course）教学或开展翻转课堂教学等，能够充分调动学生学习的自主性和积极性，满足不同学生的学习风格和习惯，提高学生的学习效果。

12.3.2 　在线案例资源库

案例在工程教育教学中占据重要的地位，对于学生了解和掌握工程原理、工程解决方案，以及培养学生分析和解决复杂工程问题的能力不可缺少。在线案例资源库可以从四个方面建设：通识教育教学库、新型工科专业案例教学库、新生工科专业案例教学库和新兴工科专业案例教学库。案例教学库的建设要有系统设计，尽可能覆盖本学科专业各个方向，满足主要课程教学的需要；案例的选择应该注重代表性和典型性，不仅有成功的也有失败的，不仅有国外的也有国内的，能够给学生带来良好的教学效果；案例的编写应该追求完整性和参考性，不仅能够提供尽可能完整地解决复杂问题全过程的信息，而且能够给学生带来较高的参考价值；案例的呈现形式需要结合具体内容来选择，包括视频、音频、动画、图文等各种数字化表现，以给学生带来信息量大、容易理解、方便学习的效果。

12.3.3　教材与参考资料的数字化

传统的课程教学均有专门指定的纸质教材和教学参考资料，教师往往围绕教学大纲完成教材中的教学内容，学生则以掌握教材内容为学习目标。纸质教材的单一和有限的参考资料不仅限定了学生对专业知识深入地学习和广泛地探究，而且教材内容更新有滞后性问题，难以满足学有余力学生的需要。

教学资源是教学的原动力，教育资源的丰富与否将在很大程度上影响学生的学习兴趣和学习效果。数字化教材及教学参考书使用的便利性将促使教师不仅关注教材资源，而且关注教材之外的其他有助于学生理解和掌握教材内容的教学资源。借助互联网平台和信息技术，教师可以挖掘、收集、筛选、整合并及时更新各种教材、教学参考书及其他参考资料，形成数字化并能及时更新的网络教材和参考资料资源库，从而提高学生的学习兴趣和学习效果。

具体而言，教材及参考资料资源库的构建是为了支持课程学习，为学生提供广泛地满足个性化需求的选择，因此资源库素材的筛选既要与教材内容相关，又要丰富多样，可以包含以下几方面内容。

（1）各种版本的中外教材。不同版本的教材有着各自的编写风格和特点，有利于学生从不同角度理解和掌握教材内容；外文教材对于提升学生的专业外语能力、了解国外类似课程教学内容、开拓视野是十分积极的。

（2）各种教学参考书。教学参考书的内容往往超越教材内容，可以为学生提供更为丰富的内容和深入的知识，有利于学生更好地理解和掌握教材内容，拓展知识面和兴趣点。

（3）各种文献资料。包括学术论文、会议资料、数据库等，能够为学生就某一专题提供深入的分析、研究和结论，有利于学生了解相关领域的研究成果和前沿发展，激发学生深入学习和探究愿望。

（4）各种视频、音频等资料。包括录像、录音、资料片、影视片、多媒体课件等，可以为学生提供生动形象的背景资料和专题资料，有利于学生深刻理解和掌握教材内容的本质。

为了充分发挥教材及参考资料资源库的作用，资源库的建设需要做好系统化设计和模块化建立，要方便学生使用和对资源库的动态更新完善，教师应该为学生使用资源库提供指导和建议，以利于学生在课外更好地开展自主学习、小组合作学习和探究性学习。

从长远发展的角度，建立教育教学资源开放共享的智慧工程教育环境应该成为面向未来工程教育的目标之一。

12.4　课程教学信息化

课堂教学中传统的讲授模式存在的弊端已经越来越被人们所认识，克服这些问题的最有效方式是做到课程教学的信息化，即充分发挥数字化学习环境和校园网络平台的优势，充分尊重学生的个性特点和学习风格，积极调动学生学习的主动性和积极性，充分利用学生碎片化的学习时间，扩大教师教与学生学的时间和空间，创新教学方式、方法和手段，将课堂教学与课前学习和课后学习紧密结合起来，从而最终提高学生学习效果，提高工程教育质量。

课程教学信息化首先要选择好课程教学模式。适合并能够有效地开展课程教学信息化的课程教学模式有混合式教学、翻转课堂和研究性学习等，这些教学模式的共同特点有以下三点：

（1）将学生在线自主学习与课堂教学紧密结合起来，充分发挥在线学习的作用；

（2）教师和学生的身份都得到转变，即教师由知识的传授者转为学习的指导者和促进者，学生由从被动的知识接受者转为主动的知识探究者；

（3）为学生提供了大量丰富的远超课程教学内容的学习资源，最大限度地满足不同学生的需要。

课程教学信息化还要做好课程教与学的全过程设计。虽然整个教与学的过程可以粗略地分为课前、课上和课后三个阶段，但是从不同阶段教与学的主体角度来看，可以将全过程分为五个环节：教师课前准备、学生课前在线学习、师生课堂教与学、学生课后在线学习、师生课后互动。

12.4.1　教师课前准备

在一门课程开课前，教师首先要做好学情调研，充分掌握拟选修课程学生的先修课程、知识基础及学科专业背景，在此基础上针对整门课程的教学安排做好两方面工作：一是在网络教学平台上创建与教学内容相对应的网络课程，为学生提供课程资源（如课件、视频、MOOC、微课、图文等网上教育资源）；二是制订本课程的教学目标和教学计划，然后上传到网络教学平台上，帮助学生明确课程的最终成果和掌握学习进度。

在每次课堂教学前教师需要做的工作有：发布学习任务单、明确下次课堂教学的产出要求、在线学习资源、课前自测工具、疑难问题反馈等，一方面要求学生课前在数字化学习环境下按照教师的要求自主学习，为下次课堂教学做好充分的准备；另一方面教师要在课前梳理学生自主学习后反馈的疑难问题，针对学生中普遍存在的共性问题做好准备，调整课堂教学设计，整合课堂教学内容，提高下次课堂教学效果。

12.4.2　学生课前在线学习

学生在课前要按照教师在网络教学平台上发布的学习任务单自主开展在线学习。在线学习的自主性表现在以下几个方面：一是自主决定学习时间、地点和路径；二是自主决定学习方式和进度；三是自主决定是独立学习还是与同学一道合作学习。

学生在线学习材料以教师指定或准备的在线学习资源为主，还可以参考在线课程平台中的其他相关资源。完成在线学习材料学习后，学生要采用教师在线提供的自测工具测试学习任务的完成水平，再根据测试结果决定是否需要继续在线学习，以完成学习任务和提高学习产出。完成学习任务后，学生要将在线学习过程中遇到的且无法解决的问题汇总，通过教师定制的网络渠道上传给任课教师。

12.4.3　师生课堂教与学

在课堂上，教师针对学生课前在线学习反馈的普遍共性问题，结合实际工程问题或工程项目，以能力培养为导向，着重对相关知识点的内涵、分析和应用进行讲解并与学生互动交流。在整个讲解过程中，教师既可以借助手机移动终端及时接收学生的反馈信息，实时掌握教学效果和调整教学进度和方式，又可以充分利用各种数字化学习资源，以聚焦讲解重点、提高讲课效率。

在完成对共性问题的讲解后，教师可以引导学生进行研讨和争论，以深入掌握教学内容。研讨内容既可以是与课程教学内容相关的热点和前沿问题，也可以是学生们感兴趣和关注的问题。教师的作用在于激发学生兴趣和积极参与，引导研讨的深入进行，同时鼓励学生充分利用数字化教学资源。为了提高每位学生的参与度，研讨的方式可以分组进行。

12.4.4　学生课后在线学习

课堂教学结束后，学生一方面要继续在线学习以巩固和提高课堂教学效果，另一方面要按照教师新上传的下次课程的学习任务单进行在线学习，为下次课堂教学做准备。教师应鼓励学生课后在线学习采取小组合作学习的方式，在学习交流群或社交软件平台上进行。

学生学习小组的形成应该按照优势互补和自愿结合原则，从而使小组内每位同学的作用能够得到充分发挥，同学之间能够取长补短、相互学习；每位同学在小组内应有明确的角色定位和分工协作，分别负责本组同学间的沟通和协调，以及小组学习的准备和召集，同时要有专人负责将小组学习中出现的共同或有争议的问题汇总提交给教师。定期轮换同学的角色和分工可以锻炼学生的沟通、协调、组织和管理能力。

12.4.5　师生课外互动

师生课外互动是课程教学信息化的一个不可或缺的重要环节，其主要目的是及时解决学生在自主学习过程中出现的问题，为学生实行个性化的教学指导，既要满足学有余力的学生，又要使其他学生能够跟上课程教学的节奏，顺利地完成学习任务。

师生课外互动既可以是针对个别学生或问题的单独辅导，也可以是针对小组问题的集体指导，但无论如何都要建立师生互动制度、明确师生互动的方式、时间及地点等。互动方式有线上互动和线下互动两种。线上互动可以是实时的，也可以是异步的：针对多名学生的实时互动可以采用网络教学平台、视频直播平台、社交工具软件等进行交流互动，针对单个学生的实时互动还可采取视频、微话等方式，在互动前需要师生间预先确定实时互动的时间及方式；异步互动可采取邮件、短信等方式交流，需要师生及时关注并回复对方发来的邮件和短信。线下互动则需要师生间预先确定线下互动的具体时间和地点。

课程教学信息化区别于传统课程教学的显著优势之一是能够更好地实施个性化教学。通过网络教学平台，可以获得每位学生的学习表现、课程作业、阶段测试等环节的数据信息，对学生学习过程和轨迹进行分析，从而了解每位学生的学习情况，为其寻找和推荐合适的学习资源，并制定符合学生个性特点和需求的学习计划和学习方式。

12.5　虚拟仿真实验教学

虚拟仿真技术在教育信息化中具有独特的作用，它是三维多媒体技术、计算机仿真技术与虚拟现实（Virtual Reality，VR）技术相结合的产物。VR 技术是涉及三维图像生成技术、计算机仿真技术、人工智能技术、多传感交互技术、高分辨率显示技术等的综合集成技术。运用计算机硬件、计算机仿真软件及各种传感器，VR 技术能够逼真地模拟现实世界中（或不存在）的实体对象变化和相互作用的三维虚拟环境，用户可以自然地与这个环境进行交互，从而产生具有沉浸性特性的交互式实景体验感。

12.5.1　虚拟仿真实验教学概述

虚拟仿真实验教学指的是利用 VR 技术构建三维虚拟实验教学环境，利用计算机仿真技术对实验对象进行模拟，实验者运用各种传感器进行实验操作、与虚拟环境进行自然交互，从而开展实验教学活动，完成实验教学任务，是学科专业实践教学与信息技术深度融合的产物、教育信息化和智能化的典型代表，以及高等教育信息化建设的重要内容。

虚拟仿真实验教学能够弥补传统实验教学在成本、安全、场地等方面的不足，可以对高成本、高危险、高消耗、极端环境、大型综合训练等在真实实验环境和条件下无法完成的实验进行虚拟仿真化处理，允许学生在安全可靠的环境下，通过自主探究，认真细致地反复开展试错、重复性和破坏性实验，加深对课堂理论教学的理解，大幅度提升实验教学的成效。不仅如此，虚拟仿真实验教学还能够拓展实验教学内容的广度和深度，延伸实验教学的时间和空间，将以往因实验教学课时、场地、设施和条件等限制而没有进入传统实验教学要求的教学内容，以及缺乏在实践中深入探究的教学内容纳入实验教学范畴，加深学生对理论知识全面和深刻的理解和掌握，更好地发挥实验教学在提升高等教育质量上的重要作用。

12.5.2　工程教育与虚拟仿真实验教学

1. 虚拟仿真教学的重要性

在各种层次和类型学科专业的实验教学活动中，工程教育对虚拟仿真实验教学的需求处于最大和不断增长的势头。

第一，工程原理、工程科学和工程专业知识的理解需要大量不同类型、多次反复的工程实验，而虚拟仿真实验能够为学生提供不受场地和设施条件限制的重复性实验；

第二，工程工具和技术的掌握需要学生在各种实验设备、技术条件下多次选择性的实验基础上获得成功，虚拟仿真实验能够为学生提供各种虚拟的实验平台和技术手段，完成低成本的重复性实验；

第三，工程基础能力的培养需要通过各种专业基础实验，包括设计性、综合性、创新性实验来完成，虚拟仿真实验能够为学生提供基于模块的方便组合的各种实验平台；

第四，工程专业能力的培养需要通过参与基于项目的综合性、复杂性训练，在解决实际工程问题的实践中得到提升，虚拟仿真实验能够为学生提供专业实验平台，开展以解决问题为导向的大型实验；

第五，工程创新创造能力的培养需要突破传统实验条件的限制，为学生提供超越现实的实验平台，在未知和未解的工程领域中进行探索，虚拟仿真实验能够构建满足创新创造能力训练的实验实训平台。

2. 虚拟仿真教学的特殊性

在工程教育需求的基础上，工程教育对虚拟仿真实验教学的需求还表现出其特殊性。

第一，信息技术和人工智能等对传统工科专业的转型、改造和升级所形成的新型工科专业集中体现在对传统和现有工科专业的信息化、智能化和一体化上，虚拟仿真实验的构成要素使实验平台建设的时间、成本及完善上较真实实验平台具有绝对的优势，这将使虚拟仿真实验教学成为满足新型工科专业实验教学的重要手段；

第二，由不同工程学科交叉复合、工程学科与其他学科的交叉融合而产生的新生工科专业是现代产业发展的需要和趋势，其学科专业知识体系的最大特点是对现有学科专业知识的"交叉融合"，因此，面对这些通过交叉融合形成的新的理论知识，相应的实验教学任务仅依靠原始单一学科专业的实验条件是难以完成的，而新的真实实验平台的建设受到硬件条件的制约，这就需要充分依靠虚拟仿真解决多学科交叉融合的工程实验教学问题；

第三，由应用理科等一些基础学科孕育、延伸和拓展出来的面向未来新技术和新产业发展的新兴工科专业是前所未有的，这类学科专业的知识体系不仅是全新的，而且是不断完善的，没有现存的实验教学体系，因此，面对这类几乎全新的工科专业，建立完整的、真实的实验教学体系无论是时间和条件，还是可行性上均存在较大困难，这就更需要发挥虚拟仿真在创建新实验平台上容易调整修改参数的优势。

12.5.3 开展虚拟仿真实验教学需要做好的工作

高校开展虚拟仿真实验教学需要做好以下几方面工作[1]。

1. 确定适宜的实验教学内容

虚拟仿真实验教学不仅拥有真实实验教学不具备的独特优势，而且拥有在高等教育尤其是工程教育上的优势，因此，确定哪些工程教育实验教学内容采取虚拟仿真取决于能否充分发挥这些优势，只有这样才能使虚拟仿真实验和真实实验相辅相成，共同形成工程教育完整的实验教学体系。

2. 坚持以学生为中心的理念

虚拟仿真实验教学与真实实验教学一样，都要从学生自身的发展和卓越工程人才培养的需要出发，需要充分调动学生参与实验教学的积极性和主动性，充分激发学生实验学习的兴趣和潜能，注重学生能力和素质，尤其是实践创新能力的培养，满足学生个性化需求，使更多的学生在实验教学中受益。

3. 采用先进可靠的研发技术

随着 5G 的广泛应用和计算机仿真技术、人工智能技术、多媒体技术、人机交互技术、虚拟现实和增强现实（Augmented Reality，AR）、大数据和云计算等数字化、网络化、智能化技术的发展，可选择用于虚拟仿真实验的先进技术种类较多，因此，需要注重所选技术的可靠性及对学生全方位多层次的防护。

4. 选择多样化教学方式方法

教育信息化背景下的教学方式方法丰富多样，学生对个性化的追求也得到充分彰显，因此，要注重选择多种教学方式方法，创新实验教学资源的呈现方式，使得虚拟仿真实验教学有利于学生对理论知识的理解和掌握，满足学生个体学习风格和方式，以及提升整个学生群体的实验教学效果。

5. 提高实验教学资源的性能

在规划、设计和建设虚拟仿真实验室或实验教学项目时，要高度重视提高仿真实验室或实验教学项目的适应性、兼容性、拓展性和前瞻性，即能够满足较大范围的实验教学需要；能够与其他实验教学内容相兼容；通过仿真软件调整参数设置，能够模拟更多的事件或情境；能够在一定程度上满足未来实验教学的需要。

6. 重视运行管理和使用效率

虚拟仿真实验教学资源投入使用后要强调日常维护和管理，使其持续处于正常运行状态；要针对学生学习生活和课程教学的规律制定和实施方便学生使用的运行和管理规范；要提倡资源的开放共享、学分互认；重视提高使用效率、使资源被学生充分利用；要有实验教学效果的评价，持续改进和完善虚拟仿真实验教学资源建设。

12.6 校企合作教育信息化

卓越计划 2.0 强调多方协同育人，包括高校与行业企业、科研院所、各级政府等的协同育人，其中高校最主要的合作对象是各种类型的企业。事实上，互联网和信息技术对时间、空间和地域的突破，使得信息化在校企合作教育上能够发挥显著的作用，主要表现在以下三个方面。

12.6.1 企业实践教育资源信息化

1. 企业实践在工程教育中具有不可替代的作用

企业丰富的实践教育资源不仅能够弥补高校的不足，而且能够为学生提供在真实的工程环境下学习和提高的机会。但高校在安排学生到企业实习时会在一定程度上受到企业条件的制约，主要表现在：

一是受生产、设备和接待等条件限制，企业能够提供给高校的实习岗位有限，高校只能分批安排学生到企业实习；

二是出于对知识产权和商业机密的保护，以及完成生产任务的需要，一些重要生产环节和关键工艺技术不能向学生全面开放，使得学生难以在这些环节实习并全面了解工艺技术；

三是由于对指导学生实习的企业工程技术人员有经验、能力、资历等方面的要求，企业可能难以抽调足够数量的工程技术人员作为学生的实习导师。

上述企业实习条件的制约一定程度上可以通过信息化手段得以缓解和解决。

第一，通过企业完整生产流程的视频制作和解说，能够让学生不出校门就可以通过一次或反复多次观看，全面了解和熟悉企业生产环节、各个工序、整个流程、关键技术等，从而节省赴企业往返时间和交通住宿费用，提高企业认识实习的效果；

第二，通过与封闭式生产车间实习学生的实时视频和互动，可以使全体参与实习的学生在线了解、学习和掌握企业生产、运行和管理的细节和基本情况，并在与企业一线工程技术人员的实时互动过程中更好地将课堂理论的学习与企业生产实践结合起来，从而达到企业生产实习的预期目的；

第三，通过视频会议软件或移动通信技术等建立实习学生与企业实习导师的动态实时沟通和联系，对到企业进行毕业实习的学生在应用所学专业知识参与和解决工程实际问题过程中给予及时指导，既能解决企业实习导师不足的问题，也能够较好地完成学生毕业实习任务。

2. 学生到企业实习面临的变化

高校在安排学生到企业实习时还需要注意到，以互联网产业化、工业智能化、工业一体化为代表的第四次工业革命会给各种类型的工业企业的生产和经营带来多方面的变化。

一是促使企业技术改造和转型升级，提升企业适应市场变化的竞争能力；

二是迅速改变企业的生产和组织方式，推动企业朝着数字化、网络化、智能化和绿色化方向发展；

三是加速改变企业的运营和管理模式，提高企业经营效益，推动企业面向定制化、柔性化和更加细分的市场发展。

上述变化对工程专业人才培养在认识实习、生产实习和毕业实习的内容、要求和目的上均提出了新的要求，需要进行及时的调整和更新。

12.6.2 企业兼职教师在线授课和指导

高校必须建立一支来自企业的、具有丰富工程实践经验的兼职教师队伍，与校内专职教师队伍形成优势互补，以满足工程教育的需要[2]。企业兼职教师均是企业的业务骨干和部门负责人，他们不可能抽出大量专门的时间或者频繁地到高校去履行兼职教师职责，因此，解决这方面问题可以通过互联网和信息技术在线开展合作教育，包括课程教学和学生指导等。

在课程教学上，企业兼职教师主要承担实践性强的专业课的教学任务，以及开设工程专题报告，这些工作可以在企业生产一线现场进行在线授课或做报告，一方面兼职教师可以结合讲授内容，通过实时地切换画面，将企业生产、运作或管理等方面的情况展现给学生，以利于加深学生对所讲内容的了解和对真实工程环境的认识；另一方面可以将企业的实际项目、工程案例、最新发展，以及受知识产权保护不能外借的视频、录像和数据等在线进行展示，以丰富学生的学习内容，开阔学生视野；与此同时，在课外时间，企业兼职教师也可以在线对学生进行答疑和辅导，或对学生进行超越课堂教学内容的指导，从而不受地域和时间的限制，更好地发挥他们在工程教育中的作用。在指导学生毕业设计上，企业兼职教师也可以通过在线指导和交流的方式，与校内专职教师一道共同确定本科毕业设计题目或研究生学位论文选题，联合指导本科生毕业设计或研究生学位论文。

12.6.3 校企双方教师在线开展交流合作

高校专职教师在学科专业理论扎实的功底、企业兼职教师在工程实践方面丰富的经验使得双方之间需要相互学习、优势互补、共同提高；与此同时，工程教育面临着不断出现的新问题也需要双方保持经常性的交流、沟通和研讨，从而更好地提高工程人才培养质量。基于双方在工作性质、作息制度等方面存在较大差异，因此，在线开展相互学习、交流沟通就成为弥补这些差异的重要方式。

高校专职教师与企业兼职教师之间需要建立起在线相互学习交流机制，主要包括在线相互学习的时间和内容等。一方面，通过向企业兼职教师学习，可以提高高校专职教师理论联系实际和解决真实复杂工程问题的能力；另一方面，通过向高校专职教师学习，可以提高企业兼职教师的专业理论水平和课堂教学能力。

高校专职教师和企业兼职教师在线交流、沟通和研讨的主要内容可以涉及工程教育的方方面面，以及工程人才培养的各个环节，包括培养目标和培养标准制定、人才培养方案修订、课程体系和教学内容改革、教学组织形式和教学方法研究、工程实践基地建设、学生毕业论文选题和指导等诸多方面[3]。

与面对面的线下方式相比，校企双方教师在线开展交流研讨有以下三点显著优势：

第一，提高了双方教师的参与度。教师只要在预先约定的时间可行，就能够参与线上交流，减少了企业兼职教师对本职工作的影响。

第二，降低了时间和经费成本。节省了双方教师大量往返会议地点时间和交通住宿等差旅费用。

第三，支持更多相关人员参与。可以根据交流主题邀请企业相关的工程技术人员参与线上交流研讨。

此外，校企双方教师线上交流研讨还能改变高校就近寻找企业、聘请兼职教师的传统做法，可以根据工程教育的需要，不受地理位置和交通条件的影响，聘任企业类型多样、工程经历丰富、文化背景不同的企业兼职教师。

12.7 教育教学评价信息化

教育教学评价信息化主要指的是教师和学生及其他评价主体充分利用工程教育信息化网络平台，通过大数据、人工智能和互联网等信息技术，系统、全面、科学地获取、处理和分析教师教与学生学的基本信息，再通过专门的教育教学评价平台或软件工具，在线对学生的学习成效和教师的教学效果进行考核与评价。

12.7.1　教育教学评价信息化系统

教育教学评价信息化系统应该主要由教学数据信息处理引擎和网上评价系统两部分组成。其中教学数据信息处理引擎的核心技术是大数据和人工智能等新兴技术，主要功能在于对整个教与学过程中教师教学和学生学习的行为、态度、表现、结果等各方面数据信息进行全方位地收集、筛选、分类、统计和分析，以供教育教学评价时教师或学生根据评价目标的需要对这些数据信息进行深入分析和解释，从而评价学生的学习成就或教师的教学效果。

网上评价系统是由专业计算机语言或系统开发工具在专门的平台上开发完成的具有学生评教和教师评学两方面功能的软件系统。由于工程教育的课程类型多样和教学形式多元，要设计开发一个完全适应各类课程和各种教学形式的网上评价系统是不容易的，因此，应该从总体层面考虑评价指标的选择和确定，而不局限于具体的课程类型和教学形式。

具体而言，用于教师评学的指标要坚持以学生为中心，重点评价学生的学习参与、学习态度、学习投入和学习成就，以激励和引导学生重视学习和成效的提高；用于学生评教的指标要坚持持续改进原则，重点评价教师的教学组织、教学方式、师生互动和教学效果，以引导和支持教师持续改进教学工作并提高教学质量。

12.7.2　三种类型教育教学评价

针对课程教学或某项教学任务的教育教学评价主要有三种类型：过程性评价、结果性评价和增值性评价。

1. 过程性评价

过程性评价指的是对学生的学习过程和教师的教学过程进行的及时、动态的评价，主要目的在于及时掌握学生学习情况和教师教学效果，在教与学的过程中及时调整和完善教学计划、教与学的方式和精力投入等，持续改进和提升教与学的效果。

以大数据、人工智能和互联网为代表的信息技术为过程性评价提供了有力支撑。在工程教育信息化网络平台，每位学生的学习表现透明化，其课前准备、自学，课中参与、讨论，课后巩固、提高等学习行为的信息能够在一定程度上反映出其学习态度和学习成效。通过工程教育信息化网络平台，大数据技术和移动信息化技术能够全方位、全过程动态采集学生在课前、课上和课后全过程的学习行为和学习路径等大数据信息，实时掌握学生在实验教学、实习实训等方面的进展和收获，为教师提供评价学生阶段性学习成效的完整数据信息，提高了评价结果的准确性和可信度。此外，通过数据挖掘、数据分析和人工智能，能够从大数据技术采集的信息中获得反映每个学生个性化学习特征的非结构化数据，为教师针对性地开展因材施教提供依据。不仅如此，通过大数据技术和人工智能技术跟踪和记录学生在学习过程中的表现和成效，适时地进行学习干预，提供个性化的帮助，促使学生调整和改变学习方式，以提高学习产出。

2. 结果性评价

结果性评价指的是在教学活动结束后，对学生学习效果和教师教学成效进行的终结性评价，给出学生的学习成绩以促进教师反思和改进日后的教学工作。

在工程教育信息化网络平台上开展结果性评价具有两个方面显著优势。

（1）在教育教学活动结束时，教师可以基于工程教育信息化网络平台的特点，结合考核目标的需要，选择与教学内容相适应的创新、灵活和多样的结果性评价方式，以准确衡量教育教学目标达成的程度。

（2）能够发挥出传统的线下考核评价所不具有的作用，理由如下：

首先，引导学生在学习过程中注重能力和素质的培养，而不需死记硬背那些可以在网络平台上获取的基本数据和信息；

其次，考核评价的时间和地点不限，允许学生在轻松无约束的情形下充分全面地展现其学业成就；

最后，试题或考核的问题是开放性的，没有唯一答案，鼓励学生充分发挥创新意识和创新能力，借助网络平台能够获取各种资料数据，并能创造性地解决问题。

3. 增值性评价

增值性评价指的是针对学生学业进步的评价，即评价学生在一段时间内学业成就变化的增量，强调的是学生的知识、能力和素质在接受某一阶段教学时前后比较的进步程度。

增值性评价同样离不开大数据和人工智能等新兴技术的支持，除了需要过程性评价和结果性评价的配合，还需要对学生开启某一阶段学习前的起点状态进行评价（简称"起点评价"）。起点评价的评价要素、内容或指标需要与学生将要开启的新一阶段的学习目标直接关联，包括在学生知识、能力和素质的具体方面，只有这样才能与这一阶段的学习结果进行比较，衡量出学习的增量。起点评价所需的学生各方面数据信息也要在工程教育信息化网络平台上，借助大数据和人工智能等技术进行收集、分类、筛选、统计和分析。过程性评价的作用在于促进、激励和关注学生学习过程的投入和表现，以期获得更好的增值性评价结果。结果性评价的作用在于同起点评价的结果比较后获得增值性评价结果。

无论是过程性评价，还是结果性评价，教育教学评价信息化有助于为评价提供和补充完整的数据信息。一方面，传统的仅依据书面试卷、课程作业或工程作品评价学生学习成就的方式容易出现因对学生学习数据信息掌握不完备而"一考定乾坤"的现象；另一方面，工程教育信息化网络平台、大数据和人工智能等技术能够在试卷、作业和作品所展现的信息难以确定学生成绩时，为教师提供学生学习投入、学习方式、学习表现、综合素质等方面充分完整的数据信息，支持教师全面地了解学生，准确、科学地做出评价决策。

12.8　教师信息化教育教学能力提升

作为教育教学活动的引领者、组织者和实施者，高校教师信息化教育教学能力的强弱决定着工程教育信息化的最终成效。而在"互联网+"的信息化、数字化和智能化时代，信息化教育教学能力成为高校教师最重要的职业素质和胜任力之一。因此，提升教师的信息化教育教学能力是工程教育信息化的一项重要任务。

教师信息化教育教学能力指的是教师运用信息技术和数字技术，胜任基本的教育教学资源整合、开发和应用，以及完成教育教学活动设计、组织和开展的能力。这项能力是一种综合能力，包括基本的信息素养、信息化教育教学资源的管理和使用能力、开展信息化教学的能力等。其中信息素养是一种对信息社会的综合适应能力，主要指具有信息意识、掌握信息知识，能够检索、评价和使用信息等；信息化教育教学资源的管理和使用能力指的是针对本专业教育教学需要，对信息化的教育教学资源进行整理、编辑、开发及应用的能力；开展信息化教学的能力指的是运用信息化手段开展教学设计、实施、评价和控制的能力，主要体现在混合式教学、翻转课堂和研究性学习等教学模式的使用上。

教师信息化教育教学能力的提升路径大致如下。

12.8.1　转变教育教学理念

开展工程教育信息化，首先需要教师从根本上转变教育教学理念，使他们深刻意识到信息化教育教学对工程教育改革及工程人才培养的重要性。事实上，工程教育信息化不是简单地在课堂上使用幻灯片、视频、音频、动画等，它将改变师生对传统的课程设置、课堂教学、学习方式的固有认识，直接影响到课程体系改革、教学内容选择、教学方式改变、课上课下关系等，可以避免教师和学生重复性的教和学的准备，提供满足个性化需求的学习环境，提高教师课堂讲授和课后指导，以及学生课堂学习和课下自学的教学效果。为了工程教育信息化，需要教师充分利用信息和数字技术搭建教学平台和学习环境，达到三方面的目标：一是提供丰富多样的学习资源；二是营造有利于学习的课堂氛围；三是构建支持学生个性化学习的条件。

12.8.2 加强教师能力培训

高校应该围绕信息化教育教学能力的构成要素，根据教师的知识结构、年龄结构、专业结构等，为教师提供各种针对性的培训。在基本信息素养方面的培训主要体现在信息技术基本知识和基本操作技能的掌握，包括学习信息技术和掌握常用的信息处理软件工具。信息化教育教学资源的管理和使用能力方面的培训着重在数字化教育教学资源的建设，涉及资源分类、整合、编辑等方面，包括相关数字资源设计、开发工具的掌握等。开展信息化教学能力方面的培训注重信息化教学设计、教学实施和教学效果评价，包括信息技术的应用、通信类软件的使用、信息管理分析工具的运用等。在培训过程中要注重理论与实际的结合、实际案例的分析、针对性的实践，以及与教师所承担教学课程的结合，通过生动、真实和直观地呈现，以及具体参与和实践，使受训教师的能力得到有效提升。

12.8.3 给予及时技术指导

教师信息化教育教学能力的提升贯穿于整个教育教学实践全过程。在接受了针对性的培训之后，高校应该在教师进行数字化教育教学资源建设，以及信息化教学设计、实施和评价全程中，针对教师面临的实际问题，及时地提供技术支持和保障，以保证教育教学活动的顺利进行。为此，高校应该建立一支专业水平高、实践经验丰富、解决实际问题能力强的技术团队，在及时解决教师实施工程教育信息化过程中出现的技术问题的同时，有效地提升教师的信息化教育教学能力。

12.8.4 提供硬件经费保障

工程教育信息化要有良好的硬件保障和充分的经费支持，因此需要高校加强在硬件和经费方面的投入，为教师信息化教育教学能力的提升提供良好的条件保障。在硬件建设方面包括顺畅的校园网络、丰富的教学资源库、优质的教学平台、畅通的通信软件和专业化的工具软件等，其中重中之重是校园网建设，其顺畅程度直接影响教育教学资源共享、师生交流互动、教学计划实施、教学方式转变等，是工程教育信息化成功与否的关键因素。在经费保障方面，高校应该有充分的专项经费，随着信息技术的发展，不断改善和更新用于开展工程教育信息化的软、硬件设施和条件，为教师更新信息技术知识、掌握新的信息处理技能、适应新的信息技术环境等扫清障碍。

12.8.5　出台政策激励措施

开展工程教育信息化不仅需要教师的高度重视，还需要教师的大量投入，尤其在初始阶段，因此为了更好地激励和引导教师全身心地投入信息化教育教学的转变，需要高校制定和出台行之有效的政策和措施，以有效地激励教师对信息化教育教学的高度重视和持续投入，从而最终提升教师信息化教育教学能力。政策激励措施主要涵盖两个方面：一是对教师参与工程教育信息化工作的肯定；二是对教师在信息化教育教学方面投入的认可。首先，在中青年教师的聘期目标和工作任务中将参与工程教育信息化作为政策要求，并纳入他们的考核评价指标中，对在工程教育信息化方面取得显著成效和有创新突破者给予充分肯定和奖励。其次，对教师开展信息化教育教学，在课前准备和课后指导等方面超越传统课堂教学的大量投入工作予以实质性认可，具体而言，高校应该将这些额外的大量投入工作认定为柔性工作，其工作量计为柔性工作量，并给予柔性工作绩效工资或报酬。

必须指出的是，虽然信息技术、数字技术和智能技术能够有效地提升工程教育的效率和效果，但人们需要充分认识到这些技术并不能替代高校、教师和学生对工程教育的重视、参与和投入，也就是说，只有高校、教师和学生的高度重视和共同努力，工程教育的信息化才能迈出坚实的步伐并取得实质性的成效。

此外，在开展工程教育信息化过程中需要处理好两个方面的问题：

一是丰富的教育教学资源可能造成学生过度依赖线上资源，而逐渐脱离线下实体课堂，使得课堂教学这一关键环节的作用逐渐散失；解决这一问题的关键在于提高线下课堂教学质量和水平，使学生有良好和充分的获得感，增强线下课堂教学的吸引力。

二是信息化资源、平台和环境的建设有利于学生开展个性化学习，但不同的学习方式和习惯可能导致学生间较大差异的学习效果。解决这一问题的途径有两个：一是加强对学生的指导，使其学习方式能够适应并有效地利用和发挥各种信息化教育资源的优势；二是通过过程性评价或线上获取学生学习成效的信息，对成效不佳的学生给予及时调整学习方式或习惯的建议或指导。

参 考 文 献

［1］教育部办公厅. 教育部办公厅关于 2017—2020 年开展示范性虚拟仿真实验教学项目建设的通知：教高厅〔2017〕4 号［A］. 2017-07-11.

［2］林健.胜任卓越工程师培养的工科教师队伍建设［J］.高等工程教育研究，2012（1）：1–14.

［3］林健.校企全程合作培养卓越工程师［J］.高等工程教育研究，2012（3）：8–11.

［4］林健.大学薪酬管理——从实践到理论［M］.北京：清华大学出版社，2010：134–135.

第六篇

工程教育智能化

第 13 章
工程教育智能化：内涵、特征与挑战

【本章导读】

新一代数字智能技术正在以指数级的增速迭代创新，人工智能、大数据、虚拟现实等新兴技术正在重构高等教育形态。智能化是工程教育在"数字–智能时代"的变革趋势，率先布局和全面实现工程教育智能化是当前和未来高等教育改革和创新的重大战略和必由之路。

本章在阐述工程教育智能化的必要性和紧迫性之后，提出工程教育智能化是依托新兴数字智能技术，变革和创新工程教育，构建面向未来"数字–智能"时代的工程教育新形态、工程人才培养新模式和工程教育教学新方式，并且将其内涵具体诠释为智能技术在工程教育中的有机内嵌和深度应用，以及支撑并赋能工程教育的系统转型和体系重构。在此基础上，系统解析了工程教育智能化所具有的技术集群耦合、资源多元集成、平台一体智联、人机协同交互、时空开放泛在、教学精准高效、学习个性自适、实践虚实贯通、评价数据驱动等基本特征，客观分析了工程教育智能化面临的教育教学环境智能化升级、教师与学生角色定位转型、教学内容和教学方式革新、重构工程实践教学体系、打破教师与学生惯性惰性、优化教学效果和质量评价等诸多挑战，以期为工程教育智能化的相关研究及系统设计与实现提供参考和借鉴。

纵观全球，第四次工业革命方兴未艾，人工智能、5G 通信网络、元宇宙、大数据、云计算、区块链、ChatGPT 等新兴技术在社会各个领域和行业的应用推广渐趋普及化，人类社会正处在一个技术驱动与技术互嵌共生的"数字–智能时代"。从农业化到工业化、信息化再到智能化的社会进程证实，技术变革不仅重构社会生产力、产业经济形态和人才需求，而且深刻改变着教育教学体系、模式和方式。工程教育是以科学和技术为基础的专门教育，与社会生产方式和行业产业发展具有极强的关联度。顺势新一轮数字与智能技术变化和发展，推进技术与工程教育教学的内嵌融合和创新应用，实现工程教育智能化，既是现实急需，也是未来所向。如何科学认识和构建"数字–智能时代"的工程教育？如何通过数字和智能技术的融合应用和创新驱动实现工程教育智能化，从而推动工程教育教学改革创新和工程人才培养提质增效？整体而言，工程教育智能化是"数字–智能时代"工程教育发展的必然趋势，是工程教育界必须直面且无法回避的挑战。本章立足工程教育智能化的实现，分别从必要性与紧迫性，以及概念内涵、具体特征和主要挑战等四个方面进行论证解析，以为工程教育智能化的相关研究和系统设计提供思路借鉴和具体参考。

13.1 智能化：工程教育的时代变革

工程教育承担着培养服务和引领"数字–智能"时代发展的工程人才的重任[1]。面对新兴智能技术的冲击、挑战及其在教育领域的广泛渗透与深度融合，工程教育必须识势应变、率先推变和有效促变。智能化作为工程教育的变革趋势，是主动适应科技进步和产业变革、未来工程教育教学体系革新、教育数字化、中国式现代化和卓越工程师高质量培养等内外需求合力使然。

13.1.1 社会变迁：适应科技进步和产业变革的主动选择

21 世纪以来，信息技术呈指数级增长态势，信息化成为社会创新与转型发展的新动能。当前，以人工智能为代表的新一代科技，作为新的生产力，在催生工业经济新业态、行业产业结构新格局与社会治理新方式等方面发挥着"头雁"效应，社会各行各业处在数字化转型和智能化升级的关键阶段。新兴智能技术的空前发展和普及应用，加速驱动人类社会从信息时代向"数字–智能"时代跃迁。教育作为社会的重要子系统，与技术发展和社会变迁同频共振。工程教育是高等教育的主体，直接面向科技创新的应用、行业产业的变革和社会需求的服务，既承担着促进科技进步、产业转型、经济发展和工业模式创新的社会重任，也肩负着培养适应和引领社会发展的各类工程人才的本质使命。系统推进工程教育智能化建设，打造满足数智时代需求的工程教育教学的新模式和新形态，是工程教育顺势接轨智能社会变迁、主动适应科技进步和行业产业变革的时代应答与必由之路。

13.1.2 技术赋能：革新未来工程教育教学体系的趋势所向

历史地看，自工业化以来技术与教育就保持着相互依存、互通互构的双生关系，每一次技术的划时代创新与突破性发展都对传统教育产生深层而系统的影响。人类教育史在一定意义上就是科学技术不断形塑教育发展形态的历史[2]。现代工程的内涵通常被视为有目的、有组织地改造世界的实践活动，既包括设计建造项目，也包括新技术的开发和其他创新活动[3]。工程作为一种科学、技术和社会实践的集成物，工程教育作为一种运用科学与技术等复杂领域知识培养工程科技创新人才的专门社会活动，无法游离于智能技术驱动教育教学体系重塑的大趋势之外。面向未来，工程教育必须依托技术赋能，积极应对智能技术发展与产业变革带来的机遇和挑战，加速推进智能化改造升级，系统完善智能信息技术环境设施、资源平台建设及其在工程教育教学中的全过程、全要素与各环节的融合应用，从而建构与智能化时代发展适配的未来工程教育教学新体系和人才培养新模式。

13.1.3　战略牵引：教育数字化和中国式现代化的强大引擎

放眼世界，数字与智能技术的创新迭代及其在政治、经济、社会、教育等领域的融合应用，使得国际社会面临一场颠覆性的"数智变革"。本质上，数智化并非单一指向技术和工具本身，而直接关乎人，更是战略本身[4]。党的二十大报告指出，未来五年发展的中心任务是全面建成社会主义现代化强国，以中国式现代化推进中华民族伟大复兴，并对顶层设计进行科技、教育和人才三位一体战略部署，正式确立数字中国和教育数字化战略。数字与智能技术既是现代化高度发展的产物，也是现代化纵深推进的催化器。工程教育与科学、技术和人才等国家核心竞争力紧密相关，在高等教育创新和改革中发挥示范引领效应，对于中国式现代化发展具有基础性和战略性支撑作用。工程教育必须深度融合和创新应用智能技术，加速工程教育教学体系革新、模式再造和方式重构，推动工程教育从模仿借鉴向自主创新跨越，进而构筑未来工程教育转型发展的新赛道，培育工程科技人才自主培养的新优势。超前布局和率先实现工程教育智能化，直接关系教育数字化和中国式现代化的战略目标与效益达成。

13.1.4　需求驱动：卓越工程师高质量培养的内生动力

当前，国际形势和关系纷繁复杂，国家竞争空前激烈。工程、技术和人才已构成国家硬实力、创新力和领导力的核心要素，成为一个国家在经济、科技和产业等领域保持优势的关键性与战略性资源。卓越工程师是中国从大国走向强国的战略人才支柱，从"卓越工程师教育培养计划"1.0（简称"卓越计划"1.0）到"新工科"建设（又称"卓越计划"2.0）再到国家卓越工程师学院建设，工程教育的使命和目标始终锚定探索工程人才培养的中国模式，实现工程教育内涵式、高质量的发展，造就肩负国家科技创新、社会经济发展和工业产业转型升级等重任的创新型和复合型卓越工程师。我国工程教育面临规模大却整体质量不高、教学方式过于单一、人才培养个性化不足、实践能力和创新能力不高、动态适应能力有限等问题。2022 年，清华大学等 18 个单位联合发布《卓越工程师北京宣言》，提出建设一支具有突出技术创新能力、善于解决复杂工程问题的高质量卓越工程师队伍，根据科技革命和产业变革进行适应性调整，再造培养要素、转变培养模式、变革培养体系、发展智慧教育[5]。数字化与智能化作为变革性力量，与工程教育双向赋能，工程教育与智能技术结合为工程人才培养体系升级、模式创新和提质增效提供新动力。工程教育智能化是实现工程教育教学体系重构和卓越工程师高质量培养的必要保障。

13.2　工程教育智能化的内涵

新一代智能技术是工程教育变革的关键力量，智能化是工程教育在数字–智能时代的发展趋势。究竟什么是工程教育智能化？如何定义和理解其概念内涵？厘清这些问题，是指导和保障工程教育智能化沿着正确方向有效推进的逻辑前提和认识基础。

13.2.1　智能的本体阐述

智能是工程教育智能化的本体概念。关于智能的定义，目前并无共识和统一界定。相较而言，偏主流的智能内涵论述，不外乎两种学科视角和取向。

一种是从心理学和人的发展角度，通常等同于智力或能力，又或智力+能力的总和，视为人的认知水平和行为技能的统合体。智能不是单维一元的，而是具有多种形式和复杂结构，是凝结在人身上的特有属性或能力。例如，美国教育心理学家加德纳系统建构的多元智能理论，认为智能主要指人在特定社会和文化情境中思考和解决问题、生产和创造产品或圆满完成一项任务所需的各种能力，包括语言智能、身体动觉智能、逻辑数学智能、空间智能、人际智能、自我认知智能等多种类型。上述智能界定和分类总体被定性为一种可以用描述的方式而非以标准化的形式加以表现的处理信息的能力，它们彼此独立存在而又相互依存、相互联系，不同的智能结构和特定的智能组合创造和决定了人的能力多样性和个体差异性[6]。这种认识倾向于将智能定义为人所特有的记忆、观察、感知、思维、理解、判断、学习、分析、决策和行动等内隐性心智和外显性能力的集中映射，是认识事物、解决问题、实践工作与改造社会的多项能力的有机集成和综合外化。

另一种是根植于人类社会从信息化时代向数字–智能时代转型过渡的大背景，从智能科学和技术的发展及应用角度，赋予技术、机器、产品或工具等人造物以"人类智能"，使人工智能模拟、负载甚至超越突破"类人属性与功能"，并通过数据、程序、算法、算力和模型的持续迭代和智能升级，完成部分人所能做的或难以做到的事，解放人的劳动力和创造力，提升社会工作效率和生产效益。中国工程院院士李德毅指出："智能作为当今社会标签，已经进入工程动力技术上发展智能工程的新阶段"。一般意义上，智能既包括人的智能，也涵盖机器的智能。前者泛指人本身及受人脑认知启发的人工智能，后者指机器人与各类智能应用系统[7]。这种认识普遍侧重主张将人特有的智能迁移、嵌入和延伸到物，让机器能够像人一样拥有智能，进行环境观察、信息处理、思考推理、创新生成、系统设计、深度学习、交流互动、问题求解和自动化生产实践等多种复杂认知与行为活动，最终成为一个具备与外界环境自主交互能力的自适应智能体，实现人类智能的模拟、扩展和应用。

本章将"智能"概念限定在智能科技大发展和大变革的时代语境下，既强调智能类产品、平台、系统、工具、机器人等"技术器物"的使用和赋能，也关注利用技术智能优势促进人的高阶智能发挥、生成与发展，同时突出人机合作交互的智能运行状态，是技术智能与人的智能兼而有之、相辅相成、共生互构。

13.2.2　智能化相近概念辨析及其教育延伸

智能化作为核心概念，建立在智能概念的基础上。在以人工智能为标志的新技术革命语境下，智能化在本义上与信息化、数字化等概念存在本质联系，它们皆统一于网络信息和智能技术主导的社会演进进程之中，与现代信息技术和新兴智能科技的迅猛发展、创新迭代，以及在各行各业的深度应用直接关联，是技术驱动和主导的新时代社会生产实践和运行的三种基本形式。其中，在范畴和关系上，信息化居于最上位，是将物理世界的活动、信息和流程加以数据化和线上化。数字化提供技术手段，是利用信息系统和新一代数字技术实现部门、资源、数据、流程和业务等的全链贯通、整合优化和互联共享。智能化是信息技术和大数据驱动社会变迁发展的终极阶段，表现为技术具有满足人的高阶需求的功能特性。它们之间相互依赖，相辅相成，动态更迭，共同拓宽新技术之于社会变革的广度和深度，成为数字–智能新时代的生产、工作、学习、思维和生活方式[8]。

但同时三者也存在内在差异和区别，集中体现在"化"字，现代技术应用普及和赋能转型升级的不同程度，分别代表着社会变革和技术创新的三个层次和阶段。具体表述如下。

1）信息化

信息化是数字化和智能化的基础，指通过计算机、互联网、通信和控制等高新信息技术手段的推广和应用，对各类相关信息、事件、资源、环节和业务等进行电子化和网络化的收集、记录、处理、传输、储存、利用和分享的过程，目的是通过信息系统将现实活动网络化和流程化，提高信息交换与资源配置的效率和效益，促进生产要素优化组合和生活方式变革。教育信息化则是在教育领域广泛深入应用现代信息技术而促进教育变革与发展的过程[9]。

2）数字化

数字化是信息化的技术深化和智能化的大数据支撑，指利用数字技术将复杂多元的现实世界、实体信息和实践活动等，转化为可视化、可测量、可计算、可连接和可贯通的数字场景、资源、数据或模型的过程，最终使数据和信息的传播、存储、应用和共享更加高效便捷，帮助人们通过还原和集成为数字化形式的信息实现对客观事物和对象的认知和实践。教育数字化则是教育领域内的数字革命，本质是数字技术融入教育系统的过程，即依托特定技术手段重构和优化教育系统[10]。

3）智能化

智能化属于信息化和数字化发展的最高阶段。狭义上，智能化专指智能机器、技术或软件系统应用等人工智能，模拟人类智能进行感知、思维和行为的过程，以及其所表征和外化出的满足人类需求的智能属性和特征[11]。广义上，智能化作为工业革命的新趋势、科技革命的新特征与社会发展的新形态，主要对标人和机器的关系，意指在计算机、互联网、大数据、物联网、云计算和人工智能等技术加持下，对信息资源进行智能感知、获取、处理、分析、挖掘和传播，通过"人"与"机器"双重智能的叠加深化、交互演化、协同共生，实现人类社会各领域、各行业和各类社会生产与实践活动的智能升级、模式创新和体系变革。教育智能化则是教育信息化和数字化的升级版，是智能技术在教育中深度普及和常态化应用的必然结果，是未来教育模式转型升级的总体趋势和发展方向。

在本书中，智能化采用广义范畴，认为智能化并非信息化和数字化的线性替代，而是进阶和升华，泛指智能科技主导下的未来社会发展的新趋势和新形态。包含两层含义：既强调互联网、物联网、大数据、云计算、人工智能等新一代网络信息和数字智能技术，通过支持、嵌入和融合应用而产生系统性演变的整体过程；又指由智能信息技术驱动所引发的智能化转型和创新性变革，以及向人类社会最终达成的一种高级发展状态。

13.2.3 工程教育智能化的内涵厘定

在技术主导的大发展和大变革时代，网络信息、数字技术和人工智能融入教育，是教育信息化和数字化发展的新境界，智能化成为未来各级各类教育变革的必由之路。在数字中国、智能制造和教育数智化战略框架下，工程教育智能化统一于智能科技变革教育，尤其是高等教育的宏观系统之中。结合智能与智能化的时代语境和实质意蕴，以及技术变革与工程教育的发展关系论，本章将工程教育智能化界定为：依托新兴数字智能技术，变革和创新工程教育，构建面向未来"数字–智能"时代的工程教育新形态、工程人才培养新模式和工程教育教学新方式。具体而言，它指运用互联网、大数据、物联网、云计算、虚拟现实、人工智能等现代技术，通过与工程教育环境、教育资源、课堂教学、课外学习、工程实践、创新活动、质量评价等人才培养全过程、各环节和全要素的深度嵌入和融合应用，赋能并驱动工程教育教学体系的智能升级、深度变革和系统创新，构建智慧高效的人机交互、学生中心、虚实结合、校企协同的工程教育教学育人体系，形成学习环境智能化、学习场景混合化、学习模式多元化、学习手段便捷化、学习方式个性化、学习成效显著化的多样化培养高质量卓越工程人才的全新工程教育形态。这一概念意味着工程教育智能化具有双重内涵。

1. 智能技术在工程教育中的有机内嵌和深度应用

工程教育智能化是智能技术嵌入工程教育的过程与结果，智能技术以内嵌变量形式存在于工程教育中。它的基本逻辑是数字智能技术与工程教育的深度结合，在技术介入和加持下，设计开发工程教育智能环境、资源、数据和平台，利用现代网络技术和信息系统或先进的智能空间、技术和设备，助力师生从大量的繁杂机械、简单琐碎、低质重复的工程教育教学活动中解放出来，有效提升教育教学效率、优化教育教学过程和保障教育教学效果与质量。

工程教育通过智能技术的全面渗透、精准应用与有机耦合，支持并加速工程教育教学系统发生结构性调整和质变，重构工程教育教学的环境、场所、内容、方式、手段、流程和结果等全环节、全链条和全要素。因此，工程教育智能化是智能技术手段与工程教育教学互嵌共构的混合形态，其内在含义是新一代信息化、数字化和智能化技术深层融入并广泛应用于工程教育教学实践，依托高新科技和智能工具与产品创设，集网络化、数字化、智能化于一体的智慧工程教育教学场域、空间、资源、操作系统和方式方法等硬软件，型构智能技术与工程教育的内嵌融合、协同交互和共生共存形态，从而有力支撑开放共享、弹性灵活、高效高质、综合复杂且极具个性化、创造性和多模态的工程教育教学活动实施，确保工程教育教学模式创新和提质增效。

2. 智能技术支撑并赋能工程教育的系统转型和体系重构

技术嵌入是工程教育智能化在技术层面的集中映射和外化表征，其更深层的价值和效能在于依托技术作为工程教育教学变革的巨大驱力和核心引擎，借助新技术及其优势对传统工程教育进行优化、升级和创新，进而引发工程教育教学的革命性变化和系统性再造。换言之，工程教育智能化并不简单等同于工程教育与信息技术或智能技术的直接应用和机械相加，而是愈加强调技术增强和赋能，利用各种智能技术全方位重塑工程教育教学系统、业务活动和方式手段，达成工程教育环境、人才培养模式及教育教学方式的智能化运行状态。

13.2.4　多层面把握工程教育智能化内涵

工程教育智能化并非一蹴而就，需要历经一个长期、渐进、动态和持续的演化过程，是智能技术有机嵌入工程教育且不断深度融合、复杂交互应用而最终形成的工程教育新形态、新模式和新方式。科学、理性且正确把握工程教育智能化的内涵，需要综合考虑以下五个层面。

（1）在本体论上，秉持技术与工程教育的线性嵌入和创新变革辩证统一，以"技术嵌入论"和"技术赋能论"为工程教育智能化的逻辑前提和认识起点，即技术是"数字-智能时代"最大的创新变量，是工程教育教学的内嵌要素、变革驱力和实施载体，工程教育需要积极主动应对新技术革命，应用新一代智能技术促进工程教育教学体系的系统升级和智慧转型。

（2）在价值论上，认可技术变革工程教育的积极作用和正向效应，即技术对工程教育的影响虽具有基础性、整体性和系统性，但绝非对传统教育教学形式的摒弃或颠覆，而是依托数字和智能技术促进工程教育环境资源、教和学模式、工程实践活动和质量评价方式等创新和变革，构建面向"数字-智能"时代的新型工程教育教学体系。

（3）在关系论上，视工程教育智能化为工程教育信息化和数字化的深化与拓展，而非对立割裂或线性替代。同时，它不是对主体人的角色及功能的机械置换，更深远的意义在于用"技术共生论"消解"技术控制论"，最大程度地规避和防范技术工具存在的数字鸿沟、信息茧房、算法偏好、虚拟沉迷和伦理安全等潜在风险和隐忧[13]。基于技术智能驱动人的主体性和创造性最大化发挥，实现"技术之智"与"人之智慧"的有机结合与双向赋能，形成人机协同、高效合作和深度交互的育人新模态。

（4）在要素论上，坚持普遍性和特殊性相结合。工程教育是高等教育的重要子系统，在发展中具有区别于高等教育体系内其他部分的内在差异和不同特征。工程教育智能化不是泛泛对教育或高等教育智能化进行机械移植或简单沿用，而是在彰显技术变革高等教育的共性元素和普遍特性的同时，更加突出工程的固有范畴，以及工程教育的实践性、协同性、系统性等独特特征。

（5）在实践论上，工程教育智能化是一项复杂系统工程，包括技术基建与融合应用、机器与人、教学和学习、理论与实践、校内与校外、课内与课外、虚拟与现实、高校和企业等多个方面，必须统筹推进、科学规划、系统整合和有效实施。

综上所述，工程教育智能化是依托技术驱动对传统工程教育教学的超越、发展、升华和创变。它通过技术耦合构建智能化工程设施、场景、工具、平台和资源等硬软件环境，利用人机协同合作助力工程教育教学各环节、各活动的模态创新、效率提升与质量保障，进一步推动传统工程教育模式和教学方式的转型升级，最终构建与新兴智能技术全程贯通与全向交互的全新开放式育人系统，服务于培养具有创新思维、素质优良、能力卓越、德才兼备的高质量、多元化且全面发展的创新引领型卓越工程科技人才。

13.3　工程教育智能化的特征

工程教育智能化有何具体特征，明确这一问题对于深入解构和有效推进工程教育智能化尤为关键。立足工程教育的本质及其特殊性，从技术嵌入和变革工程教育的综合视角，工程教育智能化呈现九大基本特征。

13.3.1　技术集群耦合

技术是工程教育智能化的元器件。智能技术作为重塑工程教育的先进生产力和变革性力量，只有经过一个个单体技术的相互叠加、整合和重混形成技术集合和技术链条，才能赋予未来工程教育新形态构建的实际效能。工程教育智能化是多项技术内嵌集成的产物，仅凭单一技术并不能支撑其有效运行。与信息化和数字化相比，工程教育智能化不仅限于计算机、网络、通信和多媒体等"弱智能"技术、设备和工具的接入和使用，而是广泛引入和应用人工智能、5G、教育机器人、区块链、大数据、云计算、传感器、虚拟及增强和混合现实等新一代"强智能"科技及其产品，通过技术的交叉融合形成"技术集群"，共同作用于工程教育智能化布局，以根本打破传统工程教育资源、数据和信息"孤岛"，赋能工程教育教学创新、提质与增效，创构与未来工程人才培养适配的万物智联互通环境、混合式多模态教与学范式、沉浸式工程实践体验、大数据精准评测等工程教育新生态。

13.3.2　资源多元集成

资源是工程教育的物质构件，在智能化条件下，工程教育资源的类型和形式变得多种多样。除将传统的教材、图书、文献等纸质材料数字化外，电子文档、图片、视频、幻灯片、MOOC、SPOC 及工程实物、实验、专利、案例、项目、现实场景、技术装置、企业生产等的多媒体、网络课程和现场与远程实践资源也会越来越多元丰富。同时，借助国家、地方、高校和企业等各级各类工程教育数字系统和智能平台，校内外一切可用的工程教育资源将从孤立分散走向共享集成。相关工程学习资源在进行多个利益主体共建、互通和流转的基础上，能够通过网络生态、智能引擎和统一门户改变不同类型资源的扁平式排列、离散化布局和局域性接入，由传统的分布式、碎片化、粗颗粒度的单一"课程包"，逐步进阶为基于大工程范式和教育教学需求导向的整合式、体系化、精细化的海量"资源库"，实现工程教育资源的开发和供给真正面向工程学科专业建设和工程人才培养实际，保障师生自主科学地根据不同工程课程教学和学习活动需求进行资源的智能汇聚、精确整合、精准匹配和综合选择。

13.3.3 平台一体智联

平台是由网络、机器、信息、数据和技术等复杂集成的数字系统，工程教育智能化能够较大程度地改变各类在线教育平台、网络课程平台与教育教学信息平台的分散运行现象，增强平台的一体智联建设。一方面，互联网、数字信息和远程链接等技术支撑平台互联互通，教师和学生能够根据不同工程专业课程教学的需求，借助搜索引擎与专用数字工具便捷高效地获取并使用多元、海量和优质的在线教育资源。另一方面，随着数字与人工智能技术的算力升级和模型迭代，以及教育机器人、机器学习、神经网络、知识谱图、大语言模型等教育产品的普及化应用，相关工程教育教学在线平台、工具或应用系统将越来越智慧化，具备更多的"助教"和"导学"价值，超越课程教学的通知发布、资料传输、实时录播、留言反馈、点到签退、弹幕问答、随堂测试等常规辅助功能，承载并完成教学数据记录、资源精准推荐、教学组织设计、学习内容与方式规划、工程场景匹配、用户整体画像、人机深度对话与合作等高阶功能，服务教师教学精准设计、学生学习深度合作参与和个性化发展。

13.3.4 人机协同交互

人工智能科学与技术的快速迭代和创新，使得机器的智能水平不断提升，日益朝着接近甚至超过人类智能的方向纵深发展。在智能技术的加持下，工程教育智能化将打破要么盲目用技术完全取代人，要么绝对依靠人而否定拒斥技术的机器与人二元对立关系，推动教育教学转变传统的窠臼于师生主体间面对面、人与人的知识相授予在场交互，或把技术工具与机器系统当作传统教学媒介的网络化再现与数字化替代，进一步形成人与机器有机协同、有序交互、智慧合作的共生态。人机协同交互成为未来工程教育的基本形式，意味着计算机、各类智能教与学软件工具和平台系统不再仅仅是工程教育教学的辅助角色，更多情况下扮演"代理人"、合作者与共同体的重要角色和身份定位，人与机器相互协作、缺一不可，最终通过人机双向互动和赋能，打造以智能技术和机器终端为中介的"人–机"或"师–机–生"深度交互模式，集人工智能"机器"的技术性能和作为教育主体的"人类"的大成智慧于一体[14]，充分发挥各自优势并实现协同增效，协助师生完成知识活动之外的更具个性化、生成性、创造性和价值性的复杂工程教学活动和育人任务。

13.3.5 时空开放泛在

工程教育教学活动发生在特定的时空和场域中，一直以来，工程教育局限在传统的教室、课堂、实验室、工业训练中心等学校内部固定物理场所开展，行动空间整体较单一化、机械化和封闭化。在互联网、移动设备、网络通信、远程链接和数字智能技术等的加持下，工程教育将进一步突破物理条件限制，拓宽教育教学活动的范围和边界，重构开放泛在化的时空和情境。依托智能技术、设备和工具，工程教育教学活动将不再囿于有限封闭的校内物理空间，而是向更广域更宽泛的外部空间、数字空间、虚拟空间和混合空间无限扩展和延伸，支持在任何时间、任何地点、任何情境进行规模化教学和个性化学习，通过接入网络设备、智能终端和虚拟交互技术按需生成、自动匹配并敏捷性地供给和嵌入多种多样的教学和学习空间、资源与服务，确保工程课堂教学、自主学习和实践活动的无时无处不在、虚实场景动态切换和弹性灵活实施，实现工程教育教学从单学科向学科交叉、学校内部向社会外部、物理场所向数字空间的演化和跨越。

13.3.6 教学精准高效

教学是工程教育的中枢环节，智能技术赋能教学创新，促进教学精准实施和增效提质。教师能够借助智能技术和工具平衡教学低负荷和有效性间的张力，驱动教学"量"与"质"相统一目标的达成。比如，人工智能和教育机器人在教学中的介入和应用，将打破教师作为工程专业知识传授者的传统角色定位和职责任务分工，分担大量的基础性、程序性和重复性的知识教学工作，支持在有限教学时间内设计和实施师生合作互动、研讨探究、技术实操和实践应用等富有探究性、挑战性和创造性的多元教学活动，大幅精简教学流程、减轻教师负担和提升教学效率，确保教学过程最优化和效果最大化。再如，在智能感知、大数据分析和知识图谱等技术的辅助下，教师能够快速精准地识别和掌握学生的专业基础、学习进度、心理活动、行为表现、投入度、参与度和收获度，根据可视化和数字化"教学画像"精准编制与呈现教学内容，并及时根据学习状态和教学效果动态调整和优化教学设计。又如，基于统一化网络教学平台、智能终端、社交软件和大模型机器交互工具设备等，课前预习测试、课中学习互动和课后辅导答疑等环节能够整合起来，助力建构师生关系平等的合作教学共同体机制，实现教学减负、增效和质量保障的多功能统一。

13.3.7　学习个性自适

工程教育智能化为学生进行个性化学习提供强大支撑。传统工程教育是大规模、集中性的，注重为工业社会培养和输送"适销对路"的工程科技人才，学生学习往往是批量化、标准化和趋同化的，学习目标、内容、方式和形式等基本上呈现为整齐划一、教材导向、进度同频和被动灌输式的样态，导致学生的自主性、能动性和创造性被严重忽视和遮蔽。人工智能、传感器、知识图谱、大数据、神经网络、机器学习、智慧平台、数字资源库、大模型等技术工具和智适应传导系统，能够改变院系制和班级制下统一性、同质化的学习模式，通过学生学习行为、过程和结果信息的实时记录、全景扫描、动态监测和数据分析挖掘，为每一位学生精准规划和智能定制符合自身学习兴趣、需求及发展特点的工程教育学习资源，并及时根据其个性化学习进度和成效进行质量诊断、科学推荐、自动匹配、整体画像和差异化指导，为学生灵活设计、组织和调整学习方案、内容、策略与路径提供科学依据和决策参考，从而加速实现从被动依附教师的接受式学习向自主深度探究的个性化、自适应学习转型[15]，促进工科学生学会学习、提升学习质量和创新实践水平。

13.3.8　实践虚实贯通

实践是工程教育的固有属性，情境感知、增强现实、虚拟现实、仿真模拟等技术为创生数字孪生的工程空间、情境和场域，丰富和整合工程教育实践的资源和形式提供底层技术支持，工程教育的现实物理空间和虚拟数字信息空间、学校课堂内部和社会外部资源与情境间的边界愈加模糊化。借助物联网、移动互联设备、虚拟技术手段和数字化平台，工程实验、实训和实习等实践活动能够从固定的物化实体场所转向弹性的虚实融合空间，实现远程协同、联动互通、智能对接和开放交互，从而有效弥合工程实践教育内外资源和信息交互壁垒。工程教育教学可根据实际需求在现实物理空间和虚拟技术空间之间作出灵活选择和设计，实现理论教学、实验教学、工程实训和企业实习等工程学习和实践活动由孤立封闭状态向动态开放转型，推动师生更加客观、真实和立体感知、验证和理解工程科学与技术原理、规律与过程，沉浸式接触和体验企业、工厂、车间、生产、技术等现实和虚拟工程情景及实践活动，达成工程理论与实践的联结、贯通和应用，全面培育和提升工程问题发现与解决能力、创新意识、创新思维及创新技能。

13.3.9　评价数据驱动

智能化的核心在于大数据及其强大的算法、算力与运行模型和机制，工程教育智能化是技术、信息和数据互构而成的。在传统工程教育评价中，囿于学校各组织部门和院系单位层级分立、信息闭塞分散和协同合力不足，评价活动大多是行政力量自上而下干预型和人为经验管控型的，具有固定化、限时性、单主体、高成本、迟滞性的特点，工程教育教学评价涉及的一系列问题大都要经历较长的时间才能发现和解决，致使评价结果的实效性滞后，以及动态监测、精准反馈和持续改进的功能与效益弱化。工程教育智能化通过充分利用智能数字技术、大数据系统和可视化信息平台，建构起各部门与多主体信息一体化机制和数据共享渠道，基于对各个阶段和不同场景教师的教、学生的学及其相关质量数据的数字化编码、伴随式记录、动态化储存和智能化流转，支持对工程教育教学进行实时、全程、全向的数据监测追踪和质量科学评定，全面开展数据驱动的科学、客观和高效的全过程工程教育教学评价，进而大大缩短评价周期，简化评价程序，优化评价方式方法，实现评价结果的立体可视、综合认证、智能分析、精准反馈和共享互通，有效保证工程教育教学"以评促改""以评促建"和"以评提质"的评价育人效果发挥。

13.4　工程教育智能化面临的挑战

人工智能、大数据、虚拟现实等新技术的快速迭代为工程教育教学变革赋能，支撑并加速工程教育的智能化发展。但是，作为一个涉及多主体、全方位、高复杂和长周期的系统性变革，工程教育智能化是对传统工程教育理念、思想、模式、方案和行动的颠覆性革命。工程教育智能化对工程教育的影响是整体性和全方位的，而非碎片化、局部性的，涉及智慧学习环境建设、人才培养目标与教学内容更新、学生中心的师生关系与角色定位重构[16]、人机协同的多模态教学实施、教和学的个性化和泛在化、工程实践虚实一体化及教育教学评价智能化等多个方面。因此，在工程教育智能化实现过程中必将遇到传统工程教育教学体系方面的诸多挑战。

13.4.1　对现有教育教学环境的挑战

传统工程教育局限在纸本教材、电子资源以及固定的教室、实验室和工程训练中心等单一媒介和物理场域内，停留在基础性的网络化手段支撑和信息化工具应用层面上，主要表现在以下几个方面。

（1）人工智能、大数据、物联网、虚拟现实等技术的规模投入和普及使用不足，难以支撑平台互联、数据互通、资源互享、场景互融的新型工程教育融合基础设施建设；

（2）教室、实验室和工程训练中心等教育教学场所局限于网络、通信、监控、计算机、投影、电子屏、多媒体设备等的硬软件工具和产品接入，而智能感知、数据记录、实时共享、实景导入、虚拟仿真、沉浸体验、人机互动、远程操控等的智能化升级和虚实一体化建设远远不够；

（3）数字资源单一零散、适配性不高，缺乏统筹规划、精准供给、智能汇聚和系统共享，未能结合工程专业人才培养需求进行配套开发和体系建设，多以各级各类平台固定收录的网络化课程形态存在，侧重开发 MOOC、微课、短视频、教材、课件等在线工程通用知识类资源，相对缺少有关工程案例、实物、工具、实验、项目、场景和数据库等学科专用资源库的整合建设；

（4）智慧教育系统平台低端化，主要承载支持和辅助网络教学功能，比如直播教学、通知发布、课件传输、课堂考勤、作业收集、答题测试和留言评论等，而未融合深度学习、知识图谱、大数据分析、自然语言处理和生成式人工智能等技术与大模型工具，按需研发和配备资源推荐、内容生成、数据共享、人机对话、智能画像、分组协作、场景匹配、个性化辅导等高级交互功能。以上表现反映出目前工程教育缺乏实现智能化的坚实技术底座。

数字–智能时代的工程教育教学环境是与技术深度嵌入和高度开放式的。它通过加强现有工程教育教学环境与数字孪生、虚拟现实和人工智能等技术、产品及工具的融合应用，集成数字资源、虚拟场景和智能平台，有机联通物理、虚拟和社会三维空间，构建开放泛在、虚实结合、人机交互、智联共享和智能绿色的智慧学习环境，支撑工程教育教学突破时空与场域限制，以及学科组织和学校内外场景界限，从有限封闭场所扩展至无限混合空间，确保工程"教和学"活动弹性化、无边界、泛在化、沉浸式和交互式地展开。

13.4.2　教师与学生角色定位的挑战

技术的智能水平正在不断挑战人类智能，人机融合成为未来学习的基本方式。随着数字与智能技术的全面介入和深度应用，网络在线平台、智能助教系统、智能导学系统和教育机器人等将以辅助工具形式和合作伙伴身份融入工程教育，教学活动从传统线性机械的师–生二元面对面传授交流转变为基于技术中介的师–机–生三位一体人机合作交互。

人机协同教学对传统的师生角色定位和关系造成革命性的冲击和影响。智能技术除可为教师大幅分担浅显通俗的基础性和重复性讲授工作，支持学生通过网络平台、电子设备和移动终端等不同渠道开展在线自主学习外，还能够辅助师生进行课程资源整合、教学方案设计、学习路径规划、学情监测诊断、习题作业评测、答疑交流和因材施教等，推动教师从单一固化的专业知识传授者转变为高阶复杂的智慧工程教学设计者、服务者和引导者，从而推动学生从被动的受教者角色转变为积极主动、个性化和创造性的自主参与者、合作者与创新者。师生角色定位的新变化倒逼师生关系重构，由学生依附和顺从教师权威的传统形态转变为教师与学生平等对话与深度交互的新型工程学习共同体。

现行工程教育教学体系仍是以教师为中心导向的，注重教师围绕既定专业教材或课本知识对学生进行系统讲解和集中灌输，学生学习的主体性和创新性被严重忽视。因而，未来在技术智能体的加持下，人机合作的范围和程度将持续深化，工程教育必须正视由技术嵌入带来的师生角色冲突，主动调适机械僵化的"教师讲–学生听"角色定位，建构和发展以学生为中心、人机协同交互的教学共同体关系，确保工程教育教学活动更加灵活、多元、高效和高质量。

13.4.3　教学内容和教学方式的挑战

工程教育智能化的核心是借助技术的万物互联、智能可视、共享开放、人机交互等优势，基于数字和智能设施、资源及平台等媒介，实施人机协同、师生交互的多元化与个性化工程教学，创新和变革工程教育教学内容和方式，包括帮助和支持教师和学生便捷高效地检索和选择教与学内容，并与师生深入互动和合作完成更精准与更高质的教与学活动设计，或直接以"智能代理教师"身份承担部分浅层知识讲授和答疑解惑职责，从而通过融合技术"智能"和人的"智慧"推进人机协同、学生中心教学，根本改变单一的"师讲生听"工程教学形式和方法，生成混合式教学、翻转课堂教学、研究性学习、项目式学习、合作式学习等多种形式的新型教与学活动，促进工程教育教学内容与方式的问题导向、项目式、个性化、自适应和深度化。现阶段，技术驱动的工程教育改革存在重技术供给而轻教学创新倾向，尚未实现与智能技术的深度融合，工程教育教学内容和方式仍显陈旧和传统。

一方面，工程教育教学内容急需打破固定教材和知识导向。信息技术的发展加速工程知识和学习资源的爆炸式增长和碎片化分布，凭借网络媒介、数字资源和智能工具，工程知识的获取来源和学习渠道愈加多元广泛，工程学习变得更加自主、泛在、快捷和高效。未来工程教育教学的任务重心不再是知识结构体系的系统传授，关键在于突破单一封闭的室内课堂、教材书本和学科专业的束缚，通过使用各类工程教育学习数字资源，将工程领域最核心、最前沿的理论、技术、方法和成果纳入课程教学内容之中，从工程核心能力培养、行业产业发展需求、工程现实场景应用和工程实际问题解决的视角丰富教学内容构成与呈现方式，创设和生成基于工程问题、案例、项目和实践的创新型复杂高阶教学。因此，工程教学必须彻底改变照本宣科，从知识学习转向实践应用、问题解决和探究创新，确保工程教育教学的精准性、有效性、挑战性和高质量，加强工程学习的探究性、实践性、创造性和跨学科性。

另一方面，工程教育教学方式急需实现多元化和个性化。互联网、大数据和人工智能等技术通过创设线上和线下、虚拟和现实、课内和课外融合的交互平台和空间，支持工程教育教学从传统封闭的线下课堂走向"课前—课上—课后"全过程的智能贯通，实现由标准化讲授教学向个性化精准教学的转型。目前，技术驱动的在线教学和混合式教学多是根据环境变化在实体和虚拟空间中进行转换，局限在网络课程、教辅资源、多媒体设备和在线应用系统的简单使用，属于传统课堂教学模式在数字虚拟空间中的重复与再现。工程教育教学总体上仍以大规模集体讲授为主，学习内容一致趋同，学习进度整齐划一，较少借助数字孪生、虚拟现实、大数据、人工智能等技术创建以学生为中心的多元化教学活动，引导学生积极自主地开展双线融合式学习、个性化深度学习、群体合作式学习、人机交互式学习和虚拟沉浸式学习。这种表征知识线性传递和一对多的单向教学方式，降低了工程学习的互动性、综合性和可视性，忽视了学生的自主性、能动性和个性化发展，不利于培养学生直观立体的工程认知、系统思维、创新素养、实践能力和创新能力。

13.4.4 重构工程实践教学体系的挑战

工程教育智能化能够使学生按需在物理、虚拟和社会三元空间中开展工程实践活动。虚拟仿真、增强现实和远程链接技术等能够对不同类型工程环境进行模拟和仿真，形成网络化、虚拟化和远程化工程实践平台、情境与场域，联通企业等多方合作育人主体，构建物理、虚拟和社会三元交互的立体空间，支持工程实践场景和资源的按需匹配、智能接入、虚实交互与共享互通，实现工程实践教学的虚实一体化和校内外贯通，赋能工程实践教学体系的重构和创新发展。

目前，工程教育教学的实践性较不足，以实体空间内开展的实验操作、工程实训和企业实习三类形式居多，虚拟仿真实验、虚拟仿真实训、校企远程合作等实践教学新形式有待加强，主要存在以下三个方面问题：

（1）由于虚拟仿真技术条件不成熟、虚拟工程实验环境和平台性能不稳定、实验结果真实性无法保证、专业实操技能要求高等原因，虚拟仿真实验教学局限在部分专业、少数课程和个别教师层面，覆盖面较窄，流于碎片化，成效不足；

（2）工程实训基地的数字设备供给和智能技术升级尚不到位，缺乏智能交互终端或一体化网络操作平台，并不支持大规模的虚拟仿真工程实训体验，不利于工程课堂教学和实践教学的同步交互和一体融合；

（3）受制于校企合作机制不畅通、企业实践资源数字化建设滞后、企业参与高校合作育人积极性不足等，校企合作的主流渠道仍采用传统的定时、定点、定向的工程实践和企业实习，基于远程在线的课程教学、项目指导、企业实习等合作实践教育形式还不普遍、深入。

因此，实现工程教育智能化就必须从虚实互补的角度规划和开展工程实践教学，加强虚拟仿真实验、虚拟仿真实训、校企远程合作等新型实践教学的系统供给和普及实施，确保与工程理论教育同步对接，促成工程理论与实践的融通，不断强化对工程现实问题的实际感知和沉浸体验，发挥实践教学在培养和提升工程人才的理论应用、技术创新和综合能力的内生效能。

13.4.5　教师与学生惯性惰性的挑战

工程教育智能化并非浅表的"+数字资源"与"+智能技术"，也非用技术替代、颠覆传统教学，其深层意义在于利用技术智能解放和增强人的主体智慧，通过人机协同合作加强工程教育教学设计和实施的多元性、复杂性、挑战性和创造性。技术虽为工程教育智能化提供工具性条件支撑，但仅凭技术并不能达到预期目标，更离不开教师和学生的积极实践和自主推进。然而，长期的教育教学实践在教师与学生中形成的惯性和惰性，必将对工程教育智能化形成挑战。

一方面，在认识上长期秉持狭隘的技术价值观和人技关系观。大多数师生对于数字-智能时代的工程教育变革缺乏理性认知和内在认同，普遍认为技术手段对教育教学的影响是局部性和有限度的，过度高估技术价值、突出技术中心不仅容易弱化人的主体性地位和主观能动性而加剧技术依赖[17]，而且会造成工程学习虚化和真实体验淡化、人际交往互动疏离、教学行为被技术操控、助长师生惰性与不自觉性等负面影响。这种认识未能从技术与教育、技术与人的融合共生、深度互动和双向赋能关系进行辩证审视，陷入技术要么仅作为教育教学辅助性应用工具，要么教师身份或者传统教学被直接取代，师生对于智能技术变革工程教育教学的认可度和接受度并不高。

另一方面，在行动上具有传统教学惯习依赖和教学创新惰性。工程教育智能化要求师生从过往浅层的知识性教学中解放出来，按需结合网络平台、数字资源、虚拟情境和智能工具，投入更多时间和精力去设计和实施更高阶、更具创造性和个性化的多元新型教育教学活动。但由于工业时代的大规模、标准化和统一性讲授教学模式惯习，加之各种制度限制、考评压力和技术操作负担，以及智能化工程教育教学创新和变革本身环节繁琐、过程复杂、难度大、任务重、专业能力要求高且成效难以保证，师生普遍存在畏难情绪、逃避心理、排斥态度和不适应性，参与动力、意愿和执行力并不强，对于一以贯之的理论灌输式教学和被动接受式学习表现出极强的选择偏好性和行动依赖性。因此，必须解决师生思想上的认识和行为上的惯性与惰性问题，主动适应、自觉配合和融入技术驱动的工程教育教学改革和创新实践，积极推进工程教育智能化。

13.4.6 教学效果和质量评价的挑战

提高教学效果和保障教学质量是工程教育智能化的重要目标，工程教育智能化旨在依托技术手段优化和重构教育教学体系，赋能工程教学效果提升和教学质量保障。当前工程教育改革的症结是过度关注技术嵌入教学的外在形式，而忽视其产生的实质育人成效，同时缺乏系统全面、支持提高教学效果的教学质量评价。如何保证教学效果，进行客观公正的教学质量评价，成为工程教育智能化面临的挑战。

提升和保证工程教育教学效果需要智能技术嵌入的变革具备形式有效和实质有效两个方面要求。其中，形式有效主要指智能技术手段使工程教育教学发生结构性和系统性变革，不再窠臼于传统程式化的课堂讲授模式。基于智能技术嵌入大面积开展的泛在化、个性化、混合式和沉浸式工程学习，通过人机协同合作和深度交互方式推进工程教学的创新性设计和实施。实质有效主要指加强智能技术在工程教学中的系统嵌入与创新应用，借助在线学习、问题研讨、合作探究、场景沉浸和虚拟实践等多元方式，形成线上与线下、虚拟与现实、课内和课外、现场与远程的互补效应，提升工程教学的趣味性、探究性、综合性和实践性，激发学生的工程学习兴趣和动力，调动学生在各类工程教学活动中的参与度、投入度和创造性，进而提高学习成效和成果产出，使学生具备工程核心知识、系统工程思维、跨学科创新素养、工程技术应用能力、复杂工程问题解决能力和综合实践能力等。因此，置身技术主导的工程教育智能化新形态中，必须走出工程教育教学中"只见技术不见成效"的本末倒置困局，全面实现工程教学的智能升级和提质增效。

1. 存在的问题

当前工程教育教学质量评价基本聚焦在单一评价主体、知识获取和结果导向的评价，而忽略了多评价主体、能力提升和过程、综合等评价，主要表现在以下四点：

（1）大多侧重考察工程专业知识的存量习得与体系建构，忽视对复杂工程问题解决能力的衡量；

（2）主要采取统一考试、习题测验、课程作业和成果作品等"一考定乾坤"的标准化和终结性测量；

（3）忽视了工程学习的过程性体验、自主性参与、创新成果产出等；

（4）工程教学效果和质量评价局限在高校内部，由教师单方开展，学生及其他利益相关者参与度不高。

以上这些表现难以客观综合地对教学质量做出多维立体评价，呈现动态、及时、准确和全面的教学诊断和结果反馈。

2. 采取的措施

工程教学质量评价亟须通过工程教育智能化实现突破唯知识、唯考试、唯分数和唯绩点的单一评价标准和方式，形成基于大数据的客观、科学和公正的工程教育教学质量评价。

（1）基本数据采集分析：凭借强大的算法和算力能够对教学各个阶段和不同时空产生的多种类型数据进行精准采集、动态记录、自动存储和智能分析，如出勤、习题、作业、考试分数等结构化数据，课前投入、课上参与、课后互动，以及课外学习、问题探究、项目设计和成果作品产出等阶段性、非结构化数据，辅助教师以定性和定量结合方式、结合多元标准和多模态数据进行学习质量科学评估。

（2）专门数据采集处理：借助智慧评价平台、工具和手段，实时采集整理合作探究、人机互动、沉浸体验和结果成效等过程性数据，对工程创新思维、项目方案设计、技术动手操作、创新成果产出和复杂工程问题解决能力等发展性数据进行伴随式收集和可视化处理，按需分类开展结果性评价、综合性评价、过程性评价和增值性评价，进而对教学方案和策略加以动态调整和改进优化，并根据学情及其个性特征和学习需求提供精准适切的个性化指导和服务；

（3）多主体参与评价：利用智能技术手段和一体化网络平台，吸纳企业、校友、教师和学生等内外部利益主体参与，对标工程行业产业的人才需求和规格标准，进行人才培养质量的评价。

本章基于智能化的时代变革趋势，重点界定诠释了工程教育智能化的概念内涵，系统解析了工程教育智能化的基本特征，客观分析了工程教育智能化面临的主要挑战，以期为工程教育智能化的认识深化和实践推进奠定基础和提供参考。

参 考 文 献

［1］周列，丁晓东，张健明. 智能化时代的工程教育：工程哲学的视角［J］. 教育发展研究，2022，42（11）：77-84.

［2］王学男，杨颖东. 技术力量与教育变革的作用机制及未来思考［J］. 中国教育学刊，2021（11）：1-7.

［3］林健，衣芳青. 面向未来的工程伦理教育［J］. 高等工程教育研究，2021（05）：1-11.

［4］张婷婷，李冲. 构建基于工业价值链的产学合作协同育人新模式——以“数智化人才”培养为例［J］. 高等工程教育研究，2022（06）：44-51.

［5］中华人民共和国教育部. 18 家国家卓越工程师学院建设单位联合发布《卓越工程师培养北京宣言》［EB/OL］.（2022-09-27）［2023-04-12］.

［6］加德纳，霍华德. 多元智能新视野［M］. 沈致隆，译. 北京：中国人民大学出版社，2012：9-36.

［7］李德毅. AI——人类社会发展的加速器［J］. 智能系统学报，2017，12（05）：583-589.

［8］桑新民，谢阳斌，余中，等. 教育数字化转型系统工程笔谈［J］. 现代教育技术，2023，33（01）：5-16.

［9］祝智庭. 中国教育信息化十年［J］. 中国电化教育，2011（01）：20-25.

［10］陈廷柱，管辉. 教育数字化：转型还是赋能［J］. 中国远程教育，2023，43（06）：11-18.

［11］刘少杰. 从实践出发认识网络化、数字化和智能化［J］. 社会科学研究，2022（02）：66-71.

［12］祝智庭，胡姣. 教育智能化的发展方向与战略场景［J］. 中国教育学刊，2021（05）：45-52.

［13］刘世清. 智能教育的风险［M］. 北京：教育科学出版社，2022：39-89.

［14］殷宝媛，孙馨. 面向高质量发展的高校人机协同育人研究［J］. 黑龙江高教研究，2023，41（05）：1-5.

［15］周琴，文欣月. 从自适应到智适应：人工智能时代个性化学习新路径［J］. 现代教育管理，2020（09）：89-96.

［16］林健. 培养大批堪当民族复兴重任的新时代卓越工程师［J］. 中国高教研

究，2022（06）：41-49.

［17］郭丽君，廖思敏.智能时代大学教学生态系统：演化逻辑、现实隐忧与发展向度［J］.现代大学教育，2023，39（04）：93-100+113.

（本章原载《清华大学教育研究》2023 年第 6 期，第二作者为清华大学博士、兰州大学副教授杨冬）

第 14 章
工程教育智能化：系统设计与整体实现

【本章导读】

　　教育智能化是各级各类教育主体不可回避且必须积极面对的一项重大教育改革，对教育学习环境的改造、教育教学内容的更新、教育教学方法的改革、各类教育资源的完善、教育教学评价效果的提升等均具有十分重要的意义。

　　本章在前章的基础上，聚焦工程教育智能化的系统设计和整体实现，具体包括智能化系统分析与设计、学习环境智能化、课堂教学智能化、课外学习智能化、工程实践智能化和教育教学评价智能化等方面，以期为高校工程教育智能化建设提供参考和借鉴。

　　大数据、虚拟现实和人工智能等新一代数字智能技术正在以指数级增速迭代创新。这些技术发展在深刻改变人类社会生产与工作生活方式的同时，也驱动着工业链、产业链、经济链和教育链的智能化转型和变革。工程教育改革和发展在我国高等教育系统中具有示范性和引领性，率先布局和全面实现工程教育智能化是当前和未来高等教育改革和创新的重大战略和必由之路。本章聚焦工程教育智能化的系统设计和整体实现，具体内容包括智能化系统分析与设计、学习环境智能化、课堂教学智能化、课外学习智能化、工程实践智能化和教育教学评价智能化等方面，以期为高校工程教育智能化建设提供参考和借鉴。

14.1　工程教育智能化系统分析与设计

　　工程教育智能化作为一个系统，首先必须明确其内涵和特征，并分析其构成要素即需要从哪些方面实现智能化；其次要明确智能化所要达成的目标并将其分解落实到各个构成要素，作为智能化建设的指南；设计各构成要素之间的相互关系，以构成相互依赖、相互作用、相辅相成的整体，从而在实现各个构成要素智能化目标的同时，整体实现工程教育智能化目标。这些是高校系统设计和整体实现工程教育智能化总体框架。

14.1.1　智能化系统及其构成要素

工程教育智能化并非简单地将现代技术与工程教育进行机械地组合叠加，而是将数字智能技术系统嵌入工程教育全过程并与各个要素有机耦合，重构和创新工程教育教学体系，形成突破时空限制、满足多样化需求、提高"教与学"效果和教育质量的工程教育智能化系统。

工程教育智能化系统一方面要满足工程教育智能化内涵要求，即依托新兴数字智能技术，变革和创新工程教育，构建面向未来"数字–智能"时代的工程教育新形态、工程人才培养新模式和工程教育教学新方式的系统；另一方面要具备工程教育智能化特征要求，即具备技术集群耦合、资源多元集成、平台一体智联、人机协同交互、时空开放泛在、教学精准高效、学习个性自适、实践虚实贯通、评价数据驱动等基本特征。因此，工程教育智能化系统的设计要符合上述两方面要求。

识别和确定工程教育智能化系统的构成要素需要综合考虑两方面因素。

一是覆盖工程教育全过程，即通过数字智能技术驱动工程教育教学全过程发生系统性改变，包括课堂教学、课外学习、工程实践及质量评价等工程人才培养主要环节和核心要素，具体体现为工程教育教学模式、内容和方式被重新定义和建构，教学组织形式、课堂教学方式、师生角色定位、学生学习方式、教学数据收集与使用等诸多要素及其相互关系的实质变化；

二是重构工程教育教学环境，即重新构建开展工程教育活动所必须依托的信息化条件、教学技术手段、学习场所设施和教育资源平台等硬软件综合环境，具体体现在为师生开展工程教育教学活动提供便捷、灵活、智能、丰富、个性的教学条件和学习环境。

基于上述分析，工程教育智能化系统的构成要素应该由五个方面构成：学习环境智能化、课堂教学智能化、课外学习智能化、工程实践智能化和教育教学评价智能化。它们共同指向"何以智能化"之基本问题和"智能化什么"之关键问题。其中，"何以智能化"对应学习环境要素，解决的是工程教育智能化赖以存在和发展的智能技术设施与数字资源平台的建设与供给问题，即明确具备什么技术条件和环境基础才能支撑和保证工程教育智能化的有效实施和普及推进。"智能化什么"对应课堂教学、课外学习、工程实践和教育教学评价四大要素，回答的是工程教育智能化作用的主要目标领域问题，即智能技术在工程教育教学全过程中的深度嵌入与具体应用。

14.1.2 智能化系统构成要素分析

1. 学习环境智能化

学习环境智能化是工程教育智能化的技术底座，是一种集成现代数字智能技术，具有资源共享、数据驱动、实时互联、虚实贯通、人机交互、沉浸体验、开放泛在和便捷高效等多功能特性的新型智慧学习环境。它泛指信息与数智技术内嵌融合的各类学习场所、活动空间和应用工具，主要由网络通信、智能技术、硬件设备、数字资源和智慧平台等构成，用来支撑不受时间、空间和场所限制的工程教育，服务泛在化、精准化、个性化、混合式和沉浸式的工程教学与实践。具体包括新兴人工智能技术及产品工具、智慧教室、智慧实验室、智慧实训实践基地和智慧校园等基础设施，网络化和数字化形态的教辅资源、课程资源、案例资源和实践资源，以及各类软件应用系统支撑的智慧教学平台、智慧学习平台、智慧实践平台和智慧评价平台等，是工程教育智能化的先决基础和必要条件。

2. 课堂教学智能化

课堂教学智能化是工程教育智能化的核心任务，是未来卓越工程人才培养的主要方式，立足于应用技术手段重构课堂教学形态、流程和方式。它是智能技术作为内嵌变量与工程教育课堂教学活动各个环节和要素深度融合的产物，集泛在智能环境、虚实场域结合、人机协同合作、混合方法运用、师生深度互动、数据动态记录、效率与质量兼顾等多重特征于一体，表象为在线教学、混合式教学、翻转课堂教学、人机协同教学、研究性教学等多元形态和多种方式，是基于技术中介的课前以学定教—课上互动探究—课后深度拓展等环节有机嵌套和相互贯通的教学新模式。

3. 课外学习智能化

课外学习智能化是工程教育智能化的内生组成，是工程教育课堂教学的重要延伸，定位为学生根据需求可持续开展自主、合作性和拓展性学习，实现工程学习的个性自适和深度建构。它不是单纯依靠智能技术进行课外学习，而是利用技术工具转变学习方式，以人机交互形式落实以学生为中心，通过制定个性化学习方案、生成自适应学习内容、实施混合式学习方式、画像全过程学习行为、调适动态化学习路径等多个层面，推动从讲授式教学向个性化学习、被动学习向自主学习、浅层学习向深度学习、个体学习向合作学习、记忆性学习向研究性学习、单学科学习向跨学科学习、固定场域学习向无边界泛在学习等的根本转型。

4. 工程实践智能化

工程实践智能化是工程教育智能化的重难点，是工程教育的本质属性和特色所在，目的是打造虚实互补融通的工程实践新范式，主要包括虚拟仿真实验、虚拟仿真实训、校企在线合作等三种新形式。其中，虚拟仿真实验是通过计算机仿真、虚拟现实、传感器、人工智能等技术，模拟真实实验的环境、条件、内容、流程、方法和结果等，用以解决传统实体工科实验教学的"做不到、做不好、做不了、做不上"等难题[1]。虚拟仿真实训通过对工程现象、活动、工序、场景和环境等的数字化建模、复刻和还原，基于数字孪生、工业仿真、三维可视化、虚拟现实、增强现实和混合现实等技术对工程实践训练现场实景、模拟环境和仿真系统加以整合，生成沉浸式工程虚拟交互资源、平台和环境，使师生获得类似置身于真实实训的工程感知和实践体验。校企在线合作通过远程链接和智能交互技术打破物理边界，实现校企资源共享、智联互通和全程深度合作，加速校企合作育人共同体建设。

5. 教育教学评价智能化

教育教学评价智能化是工程教育智能化的内在需求，是工程教育教学效果与质量的调节杠杆和保障的手段，旨在由人为经验主导的单一评价转型为大数据驱动的科学评价。它通过充分利用人工智能、大数据、云计算和自然语言处理等技术优势，基于一体化平台和多模态数据对教学行为、过程与质量做出客观合理的事实性测量和价值性判断，实现评价主体多元协同、评价模式数字可视、评价标准多维综合、评价方式分类实施、评价结果精准应用，推动工程教育教学评价的系统革新和智慧实施。

14.1.3　智能化目标及其分解

目标是行动的纲领和指南，规定着工程教育智能化的总体要求、具体方向和发展路径[2]。高校必须根据"数字–智能"时代的工程教育教学发展趋势和变革需求，基于本校的人才培养目标定位及优势特色，制定明确的工程教育智能化目标，为全面实现工程教育智能化提供目标引领、标准依据和实践指导。一般而言，无论何种类型和层次的高校，工程教育智能化均应该达成以下基本目标：

深度融合应用数字智能技术，推动工程教育环境、课堂教学、课外学习、工程实践和质量评价等的智能化转型，形成开放泛在、学生中心、人机交互、虚实结合、校企协同、高效高质的智慧工程教育教学系统，构建适应"数字–智能"时代发展的工程教育新形态、卓越工程人才培养新模式和工程教育教学新方式。

上述基本目标的落实需要将其分解成为工程教育智能化系统各个构成要素的目标。

1. 学习环境智能化目标

创设内外互联、虚实贯通和智能共享的工程教育教学新基建，打造综合、开放、智能和绿色的智慧学习环境。具体为：

（1）利用人工智能、虚拟现实等技术完成教室、实验室、实训实践基地和校园设施的智慧化改造升级；

（2）系统开发和供给海量化、精细化、多类型、体系化和集成化的数字资源；

（3）分类研发和开通工程教育讲授与学习、实践和评价等多种智慧平台，加强资源推送、人机合作、实景导入、沉浸体验、数据分析等智能化升级。

2. 课堂教学智能化目标

实施人机协同、师生交互和问题导向的新型工程教学，有效提升教学效率和质量。具体为：

（1）教学模式多元化和柔性化；

（2）教学设计精准化和灵活化；

（3）课前—课上—课后教学流程一体化。

3. 课外学习智能化目标

促进学生成为自主性、个性化和创造性的学习者，提高学习深度、效率和产出。具体为：

（1）人机合作设计和定制个性化学习方案；

（2）自主按需获取和生成学习资源；

（3）根据学习任务和需求弹性化开展个性化学习；

（4）精准记录、分析和评估学习行为、过程与结果；

（5）智能规划和动态调整学习路径。

4. 工程实践智能化目标

应用虚拟仿真工程实践教学，形成虚实互补的工程实践教学体系，实现与理论教育同步对接和贯通。具体为：

（1）拓展和优化虚拟仿真实验教学，增强对复杂系统工程技术的验证、理解、应用和创新；

（2）探索和实践虚拟仿真实训教学，形成对工程实际训练和现实工程问题的虚拟沉浸感知、动手操作体验与综合系统认知；

（3）推进校企在线全程深度合作育人，提升复杂工程问题解决能力和环境动态适应能力。

5. 质量评价智能化目标

开展大数据驱动的客观、科学和公正的工程教育教学质量评价，提升工程人才培养质量保障。具体为：

（1）允许多元主体基于大数据提供的数据信息采取相应有效的方法进行教学

质量评估；

（2）根据需要统筹推进综合评价、结果评价、过程评价和增值评价；

（3）辅助师生结合评价结果和质量反馈对教和学方案和策略进行调整和优化，根据学情特征和个性需求提供精准适切的个性化指导和服务。

14.1.4　智能化系统的形成

工程教育智能化系统的形成需要将上述 5 个构成要素紧密联系起来，构成相互依赖、相互作用、相辅相成的整体，从而在实现各个构成要素智能化目标的同时，整体实现工程教育智能化目标。

整体上，学习环境智能化是技术底座和实施载体，是构成工程教育智能化的前提条件和基础支撑。课堂教学智能化、课外学习智能化、工程实践智能化和教育教学评价智能化是主要应用领域和功能场景内核，关系到工程教育智能化的实践映射与应用外化，是工程教育智能化持续深化的着力点和落脚点。其中，课堂教学智能化是核心，课外学习智能化是必须，工程实践智能化是关键，教育教学评价智能化是驱动力。

构成要素之间的相互关系表现在三方面。

一是学习环境智能化与其他四个要素之间表现为工具手段与目标内容的关系。学习环境智能化是课堂教学、课外学习、工程实践及教育教学评价智能化发展所赖以依存的技术性媒介和工具性条件，前者为后者的高效实施与目标达成提供技术之维的智能硬软件支撑，后者为前者功能作用的发挥分别提供具体的行动方向、目标内容和标准要求。

二是学习环境智能化与其他四要素之间存在动态的相互作用关系，在系统耦合中实现协同提质和效益增倍效应。技术的迭代创新加速学习环境智能化的升级增强，倒逼课堂教学、课外学习、工程实践和教育教学评价的智能化形态随之进行适应性调整和转型优化；反之，课堂教学、课外学习、工程实践和教育教学评价中动态产生的新需求、新变化和新问题，也为技术智能发展和变革提出新方向、新领域和新空间，驱动学习环境智能化水平提升。

三是教育教学评价智能化为课堂教学、课外学习和工程实践智能化提供了质量标准和行动依据，规定和引导着后者的具体方向和路线；而课堂教学、课外学习和工程实践作为工程人才培养的三大核心活动，为前者的有序高效开展提供了翔实数据和一手素材。

图 14.1 简要表达了工程教育智能化系统及要素间的相互关系。

将各个构成要素基于相互关系关联起来形成的工程教育智能化系统在进一步建设和实现过程中要注重两点：一是围绕各自目标落实并实现本要素的智能化；

二是注重各要素之间的相互关系，避免各自孤立而影响系统整体智能化目标的实现。以下各节依次对各要素智能化进行讨论，以整体实现工程教育智能化。

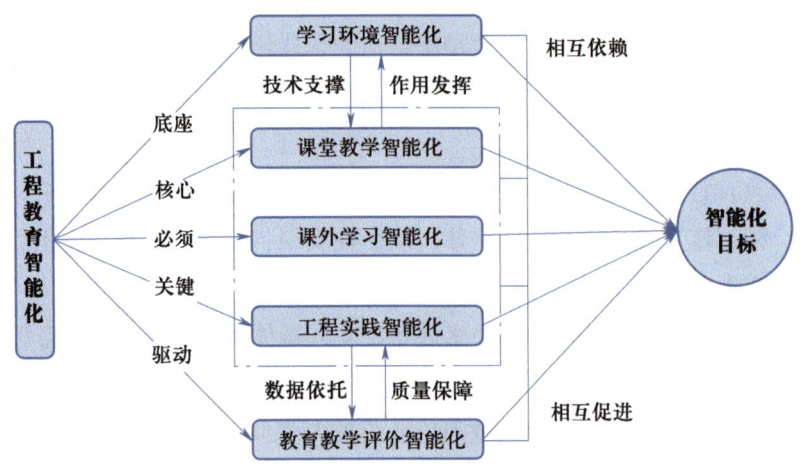

图 14.1 工程教育智能化系统及要素间的相互关系

14.2　工程教育学习环境智能化

面向未来，学习环境要从"弱智能"迈向"强智能"，围绕智能设施、数字资源和智慧平台等教育"新基建"重点领域实现工程教育学习环境智能化。

14.2.1 智能设施

智能设施指依托网络通信技术、计算机设备和人工智能工具等构建的工程教育教学空间和场域。高校需要根据智能化目标有规划、有重点、规模化地投入智能技术设备，建设智慧教室、智慧实验室、智慧实训实践基地和智慧校园。

智能技术设备包括5G、互联网、移动通信、计算机和多媒体设备等网络通信和信息基础设施的布局，以及物联网、区块链、人工智能、云、大数据、AR/VR/XR、知识图谱、大语言模型、教育机器人等新一代数字工具与智能产品的集成性供给和深度应用，是支撑工程教育智能化的核心技术群组。

1. 智慧教室

智慧教室是智能技术与传统工程教育课堂教学空间深度结合的产物。它不仅体现为改变旧式的排排坐式结构布局，在外观与空间设计上更加现代化，具有艺术美感、桌椅可移动和可扩展及物理环境智能调节控制；而且在设施上接入智能多媒体教学设备与工具、智能教学与学习动态监测系统、远程或虚拟仿真场景、智能教育机器人等高新智能装置和终端，包括配备互联网、计算机、投影仪、智能屏、电子白板、ipad 等信息装备和硬件设施，以及各类支持实时监控、直播录播、智能感知、数据记录、研讨合作、人机互动与校内外、课内外和虚实场景导入、联通、切换和体验等性能的数字化教辅工具与软件系统，促进工程教育教学网络虚拟空间和现实物理空间的一体联通。

2. 智慧实验室

智慧实验室面向工程实验教学需求，包括实体性和虚拟性两类实验室。其中，实体性智慧实验室以"实验室+智能技术"的结合体形式存在，用以支持线下实验教学和远程实验教学。

虚拟性智慧实验室是基于实体实验环境、器材、元件、设备、内容与方法等的数字化建模，通过多项智能技术合成的孪生空间、虚拟系统、仿真模型和混合场景，用来支持师生多次组织、设计和完成各类因实验课时限制而难以频繁组织实施的实验，或在实体实验室内无法进行的各类大规模、高成本、高耗能和具有破坏性的虚拟仿真实验。高校在建设智慧实验室和虚拟仿真实验应用系统等专业平台和技术条件的同时，更要提升其较之真实实验环节、要素与流程的"仿真性能"和"智能操控"，满足更多工程实验情境。

3. 智慧实训实践基地

智慧实训实践基地是工程实训实践教学的实施载体，大致包括实体性和虚拟性两类基地。前者通过远程链接、智能感知、裸眼 3D、大数据、虚拟现实、工业互联网、人工智能等技术在现实物理空间的嵌入实现，以"+智能技术"形式完成对现有工业训练基地的数字化改造与智能化升级，用来支持线下虚拟仿真实训教学的扩容增效。后者面向各种真实的工程制造场景、生产工序与实践活动构建虚拟仿真实训系统、资源与平台，以技术端的创新迭代还原和逼真呈现工作环境、生产过程、仪器设备、操作步骤及程序参数等工程链，通过模拟仿真方式解决无法进入工程现场展开实际的建造、运行、应用、设计和维护等实操性问题。

4. 智慧校园

智慧校园是综合采用互联网、物联网和数字智能技术再造的"云上大学"，是集云网融通、数据智合、场景智联、信息智享、平台一体、虚实结合、智能交互、绿色安全等特征于一体的新型校园。它通过顶层设计和数据治理，将各类校园设施、学习场所和综合服务进行智能化改造和升级，整合教学、学习、实践、评价、管理和服务等多项工程教育业务功能、应用场景和活动流程，打造开放共享、敏捷智联和高效运行的一网通信息系统和一站式综合服务平台，实现信息基础设施联通、智能应用系统互联和数据资源便捷流通，建成"人人通"和"事事通"的大数据中枢和智能学习空间。

14.2.2 数字资源

数字资源指满足和服务基于"网络平台+移动终端"形式开展教育教学的数字化内容[3]。智能化条件下数字资源必须立足工程本位，凸显需求和应用导向，加强资源的分类化、精准化、模块化和集约化开发，重点建设好以下四类数字资源库。

1. 课程类资源库

数字课程类资源库构建不应局限于引进国外各类型的 MOOC、公开课，以及国内专门投入建设的各级各类大规模在线课程平台、智慧教育平台和各工科高校自主开发的相关工程教育精品课程资源，而是要从工程人才培养的质量标准和社会效益出发，围绕不同工科专业培养方案和课程体系进行系统化建设，鼓励专任教师积极根据教学需求自主设计、研发和建设数字课程资源，形成兼备理论与实践、基础与核心、通识和专业、前沿和拓展、跨学科项目和创新创业等不同模块的数字课程布局。

2. 案例类资源库

案例资源库建设必须坚持"通专跨"融合逻辑，依据典型性、示范性和引领性原则，择优遴选、分类设计和完整呈现各种工程案例，具体可围绕通识教育教学案例库、新型工科专业案例教学库、新生工科专业案例教学库、新兴工科专业案例教学库、跨学科教育教学案例库、工程创新活动案例教学库等多个方面进行，确保在大量翔实的工程案例中实现工程认知和行动的双重意义建构。

3. 实践类资源库

实践资源库建设要覆盖所有工程学科及其各个专业方向，具体可以从工程模型类、工具类、项目类、实物类、场景类、实验类、实训类、实习类等多个层面展开。高校要加大对现有工程实践资源的数字化开发，并通过与企业等外部力量合作，引进校外数字实践资源，为学生走进工程现场、在"真枪实战"的工程情境中进行沉浸式学习创设更多的内容、平台和机会。

4. 教辅类资源库

数字教辅资源可在网络环境下快速获取、自由流通和便捷共享。高校要重视工程学科专业相关的各类教材、参考资料、著作、文献、专利、试题库、数据库、图片、动画、音频、视频等资源的数字化建设，进而丰富教学设计，提升学习效果。

14.2.3 智慧平台

智慧平台泛指应用于智能化教育教学的各种智慧工具、应用软件和信息系统。它们具备常用的考勤签到、资源传输、屏幕共享、实时直播、在线授课、通知发布、人员分组、留言互动等辅助性功能。高校可通过平台升级、购买引进、自主开发或与企业合作研发等渠道，重点建设智慧教学平台、智慧学习平台、智慧实践平台和智慧评价平台，并不断提升其智能能级。

智慧教学平台以生成高效能教学为导向，用来辅助智能化工程教学新模式实施，为教学精准设计、合理组织、因材施教、效率提升与质量保障赋能。其智慧性能包括课前的学习需求调研分析、学情数据采集分析和课程教学设计准备，课中的教学资源链接匹配、内容生成、信息推送、答题互动、成果展示、进度监测、资料存储和效果诊断，课后的作业批改、异步答疑、学业评价、个性化辅导和咨询反馈等，并形成教学整体画像。

智慧学习平台以服务个性化学习为导向，用来帮助学生强化学习自主性，开展自适应学习和深度学习。其智慧性能包括人机对话与合作交互、学习资源智能推送、学习模块整合与内容设计、学习过程数据与行为活动分析、学习路径规划定制、学习情况评估、学生用户画像等，支持学生开展自主学习、探究性学习、交互式学习和合作式学习。

智慧实践平台以提升复杂工程问题解决能力为导向，用来支撑虚拟仿真实验教学、虚拟仿真实训教学、校企在线合作育人等。其智慧性能包括资源链接、仿真模拟、参数调整、数据测算、模型构建、智能预测、需求匹配、群体协同、人机互动等，确保学生通过虚拟仿真和远程体验形式沉浸式接触、参与不同类型的工程实践活动。

智慧评价平台以实施数据驱动的工程教育教学评价为导向，通过人工智能、物联网、大数据、云计算、机器学习、神经网络等技术的算法和程序，全方位、全要素和全景式地观测记录工程教育教学在不同场景、阶段和环节的人—机—物—活动全过程交互链，动态完成教情和学情的数据采集、传输标记、储存分析和模型建构。这类平台通过与教学、学习和实践平台的互联贯通与智能对接，将工程教育教学行为监测、过程记录、数据整合、结果测评、问题识别、质量评价等流程融为一体，赋能工程教育教学评价的客观化、多元化和科学化。

学习环境智能化赋能个性化培养方案的设计和制订。由于不同的个体特征、学科背景、知识基础、兴趣偏好和目标需求等能够被计量化、标准化和可视化，学生可在智能化学习环境下寻求学科专家、专任教师、企业顾问的支持，围绕工程人才培养目标、培养标准、行业发展、学习数据及其智能评估与预测结果，自主量身定制弹性化和柔性化的个性化培养方案，包括学习目标设定、专业方向选择、课程选择组合、学习成果产出等，从而寻找到最适配的个性化学习路径，改变所有学生遵循同一方案、按照统一进度和沿用一套课程体系的同质化成才模式。

14.3 工程教育课堂教学智能化

智能技术的深度嵌入和创新应用赋能教学模式、设计和流程的创新性再造和最优化发展，促进师–机–生的协同参与和互动，提升工程教育课堂教学效果。

14.3.1 典型模式

课堂教学智能化不是单一线性的，而是表现为多种模式和多元形态，如在线教学、线上线下混合式教学、虚实结合混合式教学、翻转课堂教学、人机协同教学、研究性教学、案例式教学、项目式教学等。这些模式皆以学生中心为主导理念，人机合作互动呈常态化运行，借助智慧平台和技术手段创设丰富的教学资源和情境，有效联通课前、课上和课后环节，在物理、虚拟和社会三维空间进行按需切换和衔接贯通，实现多元工程场景互联和资源共用，推动工程学习从静态预设走向动态生成、从被动接受走向主动探究、从教材书本走向工程现场、从理论知识走向工程应用。

14.3.2 教学设计

课堂教学智能化离不开科学精准设计，需要借助网络通信、数字资源、智慧平台和智能设施与终端，创新教学空间、目标、组织、内容、方法和师生关系等全过程和各环节。

在教学空间上，不再局限于线下、校内或实体场域，利用智慧教室、在线平台、网络资源和智能应用工具等，联通线上与线下、课内与课外、虚拟与现实多重空间，根据工程教学内容需求进行弹性化选择和交互式使用。

在教学目标上，突破理论知识本位和单一学科导向，突出工程知识的寻求、应用和创新，注重复杂工程问题的分析解决等专业能力的培养，强调战略思维、国际视野、伦理价值、团队合作等综合素质的培育。

在教学组织上，超越单向度的以师传学承为主的大规模讲授制，坚持以学生为中心理念，从契合不同课程类型和学生个性化发展需求的角度进行"因课施教""因材施教"，分类分层推进基于各种典型模式的弹性化、混合式教学组织形式。

在教学内容上，淡化"知识论""教材论"导向，从工程概念、原理、公式、规律和学说等浅表化和重复性的讲授教学中解放出来，转向源于真实工程实践和企业实际问题的分析、研究和解决，从简单机械的记忆性掌握学习内容，转向基于问题、案例和项目的应用性、创新性学习。

在教学方法上，基于技术媒介和智能工具实现讲授答疑、自主探究、小组合作、互动研讨、情境体验、项目实践等的交叉混合运用，推动教学由教师中心样态的"他组织"和"控制论"走向以学生为中心逻辑的"自组织"和"生成论"，实现教学方式从"叙述逻辑"向"问题逻辑"转型[5]，达成"转识成智"。

在师生关系上，教师、学生和智能机器将合作形成教学共同体，从二元分立转向三元交互形态。教师扮演课堂教学的设计者和引导者，智能机器承担部分"教师代理"功能，完成"助教"和"导学"等辅助性活动，学生则转变为核心参与者和个性化学习者。

14.3.3　教学流程

智能化课堂教学大体可分解成课前以学定教、课上互动探究和课后巩固拓展三个主要环节和具体流程。

1. 课前以学定教：综合设计，导入资源，预习自学

课前的主要任务是解决正式开课前的各项前置性准备和课堂教学如何具体设计的问题，分为教师教学设计和学生预习自学两模块。

教师需要重点做好两项工作：一是转变"教师中心"的教学逻辑和角色定位，利用智能通信设备和智慧教学平台提前进行学情信息采集和学习需求调研分析，包括学生学科背景、专业基础、知识结构、个性需求、兴趣特点和能力特长等，根据本校工程人才培养目标与培养标准，从"以学定教"的角度制定课程教学目标、教学大纲及教学设计，如教学"达成什么效果""选用什么内容""采取什么方式""交付什么成果"和"怎么考核评价"等，最终及时将课程教学相关信息和配套资料发布和共享至每一位学生。

二是使用网络渠道、数字资源和平台工具完善课前准备和投入。整合、创建和导入相关教学资源，发布学习任务清单，包括文献资料阅读、电子课件学习、课程视频学习、应用场景学习、习题作业测试、成果产出制作、问题留言反馈等各类规定性的预习内容，以一键打包形式发送至学生学习系统端口和任务界面，并规定交付时间和完成方式。这一部分主要在智慧教学平台上自主完成，数字资源和机器智能以"智能教师"或"助教"身份代替部分授课功能。在此基础上，结合平台收录的学习行为、任务完成度和质量数据，教师既可为每一位学生生成学习报告和反馈，提出个性化学习建议，也可基于学习过程和整体情况精准识别、收集和整合存在的主要问题和关键疑难点，及时对教学方案和内容查漏补缺、综合评估和动态调整，进一步优化教学设计。

学生需要在智慧学习平台上及时查收学习任务单，了解课程教学计划，主动

完成课前相关学习要求，有目的地开展在线预习和自主学习。主要包括：

（1）按时查阅电子课件、教材、论文和书籍等相关参考材料，认真学习由教师统一指定或自主录制与推荐的与课堂教学内容相配套的线上课程视频与数字资源，或根据自身学习进度、多样需求与能力水平在网络平台获取更多适用的个性化资源。

（2）按照独立学习或合作学习的不同内容分工，高效完成并协作提交诸如在线习题测试、线上互动讨论、小组专题报告、项目方案设计等多项预习任务。

（3）记录和反馈自主预习过程中的疑难问题和创新思考。

2. 课上互动探究：人机合作，精准施教，求解问题

课上的主要任务是深化工程教学的探究性、创新性和挑战性，开展人机合作和师生互动，通过专题研讨、小组合作、场景沉浸、可视情境、案例分析、技术实操等方式，引导学生对特定工程技术原理、问题和方法等重难点内容进行探究、理解和实践应用，提升工程学习的精度、广度、深度和效度。

教师需要有的放矢，聚焦重点，精准施教。一方面，除针对学生预习环节中存在的共性问题进行重点阐述、串讲精讲和交流分析，以及对个别的现场提问进行答疑解惑外，更关键的是借助远程访问、智能设备、数字场景、虚拟现实和增强现实等多功能交互式技术，按需接入数字化工程场景和资源，创新和丰富教学形式与内容体系，推动课堂依据工程现实问题、典型案例、产业需求和行业实践展开，与学生共同就工程的理论精义、生产过程、运行原理、实操技术与实际应用等展开系统探讨和合作实践，确保工程学习变得生动、可视、具象和有效果。

另一方面，突出学生的课堂中心地位和主体价值，创设探究互动的工程学习场域和空间，引导学生参与问题辩论、专题研讨和合作学习，以个体或小组形式围绕确定性或不确定性跨学科的工程问题、项目、技术或创新方案与实践活动等进行设计汇报和成果展示。期间，教师要主动利用智能工具做好签到签退、直播录课、内容速记、随机提问、弹幕互动、自由分组、人机对话、数据分析等技术辅助工作。学生要通过智慧教学平台主动融入课堂，同步教学进度，参与交流互动，以便教师实时掌握课堂表现和学习状态，并根据学习情况适时精准提供个性化干预和反馈。课程结束时，相关课堂教学的资源数据、互动过程、参与表现、学习产出等综合信息亦能在智慧平台上实现自动化留存、智能化转录和网络化传输，支持重复回看和自主学习。

3. 课后巩固拓展：自主安排，灵活指导，智能增效

课后的主要任务是巩固课堂学习、结合工程实践、拓展知识应用、强化学习效果。每节课结束后，学生要在指定时间内完成教师在智慧教学平台发布的课后

作业和学习任务，包括需要深入理解和重点掌握的内容、相关拓展性作业和为学有余力者增加学习内容三种。利用技术便利和资源互通共享，学生可在学习平台上重复浏览、使用和标记相关学习资料，并利用各种学习社群、学习空间、社交工具、平台互动区与同学或学习小组讨论，以及实时向教师提问请教，最终通过自主学习方式或合作探究学习，按照教学规定要求在线交付学习成果，实现工程能力的不断提升。

教师需要做好课后学习的监督者、学习质量的把控者和答疑释惑的服务者，可通过在线平台系统以远程方式、定时或不定时与学生进行实时交流或异步互动，利用智能工具观察、监测和追踪学生的课后学习内容与动态，包括个体性的自主学习和群体性的合作学习两类，并根据作业完成度有针对性地施以评价反馈并提出改进建议。其中，对于高度结构化的工程知识陈述类和习题测试类作业，可由智能工具代理教师完成自动评测和详细答疑；对于具有研究性、创造性和挑战性的实验设计类、创新方案类、学术研究类、技术模型类、项目实践类等成果产出类作业，则需要教师智慧性地自主给予质量诊断、等级评定和专业辅导。

14.4　工程教育课外学习智能化

在人机协同合作的学习型社会，工程学习趋于自主化、个性化、多元化和无界化，从集中统一的固定课堂扩展至开放泛在的课外时空。

14.4.1　制定个性化课外学习方案

深度学习、知识图谱、神经网络、大数据和大模型等人工智能技术为个性化学习提供服务，赋能个性化课外学习方案设计与定制。学生能够通过智慧平台进行人机交互，借助机器智能感知、知识追踪模型、海量资源推荐和学情精准分析，按需自主制定并动态调整满足个性化需求的课外学习计划，包括课外自主学习计划、实践创新活动学习计划等，进而为个性化学业发展规划和学习活动体验提供智能技术辅助和学习方案引导，开展更加科学高效、更具针对性的自主深度学习。

14.4.2　生成自适应学习内容

人工智能技术使学习资源变得海量庞杂和无所不包。工程学习内容不再局限于教师单方系统组织和口耳传授，或来源于静态封闭的一门专业课程或一本专业教材，其获取方式和习得途径愈加富媒体化、开放化和便捷化，可由学生自主通过网络渠道、在线平台、智能系统和教育机器人等实现按需生成、精准推荐、自动匹配和深度拓展。

一方面，在数字资源库支持下，学生可通过智能搜索、自动链接和快捷获取与本专业关联或跨学科的基础性、扩展性与前沿性课外学习资源和内容，如知识讲解、习题测试、问题解答、文献阅读、案例应用、方法训练和技术实践等，进而实现课外学习从单一工程学科转向多学科交叉融合，接触到工程实践、技术研发和生产应用、工程热点与实际问题、未来工程前沿等综合领域和复杂情境。

另一方面，利用知识图谱、推荐算法模型、神经网络和数据可视化等深度学习技术，学生可根据自身优势、兴趣特长、能力弱项和特定需求，借助技术智能在大体量和超负荷的数据信息库和资源池中"做减法"，有针对性地识别和接入教学视频、虚拟模型、仿真实验、技术工具和生产场景等实用性的数字工程资源，按需生成和构建个性化的工程学习资源库、内容集、场景源与工具性策略，在自主深度学习中强化工程的系统理解和实践应用。

14.4.3　实施多种学习方式

按照技术革新学习方式的不同形态和属性，工程教育课外学习类型包括5种。

1. 双线融合式学习

互联网技术和数字智能工具支持泛在学习。学生既可通过网络学习平台同步预习和复习工程专业课程内容，也可利用在线课程平台和智慧学习平台自主进行异步拓展性学习，还可借助网络资源共享空间和克隆班等在线方式获取或远程参与工程专业相近或其他跨学科课堂教学资源与活动，从而与线下学习形成双线融合效应，提升学习的自主性、跨学科性和创造性。

2. 个性化深度学习

技术的超强算法与超大算力使得工程学习数据被全时段、多维度和精准化地采集、记录和分析。学生可依托智慧学习平台自由选择感兴趣的学习内容，实时反映学习需求，并借助数据分析、学情监测、知识谱图、资源推荐、智能对话等快速获取学习资源，动态调整学习投入、状态与进度，智能诊断学业水平，高效识别和预测学习路径，获得个性化反馈和指导建议。

3. 群体合作式学习

人工智能技术通过创设数字学习空间支持小型或大规模的群体合作学习。学生可在一体化信息平台内精准对标学习任务要求，寻找在专业、兴趣与能力各方面"志同道合"的合作者，通过自由组队、信息共享、科学分工和合作学习，共同协作完成复杂工程问题和项目研究，强化团队合作与创新能力。

4. 人机交互式学习

教育机器人和智慧学习平台等智能工具和产品作为"助教"或学习伙伴，提供全方位的伴随式学习支持和互动。学生可结合个性化需求自主定制学习资源，精准决定学习内容、过程和进度，并通过自然语言和手动输入等人机交互方式，进行信息与数据加工处理及工程问题情境识别分析，以指令或问答形式生成知识集、文本、文档、表格、绘图、模型、视频、编程等高级智能服务和辅助参考，高质量完成学习任务和交付学习成果。

5. 虚拟沉浸式学习

互联网、物联网、虚拟现实、元宇宙和人工智能技术能够有效联结学校和社会、虚拟与现实等不同类型工程场景。学生可借助虚拟仿真技术和智能工具，结合智能设施、数字资源库和智慧平台，对标工程科学原理与技术应用情境，随时提取和自主创设工程场景，智能匹配工程案例、实物模型、工厂车间，以及实验、实训和实践等远程在线或模拟仿真场景，并在接近真实的数字化工程场景系统内学习工程知识与技能。

14.4.4　画像全过程学习行为

学习画像是基于学习者特征和学习数据的综合建模与多维映射。在智慧学习平台的支持下，学生在学习中的过程性行为和各类结果性数据能够被实时采集、存储和流转，包括自主性与合作性的知识学习、问题探究、项目设计、技术实操、成果提交、互动交流等诸多环节和流程，以及习题测试、成绩考核、论文质量、实验报告、评价反馈等基本数据。学生可借助智能设备动态记录学习基本情况、参与过程与状态，通过学习行为与结果数据的序列整合和模型刻画，以可视化形式呈现和分析学生在完成教学任务、开展课外学习和解决工程问题中的综合特征与参与表现，完成学习投入和学业质量的自我诊断、分析和评估，进而全面了解和把握其工程学习偏好、薄弱点、需求及理论水平与专业能力，精准识别和智能预测符合自身定位的"最近发展区"，最终生成个性化画像。

14.4.5　调适动态化学习路径

人工智能技术能够将学习过程、活动和行为还原为算法程序和数据模型，通过学习者的学习目标标注、意图识别、需求分析和资源匹配，为学生智能推荐和精准规划出合适有效的学习路径。借助智能技术工具和数字化手段，基于大数据建模和学习画像，学生可结合个体属性、课程目标、教学内容、认知状态、能力水平和学习结果等多重维度，自主创建和规划学习路径。譬如，设定与学习需求适配的学习目标，寻找知识与能力相近或互补的学习伙伴和合作者，选择与学习兴趣、风格和任务匹配的工程学习资源、方式和活动，并能够随时结合大数据实时统计分析学习需求变化和学习画像更新，自主决定学习方向和进程，从而实现学习路径的动态化调控和智能化调节。

14.5 工程实践教育教学智能化

远程链接、虚拟现实、增强现实、仿真技术、数字平台等能够融汇一切可用的工程教育条件、场景和资源，催生虚拟仿真实验、虚拟仿真实训、校企在线合作等实践教育教学新形式，重构虚实结合、内外联动的工程实践共同体。

14.5.1 虚拟仿真实验教学

实验教学是理论教学的延续和拓展，是对科学理论、技术原理和工程产品等进行验证、转化、应用和创新的过程。虚拟仿真实验教学在未来工程教育中的需求巨大，需要加大规模化供给与高质量实施。

1. 构建虚拟仿真实验教学完整体系

虚拟仿真实验与传统实体性实验教学互补互构、相辅相成。高校应秉持"虚实结合、以虚补实"原则，从传统实验教学与虚拟仿真实验教学贯通化和一体化角度，根据各工程学科专业人才培养目标、培养标准和课程体系，围绕演示型、验证型、设计型、综合型和创新型等多种实验模块和类型，科学规划、布局和确定虚拟仿真实验教学项目及其结构比例与内容，构建系统完整的工程实验教学体系。

2. 坚持问题导向与"做中学"教学理念

虚拟仿真实验教学不能停留在浅表性和技术化的趣味性实操和虚拟化体验层面，或是简单化地对传统小型实验加以重复演练和流程再现，其关键是创新虚拟仿真实验教学理念，坚持问题导向和做中学，立足工程理论探究、问题解决和实际应用，强化学生在工程实验中的自主参与、合作探究与深度体验，调动和激发学生投入实验学习的积极性、主动性与创造性，进而形成学生对工程理论的直观了解和认知，提高工程学习兴趣、探究水平和实践技能。

3. 推进实验内容分类型与开放化建设

虚拟仿真实验教学内容要突破固定的实验教材束缚，既可以对标理论性知识，构建基于工程概论、原理、方法及技术等的演示型实验和验证型实验项目，以有机衔接、嵌入和反哺理论教学；也可以选取经典实验项目或围绕重大工程现实问题及研究热点与前沿，设计兼备实用性、挑战性和复杂性的综合型与创新型实验项目[7]，以拓展和丰富实验教学范畴，培养学生的工程实践能力、创新潜能、系统思维与综合素质。

4. 创新多元化实验教学形式与方法

从工程实际出发，改变"从教师实验原理讲授，到实验操作过程演示，再到学生复现实验具体步骤与结果数据"的传统程式化做法，通过引入数字化虚拟仿真实验教学资源和场景，借助在线教学、混合式教学和翻转课堂教学等形式，统筹推进学生自学、在线操作、远程演示和现场互动讨论等诸多环节和方法，增强师生、生生及人机之间的交互式深度合作，进而加深工程理论理解、探究和应用。

5. 确保虚拟仿真实验教学实质等效

虚拟仿真实验必须与现有理论教学和真实实验教学一体互补。在规划、设计和建设虚拟仿真实验教学时，既要注重实验平台、资源或项目的按需供给和应用，最大化发挥虚拟仿真实验教学的优势和价值；也要结合未来工程教育发展趋势和卓越工程人才培养需要加以大面积推广和创新性实施，促进"以虚补实"的工程实践能力培育效能充分彰显；同时增强虚拟仿真实验教学的适应性、兼容性、拓展性和前瞻性，确保其能够逼近真实地模拟更多高成本、极端条件或面向新兴科技的复杂工程情境，满足和服务当下和未来工程实验教学需求。

14.5.2　虚拟仿真实训教学

工程实训是强化理论知识应用和提升复杂工程能力的手段。虚拟仿真实训教学是对传统工程实训的有益补充和增强，在工程教育中的缺口大，随着智能化的深化呈大幅增长态势。

1. 分类开发虚拟仿真实训教学

虚拟仿真实训将不同类型的工程实践场景、工艺、流程和活动等以数字化形式呈现，通过创设开放式、可视化、沉浸式和交互式实训体验和学习场景，延伸工程实训的时空、广度和深度。工程虚拟仿真实训教学要遵循"因需而建、虚实互促"原则，紧密对接产业结构和行业领域，根据工程学科专业实践教学的多元化和差异化需求，分类开发和设计虚拟仿真工程实训教学，具体可按照工程实训所承载的理论应用、生产认知、技能训练和创新探究等不同功能加以层次化、模块化和结构化建设，实现虚拟仿真实训与真实实训教学的有机平衡和耦合协调，确保工程实训更加贴近实际和实用有效。

2. 接轨工程现实创设虚拟实训场景

虚拟仿真实训教学要从工程创新素质塑造与实践能力发展视角合理选择实训场景，赋能学生内化工程理论知识并应用于生产实践。高校既需要利用虚拟仿真技术对工程实物、案例、成果和产品等进行三维建模，生成可视化的动画、影像、视频、虚拟仿真情境等不同场景，以辅助开展常规初级的观摩性实训学习活动；也需要面向大型工程装置、制造、技术、工厂和生产流水线等，以及针对在特殊空间和环境内开展的不便于现场接触、实操难度系数大、程序不可逆、成本投入与损耗高和难观察、规模大、高危型等工程活动进行模拟仿真设计，保障在虚拟实训条件下学习工程的生产环节、装备构造、设备运行、技术控制与工艺流程实操等全过程，提升工程专业实践技能。

3. 对标工程应用设计虚拟实训内容

虚拟仿真实训教学的重点是"学以致用"，即在兼顾工程认知性的"是什么"的基础上，更加关注面向工程实践的知识"怎么用"和具体"怎么做"。在实训内容编制和设计上，以产业行业需求、工程能力标准和职业岗位技能为核心，围绕工科专业领域内真实的工程现象、事件、情境和活动等系统展开，引导学生综合利用虚拟化实训资源、平台和空间进行实际演练和仿真操作，完成工程原理检验、元件识别、技术测试、参数计算、设备调试、性能调节、成果设计及模型结构与运行机制分析等实训任务，进而获得工程虚拟漫游和仿真体验，形成关于复杂工程的虚拟认知和实操技能，培养学生应用工程知识体系解决复杂工程实际问题的实践创新能力。

4. 教学方法强化工程虚拟沉浸体验

虚拟仿真实训教学的关键是确保模拟生成的虚拟仿真化工程场景、实训环节和流程与真实工程实训实践一致等效，达成工程实践育人的同等或互补效应。教学除必要的实训操作讲述和演示外，重要的任务是根据需求创造问题、设计情境和匹配场景，将复杂抽象的工程原理、过程、方法、技术和实践活动具象化和生动化，充分调动学生的参与积极性和自主性投入，引导其深度置身于虚拟工程系统设备、生产现场、工艺流程和工厂车间等多元场景，通过系统操作、VR 控制、参数设置和人机交互等不同方式强化工程虚拟实训的沉浸式操作训练和交互式学习体验，加深对工程设计、结构、要素、实施、运行和管理等的系统了解，全面掌握工程技术的实际生产和应用过程，提升工程认知和实践能力。

14.5.3　校企在线全程合作

在新工业革命和新型工业化浪潮下，企业数字化和智能化转型势头强劲，为实现校企互联互通、实习方式创新和在线全程合作提供了现实便利。

1. 实现企业实践资源数转智享

企业是工程教育最主要的合作对象并拥有最丰富的实践资源。数字化和智能化带动企业的生产方式、经营和发展模式产生系统性变革，使其实现包括基本数据、技术研发、产品生产、销售运营和组织管理等在内的各个环节、业务流程和工序的数字流转和智联互通。高校可通过与目标企业建立合作关系，让师生不进入企业实地也可利用互联网系统和智慧平台，通过在线或远程方式与企业无缝对接和实时交流，获得相关基础设施、设备装置、器材工具、生产车间、工艺流程、关键核心技术、工作流水线等现场实景和实践资源的访问观摩和学习交流权限，并与企业管理者和技术人员开展同步或异步互动，开辟校企合作新方式。

2. 开展弹性灵活的企业实习

互联网技术和一体化数字信息平台催生线上实习、远程实习、混合实习或边学习边实习等多种方式，实现认识实习、生产实习和毕业实习的有机贯通。一方面，认识实习突破时空限制和地域约束，改变过去短周期和限时性的企业实地参观方式。高校可依托网络平台与合作企业进行远程链接，安排学生在线多次观摩，了解企业大小型装备、关键技术、零部件结构及工业生产操作过程等，掌握工程实物构件和复杂工序流程，熟知真实的工程结构、技术系统和生产过程。另一方面，生产实习和毕业实习更加开放化和多元化。高校可对标企业类型、专业方向和岗位人才需求，引导学生在人才培养各个环节和不同学段精准匹配意向实习企业，按照课程学业进度和企业生产实况灵活进行在线或线下实习实践，形成合理的线上和线下生产实习和毕业实习分工，通过边学习、边实习方式完成企业实习任务。

3. 促进校企全程智慧合作育人

信息技术、网络平台和智能工具通过集成建设校企合作智慧平台将高校和企业连为一体，共同置于智能、集成和开放的工程教育时空和场景中，支持双方各取所需、凝聚共识，达成合作意向，通过资源的智能共享和流通汇聚为全程智慧合作育人创造平台和条件。

一是利用数字空间和智慧平台，高校可按需寻找合作企业，与企业进行远程互联和在线交流，定期或不定期咨询和调研企业发展态势、企业人才需求和用人反馈评价等，通过双方研讨和协商洽谈，精准定位合作育人方向。

二是合作制定工程人才培养目标和质量标准，共同开发工程人才培养方案、课程教学体系和实践实习基地，联合指导工程创新活动和毕业设计，并根据行业产业发展趋势和企业未来发展变化予以动态调整和优化，构建良性长效的合作机制。

三是在不影响企业正常生产和运行且充分维护和保障企业知识产权和信息安全的条件下，智能匹配和精准接入企业实践资源和现实场景，包括技术成果、生产现场、仪器设备、各个工种、工序及流程等，丰富和扩展课程教学内容和教学组织形式，拓宽学生的工程视野和现实体验。

四是联合共建师资队伍，聘请优秀企业家、高级工程师和技术骨干等担任兼职教师，通过远程或联合授课把企业改革成果和先进技术，以及实际工程问题、案例和项目等吸纳到课堂。鼓励和支持企业兼职教师采用在线方式指导工程实践，与学生围绕工程技术问题解决和创新进行深度交流，以将先进技术融入工程实践训练活动和毕业设计，引导学生体验前沿科技带来的生产力革命[8]。

14.6 工程教育教学评价智能化

教育教学评价智能化是通过教育教学数据的动态化采集、处理及全方位深度分析，推进评价全过程的多元主体协同参与、多维综合标准导向、多种方法分类实施和结果反馈精准应用，形成大数据驱动的科学、客观和高效的工程教育教学评价。

14.6.1 评价主体多元协同

人工智能、互联网和区块链等技术通过构建在线开放空间、数据互通平台和网络访问渠道，支撑企业用人单位等外部主体实时介入和动态跟进工程教育教学各个环节，从工程实际应用和实践需求的视角和立场对人才培养质量进行综合反馈和评定。工程教育教学评价需要依托技术手段加强多主体协同参与，统一将高校的教学管理者、教学督导、教师、学生等内部主体，以及行业专家、企业工程师、校友等外部利益相关者吸纳到工程教育理论和实践教学中，为多元异质主体长期合作参与、共同互动交流、表达彼此利益需求，以及民主客观反馈提供便捷和现实条件，保证评价结果的科学性和公正性。

14.6.2 评价内容全过程覆盖

数字与智能技术借助算法和模型对教育教学全过程和各环节的行为、信息和数据进行动态存储、筛选统计与建模分析，学生在不同情境中的外在行为表征数据、内在神经生理信息数据、学习情境感知数据、人机交互数据等多模态数据[9]能够被全时段记录和全方位刻画。高校要对课堂教学、课外学习和实践教学的不同类别数据进行精准标记和智能抓取，包括线上线下、课内外、校内外与虚拟和现实不同场景，以及"课前—课中—课后"和"学期初—学期中—学期末"不同阶段。基于多场景和多阶段的多模态大数据采集、分析和处理，工程教育教学评价的客观性与可信度大幅提升。

14.6.3　评价标准多维综合

人工智能技术通过整合结构化和非结构化的多模态数据，驱动工程教育教学评价在工程理论知识与工程实践能力、学习过程表现和学业结果成效、工程成果创新设计和实际产出应用等多元标准之间实现平衡。具体包括考察工程专业核心知识掌握度、各类课程习题与作业完成度，以及出勤率、阶段性考试成绩、工程作品等常规性指标，侧重考核学习投入、行为表现、合作探究、人机互动、沉浸体验、动手实践、技术实操、项目设计等过程性参与，以及实践能力、工程创新、问题解决、成果产出、工程伦理与价值观等发展性维度。

14.6.4　评价方式分类实施

传统知识与考试主导的结果性评价因一刀切和单一化而陷入知识导向、分数至上和绩点为王的工具主义泥淖。人工智能技术既能完善结果性评价，也支撑综合性评价、过程性评价和增值性评价的分类实施。

1. 深入落实综合性评价

综合性评价指向工程知识、能力和素质等多维立体评价。人工智能技术通过收集和融汇多场景、全时空和各环节的工程学习多模态数据，为全面评价学生在工程知识探究、理论应用实践、工程问题解决、创新成果产出等方面的系统工程素养与综合复杂能力提供全向度的原始数据和一手资料信息，切实从工程人才的社会需求侧而非单一的知识供给侧进行综合评价。

2. 有效推进过程性评价

依托智慧平台和大数据分析工具，学生在课堂教学、课外学习及工程实验、实训和实习中的学习投入、参与状态和行为表现变得透明化和可视化，辅助教师准确掌握学生在不同阶段和场景中的学习过程性表现和阶段性成效，实时追踪和全程记录每一位学生的个性化学习过程，以提供精准的个性化反馈、指导和干预。

3. 科学实施结果性评价

推进定量和定性结合的混合方式，侧重工程基本原理和核心知识的考察，可由智能机器人按照课程目标及考核要求协助教师进行科学命题与智能组卷，自动完成成绩评测和反馈记录，辅助教师客观评阅学生的工程基本原理与核心知识掌握情况；偏重技术动手实操、工程问题解决和工程创新设计的开放性和创造性考核，学生可在不违背学术伦理和制度规范的基础上，借助各类智慧学习平台、海量数字资源和大模型智能应用工具等自主完成，最终由教师结合人机交互进行综合批阅和成绩评定。

4. 合理开展增值性评价

增值性评价考察学习进步和发展水平，全方位衡量学业增量而非单一的学习成绩。凭借人工智能技术的海量数据存储和互联调取分析性能，对学生在一门课或一堂课教学开始前、进程中及结束后等不同时段的学习过程和结果数据能够进行综合处理、对比分析和纵向比较，进而测算和评估在工程专业知识、实践能力、综合素质及复杂工程问题解决能力等方面的增值水平。

14.6.5　评价结果精准应用

在人工智能、大数据、深度学习和可视化技术的加持下，评价结果既能以直观清晰和简洁易懂的图文、表格或报告等形式呈现，也可根据不同主体加以分类汇聚、按需筛选数据源、选取评价模型、生成结果报表，进而快速、实时和动态地反馈、传输和共享至学生，确保其动态把握学习状态、结果和成效。最终，学生可根据评价结果对学习方案、资源内容、方式方法和路径进行适应性调整。教师可结合学习状态数据和学业质量报告研判教学效果、反思教学设计、优化教学方式和开展个性化指导。

总之，工程教育智能化是一项复杂的系统性工程，需要长期投入和不断完善。高校必须充分认识人工智能等新技术对工程教育全方位的深刻影响，主动面对适应数字智能时代的变革，加速工程教育智能化建设，构建与数字智能时代相适应的卓越工程教育教学体系，满足新时期培养各种层次和类型卓越工程师的需要，支撑教育、科技与人才强国建设，促进中国式现代化建设行稳致远。

参 考 文 献

［1］董桂伟，赵国群，王桂龙. 我国虚拟仿真实验教学的发展与趋势研究——基于近十年中国知网文献的知识图谱分析［J］. 中国大学教学，2021（07）：85–92+96.

［2］林健. 大学战略管理［M］. 北京：清华大学出版社，2023：217–221.

［3］袁振国. 教育数字化转型：转什么，怎么转［J］. 华东师范大学学报（教育科学版），2023，41（03）：1–11.

［4］祝士明，郭琰. 智能教育背景下新工科教学改革：框架设计与实施路径［J］. 高等工程教育研究，2019（06）：155–161.

［5］李逢庆，王政，尹苗. 智慧课堂的嬗变与趋向［J］. 现代教育技术，2021，31（09）：13–19.

［6］何文涛，路璐，周跃良，周睿. 智能时代人机协同学习的本质特征与一般过程［J］. 中国远程教育，2023，43（03）：12–20.

［7］姚鹏，杨卫军，任静，于泽祥，闫四海，陈晨.基于虚仿实验的模电理论教学与实验教学融合［J］.实验室科学，2023，26（04）：128-131.

［8］邵新宇.工程训练要着力培养大学生的工程观、质量观、系统观——中国工程院院士邵新宇访谈［J］.高等工程教育研究，2022（03）：1-5.

［9］王一岩，郑永和.多模态数据融合：破解智能教育关键问题的核心驱动力［J］.现代远程教育研究，2022，34（02）：93-102.

（本章原载《高等工程教育研究》2024 年第 2 期，第二作者为清华大学博士、兰州大学副教授杨冬）

第七篇

工程伦理教育

第15章
面向未来的工程伦理教育

【本章导读】

　　随着工程技术创新步伐加快、工程的复杂性及工程影响范围的不断扩大，未来工程伦理问题将成为工程实践主体必须解决好的重要问题，为此开展面向未来的工程伦理教育将成为培养未来高素质卓越工程人才的一项重要任务。

　　本章首先依次分析了未来工程伦理问题及其特征和未来工程伦理范畴及侧重，然后提出了面向未来的工程伦理教育目标及我国工程伦理教育面临的问题，接着分别从面向未来的工程伦理教育的课程建设和教学内容、教学方式和教学评价、教师队伍建设、教育教学资源建设等四方面详细讨论了面向未来的工程伦理教育的具体内容，以期为各类高校在培养未来卓越工程人才过程中开展工程伦理教育提供借鉴和参考。

15.1　引　　言

　　工程通常被认为是有目的、有组织地改造世界的实践活动[1]。如今工程的概念正在发生变化，工程不仅包括设计建造项目，还包括新技术的开发和其他创新活动。当今工程呈现出新的发展特点，现代工程数量、规模和影响范围之大前所未有。在全球范围，人工智能、信息工程、生物工程等新工程技术层出不穷，超级工程数量不断增多，工程技术大规模发展的同时其负面效应日渐突出；在国家层面，面对贸易摩擦和技术封锁的国际形势，中国不断强调建设创新型国家和建设世界科技强国，逐渐从"跟跑者"成为"领跑者"。在"一带一路"等战略推动下，中国工程在世界的覆盖面和影响力不断扩大。

　　近年来，工程事故频繁发生，许多工程技术如转基因技术和胚胎技术、

P-Xylene 项目、人工智能等已经产生越来越多的伦理争议，科学技术发展不确定性的固有属性使得未来将出现更多挑战性的伦理问题。如果目前的发展思维一味强调创新，缺乏对工程伦理问题的相应关注，未来就可能带来不可控的、不可扭转的伦理风险。由于工程自身的技术复杂性和社会联系性，工程伦理早已不再是工程内部的问题，而是关乎整个人类社会的生存与发展。面对工程伦理问题，政府和公众都主张加强对工程活动的监督管理，加快工程规章制度和相关法律制度的建设，然而这些措施主要提供外在的约束力，如果工程技术人员缺乏责任感和工程伦理意识，这些措施只能治标不治本。工程伦理问题的出现往往是由于伦理意识缺失、对工程活动后果估计不足、工程各方利益冲突、自然社会责任意识淡薄等方面的因素造成的，这些都源于工程实践的主体[2]。要提高工程人员的伦理意识，就必须开展工程伦理教育，尤其是对在校工科生开展面向未来的工程伦理教育，就成为培养未来高素质卓越工程人才必不可少的重要内容。

15.2 未来工程伦理问题及其特征

工程伦理是对工程师和工程活动的规范与指导，其内涵包括两方面，一方面是目标价值追求，即工程和工程师对人类进步的承诺、对提升人类福祉的追求，这也是工程伦理学的基础[3]；另一方面包含各种工程伦理规则和规范，这些具体的道德原则体系影响工程相关者的生活方式和决策，以及这些决策以后如何影响人类社会生活。

15.2.1 未来工程伦理问题

科学技术的创新和快速发展及其在工程中的应用虽然从主观上会给人类社会福祉带来巨大贡献，但也将不可避免地对人类伦理道德提出严峻的挑战，形成愈发尖锐的未来工程伦理问题，虽然人们不可能准确预见未来可能出现的所有工程伦理问题，但是信息技术、人工智能和生物技术等的应用是形成未来工程伦理问题的主要根源。

1. 信息技术

信息技术的发展不仅极大地提高了人类社会生产和工作效率，而且也大大降低了生活成本，提高了生活便利性。但是信息技术在工程领域的广泛应用将冲击传统道德责任的界限，从而引发必须高度重视伦理的问题，包括数字化和互联网对各种作品的版权拥有者可能造成的侵权行为，海量信息不受约束地传播，收集对社会公众可能造成的隐私保护问题，以及虚拟网络世界使得沉迷者对传统社会伦理生活的放弃等。

2. 人工智能

人工智能技术可以将人类从一般的智能活动中解脱出来，从而降低人力资源成本，集中精力从事更加高端的智力活动。但是人工智能技术的不当使用就有可能对人类社会造成巨大威胁，引发新的伦理问题，包括机器人对人类的挑战、威胁和伤害；人形机器人对人类生活及其方式的冲击，对法律和公序良俗的挑战；脑机接口技术和人脸识别技术带来的个人隐私问题等。

3. 生物技术

生物技术的发展给人类社会的发展及人类生活环境带来的重大的变化，极大地推动了人类社会的进步。但是生物技术也随之带来了一些不可忽视的伦理问题，包括转基因食品可能给人类健康和环境带来的危害，胚胎干细胞研究可能出现的生命伦理问题，克隆技术、器官移植技术和人类基因组计划等可能引发的人类伦理道德问题等。

满足人类社会发展需求在科学技术上的实现不能成为伦理道德上的应当，对科学技术及其成果的应用范围应该保持高度的警惕，未来社会可能出现的各种工程伦理问题应该得到充分的认识和重视。

除了上述科学技术的发展，人类社会价值观和工程实践环境的改变也将产生不同于当前的未来工程伦理问题。

（1）社会主流价值观的变化。社会主流价值观伴随着人类社会的发展而不断变化，同一类人群在不同时期也会呈现出不同的道德价值取向，这些变化决定着人们对客观事物的是非及其重要性的判断，影响人们生活态度的转变，促进人们追求更理想的生活方式，进而影响工程实践参与者的道德评判和干预，使得当前可以接受或者不存在的工程伦理问题成为未来必须面对和解决的工程伦理问题。因此，未来工程伦理要密切关注社会主流价值观的变化，及时调整工程实践的道德标准和职业规范。

（2）多元文化的冲突和影响。随着全球经济一体化进程的快速推进，越来越多的工程走向世界，在多元文化或跨文化的环境下开启工程的全生命周期，这就将产生本土文化和单一文化不存在的工程伦理问题，使得未来工程实践者不仅要面临不同文化和社会制度的挑战，而且要协调和平衡多元文化之间的利益诉求，从而最大程度避免或减少多元文化冲突对工程的影响。因此，未来工程实践还要注重在多元文化环境下的伦理问题。

15.2.2　未来工程伦理问题的特征

工程技术的高度集成、人们道德价值取向的转变、工程问题复杂性的提升及工程活动利益相关者的增加[2]等诸多因素使得未来工程伦理问题具有如下特征。

1. 工程伦理问题不确定性高

工程技术的潜在影响和应用场景都具有高度的不确定性。一方面，工程技术的高度集成意味着其构成要素和内部结构的高度复杂，作为在当时环境下工程技术的创造性成果，工程产物对人与自然的影响存在不确定性；另一方面，许多工程问题只有在非正常条件下或较长时间后才能暴露出来，人们无法在设计规划阶段就全面准确地考虑到未来工程所面临的情境，例如随着全球自然环境的变化，极端自然条件可能超出规划设计时的预留阈值，从而使工程风险超出可接受标准；与此同时，由于认识论的局限，识别未来可能出现的所有伦理问题几乎是不可能的，加之工程技术可能被应用到非预想的场景，行业交叉可能直接产生颠覆性的工程应用，未来将出现很多设计规划阶段未预期到的工程伦理问题，而对所有这些问题进行评估和预防则更为困难。

2. 工程伦理问题出现速度快

传统的和未来的处理工程伦理问题的机制存在明显不同。传统的工程伦理问题可以在较长时段和局域内转化，其留有的时间和空间使得工程师和公众可以从容地消化、调整伦理问题，而不至于造成不可逆的后果；面向未来，无论是技术研发过程还是应用过程都在不断加快，颠覆性的技术层出不穷，科学技术落地应用的速度空前之快，工程伦理问题出现的速度和规模也逐渐面临不可预知的失控局面，突发社会事件可能激化伦理矛盾，把工程伦理问题推到风口浪尖。

3. 工程伦理尺度的动态变化

一方面，工程活动中不同利益相关者对伦理问题的接受尺度不同，面对新的工程伦理问题时，可能很难就合理性和可接受的风险达成一致，很难界定合乎伦理的标准，争议性的工程伦理问题将持续存在。

另一方面，社会文化和科技的发展会对伦理生活①造成一定的影响，人们的习俗和观念与工程技术应用成果相适应需要磨合的过程。在工程技术发展的不同阶段，公众的意识观念和伦理诉求也会发生改变，媒体舆论也会影响公众的伦理接受度和伦理取向。

4. 工程伦理规范的滞后性

一方面，由于人们无法准确预见未来可能出现的所有工程伦理问题，因此不可能制定完备的伦理规则来应对未来的伦理问题，越来越多工程伦理问题的出现没有可供参照的伦理规则，需要工程师创造性地提出解决方案，传统的依靠事后反思的伦理规则形成机制已不能适应快速发展的未来社会。

---

① "伦理生活"通常指道德生活方式，是黑格尔提出的概念。

另一方面，传统的工程伦理规范提供的主要是工具性的手段而非价值性的指引，虽然工程伦理规范本是作为工程实践活动的底线而存在，但是人们逐渐把伦理规范看作是行动要求，往往避免主动承担工程伦理规范中尚未明确规定的责任。与此同时，工程实践和伦理生活本身的复杂性使得不同的工程伦理规范之间存在冲突[4]。

15.3　未来工程伦理范畴及侧重

15.3.1　重新界定工程伦理范畴

未来工程发展趋势及特征表明[5]，未来工程及其活动无论是参与者、构成要素、复杂性，还是其发展空间、应用领域、关联性等都较现代工程及其活动有很大的突破和发展，因此，不能继续简单地将工程师的职业伦理作为未来工程伦理，而应该从全员、全过程、全方位和全要素等四个方面对其范畴进行拓展和重新界定。

1. 全员表现的未来工程伦理是所有未来工程参与者共同的伦理

第一，多学科交叉融合特征将使未来工程突破现有工程的分类和界定，需要新兴技术和人文社科等非工程领域专家的参与；

第二，工程问题的复杂性将使得未来工程需要综合考虑并协调多种非工程因素，需要传统工程领域之外的其他学科专业人员的介入；

第三，工程活动的参与者不应仅包括工程师和工程技术人员，还应包括工程决策者、项目管理者、技术工人、工程产物使用者、工程维修者等工程实践主体。上述各类人员一起构成了工程责任的共同体，需要共同考虑和负责工程的技术、利益、责任和环境伦理问题。

2. 全过程表现在未来工程伦理必须覆盖工程活动的全过程

工程活动全过程包括工程构思、可行性研究、工程决策、项目规划、工程设计、调查勘测、施工制造、运行使用、管理维护、监测评估等各个环节。这些环节大致可以分为事前、事中和事后三个阶段。除在传统的工程决策、工程设计和施工制造等环节注重工程伦理外，未来工程伦理要覆盖工程活动的所有环节，尤其是事前阶段各环节。例如，在可行性研究和工程决策环节要识别新兴工程技术、全面地考虑未来工程产物可能带来的伦理影响，对可能出现的伦理影响及解决路径进行伦理评估，并据此决定是否予以工程立项。又如，在项目规划和工程设计过程中要统筹考虑未来工程对公众、社会及自然的影响，尽可能避免或减少工程负面影响。

3. 全方位表现在未来工程伦理需要整体平衡未来工程相关各方的利益

大规模、复杂性、社会性、信息化和智能化将使得未来工程具备越来越多的功能，涉及越来越多的利益群体，包括工程的参与方，如工程投资方、设计方、建造方、运营方等，也包括工程的不参与方，如相关政府及部门、工程产物使用方、周围居民、社会公众等。一方面，不断增加的工程参与方各自的多元化将给工程带来巨大的不确定性；另一方面，工程参与方在未来大规模复杂工程实践中均可能开展跨地区、跨领域、跨行业、跨文化合作，他们之间在价值取向、文化认同和生产方式上存在显著差异；同时，明确的和潜在的工程不参与方各自的利益诉求会随着环境和时间的不同而动态变化。因此，未来工程伦理要在更加复杂和不确定的背景下平衡好众多利益相关群体的各种利益诉求。

4. 全要素表现在未来工程伦理需要全面考虑并处理好与未来工程关联的各种要素之间的关系

工程活动集成了多种要素并与它们之间有着密不可分的联系，包括技术要素、经济要素、社会要素、环境要素、人口要素、文化要素、地域要素、伦理要素等。其中，伦理要素存在于其他要素之中，与其他要素相互渗透、相互影响、相互交集在一起。随着经济社会的发展和人类生活内涵和方式的丰富，这些要素的内涵将不断丰富，相互关系更加复杂和多元化，关联的要素也将继续增加。

这就给未来工程伦理提出新的挑战：一方面要正确认识、分析和处理好工程伦理与当前各要素之间的关系，使它们处于平衡与和谐的状态；另一方面要积极迎接新要素的出现，不断修正、补充和完善工程实践者的道德标准、工程伦理规范和准则。

上述四方面虽然在具体内容上存在着一定的交叉，但是却给出了拓展和重新界定工程伦理范畴的四个不同视角，对于进一步明确工程实践各方的伦理责任、厘清不同实践环节的工程伦理、平衡好复杂重叠的多方利益、处理好工程伦理与各关联要素的关系等具有积极的作用。

15.3.2　未来工程伦理的侧重

基于未来工程伦理的上述特征，为了更有效地减少和避免未来工程伦理带来的各种风险，充分发挥未来工程在人类社会发展中的作用，需要侧重从三个方面重视未来工程伦理问题。

1. 注重事前工程伦理

由于科学技术创新发展的进程加快及其工程技术开发和应用的潜在风险，在工程生命周期的早期阶段积极处理伦理问题相较于工程实践的事中和事后更有效。因此，未来应该更强调通过预防性的、事前的工程伦理减少或避免工程风险。

2. 注重宏观工程伦理

工程伦理可以分为微观、中观和宏观三个层次[6]。微观工程伦理针对工程活动中的个体层面，中观工程伦理针对工程的某一特定领域或群体，宏观工程伦理则针对人类社会整体层面，包括国家、民族、区域等文明圈层，强调的是整体层面上的工程与自然社会的关系，既关注工程职业的集体社会责任，也关注工程的社会决策，体现了工程的最终价值取向。因此，未来工程伦理既要面向宏观，又要对公众及人类的未来负责。

3. 注重隐性的、间接的工程伦理问题

显性的、直接的工程伦理问题容易引起工程实践者的注意并得到妥善的解决和处理。事实上，真正会给公众的安全、健康和福祉造成威胁和严重后果的是那些不易发现或者需要一定环境和条件才会出现的工程伦理问题。对于这些问题，人们往往缺乏防范意识，又没有直接有效的应对措施，因而容易产生更为意外的严重后果，这些正是未来工程伦理需要格外注重的问题。

15.4　面向未来的工程伦理教育目标

15.4.1　面向未来开展工程伦理教育的必要性

未来工程伦理问题及其特征，以及未来工程伦理范畴的拓展均凸显了开展面向未来工程伦理教育的必要性。

第一，未来技术的创新发展，社会主流价值观的变化、多元文化的冲突和影响等都将给未来工程带来前所未有的新的工程伦理问题；

第二，未来工程伦理问题的高不确定性、出现速度快、伦理尺度的动态变化及伦理规范的滞后性等特征将大大提高处理工程伦理问题的难度；

第三，未来工程伦理范畴的拓展和重新界定将提高未来工程伦理问题的复杂性；

第四，工程伦理是工程活动可持续发展的保障条件，伦理问题处理的好坏将成为评价未来工程优劣的重要标准。

因此，作为未来工程的实践者和主导者，未来卓越工程人才必须接受工程伦理教育，他们不仅要具有应用未来新技术的能力，还要具有处理各种新的、高难度、复杂的未来工程伦理问题的能力，必须具有工程伦理意识、社会责任感，能够在工程活动中自觉遵守职业道德和规范，平衡各方利益并承担工程的自然和社会责任[7]。

工程伦理教育作为素质教育的一部分，有助于学生在未来工程实践中追求科学技术的"价值理性"，对人类社会未来的可持续发展负责，客观、公平、公正地处理好工程与人类、社会和自然的关系，尽可能发挥工程的正面影响，促进人类的安全、健康和福祉。面向未来的工程伦理教育的核心在于引导学生自主地处理工程中的伦理问题，培养学生在复杂的、不确定的、跨文化的条件下，对工程活动的全面社会意义和长远社会影响建立自觉的责任意识，具备识别、分析和解决工程伦理新问题的实践能力，在与公众和其他利益相关者对话的基础上构建工程伦理，进而使其伦理决策和行动对工程实践产生实际效果，使工程在最大程度上促进人类社会的整体福祉。

15.4.2 面向未来的工程伦理教育目标

面向未来的工程伦理教育的目标主要包含以下几方面。

1. 提升对工程伦理的敏感意识

敏感意识指的是敏锐地感悟或感知到某一现象或事物将要出现或产生的个体精神态势。

工程伦理敏感意识指的是在充分认识工程伦理重要性的基础上，对待工程伦理问题的一种自觉的、主动的态度。未来在工程实践中不可避免地会遇到各种未知复杂的伦理问题，需要更加强调预防性的工程伦理，因此，提升伦理敏感意识是发现工程伦理问题的关键。

提升工程伦理敏感意识需要通过三方面的努力：一是通过深入了解工程与人类、社会及环境的作用、影响和关系，使学生充分认识到其日后从事的工程工作对公众的安全、健康和福祉负有直接责任，培养强烈的职业责任感；二是通过对工程伦理问题的分析和研究，使学生对工程伦理的内涵、作用和重要性有正确的认识，感受到自身明确的义务和价值，强化学生的工程伦理价值观；三是通过对未来工程与人类社会发展关系的展望和分析，使学生意识到发现并处理和解决好工程伦理问题是未来工程实践者越来越重要的一项任务，在职业责任感和伦理价值观的驱使下，使学生能够更加自觉地、主动地感知、发现和认识到未来各种工程伦理问题。

2. 加深对工程伦理规范的理解

工程师做出符合伦理的决策和行为需要以相关工程伦理准则和规范为基础，但是工程伦理规范本身并不能解决工程伦理问题，需要与具体的工程情境结合起来，才能呈现其中某一准则的伦理价值，加之工程伦理尺度的动态性和工程伦理规范的滞后性，面向未来的工程伦理教育不仅要理解和掌握工程伦理规范，还要能够结合工程实践对具体的工程伦理准则进行解释。

对工程伦理规范的理解和掌握的重点在于对规范的价值取向及背后逻辑的理解上，需要学生掌握两个方面的知识：

一是普遍的伦理学理论规范，包括面对伦理困境时的优先排序、伦理判断标准、伦理决策方法程序等，尤其是明确伦理规范背后的价值要求。例如，工程师需要对雇主和对职业"双重忠诚"，并且在两者发生冲突时如何才能把对公众和社会的责任放在首位；

二是工程职业伦理准则，包括国际上和国内的通用标准和专业标准、相关行业产业政策、法律法规及知识产权等方面的知识[8]，重点使学生明确工程师的责任范围、底线与责任来源，理解职业准则的原理及偏离准则的后果。

对工程伦理准则的解释既是基于其概括性、模糊性和滞后性特点必须做到的，也是解决未来工程伦理问题要求的。第一，要能够准确把握工程伦理准则的本质和核心；第二，要将具体伦理条文置于实际的工程实践活动中；第三，要充分考虑行业标准、法律法规、文化习俗和社会环境；第四，要在职业责任感和伦理价值观的作用下给出该伦理条文的具体解释，包括"约束条件"和"技术参数"，以在相关的工程实践中产生作用。

3. 提高工程伦理问题的处理能力

（1）提高工程伦理问题的分析能力。随着人类社会的发展和科学技术的进步，未来工程实践者将会面对前所未遇、关系复杂的新的工程伦理问题或伦理困境。在这种情况下，工程实践者往往无法直接照搬已有的伦理准则和规范或者利用以往的经验去解决这些工程伦理问题，需要他们具备较强的分析工程伦理问题的能力，能够结合具体的工程情境对这些工程伦理问题进行识别和分析，分析其性质和特征，找出工程伦理问题涉及的所有对象，尤其是潜在的、隐性的利益相关者和责任方，明确伦理问题的关键所在，为工程伦理问题的解决打下基础。

（2）增强工程伦理的沟通能力。未来将出现越来越多具有争议性、需要多方协调的工程伦理问题，这些问题的解决需要工程利益相关各方的参与、需要认真听取多方的意见，需要沟通协调利益相关各方的利益，才能为最后的伦理决策创造条件。

一是工程参与共同体内部的沟通：包括不同学科专业领域、技术与非技术要素、不同工程实践参与群体之间的沟通；

二是与不直接参与工程的利益相关者的沟通：包括与公众和其他利益相关者的沟通，及时、诚实地与他们进行工程伦理的披露与沟通对话；

三是跨文化的沟通：对跨地区、跨国界、跨民族工程的伦理问题处理要充分考虑当地文化习俗和社会环境，包容宗教和种族差异，接受道德观点的合理性差异。

（3）提升工程伦理问题的决策能力。工程实践者是受过特殊训练的专家群体，凭借在技术知识上的经验和优势，在面临工程伦理问题时应该具有科学、理性的思考。面对新的、复杂的工程伦理问题和伦理困境，或在已有工程伦理准则和规范因时代性和局限性出现不足、模糊或失效时，工程实践主体需要发挥其伦理主动性和能动性，具备较强的工程伦理问题的决策能力，在错综复杂的技术问题和利益关系中，客观理性地提出解决工程伦理问题的思路、方案、方式和途径。

（4）培养工程伦理的建构能力。未来工程伦理问题及其特征，以及未来工程伦理范畴的拓展等将使未来一些工程伦理问题不仅具有复杂性和不确定性的特点，而且超越了已有工程伦理准则和规范的覆盖范围，因此需要工程实践主体具备工程伦理的建构能力，构建针对这类工程伦理问题的规范，包括对已有的工程伦理准则和规范进行修订、补充和完善或提出新的工程伦理准则和规范。工程伦理规范的构建不仅要考虑工程技术对人类、社会和环境可能带来的不利影响，而且要明确工程实践参与者各方各自的责任和义务。

15.5　我国工程伦理教育面临的问题

1. 对工程伦理教育的重要性认识不足

虽然目前我国工程教育界对在工程教育中开展工程伦理教育基本形成了共识，但在一些高校中仍然存在着对工程伦理教育的重要性认识不足的问题，主要表现有：

一是把工程伦理定位为一般性的道德要求，没有从关乎人类安全、健康和福祉的高度去认识；

二是工程伦理教育目标不明确，对学生具体需要具备什么样的工程伦理素质尚且模糊；

三是工程伦理教育边缘化，只是作为一门单独的选修课程，没有融入工程教育课程体系之中。

2. 工程伦理教育脱离工程实践和专业教育

工程伦理教育的最终目的是服务于工程实践，"从实践中来，到实践中去"，学生需要在具体的工程实践过程中理解工程伦理，然而，目前工程伦理教育普遍存在的问题是对工程实践的忽视，基本上还是局限在课堂教学，训导有余而实践不足。与此同时，也存在部分高校将工程伦理教育简单地作为通识教育，而没有与专业教育密切结合起来，其结果是学生面对真实的工程伦理问题时往往束手无策，更谈不上具备工程伦理处理能力。

3. 忽视学情和社会环境

伦理教育普遍存在的问题是忽视学生作为"普通人"的情绪情感和作为"社会人"所处于的社会文化环境[9]，缺乏对学生的道德关怀。一方面，学生在接受工程伦理教育前已经初步形成了自己的价值观和道德判断，如果不考虑学生既有的价值观和社会环境而向其开展工程伦理教育，会导致学生对工程伦理缺乏实质的认同感。另一方面，社会环境、利益冲突等种种主客观因素制约着工程参与者的价值取向和决策行动，而目前的工程伦理教育往往忽视未来工程情境和伦理生活的复杂性，忽略利益冲突和社会环境可能造成的两难的工程伦理困境。

4. 教学内容忽视本土化

工程伦理研究发轫于欧美，但中西方话语体系、文化环境等存在较大的差异。我国在建设工程伦理教育过程中大量引入国外的教材和教育范式，工程伦理教育的本土化缺失严重[10]，忽视了中国优秀文化中的工程伦理思想。简单地移植西方做法对解决中国伦理教育问题无异于隔靴搔痒，按照西方的标准体系评价中国的工程伦理教育也无疑是削足适履。面向未来的工程伦理教育在学习借鉴欧美工程伦理教育成功经验的同时，应注重中国文化、环境、道德和制度等的融入，以一种开放性和整合性的视角审视国内外工程伦理教育。

15.6　面向未来工程伦理教育的课程建设和教学内容

面向未来的工程伦理教育的重点是增强学生的伦理自主性，为学生发挥工程伦理主动性和能动性、自主解决工程伦理问题提供系统训练和支持。面向未来的工程伦理教育的课程建设和教学内容选择要围绕着实现面向未来的工程伦理教育目标进行，即提升对工程伦理的敏感意识，加深对工程伦理规范的理解和提高工程伦理问题的处理能力。

15.6.1　课程建设

从实现教育目标的角度，面向未来的工程伦理教育的多个目标的实现需要通过从通识教育到专业教育的多门课程的连续努力才能实现；从学科属性的角度，工程伦理既是交叉学科，又与工程专业密切关联，仅靠开设一门工程伦理课程是无法实现其教育目标的。因此，"不能把工程伦理孤立在一门课程中，而是要分散到教育项目的许多组成部分中"[11]，工程伦理必须作为一种课程观贯穿所有的工科核心课程中，也就是说，工程伦理的课程形式可以采取独立教学与学科渗透相结合的形式。具体而言，独立教学指的是开设一门专门的工程伦理基础或导论课程；学科渗透指的是在专业基础课和主要专业课程等核心课程中融入相关的工程伦理内容，由此形成以一门专门课程为基础、多门核心课程共同作用的系统性的工程伦理教育。

工程伦理基础或导论课程应该定位在通识教育范畴，重点在于培养学生强烈的职业责任感，强化学生的工程伦理价值观，能够更加自觉地、主动地感知、发现和认识未来工程伦理问题，理解和掌握工程伦理规范。专业核心课程应该包含与课程内容相对应的工程伦理内容，其中专业基础课中工程伦理教育的重点在于加深学生对工程伦理准则和规范的理解，主要专业课程中工程伦理教育的重点在于提高学生对未来工程伦理问题的处理能力。需要指出的是，专业核心课程中的工程伦理教育应该做到由浅入深、相互衔接、层次分明、逐级递进；对于某一门课程而言，要认真处理好与先修课及后续课的关系，使每一门先修课都是后续课的基础，每一门后续课都是对先修课的提升。

工程伦理的本质是一种实践智慧，面向未来的工程伦理教育目标的实现离不开实践教育，因此，在相关的课程中应当有明确的实践环节，通过理论、原理和规则与实践的结合，以及实践对理论、原理和规则的运用、理解和掌握，能够更有效地实现工程伦理教育目标。

15.6.2　教学内容

如前所述，面向未来的工程伦理教育不能被简单地视为是一种职业伦理教育，而应该从未来工程伦理范畴和侧重的角度，即在大工程观的视角下予以重视，因此，在面向未来的工程伦理教育的教学内容选择上应该有更高的高度、更宽的视野和更远的考虑。就具体内容而言，可以大致有以下四个部分。

1. 工程伦理基础

作为深入开展工程伦理教育的基础，这部分内容涵盖工程伦理基本概念、基本问题、基本原则、基本理论等方面，旨在提升对工程伦理的敏感意识，主要包括工程与伦理的概念，工程与人类、社会及环境的关系，工程实践中基本的伦理问题，工程责任、风险及伦理价值，处理工程伦理问题的基本原则、工程师的职业伦理、伦理准则和规范等内容。

2. 工程伦理案例

工程伦理问题均是源于工程实践，工程伦理案例对于辨识工程伦理问题并了解其性质特征，掌握工程伦理的基本原则，加深对工程伦理规范的理解，培养工程伦理问题的处理能力均是十分必要的。这部分内容主要由与本学科专业相关的工程伦理案例构成，包括真实的和人设的两种。

真实的案例源于以往的工程实践，不仅能够为学生提供直接的体验并感受到工程伦理问题的复杂性，而且能够激发学生的学习兴趣、提高学生的积极性和主动性，同时真实案例原有的处理伦理问题的方案也为学生提供了比较、借鉴和参考。

人设的案例主要基于实现教育目标的需要，根据未来工程伦理问题及其特征而人为专门设计的，这些案例需要包含伦理问题的社会环境和国情，往往较真实案例更复杂，而且由于没有前人处理伦理问题的方案而更需要学生的自主性和创新性。

上述两种案例所涉及的工程伦理问题应该由简单到复杂、由单一到综合，难度由低到高。除在工程伦理基础部分的案例外，为专业核心课程准备的工程伦理案例必须密切结合该课程的教学内容。

3. 工程伦理分析

在工程伦理案例分析的基础上，工程伦理教育要以问题为导向，通过对一定数量的、难度逐渐递增的工程伦理问题的深入分析，以深刻把握工程伦理的基本原则和基本理论，提升工程伦理问题的分析能力，为提升工程伦理问题的决策能力和培养工程伦理的建构能力打下基础。

这部分内容应该主要包含两种类型的问题分析：一类是对各种形式和类型的当前复杂的和未来可能的工程伦理问题的深度探讨和分析，另一类是对工程伦理和工程哲学的深入思考。这两类伦理问题的提出可以根据未来工程伦理问题及其特征并充分考虑未来工程伦理范畴和侧重，前者可以是一个完整的工程伦理问题，后者应该是一个注重理论和哲学层面的探究和思考专题。

4. 工程伦理决策

未来工程项目具有规模大、复杂性、跨学科等特点，需要在多利益主体和多学科之间权衡好复杂伦理关系的基础上，完成高难度的工程伦理决策，以增强工程伦理沟通能力、提升工程伦理问题决策能力和培养工程伦理构建能力。

这部分内容主要针对不同工程实践和不同工程领域的伦理决策问题，包括那些主体多元、关系复杂、学科交叉或性质综合的工程伦理决策问题。对这些伦理决策问题，要在深刻理解和把握工程伦理准则和规范的基础上，通过与利益相关多方的沟通和协调，理性地提出解决工程伦理问题的思路和方案，并在需要的时候修订、完善或提出新的工程伦理准则和规范。

需要指出的是，无论采取何种课程形式，都需要按照循序渐进和内容相符的原则，在各门专业核心课程之中合理安排工程伦理案例、工程伦理分析和工程伦理决策等方面的教学内容，在毕业设计中安排综合复杂的工程伦理决策问题，以逐步实现面向未来的工程伦理教育目标。此外，上述各部分教学内容应随着未来工程技术的发展和社会的进步进行及时、动态地调整和更新，并把工程伦理前沿热点纳入其中。

15.7 面向未来工程伦理教育的教学方式和教学评价

课程建设和教学内容工作完成后，实现面向未来工程伦理教育目标的关键在于如何实施课堂教学以达到预期的教学效果。全国工程专业学位研究生教育指导委员会在 2017 年的一项调查显示，高校管理部门和教师普遍反映工程伦理课难组织、难教学[12]。事实上，课程教学无论采取何种组织形式和教学方式，其目标均在于提高学生的学习兴趣和学习的参与度，进而最终提高学生的学习效果。

15.7.1 教学方式

1. 案例教学

上述"工程伦理案例"部分的教学内容需要采用案例教学法。案例教学是在课堂教学中以案例为分析研究对象，通过对案例的讨论和分析，以及对案例中原有解决问题方案的研究和评价，在案例发生的原有情境下提出改进思路和方案，或者在新的情境下提出新的思路和方案，并进行比较、交流的学习方式。

案例教学给学生创设了工程实践情境，不仅能够增强学生的学习兴趣，而且能够让学生感受到作为一名工程实践者要面临的复杂境地和艰难抉择，不仅加深了学生对工程伦理问题的认识、对工程伦理规范的理解，而且培养了学生处理工程伦理问题的能力。

由于除"工程伦理基础或导论"课程外，工程伦理案例要作为工程伦理教育的部分内容融入专业核心课程之中，因此这些案例的设计和选择要密切结合关联课程的教学目标，案例内容的组织和呈现方式要紧密围绕工程伦理教育目标。

2. 研究性学习

上述"工程伦理分析"和"工程伦理决策"部分教学内容中具有典型性、复杂性和重要性的工程伦理问题应该采用研究性学习的教学方式。研究性学习主要包括基于问题的学习和基于项目的学习（Problem/Project-Based Learning，PBL），是指学生在教师指导下，通过各种灵活多样的研究性学习方式，主动地发现问题、分析问题和解决问题，从而在知识学习、能力培养和素质形成方面达到学习目标的过程[13]。

研究性学习给学生构建了在工程实践情境下主动参与学习和小组合作学习的氛围。一方面学生可以自主把握学习方式和进度，能够深入地了解各种工程伦理问题并理解工程伦理规范；另一方面学生可以在小组合作学习的过程中更好地培养团队合作、交流沟通等解决复杂工程伦理问题的能力，能够在生师互动和生生互动过程中有效地提高学习效果。与此同时，研究性学习独有的作用机理也能够确保面向未来工程伦理教育目标的有效实现。

3. 理论与实践相结合

上述"工程伦理基础"部分的教学内容应该采取理论与实践相结合的教学方式。单纯的理论学习不仅会增加学生理解和掌握知识的时间成本，而且增加学生知识内化的时间成本。通过与实践的结合，理论得到检验和运用，学生不仅能够理解和掌握知识的本质和精髓，而且能够内化为自身终身受用的财富。

理论与实践的结合既可以在课堂讲授理论知识的同时，辅以工程实践过程中的具体实际或现实问题进行说明和介绍，以帮助学生对工程伦理问题和工程伦理准则及规范的理解；也可以将理论教学与实践教学交替进行，让学生在实践活动中亲身体验工程伦理原理和理论的本质和精华；还可以在完成理论教学任务后安排学生到工程实践现场，让学生身临其境地感受工程实践对工程伦理相关理论的诠释和解读。

15.7.2　教学评价

教学评价的主要目的是确保面向未来的工程伦理教育目标的实现。在确定具体的评价方式和评价内容时需要注意以下两点：

一是工程伦理教育目标是定性的、非技术性的。这就决定着对伦理教育目标实现情况的评价不能简单地采用试卷等笔试形式，需要采取综合性的评价方式，如通过学生完成的综合性作业或通过实际工程伦理问题的解决等。

二是工程伦理教育目标的实现是多课程持续努力的结果。这就意味着要将伦理教育目标分解到所有参与工程伦理教育的课程中，作为评价各门课程工程伦理教育教学的目标，而后基于教学目标设置若干条教学质量评价标准。它们既可用于衡量课程教学质量，又可作为课程教学质量改进的方向。

将过程性评价和结果性评价相结合是提高工程伦理教育教学效果的有效方式。占成绩比例较大的过程性评价不仅能够充分促进学生在整个工程伦理教育教学过程中的重视和投入，而且能避免一次性结果性评价可能产生的不够客观、缺乏公平、过于片面的结果。

工程伦理教育教学评价内容可以着眼于以下几方面：学生是否明确自己的责任，是否有敏感的工程伦理意识，能否同时关注不同工程共同体的道德选择和困境，能否与多利益群体进行有效的对话沟通，能否平衡和处理好多利益群体的利益，是否特别注重公众的安全、健康和福祉、伦理决策的来源依据，以及支撑理由是否合理且充分、能否在伦理决策时提出几种备选方案等。

15.8 面向未来工程伦理教育的教师队伍建设

目前高校工程伦理教育最严重的问题在于师资问题，兼备工科和伦理学背景的工程伦理教师少之又少，大多数工科教师缺乏工程伦理相关授课经验[14]。因此，提升教师的工程伦理教育教学水平，建设胜任面向未来工程伦理教育的教师队伍是实现面向未来工程伦理教育目标的关键。

如前所述，工程伦理教育不可能仅靠开设一门专门的课程来完成，而需要在一门专门的工程伦理基础或导论课程的基础上，在专业基础课和主要专业课程等核心课程中融入相关的工程伦理内容，由此形成以一门专门课程为基础、多门核心课程共同作用的系统性的工程伦理教育。由此可见，面向未来工程伦理教育不仅需要胜任工程伦理基础（导论）课程教学的教师，而且需要在工程专业的核心课程教学中能够将学科专业教育与工程伦理教育结合起来的教师。基于工程伦理的多学科特性及高校教师知识构成的现状，面向未来工程伦理教育的教师队伍建设可以有以下途径。

1. 开展工程伦理教育方面的师资培训

无论是承担工程伦理基础或导论课程教学，还是专业核心课程教学的教师，都要接受系统性、针对性和专题性的工程伦理教育方面的培训，培训内容要涵盖工程伦理完整的知识体系、前沿进展和热点难点。对承担工程伦理基础或导论课程教学的教师，其培训重点在工程伦理的基本概念、基本问题、基本原则、基本理论等方面，围绕如何使学生通过课堂教学达到"提升对工程伦理的敏感意识"和"对工程伦理规范的理解"的目标而展开。对承担工程专业核心课程教学任务的教师，其培训重点在如何结合专业核心课程内容开展工程伦理教育，要围绕着如何使学生通过课堂教学在"深化对工程伦理规范的理解"和"提高工程伦理问题的处理能力"方面实现与专业核心课程的功用相应的目标而进行。

2. 组建由哲学或伦理学教师、工科教师和工程师组成的学习共同体

国内外许多学者认为工程伦理需要哲学专家和工程专家组成的联合教学团队，伦理学和工科等不同背景的教师应定期交流，打破专业学科思维的限制，相互提供启发性的工程伦理教育教学视角[15][16]。哲学、伦理学教师缺乏工程专业知识和伦理实践，工科教师缺乏伦理基本理论和训练，工程师对工程实践中伦理

问题有更深入的理解，具备伦理实践经验，这三类人员的组合形成的学习共同体能够起到相互学习、取长补短、相互借鉴、共同提高的作用，对提高担任工程伦理基础或导论课程教师的工程伦理教育教学水平、担任工程专业核心课程教学教师的专业教育与工程伦理教育相结合的教学质量和水平有着重要的意义。

3. 开展由多学科专家参与的工程伦理方面的研究

工程伦理涉及哲学、伦理、社会、法律、工程等多个学科领域，对工程伦理的深入把握需要来自这些不同学科领域专家的合作交流，其中最有效的方式是合作开展工程伦理方面的专题或综合研究。因此，通过设立或申请工程伦理研究专项、搭建合作研究平台、组织研讨会和工作坊等形式，针对工程伦理前沿问题、未来问题、热点问题、难点问题、争议问题等，加强工科教师与人文社科等其他学科教师、高校教师与企业工程师等科研合作与学术交流，能够在更深层次上提高任课教师在工程伦理领域的理论水平、研究能力和学术造诣，从而最终提高任课教师的教育教学能力，逐渐形成一支胜任面向未来工程伦理教育教学的教师队伍。

15.9　加强工程伦理教育教学的资源建设

开展工程伦理教育必须面对的另一个问题是教育教学资源严重不足，更何况是面向未来的工程伦理教育。我国目前缺乏工程伦理教育教材，针对不同专业的工程伦理专门教材更是少之又少；配套教学资源不足，如案例资源、可供学生实践的工程项目和实践基地匮乏。因此，必须加强工程伦理教育教学资源建设，为面向未来的工程伦理教育提供充分的教育教学资源，如课程教材、教学案例和实践基地等。

工程伦理课程教材的建设需要以科研为基础。工程伦理的研究将为课程建设提供丰富的素材，发挥引导工程伦理教育方向、保障工程伦理教育高质量发展的基础性作用。面向未来的工程伦理教育需要具有前瞻性的研究导向，一方面要注重未来工程伦理理论基础的研究，包括未来工程与人类、未来社会与环境的关系，未来工程责任、风险及伦理价值，处理工程伦理问题的基本原则、工程师的职业伦理、伦理准则和规范等；另一方面要注重未来工程伦理问题的研究，即在未来工程伦理的范畴和侧重下，针对未来工程伦理问题的特征，研究未来工程伦理问题，提出解决工程类问题的思路、方法和途径。工程伦理的研究需要跨学科的协作研究，研究团队不仅要包括伦理、工程、社会、政治、法律等方面的教师，还应该包括具有工程伦理实践背景和经验的、来自行业企业的专家。

工程伦理案例库的建设是一项综合性的工作。案例库的建设是为了满足面向未来的工程伦理教育教学的需要，能够为相关教师提供丰富多样的案例选择，以更好地支持面向未来工程伦理教育目标的实现。因此，案例库的建设不仅要有足够的经费支持，还要有专门的编写人员，更要有系统和整体的设计：既有简单的案例，也有复杂的案例；既有单方面的案例，也有综合性的案例；既有基础性案例，也有专业性的案例。案例既可以是真实的案例，也可以是人为设计的案例，前者是工程师在工程实践过程中遇到的真实案例、工程企业公布的与社会责任和可持续发展相关的案例，后者是人为设计编写的具有特定功能用途的虚拟案例。这两类案例既可以是本土的案例，也可以是国外的案例；既可以是"善举"的案例，也可以是"失败"的案例。案例呈现可以依据其内容采用多种不同的形式，如书籍、电子图书、微电影、主题纪录片等。

工程伦理教育实践资源的建设包括工程项目的选择和实践基地建设两方面。工程项目应该着重考虑在建的与学科专业密切关联的大型工程项目，这类项目能够给学生带来真实的、前沿的工程伦理问题，对"提高工程伦理问题的处理能力"具有重要的现实意义。由于作为工程伦理教育实践资源的工程项目是动态变化的，因此需要任课教师提前根据课程教学的需要进行选择。工程伦理教育实践基地的建设应该与工程专业的实践基地建设结合起来，在建设本专业校内外实践基地的同时将工程伦理教育实践的需要纳入基地建设的主要内容之中，以达到提高实践基地功能和使用效率，避免重复建设的目的。实践资源的建设需要得到高校层面的高度重视和行业企业的大力支持。

面向未来的工程伦理教育教学资源建设还要重视修正现有资源中存在的偏差。随着工程技术飞速发展和社会观念变化，现有工程伦理教育教学资源部分存在着认识滞后、观念过时、理解偏差、导向错误等问题。例如，工程师从早期"对雇主的忠诚"转向把"人类公众的安全、健康和福祉"放在首位，工程伦理范畴和侧重的改变等都将导致对现有资源的修正，需要结合社会环境和工程发展状况及时总结更新，对工程伦理教育教学资源持续修正完善。

参 考 文 献

［1］沈珠江. 工程哲学就是发展哲学——一个工程师眼中的工程哲学［J］. 清华大学学报（哲学社会科学版），2006（2）：115-119.

［2］林健. 第四次工业革命浪潮下的传统工科专业转型升级［J］. 高等工程教育

研究，2018（4）：1–10+54.

［3］RIMAN C F，PASCA C M. Thinking ethics differently（challenges and opportunities for engineers education）［J］. Independent Journal of Management & Production，2021，12（1）：165–184. DOI：10.14807/ijmp.v12i1.1266.

［4］何菁，董群. 工程伦理规范的传统理论框架及其脆弱性［J］. 自然辩证法研究，2012，28（6）：56–60.

［5］林健.新工科人才培养质量通用标准研制［J］.高等工程教育研究，2020（3）：5–16.

［6］李伯聪. 微观、中观和宏观工程伦理问题——五谈工程伦理学［J］. 伦理学研究，2010（4）：25–30+141.

［7］林健. 面向未来的新工科建设：新理念 新模式 新突破［M］. 北京：高等教育出版社，2021：126–127.

［8］林健. 面向未来的新工科建设：新理念 新模式 新突破［M］. 北京：高等教育出版社，2021：125.

［9］王进，彭妤琪. 如何唤醒工科学生对伦理问题的敏感性［J］. 高等工程教育研究，2017（2）：194–198.

［10］王进，彭妤琪. 工程伦理教育的中国本土化诉求［J］. 现代大学教育，2018（4）：85–93+113.

［11］CRUZ J A，FREY W J. An effective strategy for integrating ethics across the curriculum in engineering：an ABET 2000 challenge［J］. Science and Engineering Ethics，2003，9（4）：543–568.

［12］杨斌，张满，沈岩. 推动面向未来发展的中国工程伦理教育［J］.清华大学教育研究，2017，38（4）：1–8.

［13］林健.面向卓越工程师培养的研究性学习［J］.高等工程教育研究，2011（6）：5–15.

［14］杨斌，张满，沈岩. 推动面向未来发展的中国工程伦理教育［J］.清华大学教育研究，2017，38（4）：1–8.

［15］GRABER G C，PIONKE C D. A team–taught interdisciplinary approach to engineering ethics［J］. Science & Engineering Ethics，2006，12（2）：313–320.

［16］殷瑞钰，汪应洛，李伯聪，等. 工程哲学［M］. 3 版. 北京：高等教育出版社，2018：308–310.

第八篇

工程教育学学科建设

第 16 章
加强工程教育学学科建设，助力中国式现代化

【本章导读】

工程教育强国是教育强国、人才强国和科技强国的重要组成部分，是培养大批各层次和类型的卓越工程科技人才和工程创新人才的本质要求。工程教育强国建设离不开建设一批中国特色、世界水平的工程教育学学科，工程教育学学科建设是持续保障和提升未来卓越工程教育质量的一项核心且长期的任务，其通过加强工程教育学师资队伍建设、深入开展工程教育研究、继续深化工程教育改革、持续完善卓越工程教育、不断提升卓越工程人才培养质量，努力服务和助力中国式现代化强国建设。然而，处于初创时期的我国工程教育学距离党和国家的战略目标和经济社会发展的要求还有很大的距离，需要全方位深入研究工程教育学学科建设可能面临各种困难、问题和挑战，提出有效的应对措施、建设思路和路径。

本章首先讨论工程教育学的学科内涵，为工程教育学学科建设界定范围；然后讨论工程教育学学科建设的重要性和紧迫性，以及工程教育学学科建设的现状和可能面临的困难；接着从研究方向、师资队伍、科学研究和人才培养四方面讨论工程教育学学科建设的重点；最后对工程教育学学科建设前景进行展望。

习近平总书记在 2021 年 9 月中央人才工作会议上指出："要探索形成中国特色、世界水平的工程师培养体系，努力建设一支爱党报国、敬业奉献、具有突出技术创新能力、善于解决复杂工程问题的工程师队伍。"党的二十大提出要加快建设高质量教育体系，加快建设国家战略人才力量，努力培养造就卓越工程师，建成教育强国、科技强国、人才强国，在实现中国式现代化强国建设目标的进程中全面推进中华民族伟大复兴。为贯彻落实习近平总书记指示和党的二十大精神，教育部和中国工程院高度重视，共同推进工程教育学学科设置工作，清华大

学与其他首批试点院校共同发起成立"全国高校工程教育学学科建设联盟",旨在重视工程教育学学科建设及其交流,通过加强工程教育学师资队伍建设、深入开展工程教育研究、继续深化工程教育改革、不断提升工程人才培养质量,努力服务和助力中国式现代化强国建设。

16.1　工程教育学的学科内涵

"工程教育学"是以工程人才内涵特征、社会需求、成长规律、教育培养和教学学术等工程教育现象和问题为主要研究对象,融合教育学、工学、管理学、社会学、学习科学等多学科视野、知识和方法,注重理论与实践相结合,不断探索工程教育规律,持续改进和完善工程教育制度、模式、环境、教学和评价等多学科交叉的学科。"工程教育学"是随着传统工程学科的发展、新生工程学科的产生、新兴工程学科的出现、经济社会发展对工程人才要求的变化、工程教育发展对工科教师的增长需要、工程教育教学研究与实践的不断深入、管理学和学习科学及心理学等多学科的不断渗透、信息技术和智能技术对教育教学的影响等,逐渐形成和发展起来的一门新兴学科体系。

作为独立的交叉学科,工程教育学与教育学、工学、管理学等学科存在着密切的关系。

第一,教育学是研究人类教育现象和解决教育问题、揭示一般教育规律的一门社会科学,教育学的基本理论、原理、方法、手段和技术为工程教育学提供了基础;工程教育学与教育学的主要区别在于前者的内涵要通过工程加以规定和充实,而仅靠后者难以解释和解决工程教育中的问题,这是因为工程实践涉及广泛的技术、管理、法规及可持续发展等,工程教育需要相关多学科知识的交叉和渗透,需要处理好工程与社会进步、经济发展及人与自然的关系等,这些均超越了教育学所关注的范畴。

第二,工学是工程学科的总称,工程教育学与工学紧密关联,是其与教育学区别的根源所在;工学知识的学习、工程意识的形成、工程问题的解决、工程能力的培养是工程教育的目标;针对不同层次和类型工程学习者,进行各种教育资源配置、开展教学组织和实施教学,以达到工程教育目标,是工程教育学的核心任务。

第三,管理学是系统研究各种类型管理活动的基本规律和一般方法的交叉学科,是工程教育学重要的支撑学科,工程教育教学活动的组织管理、多主体参与工程教育活动的合作协同、工程教育研究与教学资源的优化配置、工程教育的政策制订和决策支持等,都离不开管理学理论、方法和手段的支持。

　　虽然不同高校设置工程教育学学科的目的各有不同，但作为多学科交叉和不断发展的"工程教育学"学科，其具体作用和实际价值主要体现在以下六个方面：

　　（1）研究和深刻把握工程教育本质内涵、基本原理和基本方法，从而形成系统地支撑工程教育的理论体系；

　　（2）探讨和研究工程教育办学规律、人才培养规律和教学规律，以指导各种类型和层次的工程教育实践；

　　（3）为培养服务国家战略实施、制造强国建设和实体经济发展的卓越工程人才提供理念、方案和路径；

　　（4）培养具备工程、教育和管理等多学科背景、掌握工程教育基本理论和研究方法，以及胜任工程教育学研究、教学、管理和咨询工作的高层次人才，简称工程教育学教师；

　　（5）在某一工程学科坚实的学科背景下，培养掌握教育学原理、教育基本理论、教学方法和技能的专业化（或称师范化）工科教师；

　　（6）研究工程教育系统的构成要素及其相互关系，构建和完善满足国家经济建设和社会发展需要的工程教育体系。

16.2　"工程教育学"学科建设的重要性和紧迫性

　　工程教育学学科建设的重要性和紧迫性主要体现在以下几方面。

　　1. 中国是工程教育大国，亟须建设工程教育学学科支撑工程教育强国建设

　　中国已经建立了全球最大的工程教育体系：类型多样、层次分明、学科专业齐全、每年工科毕业生占世界总数的1/3以上。但中国还不是工程教育强国，尚未完全建成具有中国特色、世界水平的工程师培养体系，因此需要在完善现有工程教育体系和工程师培养体系、产出高质量工程教育研究成果、指导工程教育实践和卓越工程师培养、培养高水平工程教育教师等方面充分发挥工程教育学学科的重要作用。

　　2. 亟须建设工程教育学学科以充分发挥工程教育在整个高等教育中的作用

　　工程教育在高等教育中的地位是由其体量决定的，我国92%的本科院校开设工科专业，全国本科专业点中工科专业点占33%，全国学术硕士和专业硕士学位点中工学分别占32.9%和24.4%，全国学术博士和专业博士学位点中工学分别占36.8%和61.5%，全国本科在校生中工科生占33.3%，全国硕士和博士在校生中工学分别占34.7%和42.3%，这些数据充分说明，工程教育的发展对整个高等教育有着至关重要的影响，只有加强工程教育学学科建设，才能更好地发挥工程教育对整个高等教育改革与发展的引领示范作用。

3. 建设一支既懂工程又懂教育的工科教师队伍，以提升工程教育教学质量

长期以来我国工科教师在培养过程中最突出的问题是非师范化，也就是说，工科教师基本上没有经历教师的专业化训练，他们对教育原理和教学方法的掌握主要源于学生时期的感性认知和教学实践的自我积累，这必然影响工程教育教学质量。因此，加强工程教育学学科建设能够针对性地解决工科教师队伍的教师专业化发展问题，培养出一支工程学识扎实、工程创新能力强、工程实践经历丰富、熟悉教育学原理、掌握现代教育理念和教学方法技能的专业化工科教师队伍，为工程教育强国建设打下坚实的基础。

4. 教育强国和人才强国建设均需要充分发挥工程教育学学科在基础教育上的作用

一方面，教育强国不仅包括高等教育也包括基础教育，工程教育学能够将工程教育的内涵从高等教育拓展到 K12 教育，有利于构建和形成人才成长全过程的工程教育体系。另一方面，人才强国首先需要有一大批满足经济社会发展和各行各业需要的各种层次和类型的卓越工程人才，从基础教育抓起，从工程教育入手，吸取发达国家的经验教训，尽早地从幼儿园和中小学开始就培养学生对工程学科的兴趣和热爱，这是面向未来的战略性举措，为人才强国建设打下长远的基础。

5. 助力中国式现代化强国建设需要重视和加强工程教育学学科建设

中国式现代化建设需要在中国共产党的领导下，坚持中国特色社会主义，走实体经济发展道路，在完整工业体系基础上建设工业强国，实现高质量发展。这就需要培养大批能够堪当民族复兴大任的新时代卓越工程师，他们是服务国家战略实施、工业强国建设和实体经济发展的领军人才和核心力量，是国家各类战略人才中覆盖各行各业、需求总量最大、行业特征显著、培养路径各异、需要多方协同培养的群体，卓越工程师的教育培养需要充分发挥工程教育学学科在工程教育研究、工程人才培养和工科教师队伍建设上独特和重要作用。

16.3 "工程教育学"学科建设的现状和困难

虽然我国一些高校在工程教育学学科建设有一定的积累，但与国家经济社会发展和中国式现代化建设的要求还有很大的距离，需要相关高校有充分和清晰的认识，以便更好地开展工程教育学学科建设工作。总体而言，我国工程教育学学

科建设目前存在的问题和困难有以下几点。

1. 作为学科建设的高校十分有限

相比于我国现有 1 100 余所设置工科专业的普通本科院校而言，将工程教育学作为学科建设的高校数量严重不足，这一方面说明多数院校没有认识到工程教育学学科建设对本校开展工程教育教学活动的重要性，另一方面说明我国多数设置工科专业的院校对本校工科教师队伍的教师专业化教育没有引起足够的重视。

2. 现有研究者学科背景较为单一

在全国开展工程教育研究的研究者中，对于教育研究机构的多数学者，其学科背景只是教育学而没有工学；对于工科院系的研究者，其学科背景只是工学而没有教育学或管理学等其他学科。这种学科背景较为单一的现象容易造成工程教育研究视角、研究方法和研究成果的缺陷和不足，失去其本应拥有的应用价值。

3. 采用高等教育学人才培养模式

目前我国工程教育人才培养大致分为两个途径：一是按照高等教育学人才培养方案，修完满足获得学位所需学分要求的课程，完成与工程教育相关选题的学位论文；二是在高等教育学人才培养方案中加入若干门与工程教育相关的课程作为学生必修的专业课，而后完成与工程教育相关选题的学位论文。严格地说，这两个途径没有摆脱高等教育学人才培养模式，因此，需要设置独立的工程教育学学科。

4. 工程教育学课程资源严重不足

在工程教育研究方面取得丰富成果的高校在开设专题性的工程教育学课程上有充足的素材，但在开设系统阐述工程教育某一专门领域的原理、理论和方法的课程上却捉襟见肘，如"工程哲学""工程教育研究方法""工程教育设计原理"等课程，更谈不上建设一个满足工程教育人才培养目标要求的多模块的课程体系，这方面需要得到工程教育学学科建设高校的高度重视。

5. 工程教育实践者的参与度不高

与工程教育学学科具有较长历史的美欧高校相比，在我国高校工程教育学学科建设中，工科教师的参与度很低，尽管近年来参与工程教育研究的工科教师人数在不断增加，这就使得工程教育的研究缺乏来自工程教育实践的第一手数据信息，也容易造成一些工程教育研究成果，如工程教育改革的措施建议等，失去对工程教育应有的指导作用。

6. 相关高校人财物投入严重不足

任何一门学科建设都离不开各种资源的投入，然而目前一些高校对工程教育学学科建设的作用和意义未能从学校长远发展和战略高度予以充分的认识，其结果是对工程教育学学科建设重视不够、所需资源的投入严重不足。因此，需要相关高校重视和协调好校内相关学科资源，在编制、经费、场地等方面加大投入，积极支持工程教育学学科建设。

7. 在国内高等教育学界形单影只

虽然我国教育界的基本共识是把工程教育学作为教育学下设的一个二级学科，但是在高等教育学界，由师范类高校长期主导的各种学会和学术组织在其举办的各种类型的学术会议及活动中往往忽视了工程教育学的存在，余下的只是由少数工科优势高校组织的工程教育学术会议及活动。从长远发展的角度来看，工程教育学学科应该作为一个独立的隶属于交叉学科门类的学科存在。

16.4 "工程教育学"学科建设的重点

从学科发展的系统性和全面性出发，工程教育学学科建设的重点应该聚集在研究方向、师资队伍、科学研究和人才培养四个方面。

16.4.1 确定工程教育学学科的研究方向

研究方向是学科建设首先必须确定的，关系到后续师资队伍建设、科学研究和人才培养等方面工作的开展。高校工程教育学学科研究方向的确定要遵循三条基本原则：国家需求原则、本校优势原则和学科发展原则。

国家需求原则强调的是研究方向必须满足国家当前和未来在工程教育发展上的需求，具体而言，就是必须聚集我国工程教育当前和未来发展可能面临的重大理论和实践问题，涉及基本理论、政策措施、治理体系、卓越人才培养、教育教学、前沿进展、未来工程教育等方面。

本校优势原则强调研究方向的确定必须充分考虑本校在工程教育领域的研究基础、积累、特色和优势，这是避免研究方向简单趋同化、研究方向多而不聚焦、发挥高校各自优势的有效原则，只有这样才使得研究成果在满足国家需求的前提下有底蕴、深度、特色、创新。

学科发展原则强调要从满足学科发展需要的角度综合考虑研究方向，一方面要注重支撑学科建设和发展的研究方向，使其研究成果能够成为学科发展的基石；另一方面要考虑各研究方向之间的联系，应该具有相互支持、相互促进的关系，各研究方向的叠加能够取得 1+1>2 的效果。

16.4.2 加强工程教育学师资队伍

师资队伍是学科建设的根本，工程教育学的多学科交叉性需要超越教育学的人文属性，融入工学的技术属性和管理学的人文属性，因此，工程教育学学科师资队伍建设既可以通过引进和培养具有工学、教育学和管理学等多学科背景的个体教师，也可以通过整合校内工学、教育学和管理学等多学科的师资，以及与国内外工程教育领域的专家合作。

具体而言，工程教育学学科师资队伍建设可以通过以下四个方面的努力，形成学科背景交叉性、知识结构互补性、年龄结构合理性、学缘结构多元性、工作经历多样性的面向未来的教学科研团队。

（1）人才引进和培养：根据学科建设目标定位，结合师资队伍的现状，一方面引进学科发展需要，具有重要影响力知名学者或具有发展潜力的中青年学者；另一方面借助校内外平台，在职培养青年骨干学者。

（2）校内师资共享：发挥本校工学、理学及人文社会等多学科的综合优势，通过合作研究、学术交流、跨院系联合指导、不同院系双聘、成立跨学科的工程教育学系/院等方式，加强工程教育学学科组织与校内工科等相关院系教师的合作，实现工程教育师资校内共享。

（3）国际专家合作：通过举办学术会议和论坛、共同申请政府项目、合作开展研究、聘请兼职教授、联合培养博士生等方式，加强与国际工程教育学术组织、著名工科院校、知名工程教育专家的合作，与校内师资队伍形成优势互补。

（4）兼职教师聘请：充分利用本校与学术界、产业界和利益相关者的学术联系和合作关系，聘请国内高校工程教育学者、行业企业在工程教育领域有建树的专家担任工程教育学研究生兼职指导教师，共同参与工程教育学学科的建设。

16.4.3　深入开展工程教育学的科学研究

科研研究是学科建设的基础，工程教育学的科学研究的根本在于探究工程教育的本质属性，进而指导工程教育实践，其作用主要有以下三个：

（1）在理论层面以知识形态构建和完善系统、完整、逻辑的学科知识体系；

（2）为工程教育学人才培养课程教学内容提供充分的素材；

（3）是作为工程教育学人才培养的重要环节和主要方式。

因此，需要得到学科建设高校的高度重视。

学科建设高校工程教育研究重点的确定应该在既定的研究方向上，结合本校实际和学科发展需要，从以下几方面中选择并细化：工程教育学基本理论、同类型高校的工程人才培养、工程教育政策与治理、工程教育改革与发展面临的重点和难点问题、国际工程教育前沿进展、未来工程教育发展等。

工程教育研究的主体可以分为教师和学生两类。教师主持承担校内外纵向、横向各类工程教育领域的科研项目，在包括学生在内的研究团队的分工合作下完成项目；学生在导师指导下以获得硕士或博士学位为目的完成学位论文选题确定的研究任务，学生的研究选题往往是导师所主持项目的子课题。

16.4.4　提升工程教育学学科人才的培养质量

人才培养是学科建设的核心，工程教育学学科人才培养的类型有两类：第一类是研究型工程教育教师；第二类是专业化工科教师。研究型工程教育教师培养强调具备工程、教育和管理等多学科背景、掌握工程教育基本理论、研究方法和教学方法，胜任工程教育学研究、教学、管理及咨询等工作；专业化工科教师培养强调在具有某一工程学科坚实的背景下，掌握教育学原理、教育基本理论、教学方法和技能，胜任该工程学科的人才培养工作。

从当前我国工程教育学学科建设的现状分析，工程教育学学科人才培养的首要任务是培养研究型工程教育教师；从全球教师教育专业化发展的趋势及我国工程教育强国建设的未来需求分析，工程教育学学科人才培养还要涵盖专业化工科教师。

基于目标定位的差异，这两类人才培养在生源要求、培养重点、课程选修和学位论文上存在着一定的区别。研究型工程教育教师培养对生源学科背景的要求强调具备工程、教育或管理等学科的学习和研究经历；培养重点在提升工程教育学的研究、教学和管理能力；课程选修上要根据学生现有学科背景和开展学位论文研究的需要，选修欠缺学科的相关课程；学位论文选题应该聚集在应用多学科知识研究国内外工程教育面临的重点和难点问题。

专业化工科教师培养对生源学科背景的要求强调已获得某一工程学科学位，具备工科教师教育的学术性；培养重点在提升工科教育教学能力，实现工科教师的专业化；课程选修的重点在教育学相关的课程，包括教育学原理、教育基本理论、教学方法和技能等；学位论文选题应该主要聚集如何应用教育学的理论、方法和手段以提升工科教育教学效果和质量等。

现阶段，我国工程教育学博士生的培养需要工程学科与教育学科及管理学科的教师通过跨学科的密切合作方式来完成，未来我国工程教育学博士生的培养应该通过组建跨学科的组织（如工程教育学系/院）的方式来完成。

经济社会的发展和人类生存环境的变化推动着工程教育学学科的发展。经济发展、社会进步、人类追求催生层出不穷的复杂工程问题，各行各业对工程人才的变化需求及需求的复杂性，以及其他学科对现有工程教育学学科的交叉和渗透等，从三个方面促进工程教育学学科的发展。

首先，在科学研究方面，主要研究内容有：国家战略和发展规划实施对工程人才的新要求、各行各业发展对各类工程人才能力素质的新要求、新出现的复杂工程问题和现象的性质特征、适应新形势的工程教育政策及制度、适应新时代工程人才培养的模式创新、相关学科理论和技术对工程教育学的影响等。

其次，在人才培养方面，在充分把握工程学科知识学习和工程能力和素质培养规律的前提下，综合运用教育学、工学、管理学等多学科知识和方法，重新审视和修订工程人才培养目标和标准，不断完善和创新人才培养模式和多方协同育人机制，持续完善、动态适应的人才培养方案，继续改革课程体系和更新教学内容，不断调整和创新教学组织形式和教学方法。

最后，在师资队伍方面，根据新时代工程教育学学科建设需要，对工程教育学学科教师在多学科知识结构、教学科研能力、教学学术水平和为师育人素质等方面提出新要求，对师资队伍和教学团队的组成、结构和团队合作等也提出新要求。

16.5　"工程教育学"学科建设的展望

以国家行为的方式推动将有力地推进工程教育学学科建设从制度化、专业化的建制形态落实到院校的行动层面，也期待得到全国众多设置工科专业高校的高度重视，吸引更多相关多学科学者的积极参与，受到行业企业和社会各界的普遍关注。展望未来，期待在全国高校的共同努力下，工程教育学学科建设能够取得以下显著成效。

1. 形成完善的学科建设平台，产出丰富的学科建设成果

目前，我国专门的工程教育研究机构少、制度化水平低，研究成果较零散，工程教育教师匮乏，工程教育学学科建设将改变这种局面，不仅要有完善的学科建设平台、产出丰硕的建设成果，而且能培养出一批工程教育人才。

2. 促进工程教育改革，服务卓越工程人才培养，支撑工程教育强国建设

针对工程教育改革发展和卓越工程人才培养中面临的重大理论和现实问题，包括各类人才培养目标定位、培养模式、教师队伍建设、多方协同育人等方面开展深入探索，为工程教育改革和卓越工程人才培养提供理论依据、政策建议和决策支持，助力工程教育强国建设。

3. 发展成为多学科交叉的一级学科

作为融合工学、教育学和管理学多学科视角、知识和方法的交叉学科，目前只能在教育学一级学科下自主设置二级交叉学科，这远远不能满足工程教育强国建设对工程教育学学科的要求，因此，需要全国相关院校，尤其是试点高校的共同不懈地努力，争取使工程教育学在交叉学科门类中成为一级学科。

4. 能够成体系地向世界推介中国经验

工程教育学学科承担着建设中国式工程教育体系的重任。一方面我国工程教育研究成果、工程人才培养和工程教育实践经验正在逐渐形成，另一方面我国在国际工程教育界的声音还相对不足，同时国际工程教育界对中国工程教育发展成就十分期待。因此，需要不断形成和积累我国工程教育的研究成果和实践积累，成体系地向世界介绍中国智慧、中国模式和中国经验。

5. 为实现第二个百年奋斗目标作贡献

工程教育学学科承担着支持和服务建设中国特色、世界水平工程师培养体系的使命，应该在服务工程文化强国、教育强国、人才强国、体育强国建设，在支持新时代卓越工程师培养和中国特色高质量工程师培养体系构建上做出新努力和新贡献。

第 17 章
中国特色、世界水平工程教育学学科建设的思考

【本章导读】

建设工程教育强国的一项重要工作是形成具有中国特色、世界一流水平的工程教育学理论体系和话语体系。为此，必须建设好一批具有中国特色、世界一流水平的工程教育学学科。

本章以建设中国特色、世界水平的工程教育学学科为主线，按照学科建设的逻辑顺序，系统探讨学科建设的下述系列问题：

学科定位、组织机构、师资队伍、科学研究、人才培养和社会服务，以期为中国高校深入开展具有中国特色、世界水平的工程教育学学科建设提供参考和建议。

工程教育强国是教育强国、人才强国和科技强国的重要组成部分，是新型工业化建设和实现中国式现代化的基本保障，是培养大批各种层次和类型的高水平工程科技人才和工程创新人才的基础要求。建设工程教育强国必须做好三方面的工作：

一是开展广泛深入的针对中国工程教育实践的研究，形成理论进而指导和推动工程教育改革和实践；

二是提高中国工程教育的整体质量，培养大批各种层次和类型的具有国际竞争力的卓越工程科技人才；

三是形成具有中国特色、世界一流水平的工程教育学理论体系和话语体系。

为此，必须建设好一批工程教育学学科，助力工程教育强国建设。第一，建设具有多学科交叉背景组成、高素质的师资队伍，为学科建设提供人力资源保障；第二，开展工程教育实践和理论研究，全力支持工程教育的改革和发展，形成工程教育学理论体系；第三，培养大批工程教育（学）[①] 研究人才，保证中国

---

① 工程教育（学）指工程教育和工程教育学，如工程教育（学）研究人才，包含专门从事工程教育研究的研究者，以及从事工程教育学的研究者，前者存在未设置工程教育学学科的组织，后者属于工程教育学学科的教师。

工程教育学话语体系的传承和创新;第四,大规模开展对工科教师专业化、示范化培训,提高工程教育和工程人才培养质量。

本章以建设中国特色、世界水平的工程教育学学科为主线,按照学科建设的逻辑顺序,系统探讨学科建设的下述系列问题:学科定位、组织机构、师资队伍、科学研究、人才培养和社会服务,以期为中国高校深入开展工程教育学学科建设提供参考和建议。

17.1 确立符合大学使命的学科定位

学科定位是学科建设的起点,直接关系到学科的性质、目标、价值,以及与其他学科的关系,需要回应学科"是什么""做什么""怎么做"等问题,决定着学科的价值取向和发展方向,需要在学科建设之初予以科学地确立。

17.1.1 学科定位的确定

作为大学众多学科中的一门学科,工程教育学学科定位必须符合大学的使命。大学使命是指大学对不同利益相关者的意义和价值,大学在探索真理和追求知识上的学术责任、在知识传承和创新上的重要任务,以及在经济发展和社会进步中的责任等方面,关注的是大学存在的价值、学术责任和任务、对社会的引领、对国家和地区的贡献,以及独立性等[1]。工程教育学学科必须在大学使命界定的服务面向、学术责任、社会责任和主要任务的范畴内定位,成为实现大学办学定位的一个子系统,从而获得大学精神文化、政策制度、管理体制和相关学科的支持。确定工程教育学学科定位大致要经历以下步骤。

(1)研究、理解和把握大学使命的本质内涵,分析并明确学科定位的范畴。

(2)从队伍建设、科学研究、人才培养和社会服务等方面研究本校工程教育学学科应具有的本质特性,以进一步清晰在明确范畴内的学科定位。

(3)调研和分析大学服务面向区域高校工程教育发展状况和趋势、工程教育学学科情况,以及工程教育需求状况。

(4)分析本校工程教育学的基础和相关学科的基本情况,挖掘本校在工程教育学学科建设上显性和潜在的优势和特色。

(5)在(2)的基础上,综合(3)(4)调研和分析结果,从避免同质化的角度提出不同于有竞争关系高校的初步学科定位。

(6)广泛征求参与工程教育学学科建设和其他相关学科教师的意见,在不断争论、不断完善、逐渐形成共识的过程中最终确定学科定位。

大学使命从宏观上把握着大学战略制定，因此本校工程教育学学科定位与大学中长期战略是密切相关的，从这个角度上分析，学科定位也应该符合大学中长期战略的目标定位。

学科定位的关键是避免同质化，即避免在同一服务面向区域具有竞争关系的高校之间在工程教育学学科建设目标、科学研究方向、人才培养模式等方面同质化。为此，找准学科定位，探索特色明显、优势突出、差异化的发展道路，这是工程教育学学科建设的必然选择。

17.1.2　学科建设的主要任务

基于学科定位和学科建设目标就能够明确学科建设的主要任务。中国工程教育学学科建设的核心目标是成为中国特色、世界水平的工程教育学学科，助力中国式现代化建设。围绕这一核心目标和学科定位，学科建设的主要任务包括：

（1）产出卓越成果。开展面向中国工程教育实践和解决中国工程教育当前和未来问题的科学研究，产出得到国内外工程教育界广泛认可、高水平且具有重要影响力的研究成果。

（2）培养高端人才。培养满足中国工程教育当前和未来需要的研究型工程教育教师、学术骨干、专业化工科教师、政府工程教育管理者等。

（3）提供优质服务。参与和影响国家工程教育政策制定，为各级政府、行业产业、各类企业和社会各界在工程教育相关领域提供政策咨询和决策支持。

（4）构建顶级平台。通过主办有国际影响力的学术会议、建立和完善国际学者交流合作基地、组织涉及全球共性问题的跨国研究，形成聚集国内外工程教育领域学者开展学术交流与合作的顶级平台。

为了落实工程教育学学科定位和目标，大学需要在机构设置、队伍建设、科学研究、人才培养和社会服务等方面采取行动，并有相应的政策措施支持和资源投入保障。

17.2　构建突破学科壁垒的组织结构

17.2.1　学科交融的作用

工程教育学学科作为多学科交叉的学科，需要以工学为平台，以教育学为基础，并得到管理学、社会学、心理学、学习科学、伦理学等学科的支持。因此，通过与这些学科实质性的交叉融合，对工程教育学学科建设能够起到以下三方面作用。

（1）能够有效地解决工程教育面临的日趋复杂的实践和理论问题。中国经济社会的快速发展和改革开放的深入进行，使得中国工程教育面临的问题不仅日趋复杂，而且是发达国家所未有过的，只有通过多学科交叉融合，才能从更广的视角、运用更丰富的理论、采用更有效的方法予以解决。

（2）能够夯实学科发展基础、拓宽学科发展空间。多学科交叉融合使得工程教育学学科建设不局限于某单一学科，相关学科的理论为工程教育学学科建设提供了理论基础，使其可以在更广的领域、更大的空间发展。

（3）能够推动工程教育学知识的更新发展和理论体系的形成。多学科交叉融合是新知识产生和新理论形成的最佳途径，其不仅为学科知识的更新和新知识的产生创造了充分的条件，而且也促进了工程教育学理论体系的形成。

17.2.2　异于传统的组织功能

组织结构是组织的全体成员为实现组织目标，对组织的工作任务进行分工、分组、协调和合作的结构体系。组织结构是学科建设的平台，是整合各类建设资源，调动多方积极因素，优化各种资源配置，进行有效学科建设的系统架构。工程教育学学科建设和发展如果要践行多学科交叉融合的理念，就要从组织结构设置上摒弃传统的按照单一学科设置系或学院的模式，突破既有学科壁垒，体现跨越多个学科的特点，协调好不同学科之间的关系，充分发挥组织结构的功能和每位教师的才智，实现不同学科的交叉与融合，完成学科建设任务。

具体而言，跨学科的工程教育学系/院的组织结构虽然在组织形式上与高校现有的学院系没有差异，但其必须具有以下不同于传统学系/院的组织功能。

（1）广泛吸引各类不同学科人才的机制：能够吸引校内外、境内外不同学科背景、有志于工程教育学学科建设的专家学者加盟。

（2）开展有组织的跨学科合作：学院系内可以灵活地设置日后能够根据实际需要取消和变更的研究所或中心等组织机构，以利于不同学科背景的教师，以问题为导向或以项目为依托，在自由组合的基础上开展有组织的学科建设的具体工作。

（3）对外开放的合作竞争机制：鼓励走出去和请进来，与校内外、国内外各种相关组织开展交流、合作和竞争，以促进学科建设和发展。

17.2.3　赋予教师相应的责权利

组织功能的实现需要赋予组织成员即教师相应的责权利，实现工程教育学系/院上述组织功能就需要在教师层面三个"允许"。

（1）允许不同学科的教师流动。既允许校内有志于从事工程教育学工作的相关学科教师正式调入，也允许已入职的教师自愿调离，形成自由灵活的教师流动机制。例如，对在工科院系事业有成的教师，允许他们选择工程教育学作为新的职业发展方向。

（2）允许本校教师跨院系任职。允许本校相关学科的教师在保留现聘任院系（第一聘任单位）现有岗位的基础上到工程教育学系/院（第二聘任单位）任职，同时接受两个院系的工作任务和业绩考核。

（3）允许外聘跨学科兼职教师。允许聘请校外行业企业、高校和学术界不同学科的专家学者担任兼职教师。

17.2.4　灵活的教师编制

为了做到上述三个"允许"，需要高校给予工程教育学系/院灵活的教师编制：

（1）一定数量的固定编制，用于将工程教育学作为唯一职业选择的教师。

（2）一定数量的流动编制，用于从本校其他相关院系调入的教师。

（3）一定的双聘教师编制，用于本校其他相关院系教师在现聘院系人事关系不变的情况下，接受工程教育学系/院的聘任。

（4）一定数量的兼职教师编制，用于聘任校外兼职教师。上述各种编制中的"一定数量"可以在工程教育学系/院成立后的运行过程中逐渐清晰和确定。

上述教师编制要有相应的管理办法：

（1）固定编制内教师采取高校现行院系教师管理办法。

（2）流动编制内教师在入职或离职后采用所任职院系教师管理办法，高校在保持全校教师总编制不变的情况下，应该鼓励教师校内跨学科流动。

（3）双聘编制教师在完成第一聘任单位岗位职责的基础上，同时要完成第二聘任单位聘期内要求的岗位职责，并接受双方单位的聘任考核。

（4）兼职教师有固定的聘期和明确的职责任务，主要由聘任单位进行考核管理。

总之，为了践行多学科交叉融合的理念，工程教育学系/院必须具有不同于传统学系/院的组织功能，为了实现这些功能需要赋予教师相应的责权利，这些责权利的落实需要高校给予工程教育学系/院灵活的教师编制及相应的管理办法。

17.3　建设多学科背景的师资队伍

师资队伍是学科建设的根本，是学科在建设和发展过程中完成人才培养、科学研究和社会服务任务的主体。工程教育学的多学科交叉性，需要超越教育学的人文属性，融入工学的技术属性、管理学的人文属性等多学科属性，这就使得一方面，工程教育学教师除必须具备与高等教育学教师一样的素质和知识外，还必须具备相关工程学科、管理学科等其他学科知识；另一方面工程教育学学科师资队伍建设不是传统单一学科师资队伍建设，而是要建设一个由多学科背景教师组成的学术共同体。

17.3.1 专职教师的基本要求

对教师的基本要求是建设师资队伍之初必须明确的。简而言之，工程教育学的专职教师应该具备以下基本要求：

（1）具有工学、教育学、管理学等两个及以上多学科领域背景：较为理想的状态是本科毕业于工学专业，硕士或博士获得教育学或管理学等学科学位；

（2）清晰作为工程教育学专职教师的使命和责任；

（3）具有良好的工程教育学研究能力；

（4）具有符合岗位要求的工程教育学教学能力；

（5）具有一定的工程实践经历，熟悉工程过程和生产流程；

（6）具备崇高的敬业精神和职业道德。

工程教育学学科师资队伍建设可以通过人才引进和培养、校内师资共享、国际专家合作及兼职教师聘任等四方面的努力。

17.3.2 跨学科师资团队建设

当前情况下，在师资队伍建设上影响多学科交叉融合的主要因素有：一是教师单一学科的从属关系是跨学科合作的潜在阻碍；二是一些教师的跨学科知识素养不足，不具备充分的跨学科、多学科知识结构。因此，要求每位教师具有多学科背景是不现实的，需要建设拥有多元学科背景的跨学科师资团队，使团队教师的知识背景能够涵盖工程教育学学科建设所涉及的多个学科领域，以弥补单一学科背景在科学研究、人才培养及社会服务上的局限。换句话说，实现工程教育学学科多学科交叉融合的前提和重点是跨学科师资团队的建设。

多学科或跨学科师资团队是指根据工程教育学学科建设的需要，由若干名教师形成的具有学科背景交叉性、知识结构互补性、年龄结构合理性、学缘结构多元性、工作经历多样性，且能够相互密切配合胜任科学研究、人才培养和社会服务的团队。在一个工程教育学系/院内，在学科建设的不同阶段，针对不同的学科建设任务，应该有多个师资团队。每个师资团队的形成应该遵循自愿组合与组织安排相结合的原则，团队成员允许根据实际需要和个人意愿进行调整。

17.3.3　师资队伍建设的制度保障

工程教育学学科师资队伍建设需要有相应的制度保障才能实现既定的建设目标并完成建设任务，主要包括对专职教师个体的聘任和考核，以及对师资团队的考核和激励。专职教师个体的聘任和考核虽然可以沿用高校现行的相关标准和制度，但要重视教师个体对学科建设的贡献度，包括在知识生产、人才培养和社会服务等方面的实际成效，研究成果在理论、方法和技术上的创新，人才培养在理念、模式和方式上的创新等。从当前的情况看，工程教育学学科师资队伍建设制度保证的重点是对师资团队的考核和激励政策，以支持和激励重大研究成果的产出和卓越工程教育（学）研究与实践人才的培养，这方面正是当前中国高校需要加强的地方。

工程教育学学科师资团队既可以是科学研究团队，也可以是人才培养团队，还可以是具有多个目标的混合团队。虽然不同目标的团队在团队考核上可以针对实现目标的需要有所侧重，但是无论何种目标的团队，总体而言，高校必须从以下两个方面加强对师资团队的考核：

（1）从以往的单纯考核评价教师个人，转向个人考核与团队考核并重，以此鼓励教师重视团队合作；

（2）将教师在团队中的贡献作为评价教师业绩的重要内容，以更好地发挥团队的作用。这部分的主要问题是个人业绩成果与团队业绩成果的界定，需要有既可实施又容易操作的办法。

高校对工程教育学学科师资团队建设的激励政策应该重点放在两个方面：一是教师对团队建设的贡献；二是团队的整体业绩。制定该政策的关键在于处理好与高校原有的个人业绩激励政策的关系，过多地关注个人激励容易使团队成员只重视自己的工作和任务的完成，而轻视教师彼此之间的合作；过于弱化个人激励也容易使少数教师"出工不出力"。因此，可以采用分级考核评价和分层绩效激励的办法来处理这种关系：首先，由学系/院层面对整个教师团队进行考核评价，并确定给予该团队总的绩效奖励量；其次，在团队内部再对教师个人进行行业绩贡献的考核评价，并按照个人对团队绩效的贡献大小分配整个团队获得的绩效奖励。为此，还需要建立科学、公平、可行的分别针对教师团队和教师个人的考核评价指标体系和实施办法，只有这样才能够发挥好激励政策在支持教师团队建设中的重要作用[2]。

17.4　开展注重中国实践的科学研究

科学研究即知识生产是学科建设的基础性关键任务，工程教育学学科建设的基础性关键任务是在学科定位和学科建设目标指引下开展工程教育学科学研究，即开展工程教育学领域实践与理论问题的探究。需要指出的是，工程教育学研究不同于工程教育研究，二者的区别在于前者强调立足学科范式研究工程教育，注重知识积累及学科理论/知识的体系化，而后者则注重将其视为一个研究领域，注重面向实际问题的研究和实践。

17.4.1　科学研究对学科建设的重要性

工程教育学研究在学科建设中的重要作用如下：

（1）产生一流的研究成果，促进形成中国工程教育学理论体系，为构建中国工程教育学话语体系奠定基础；

（2）为工程教育学人才培养提供丰富多样和不断更新的课程及其教学内容素材；

（3）为工程教育学人才培养提供高层次的实践和创新平台，包括研究能力和创新能力的培养，以及综合素质的养成；

（4）推动师资队伍建设，包括改变教师相对单一的知识结构、加强教师团队建设、提升教师的学术水平。

工程教育学研究对于构建工程教育学理论体系/知识体系至关重要。科学研究的目的是为实践服务，工程教育实践和经验需要工程教育学的教师去总结、归纳和提炼，工程教育学研究产生的理论是源于对工程教育实践的去粗取精、去伪存真、由表及里的分析研究，这些理论产生之后还必须接受工程教育实践的检验和验证，这种从实践到理论，再从理论到实践的循环，是逐渐形成工程教育学理论体系的有效路径。

为了取得世界水平一流的研究成果，工程教育学研究要有明确的研究方向、清晰的研究对象或内容和有效的研究方法。

17.4.2　研究方向

研究方向的确定是工程教育学学科建设的一项关键工作，关系到工程教育学学科教师队伍的知识构成、学科人才培养方向、每位教师的研究重心、工程教育学研究成果的价值意义等诸多方面。工程教育学研究方向的确定要遵循三条基本原则：国家需求原则、本校优势原则和学科发展原则，还需要满足以下条件：

（1）符合工程教育学学科定位和建设目标；

（2）是中国工程教育领域当前和未来主要问题指向；

（3）有一定的研究积累和研究力量支持；

（4）适合作为高层次人才培养的研究方向；

（5）数量有限，能够使有限的研究力量聚焦在有限的方向上。

工程教育学研究方向一经确定，就必须在相当一段时期内保持不变。这些方向的研究需要工程教育学学科师资队伍中所有教师目标一致、长期坚持不懈地持续研究和不断积累，才有可能形成一流的研究成果。这就要避免高校中青年教师中存在的急功近利、零敲碎打、单打独斗、"打一枪换一炮"研究问题的方式，否则研究面面俱到、蜻蜓点水、没有深度，不可能形成有见地、有价值、系统完整的高水平研究成果。

17.4.3　研究对象和内容

工程教育学是关于工程教育的学问，所研究的是相关工程学科的教育现象、问题和规律。发现实践问题是工程教育学研究的起点，解决实践问题从而体现实践价值是工程教育学研究的归宿。因此，工程教育学研究在注重构建和完善本学科知识体系的基础上，要发现工程教育实践问题，专注中国工程教育实践和具体实际，研究中国工程教育改革和发展的热点和难点问题。要注重问题导向的研究、面向改革行动的研究、基于丰富案例的研究和梳理实践经验的研究，切实解决工程教育改革和人才培养中的基本和共性问题。

工程教育学研究的问题是一个全局性、复杂性和综合性的问题，如许多微观问题本身涉及脑科学、认知心理学、学习科学等多个学科，往往超越了人们对这类工程教育问题的认识，因此要避免就教育谈教育的学科化研究的惯性，要注重跨越学科边界进行多学科、跨学科的研究。

清华大学在工程教育学学科建设之初提出的符合学科定位和建设目标的研究方向、研究内容及对象如下。

（1）工程教育学基本理论。通过对工程教育发展史，工程教育本质、目的、功能与结构，工程教育课程与教学理论，工程教育与经济社会发展，工程教育学研究方法，工程教育学学科建设等问题的研究，不断丰富工程教育学的学科内涵。

（2）工程教育政策与治理。研究推动工程教育改革和发展、激励社会各界参与工程教育的政策措施，为国家提供政策咨询和决策支持；协助制定国家工程教育重大改革行动计划、各类工程人才培养相关标准，参与国家工程教育强国战略制定和工程教育中长期战略规划制定；研究中国工程教育治理体系的内涵与构成要素、中国工程教育治理体系的构建与运行、院校层面工程教育治理等，为各层面工程教育治理提供学术支持。

（3）工程领军人才培养。研究满足中国式现代化建设需要的新时代卓越工程人才成长规律、培养标准、培养方案、培养模式、课程体系、教学方法、多方协同育人机制、质量保障和评价体系等。

（4）未来工程教育。探索经济、社会和科技尤其是人工智能的发展对各行各业未来工程人才的角色定位及对未来工程教育的影响，包括未来工程教育的发展趋势和特征，未来社会对各类工程人才在知识、能力和素质上的要求，数字化和智能化对未来工程教育教学方式的重塑等。

17.4.4　研究方法

研究方法影响着研究成果的科学性和学术性，针对工程教育层出不穷的各种实践与理论问题，工程教育学研究者不仅需要根据研究目标和研究内容"对症下药"地选择研究方法，而且需要在研究过程中努力形成针对不同工程教育学研究问题的新的研究方法。

1. 丰富研究方法

在大量工程教育教学改革实践的基础上，通过采用抽样统计、调查研究、实地观察、参与行动、案例分析、实证研究、总结归纳等方法，掌握第一手数据资料，开展务实性研究、总结原创性原理、提出创新性观点、形成应用性理论，进而改善工程教育实践，从而实现工程教育理论和工程教育实践的交互生成。

2. 采用和借鉴多学科研究方法

由于工程教育涉及经济、社会、科技、政治、文化、历史等问题，表现出的复杂特性需要采用和借鉴多学科研究方法，除了教育学，这些研究方法涉及自然科学、管理学、经济学、社会学、工学等多个学科门类。运用不同学科的研究方法，如管理科学和经济科学研究中的各种建模和数据分析等方法，意味着从不同学科的视角分析和研究工程教育问题，往往能够取得突破性、创新性的研究成果。这种通过研究方法的创新取得创新性的研究成果的方式应该在工程教育学研究中得到重视和推崇。

3. 形成工程教育学研究的新方法

工程教育学研究者在研究实践中，应该结合自身的学科背景和工程教育问题的类型，一方面有目的、有选择地加工和改造其他学科的研究方法成为工程教育学研究方法，另一方面有目的地分析和研究一类工程教育问题的属性和特征，寻求和形成解决这类问题的研究方法。例如，不同工程学科背景的教师可以通过修改边界、约束条件和改变参数等方式，将本学科的研究方法改造成为能够解决某类工程教育问题的研究方法。又如，通过对一类工程教育问题的不断研究，熟悉和掌握这类问题的属性、特征及根源，归纳出解决这类问题的思路和手段，逐渐形成较为独特的解决这类工程教育问题的研究方法。

4. 逐步构建工程教育学的研究方法体系

一门学科成熟的标志是具有属于本学科较为独特的研究方法，因此在工程教育学学科建设和发展过程中，在工程教育学研究者的长期共同努力下，要不断梳理、改进、完善解决各类工程教育问题的研究方法，并根据工程教育问题的属性和特征整理和归纳各种类型的工程教育学研究方法，从而逐渐构成工程教育学学科的研究方法体系，实实在在地促进工程教育学学科的发展。

5. 选择研究方法需要注意的问题

（1）重视现代科技手段、新型研究方法和模型的使用；

（2）重视自然科学方法和交叉学科方法的运用；

（3）注重多种研究方法的组合与互补；

（4）提倡定性和定量相结合的混合研究方法，避免非此即彼的状态；

（5）提倡理论研究与实证研究相结合；

（6）避免片面追求研究方法的"高、大、上"，赶时髦，而没有针对性；

（7）避免研究方法过于简单和单一。

总之，工程教育学研究要遵循研究问题从实践中来，研究结果运用到实践中去的原则。通过明确研究方向、找准研究对象、选择合适研究方法，从研究实践归纳出理论，再运用理论指导实践，即从实践中来到实践中去，从而指导工程教育行动，影响工程教育决策，提高工程教育质量和管理水平，使得工程教育学学科成为指导和推动工程教育实践并为工程教育实践者所重视的学科。

17.5　培养复合型工程教育（学）研究和实践人才

人才培养（即知识传承）是学科建设的核心任务，一流学科建设的核心价值取向是培养一流人才。培养工程教育学人才是工程教育学学科发展的重要任务，是中国工程教育学话语体系得到不断传承和创新的保证。

17.5.1　人才培养类型

随着工程教育问题日益综合化和复杂化，需要掌握跨越多个学科知识、具备多种能力和素质、胜任日益复杂工程教育问题解决的复合型人才，这就意味着将多学科交叉融合理念融入工程教育学人才培养全过程，培养复合型的工程教育（学）研究和实践人才，是工程教育学人才培养的重要趋势。

工程教育学人才培养的类型有两类：第一类是研究型工程教育（学）教师；第二类是专业化工科教师。研究型工程教育（学）教师属于复合型研究人才，对这类人才的培养，一方面是满足工程教育学学科建设对师资的需要（即培养工程教育学师资），另一方面是满足开展工程教育研究、教学、管理和咨询的需要（即培养工程教育研究者），是工程教育学人才培养的首要任务，这类人才的培养主要通过学历教育完成。专业化工科教师属于复合型实践人才，对这类人才的培养，一方面是从全球教师教育专业化发展趋势考虑，另一方面是从提高中国工科教师的教育素养和教学学术水平角度考虑，旨在提高中国工程教育质量、满足工程教育强国建设的需要。需要指出的是，在当前国情下专业化工科教师培养应该重点放在对高校中青年工科教师的在职培训。

对没有接受过教育学原理、教育基本理论等方面教育的高校中青年工科教师的在职培训可以从以下几方面开展。

（1）通过脱产集中学习和在岗业余学习的方式进行在职培训；

（2）注重教育教学理论自主学习与工科教育教学实践相结合；

（3）在工科教学实践的本职工作中不断总结经验、上升到理论层面进而持续提高教育教学水平；

（4）研究与实践相结合：鼓励开展和参与针对工科教育教学实践所遇到问题的工程教育教学研究，以指导工科教学实践。

上述方面的有效开展需要所在高校出台相关政策，激励和导向工科教师提升自身的教育教学水平，并在工科教师的聘任和考核指标中强化对专业化的要求。

工程教育学人才培养需要重点做好以下几个方面的工作。

17.5.2　培养目标和培养标准

培养目标的制订必须满足所在高校的人才培养目标定位以及工程教育学学科定位和建设目标，对一流工程教育学学科建设而言，要强调服务国家战略和满足未来需求。普遍意义上，研究型工程教育教师的培养目标是：具备工程、教育和管理等多学科背景，掌握工程教育基本理论、研究方法和教学方法，胜任工程教育学研究、教学、管理及咨询等工作；专业化工科教师培养目标是：在具有某一工程学科坚实的背景下，掌握教育学原理、教育基本理论、教学方法和技能，胜任该工程学科的人才培养工作。

培养标准是培养目标的分解和细化，培养标准的制定要遵循特色性和实现性原则[3]，特色性原则要求培养标准突出本校特有的、难以模仿的、长期积累的、优于其他高校并得到社会公认的人才培养优势和特色。实现性原则要求培养标准有一定高度，可望可及；符合学校实际，可分解落实；可以检查和评估。换句话说，培养标准的制定要做到：发挥学校优势、凸显特色，既有高标准，又具可行性，可分解，可落实，可评价。

培养目标和培养标准的制定需要广泛征求毕业生就业潜在用人单位的意见，以提高人才培养的针对性和适应性。

17.5.3　柔性化的培养方案

制订柔性化培养方案的目的主要满足以下三个方面情况的需要：

一是潜在用人单位对未来人才需求的多样化；

二是不同学科背景和经历的学生不能采用同一刚性的培养方案；

三是学生个性化的满足和不同职业取向的选择。

通过学生在导师指导下自主组合课程、自主制定培养计划和自主构建新学科方向，柔性化培养方案的"柔性化"可以做到：

（1）同一培养方案能够培养出不同类型的人才，包括分别从事科研、教学、管理或咨询工作等；

（2）同一培养方案能够适用于不同学科背景和经历的学生，从而扩大招收学生的生源面。

柔性化培养方案的实施需要两方面的条件：

（1）丰富多样的课程和教学资源，以满足各类人才培养、不同学科背景和经历学生、个性化人才培养的需要；

（2）跨院系、跨校选课的学分认定，以解决本学院系或本校课程和教学资源不足的问题。

17.5.4　课程体系和课程建设

课程体系建设要注重模块化和学科方向课程模块的建设。

模块化是现代课程体系建设的基本要求，模块化课程体系是指整个课程体系由若干个完整的、目标各异的课程模块构成，每个模块又由若干门课程组成。模块化课程体系的主要优点如下：

（1）每个模块的功能和目标明确，容易完成学习任务；能够激励学生选择根据个人兴趣原则，支持学生个性化发展。

（2）能够突破学科领域的界限，在模块内实现多门课程的交叉融合，使得难以整合重组成一门课程的多门课程可以在课程模块的学习过程中实现交叉或整合。

（3）每个模块是相互独立、功能各异的课程实施和评价单位。可以根据需要对模块内的课程进行调整，或对课程教学内容进行完善、充实和更新，而不影响其他模块。

学科方向课程模块是针对工程教育学学科既定的研究方向、工程教育当前和未来较长时期的研究重点，以及工程教育学学科发展方向而专门建立的。每个学科方向课程模块建立前需要对该学科方向进行充分的分析论证，以确认在该学科方向有积累、有特色、有优势，并有进一步深入研究的价值。每个学科方向课程模块涵盖了本学科方向领域的主要课程、前沿性和开创性的课程，以及以专题研究形式开设的课程。不同学科方向模块的建立为学生基于自身的学术兴趣和未来职业发展提供多种选择。

课程建设要注重核心课程的建设，以及课程的综合化、专题化和项目化。

核心课程是实现人才培养目标的关键，包括本学科领域学生必须掌握的在其日后的职业生涯中不可缺少、长期有效、关键核心的知识、原理、方法和技能等，需要得到充分重视。核心课程可以由基础核心课程和专业核心课程两部分组成，前者由工程教育学学科领域的核心知识、理论和方法组合而成，后者由本学科具有显著优势和特色并得到同行高度认可的研究和应用成果整合而成。

课程综合化旨在培养学生掌握解决一类工程教育问题所必需的知识和方法。课程综合化是将解决一类工程教育问题所需要的知识、方法和技术等内容整合成为一门综合性课程，学生在完成课程学习后就能够运用课程所学的知识开展该类问题的研究，从而避免以往过于细分的课程仅传授部分知识而忽视知识的完整性的现象，大大提高课程学习效果。

课程专题化旨在使学生深入了解工程教育面临的主要问题，熟悉工程教育问题研究的全过程并得到有效训练。专题化的课程是就当前和未来工程教育的若干个热点、难点和前沿问题展开专题性的分析和探究，学生在课程中可以根据自己的兴趣自主选择某一专题，伴随着课程教学进度，系统性地接受从研究选题、文献综述、研究对象确定、总体框架设计、重点难点及可能的创新点明确，到研究思路厘清、研究方法选择、研究计划制订和可行性分析等方面的训练。

课程项目化旨在培养学生解决复杂工程教育问题能力和提升学生综合素质。项目是各种复杂工程教育问题的集合体，将学生参与科研项目研究并完成规定的任务作为一门课程，通过学生"真刀真枪"地参与研究，从而达到培养学生解决复杂工程教育问题能力的目的。因此，以解决项目问题为目标任务，在学生完成项目任务的过程中实现课程目标，是践行"做中学"教育理念，培养工程教育学人才的最有效方式之一。

课程体系和课程建设还需要注重以下几点：

（1）从中国工程教育学未来发展的需要设计和组织工程教育学课程；

（2）多学科知识的交叉和融合；

（3）培养方案中工程教育学课程与非工程教育学课程如高等教育学课程的衔

接，以更好地发挥课程间的承前启后的整体效应；

（4）课程教学内容的不断更新；

（5）批判性地参考借鉴欧美国家工程教育学课程。

工程教育学课程体系可以由以下课程构成：

（1）硕士生课程：工程教育基础、工程教育学原理、工程教育史。

（2）硕士生、博士生课程：工程哲学、工程伦理、工程教育研究方法、工程教育专题研究、工程教育国际比较（选修）。

（3）博士生课程：工程教育研究前沿、工程教育学学科方向课程模块（选修）。

17.5.5　学科实践和学位论文

学科实践是培养研究型工程教育（学）教师的重要环节。学科实践旨在帮助学生深入了解工程教育问题产生的复杂背景、深刻根源、关键因素及其复杂关系，以利于学生更好地深入分析问题、提出解决问题的思路、选择解决问题的方法，从而得出更有针对性和有效性的研究成果，产出能够被采纳或应用的解决问题的方案、措施和建议。学科实践的场所应该是工程教育问题的出现地，包括高校的工科教学课堂、实践创新中心、教学管理部门、校外实践基地、工业企业的生产车间和工程公司的建设工地等。

学位论文是在培养过程中全面、系统、综合训练研究生研究能力和创新能力的重要环节。学位论文质量的高低主要取决于几个关键：

（1）选题。要满足两个基本条件：一是学生在拟选题目的研究上有一定的积累；二是学生对拟选题目有研究兴趣，否则难以取得有深度和创新的成果。

（2）研究方法。要通过比较分析和预判，选择针对性强、能够有效解决问题并实现研究目标的研究方法，尤其要关注不同学科、交叉学科的研究方法，以利于产生创新性的研究成果。

（3）调研分析。研究问题无论是实践的，还是理论的，都需要进行必要的调研分析，以提高实践问题研究成果对工程教育实践的指导作用，以及理论问题研究成果对未来工程教育实践的引领性。

17.6　开展凸显实践价值的社会服务

社会服务即知识转化或传播，是工程教育学学科实践价值的直接体现，也是学科建设成果的必然归宿，对于促进学科建设各项工作，提升学科的社会影响力具有重要的作用。

随着教育强国、科技强国、人才强国和中国式现代化建设进程的推进，工程教育在国家战略实施、经济社会发展、高等学校改革等方面的重要性日益提高，工程教育的社会服务需求不断增大，从国家层面的工程教育宏观政策、战略规划、改革行动，到院校层面的工程教育改革计划、工程人才培养方案、课程体系和教学内容，工程教育的实践价值不断凸显。工程教育学学科在社会服务方面可以从以下几方面开展。

1. 国际组织层面

参与国际组织机构，如联合国教科文组织（UNESCO）、世界工程组织联合会、国际工程教育联合会等，在工程教育相关领域的报告撰写和规划制定，向世界展现中国工程教育研究成果和实践经验，贡献中国智慧。

2. 国家政府层面

积极参与教育部、中国工程院、中国科协、工信部等部委工程教育强国建设纲要、工程教育发展规划、工程教育改革行动方案和工程教育相关国家政策制定，提供相关的决策支持和咨询服务。

3. 国内院校层面

为各级各类院校在结合本校实际的工程教育研究、工程教育教学改革和实践、研究型工程教育教师培养、工科教师队伍建设等方面提供支持、帮助、指导和建议，促进国内高校工程教育共同体的建设。

4. 境外高校层面

为"一带一路"合作伙伴和其他发展中国家的各级各类高校在工程教育改革、工科教师队伍建设、工程人才培养等方面提供符合该国国情和该校实际的支持、帮助和指导，支持人类命运共同体建设。

开展凸显实践价值的工程教育学学科的社会服务能够有效地检验学科建设成果的价值性、有效性和落地性，从而反思、完善和促进工程教育学学科的定位、建设目标、机构设置、队伍建设、科学研究和人才培养等各项学科建设工作。

中国特色、世界水平的工程教育学学科建设是一项长期的任务，不仅需要学科建设团队的不懈努力，相关学科的积极配合，还需要国家和高校在政策制度、资源配置、设施条件、激励措施等方面的大力支持和倾斜。相信在多方的协同配合和共同努力下，具有中国特色、世界水平的工程教育学学科体系能够尽快屹立在世界工程教育学学科体系中，支持工程教育强国建设、助力中国式现代化，为世界工程教育学的发展做出中国贡献。

参 考 文 献

［1］林健.国家高等教育质量标准体系及其构建［J］.中国高等教育，2014（6）：8-11，19.

［2］林健.胜任卓越工程师培养的工科教师队伍建设［J］.高等工程教育研究，2012（1）：11，14.

［3］林健.大学战略管理［M］.北京：清华大学出版社，2023：86.

第 18 章
中国特色、世界水平工程教育学学科建设的路径分析

【本章导读】

工程教育学学科的建设是为了助力实现教育强国、科技强国和人才强国战略并最终实现中国式现代化的目标。处于初创时期的中国工程教育学距离党的二十大提出的战略目标和经济社会发展的要求还有很大的距离，为此，定位中国特色、世界水平的工程教育学学科建设目标，认真分析和研究存在的差距，探索中国工程教育学学科建设路径就显得尤为重要。

本章在分析讨论明确的学科建设原则和清晰的学科建设思路的基础上，具体分析讨论建设中国特色、世界水平工程教育学学科需要经过的由借鉴西方、扎根中国、形成特色和走向世界等四个阶段组成的路径，为中国高校深入开展具有中国特色、世界水平的工程教育学学科建设提供参考和建议。

中国工程教育学学科的设立是为了助力实现党的二十大提出的加快建设高质量教育体系，培养造就一大批新时代卓越工程人才，建成教育强国、科技强国和人才强国并最终实现中国式现代化的目标。中国工程教育学通过前期的不断积累已经形成了初步的知识体系，但距离党的二十大提出的战略目标和经济社会发展的要求，以及成为中国特色、世界水平的学科要求还有很大的距离。工程教育学作为进入国家学科目录的二级学科不仅获得其存在的合法性，而且对于在全国相关高校进行制度化建设和开展学科建设、获取学科建设所需的各种资源和社会支持、赢得学术声望和社会地位等均是十分重要的。中国特色、世界水平的工程教育学学科需要在不断优化的制度机构支持下，在满足国家战略需求和经济社会发展的背景下，在不断创新和发展知识体系的建设过程中逐渐形成。

本章在讨论工程教育学学科建设原则和建设思路的基础上，逐个阶段分析中

国特色、世界水平工程教育学学科建设的路径。

18.1　学科建设原则

学科是由专门的知识体系（内在建制）及相应的制度机构（外在建制）共同组成的完整体系。在知识体系方面，学科是知识生产、传播、应用达到一定程度后的产物，主要表现为具备较为系统有序的知识体系。学科知识体系不是一成不变的，需要在"追求真理"和"追求应用"过程中不断地积累、传承、创新和发展。在制度机构方面，学科需要有支持知识体系发展和不断完善的制度规范和组织机构。制度规范不仅确定了学科的合法性，而且规约了确保学科发展的各种行为。组织机构是学科建设和发展的平台，通过高校内设和学会等学科组织机构掌控着学科发展需要的各种资源和权力。

学科建设的原则必须从学科的价值、性质及其特征等方面提出。

18.1.1　服务国家需求原则

学科的出现必须有其存在的社会价值，学科的设立、建设和发展首先是源于国家和社会当前和未来对学科的需求，而不是仅为了学科而建学科。从知识生产的角度，学科的建设一般遵循学科知识构建的体系化和理论化路径，沿着知识结构发展的学科逻辑方向进行。这种仅考虑学科自身发展而忽视支撑学科发展和体现学科价值的国家和经济社会发展需求必将最终导致学科建设逆水行舟、难以实现学科建设目标。

工程教育学学科建设必须遵循服务国家需求原则，即要将服务国家战略需求和满足经济社会发展需要作为学科建设的指导。在学科知识体系构建上，要通过开展注重中国实践的科学研究，将研究成果凝练成能够指导中国工程教育实践的理论体系；在学科人才培养上，要培养复合型工程教育（学）研究和实践人才，满足学科建设和工程教育强国建设对人才的需求；在服务社会上，要开展凸显实践价值的社会服务，以彰显学科的社会价值和现实意义。

18.1.2　应用导向性原则

从学科性质分析，工程教育学是一门应用性学科，围绕这一性质，学科建设必须遵循应用导向性原则，主要从以下三个方面。

（1）在"应用"这一学科职能定位上，工程教育学要追求学科的应用性和知识的实用性。要致力于解决中国工程教育（学）面临的实际问题，要为中国工程教育的改革和发展建言献策，要为培养卓越工程人才和工程教育强国建设贡献力量，同时获得国家部委、地方政府和社会各界的资源投入和支持。

（2）在研究方向和研究对象上，要尤其注重"应用性"研究。研究源于中国工程教育改革和发展实践的各种类型的、从微观到宏观的实际问题，在提供解决这些问题的思路途径、技术方案和对策建议中彰显工程教育学的应用性。

（3）在知识体系构建上，要开展从实践中来、服务实践的理论研究。在解决现实问题中产生概念、论点和知识结论，在实践检验中形成理论，围绕卓越工程人才培养和提高中国工程教育质量，形成包括基本概念和基本原理的核心知识，具有"应用性"价值，以及能够指导工程教育实践的学科理论体系，为学科建设和发展奠定坚实的基础。

18.1.3 多学科交叉原则

多学科交叉是工程教育学学科的本质特征，不同的学科方向决定着与构成工程教育学核心学科的教育学和工学相交叉的其他学科是不同的，工程教育学与相关学科的关系可以示意性地表达为：

工程教育学 = 教育学原理 + 工程教育实践 + 管理学等相关学科原理

因此工程教育学学科建设不能简单地采取以往单纯学科的建设思路和路径，而必须认真分析和掌握相关交叉各学科的性质和特征，采取行之有效的学科建设思路和路径。

总体而言，基于多学科交叉原则的工程教育学学科建设可以从三个方面着手：

（1）构建突破学科壁垒的组织结构，使其具有广泛吸引各类不同学科人才的机制和对外开放的合作竞争机制，能够协调好不同学科之间的关系，开展有组织的跨学科合作，实现不同学科的交叉与融合；

（2）建设多学科背景的师资队伍，形成具有学科背景交叉性、知识结构互补性、年龄结构合理性、学缘结构多元性、工作经历多样性的相互密切配合的胜任科学研究、人才培养和社会服务的团队；

（3）开展复杂工程教育（学）问题研究，这些问题的分析和解决必然涉及相关多个不同学科理论和方法，从而实质性地促进这些学科的交叉和融合及新知识的产生。

18.2　学科建设思路

学科建设虽然有一定的规律可循，但是必须与时代的要求相符合。传统的学科建设一般按照"由内而外"的思路，即先有完善的内在建制——在内部构建较为完善的知识体系，包括知识规范、理论体系和方法体系等，在得到学科内外同行认可的情况下，而后才能发展外在建制——成立学系/院等组织机构，继而开展人才培养和科学研究等学科建设工作。在当今经济社会迅速发展、国际竞争不断加剧的"数字+智能"时代，学科被赋予鲜明的历史使命和社会责任，虽然以往的学科建设经验为新学科建设提供了参考和借鉴，但是新学科建设不能简单照搬以往学科建设的经验，而必须根据新学科类别及属性并结合中国当前的国情提出符合时代特征的建设思路。

工程教育学学科必须按照"内外共进"的思路建设学科。工程教育学学科的设立是为了助力实现党的二十大提出的实现中国式现代化的目标，也就是说，工程教育改革和发展、工程教育强国建设迫切需要发挥工程教育学的作用，包括指导各种类型和层次卓越工程人才培养、解决人才培养中出现的各种问题、支持国家工程教育政策制定、参与国家工程教育改革行动计划制定和实施等。如果按照"由内而外"的思路，先建立工程教育学学科的内在建制，再推动学科外在建制的建立，就会贻误中国特色工程教育的改革和发展及工程教育强国建设。因此，工程教育学学科建设不能等到学科知识体系构建完善后再开始学科外在建制，而必须在学科知识理论体系还不完善的当下及时成立学系/院或研究所等专门独立的社会组织，在培养学科人才的同时开展科学研究，继续充实和不断完善学科知识体系，达到"内外共进"建设学科的效果。

工程教育学采取"内外共进"的学科建设思路的作用有以下四点：

（1）能够及时获取校内外支持学科建设和发展的各种资源和政策，有利于提升学科建设的效率和效果；

（2）能够获得教师编制和正式开展学科队伍建设和学科团队建设，为学科建设提供坚实的人力资源；

（3）能够全方位开展学科建设工作，做到科学研究、知识体系完善、人才培养和社会服务之间的相互促进和相辅相成；

（4）能够尽快履行工程教育学所肩负的历史使命和社会责任，及时解决中国工程教育改革和发展中面临的各种层次和类型的实际问题，为工程教育强国建设出力、建言和献策。

需要指出的是，采取"内外共进"的学科建设思路要避免出现两种现象：一是由于获得学科建制和学科正名，不存在学科生存压力，而可能产生在学科建设上的惰性，失去学科设立前生存竞争的动力；二是专注实际问题的解决、政策研究和决策支持，而弱化或忽视了对本学科基本理论知识的研究，以及对学科知识体系的不断完善。

沿着"内外共进"的思路，中国工程教育学学科的建设路径大致可以分为四个阶段：借鉴西方、扎根中国、形成特色和走向世界。

18.3 第一阶段：借鉴西方

在学科建设伊始，学习和引进美欧发达国家工程教育学较为成熟的内在建制和外在建制成果和经验，包括工程教育学基本理论和研究方法、工程教育学系设立、教师队伍建设、工程教育（学）人才培养和社会服务等方面，对于提高中国工程教育学学科建设效率、缩短与发达国家的距离是十分必要的。

虽然现代意义上的中国工程教育自 1895 年天津中西学堂创立以来已有近130 年历史，但是直到 2022 年始终没有将工程教育作为一门学科来对待，中国在工程教育学学科建设上仅仅是在知识理论体系形成上处于探索和努力积累阶段。美欧发达国家在工程教育学学科建设上起步早，积累了较为丰富的成果和经验，形成较为完善的工程教育学话语体系。例如，在美国，继普渡大学于 2004年在全球率先成立了工程教育系后，目前有包括弗吉尼亚理工、俄亥俄州立大学等超过 20 所大学设立了工程教育学系，这些学系在工程教育学科学研究、工程教育（学）人才培养、服务本校及社会工程教育等方面取得了丰硕的成果，不仅极大提高了本校工程教育质量，而且有力地推动了工程教育学学科建设，在工程教育界作出了突出的贡献。

学习和引进发达国家的成果和经验应该通过积极主动的方式开展学习、合作和交流。学习既包括学习先进的工程教育理念、理论、方法和成果，也包括学习工程教育学学科建设的做法和成功经验，通过派出访问学者、参加学术会议、现场和线下交流、引进高层次人才等方式进行。合作既包括合作开展工程教育热点难点问题的研究和工程教育学基本理论的研究，也包括合作培养工程教育学教师和高层次工程教育实践人才，通过中外合作科研项目和人才联合培养项目进行。交流既包括参加和举办国际学术会议，也包括有目的地组织学术交流活动，就工程教育学学科建设的方方面面开展交流，主要采取"请进来"和"走出去"的方式进行。

然而，这种学习和引进对于在工程教育学学科建设有一定基础的中国高校而言不能是简单地照搬和套用，而应该结合中国工程教育的具体实际批判性地吸收和借鉴。例如，作为一级学科的中国教育学"在很长一段时间里处于'跟跑'状态，自觉不自觉地沿用了西方教育学话语体系"[1]容易造成对西方文化、制度和实践的简单套用。中国工程教育在新中国成立后得到迅速发展，自改革开放以来，尤其是在中国进入高质量发展的新阶段，美欧工程教育学已经不能解释和回应中国工程教育发展道路和现象，不能反映中国工程教育在民族复兴伟大征程中在实践上收获的成功经验和在研究上取得的丰硕成果，无法总结中国工程教育的成就和模式，更无法回答中国工程教育面临的挑战和未来要求。因此，中国工程教育学学科建设必须在全面梳理和总结已有的工程教育研究和实践成果的基础上，批判性地吸收和参考性地借鉴美欧工程教育学中适用于中国文化、制度和实践的部分。

批判性地吸收和参考性地借鉴需要在学习和引进过程中加强工程教育学学科的国家主体意识。一方面要追踪溯源、强化批评性思维，在分析和研究发达国家学科建设成果和经验产生的背景和前提的基础上，批判性地分析思考这些成果和经验在中国的适应性和可行性，而对西方的工程教育概念、理论、方法及标准等不唯命是从；另一方面要从建设中国自主的工程教育学学科的高度，从中国工程教育学学科建设实际需要的角度，有选择地借鉴和学习发达国家的成果和经验。

18.4　第二阶段：扎根中国

借鉴和学习发达国家工程教育学的理论和方法及研究成果，从根本上解决不了中国工程教育的问题，也不能完全满足中国工程教育学学科建设的需要。因此，必须扎根中国，站在中国人的立场，立足于中国工程教育实践和中国工程教育学学科建设实际需要的基础上，基于国家经济社会发展对工程教育的要求，根据中国工程教育承担的使命和责任确定中国工程教育学学科建设的目标定位，明确学科建设方向，从内在建制和外在建制两方面同时开展工程教育学学科建设。

工程教育学学科内在建制即建立完善的知识/理论体系。这个体系是由基本知识和知识结构组成，指的是工程教育学学科的基本概念、基本原理及其相互之间的关联性（即结构关系），从而构成知识的整体性和系统性，而不是零碎知识点的简单汇合。

工程教育学学科外在建制即知识的社会化建构，在高校层面，包括专业化的教师队伍、独立的院系组织、工程教育硕士博士学位授予点；在社会层面，包括专门化的学会及会议制度、专业期刊（如高等工程教育研究）等。

扎根中国建设工程教育学学科需要做好以下几项工作。

（1）在科学研究、人才培养、队伍建设和社会服务等方面要专注中国工程教育实践和具体实际，走出发达国家在工程教育学学科建设上的既定框架，针对性地开展相关方面的学科建设工作。在这方面，应该避免当前存在的从事工程教育学学科建设的教师队伍有名无实的状况，即多数教师的主要精力没有放在学科建设上，而是成天忙于研究各种"问题"，忙于参加国内外各种学术会议、作报告，无暇顾及工程教育学的学科建设。因此，学科建设高校应该制定和出台相关的政策措施，激励更多教师和学者系统性地、实质性地参与学科建设。

（2）要加强工程教育研究问题意识，立体化开展工程教育研究。研究是学科建设的基础，工程教育研究要立足中国实践，以解决中国工程教育领域的重大现实问题和热点难点问题为出发点，从微观、中观和宏观层面开展立体化研究。

微观：高校教师在工程教育实践中面临的实际问题；

中观：高校层面在推动工程教育改革实践中面临的政策、制度、措施等问题；

宏观：国家层面在推动全国性工程教育改革和发展的行动计划、政策措施、制度机制等问题。

只有这样，通过立体化地关注工程教育问题、指导各层次工程教育实践、服务中国工程教育改革，才能提高工程教育学学科的地位。

（3）要重视研究与实践循环，促进研究的深入和实践的推进。工程教育研究必须求真才能有用武之地，工程教育实践如果脱离理论指导就容易偏离方向，只有源于实践问题的研究成果才能够指导实践，实践继续推进出现的新问题会引发更深入的研究，这样周而复始，构成实践促进研究、研究指导实践的循环。将研究与实践紧密关联为一体，不仅能够对中国工程教育实践的一类问题进行系统深入的研究，形成相关完整的理论，而且能够持续推进中国工程教育实践到达预期目标，真正做到基于实践问题的研究和基于研究成果的实践，在扎扎实实推动中国工程教育的改革和发展的同时逐渐形成相关领域完整理论体系。

（4）要制定清晰的人才培养定位，为学科建设和服务面向培养人才。人才培养是学科建设的核心任务，不同学科建设主体有着不同的学科建设目标和服务面向，只有制订清晰的人才培养定位，才能给予工程教育学硕士博士点明确的人才培养目标和方向，培养适合本学科建设和长远发展的后继人才。只有为服务面向区域工程教育改革和发展培养需要的高素质实践人才，才能形成工程教育（学）人才培养的知识体系。

（5）要系统地整理和归纳中国工程教育实践的成功经验、面向中国工程教育实际问题的研究成果和工程教育（学）人才培养的知识体系，将它们转化和提升为本土的工程教育学概念、内涵乃至工程教育学理论框架。在这方面，必须注重将那些经过长期反复实践总结出来的成功经验和发现规律、经过不断重复验证确认的科学研究成果，以及通过长期不断实践得到广泛认可的人才培养知识体系等纳入工程教育学理论框架中，作为中国工程教育学知识/理论体系的基础和核心。

（6）通过建设工程教育学学科的多院校合作，以及中国工程教育界同行的配合，将学习借鉴发达国家的成果与自主创新的本土成果相结合，逐渐形成属于中国的工程教育学的知识/理论体系，为构建中国工程教育学话语体系奠定基础。这方面，应发挥如全国高校工程教育学学科建设联盟等全国性学术学会和社团的作用，发挥其组织和引导优势，一方面鼓励和吸引更多的具有基本条件的高校设立工程教育学学科，另一方面组织开展全国性的院校间学术交流和合作，同时吸引社会其他组织及其学者参与到学科建设中来，推动中国工程教育学学科体系的建设。

18.5　第三阶段：形成特色

要在国际上形成中国工程教育学话语体系，不仅要扎根中国，而且要形成特色。然而，目前的问题是：特色不鲜明、亮点不突出，因此，工程教育学学科建设的一项重要任务是要从学科建设的各个方面注重自主创新，超越西方，努力形成符合中国国情、凸显中国智慧的特色，为向世界输出中国经验、中国模式和中国方案奠定基础。

建设具有中国特色的工程教育学学科大体可以从制度优势、体量占优、问题独具和多方协同四方面入手。

18.5.1　制度优势

中国工程教育的改革和发展得益于高效的国家体制，这种国家体制在不断深化的改革开放进程中持续得到优化，有力地推动和促进一系列服务国家战略的重大工程教育改革计划，取得了令美欧发达国家羡慕的显著成果。

中国特色社会主义制度是在中国共产党的集中统一领导下，立足中国实际，适应中国国情，合乎历史规律，经过实践检验的科学制度体系是当代中国发展的根本保障。具体到国家制度和治理体系上的优势，仅从工程教育的角度来看，主要表现在三方面：

一是重大决策出台及时、落实执行迅速有效；

二是全国一盘棋、集中力量办大事；

三是国家总体谋划、分层分类实施。

这些优势从"卓越工程师教育培养计划"1.0、2.0 及国家卓越工程师学院建设等国家工程教育行动计划的提出、实施及成效就能够得到充分印证，从而进一步说明制度优势是中国工程教育取得举世瞩目成果的根本保障。

同理，作为进入国家学科目录的工程教育学学科也将得益于中国的制度优势，使其为建设中国特色的工程教育学学科提供根本保证。

18.5.2 体量占优

中国工程教育规模巨大，不仅在国内占全国高等教育规模的 1/3，而且中国在国际上早已是名副其实的工程教育第一大国，这种规模优势使得扎根中国的工程教育实践和研究成果在形成系统的可推广经验和完整的理论体系上具备得天独厚的优势和特色。

体量占优的优势和特色有以下两个方面：

一是大量缩短形成经验和理论的时间。由于参与工程教育改革的高校众多，因此不需要像其他国家那样，历时更长时间、等到足够多的"样本"才能够将成功的做法作为经验，将经过反复检验的研究成果上升为理论。

二是较快形成某一方面的理论体系。由于中国工程教育的类型和层次全面，就某方面工程教育问题的解决上，在众多高校的参与下，能够在较短时间内分别就各种类型和层次工程教育的同一问题产生理论，进而形成针对这一方面问题的理论体系。

中国开展工程教育的高校达 92%，这一体量占优的另一表现意味着设置工程教育学学科的中国高校数量将超越美国成为全球第一。因此，体量占优也为建设中国特色的工程教育学学科提供先决条件。

18.5.3 问题独具

中国工程教育需要解决的问题和中国工程教育学学科建设面临的问题具有深刻的中国烙印，解决这两方面问题是形成具有中国特色工程教育学学科的本质基础。

中国工程教育需要解决的问题是在中国经济社会高质量发展中出现的，包括服务国家战略、满足产业需求和面向未来发展等，其中相当一些是其他国家前所未有的。因此，解决这些问题既没有国外的经验可以借鉴，也没有美欧的理论可以借用，而必须扎根中国、脚踏实地地在工程教育实践中取得经验，在解决工程教育问题中形成理论。

中国工程教育学学科建设有着与美欧国家不同的目标、任务和要求，因此也将面临与其他国家不同的问题。这些问题的解决虽然在建设初期可以借鉴美欧国家的做法和经验，但终究还是需要按照上述学科建设原则要求和学科建设思路，针对问题的本质和独特性开展，从而形成具有中国特色的理论体系和方法体系。

18.5.4　多方协同

中国工程教育的改革和发展得到各级政府、行业组织、各类企业和科研院所等的积极参与和支持，这种得到多个独立法人主体参与的工程教育实践超越了国际上普遍开展的校企合作，具有深刻的中国烙印和色彩。

校企合作一直是工程教育的核心和难点问题，强调的是通过高校和企业的通力合作，培养出能够更好地满足行业企业要求的工程人才，其重要性体现在保证和提高工程人才培养质量上，其难度表现在教育机构与用人单位这两个利益诉求不同的实体之间的合作，因此，得到国际工程教育界的广泛共识，是国际工程教育领域长期关注、经久不衰的核心问题。

多方协同是在中国制度优势的作用下，为了更广泛地利用各种教育资源、满足社会各界更大范围对工程人才的需求，而推行的在校企合作基础上难度更大、更具前沿性的育人模式。这种模式的推行，不仅为工程教育实践和研究提出新的挑战，而且也将影响到工程教育学学科建设的各个方面，不仅具有中国特色、体现中国优势，而且为世界工程教育贡献新的合作模式，是形成具有中国特色工程教育学学科的独特优势。

18.6　第四阶段：走向世界

中国工程教育学需要融入世界工程教育学学术共同体，世界工程教育学的发展离不开中国工程教育学的贡献。中国工程教育学学科建设的终极目标是走向世界，即形成中国工程教育学话语体系，建成世界水平的工程教育学，为世界工程教育学学科建设和发展提供富有中国特色的建设理念、思路方法、原创理论、实践案例、成功经验和研究方向等，成为各国工程教育实践者、研究者和学科建设者不可或缺地参考、借鉴和学习的重要资源，在形成全球工程教育学学术共同体过程中，在构建人类命运共同体的进程中，提升全球工程教育的质量、做出自己的贡献。

中国工程教育学科能够走向世界的前提是在具有中国特色的基础上达到世界水平。特色是高水平的基础，但具有特色并不意味着达到世界水平，因此，中国工程教育学学科建设在走向世界之前还需要做好两项工作：一是整体提高，即通过加强与世界各国之间的相互交流和学习，在学习借鉴外国先进成果的同时，在突出中国特色的前提下不断地提高和完善中国工程教育学知识体系和学科建设水平；二是加强重点，即通过与西方发达国家高水平工程教育学学科建设成果的分析比较，一方面理出具有普遍价值、能够为世界其他国家所学习和借鉴的成果，另一方面找出优于发达国家水平并得到国际工程教育普遍认可的成果，以这两方面成果为重点，继续完善和强化中国工程教育学学科建设成果。

中国工程教育学走向世界可以从以下几个方面着手。

（1）在学科建设上，不仅要立足中国，而且要面向世界，在解决中国工程教育学问题的同时解决世界工程教育学普遍面临的问题，使得中国工程教育学成为世界工程教育学共同体的重要组成部分，开启走向世界之门。

（2）在科学研究上，通过开展国际学术交流活动、搭建国际学术交流平台，将立足于本土的原创性研究成果推向国际学术舞台，使其获得世界工程教育界的认可，成为能够为世界工程教育界学习借鉴的"中国智慧"。

（3）在人才培养上，为相关国家，主要是为来华留学生主要来源国培养研究型工程教育教师和专业化工科教师，输出人才培养的"中国方案"，提高需求国工程教育研究水平和工程人才培养质量。

（4）在社会服务上，为广大发展中国家，包括参与"一带一路"建设的合作伙伴提供工程教育方面的专业咨询、政策建议和决策支持，为这些国家培养多元化的、具有实践能力和创新能力的高素质复合型人才输出工程教育的"中国模式"。

（5）在国际合作上，加强与世界各国同行的合作，逐渐与各国工程教育学界结成关系紧密、密不可分、你中有我、我中有你的工程教育学共同体，使中国工程教育学立足于世界工程教育学之林。

总而言之，中国特色、世界水平的工程教育学学科建设需要在学习借鉴国外工程教育学学科建设的成果和经验的基础上，立足于中国工程教育实践和中国工程教育学学科建设实际需要开展工程教育学学科建设，努力形成符合中国国情、凸显中国智慧的特色，向世界输出中国经验、中国模式和中国方案，在国际上形成中国工程教育学话语体系，在构建人类命运共同体的进程中做出中国不可或缺的贡献。

参 考 文 献

［1］袁振国. 教育学的历史转变——关于教育学世界一流学科建设的思考［J］. 教育研究，2023，44（5）：4-15.

郑重声明

高等教育出版社依法对本书享有专有出版权。任何未经许可的复制、销售行为均违反《中华人民共和国著作权法》，其行为人将承担相应的民事责任和行政责任；构成犯罪的，将被依法追究刑事责任。为了维护市场秩序，保护读者的合法权益，避免读者误用盗版书造成不良后果，我社将配合行政执法部门和司法机关对违法犯罪的单位和个人进行严厉打击。社会各界人士如发现上述侵权行为，希望及时举报，我社将奖励举报有功人员。

反盗版举报电话 （010）58581999 58582371

反盗版举报邮箱 dd@hep.com.cn

通信地址 北京市西城区德外大街4号
　　　　　高等教育出版社知识产权与法律事务部

邮政编码 100120

防伪查询说明

用户购书后刮开封底防伪涂层，使用手机微信等软件扫描二维码，会跳转至防伪查询网页，获得所购图书详细信息。

防伪客服电话 （010）58582300